权威·前沿·原创

皮书系列为

“十二五”“十三五”“十四五”时期国家重点出版物出版专项规划项目

智库成果出版与传播平台

四川社会发展报告

（2024）

ANNUAL REPORT ON SOCIAL DEVELOPMENT OF SICHUAN (2024)

社会与人口高质量发展

主　编／刘金华
副主编／罗木散　王　楠

图书在版编目（CIP）数据

四川社会发展报告．2024：社会与人口高质量发展/刘金华主编；罗木散，王楠副主编．--北京：社会科学文献出版社，2024.6

（四川蓝皮书）

ISBN 978-7-5228-3645-4

Ⅰ．①四… Ⅱ．①刘… ②罗… ③王… Ⅲ．①社会发展-研究报告-四川-2024 Ⅳ．①D677.1

中国国家版本馆 CIP 数据核字（2024）第 092137 号

四川蓝皮书

四川社会发展报告（2024）

——社会与人口高质量发展

主　　编／刘金华
副 主 编／罗木散　王　楠

出 版 人／冀祥德
责任编辑／张　媛
责任印制／王京美

出　　版／社会科学文献出版社·皮书分社（010）59367127
　　　　　地址：北京市北三环中路甲 29 号院华龙大厦　邮编：100029
　　　　　网址：www.ssap.com.cn
发　　行／社会科学文献出版社（010）59367028
印　　装／北京盛通印刷股份有限公司

规　　格／开　本：787mm×1092mm　1/16
　　　　　印　张：25.25　字　数：377 千字
版　　次／2024 年 6 月第 1 版　2024 年 6 月第 1 次印刷
书　　号／ISBN 978-7-5228-3645-4
定　　价／249.00 元

读者服务电话：4008918866

主要编撰者简介

刘金华　四川省社会科学院社会学研究所支部书记、所长、二级研究员、硕士生导师。西南财经大学人口学博士、武汉大学政治与公共管理学院社会保障博士后，加拿大渥太华大学访问学者；四川天府青城社科菁英、四川省第十四批学术和技术带头人、四川省中国特色社会主义理论研究中心“百人专家库”成员、世界银行GEF7中国绿色和碳中和城市项目碳中和和高质量发展专家（CD-IC2）、成都市科协“科创中国”专家服务团医疗健康产业技术与政策服务团队领衔专家、“一老一小”健康治理创新研究团队首席专家、国家社科基金项目和四川省社科规划项目通讯评审专家、教育部抽检硕士论文评审专家。担任四川省婚姻家庭与妇女理论研究会会长、中国社会学会理事、中国农村发展学会乡村治理专业委员会副主任委员。长期从事社会保障、人口社会学、人口与健康、老年人口学、民族人口学等研究。先后主持国家哲学社会科学基金重点项目1项、一般项目1项；省哲学社会科学规划重大项目2项、一般项目3项；省软科学项目2项；市软科学1项；省政府政研室、省政务调研、省人口普查办、省人社厅、省妇联等部门委托项目20余项。主研参与国家哲学社会科学基金项目多项，课题研究成果入选软科学要报汇编。先后出版专著2部，参编著作3部。在CSSCI、SSCI、北大中文核心期刊、普刊等发表论文30余篇。多篇对策建议获得国家和省部级领导肯定性批示。

罗木散　四川省社会科学院社会学研究所助理研究员，人类学博士。主要研究领域为少数民族人口流动、艺术人类学、医学人类学。近几年主持四川省社科规划项目1项，主研国家社科基金项目3项、国家艺术基金项目2项、国家民委项目1项；出版专著《春去冬回：凉山彝族农民的流动生活》。在CSSCI来源刊物上发表论文5篇，其中《结拜姐妹：当代凉山彝族妇女组织的建构及社会意义》被人大复印报刊资料《民族问题研究》2023年第7期全文转载。

王　楠　四川省社会科学院社会学研究所副研究馆员。主要研究领域为城乡社区基层治理、社会组织、社会工作。近年来主研国家社科基金项目1项、省社科规划项目2项、省软科学项目1项，主持和参与省部级项目3项，发表学术论文10余篇，参与撰写的多篇对策建议获省级领导肯定性批示并被相关部门采纳。

摘　要

《四川社会发展报告（2024）：社会与人口高质量发展》是四川省社会科学院社会学研究所主持编撰的年度报告，四川省社会科学院的相关领导对本书的调研、基础资料供给和写作给予了大力的指导和帮助。本年度，报告涉及的社会发展话题更加广泛，内容也更为充实，作者们围绕社会与人口高质量发展的主题，在各自熟悉的领域深入剖析了四川社会发展现状。

2023年，面对复杂严峻的外部环境和艰巨繁重的改革发展稳定任务，全省上下坚定以习近平新时代中国特色社会主义思想为指导，深入贯彻党的二十大精神和习近平总书记对四川工作系列重要指示精神，认真实施省委“四化同步、城乡融合、五区共兴”发展战略，牢牢把握高质量发展这个首要任务，全面贯彻新发展理念，加快构建新发展格局，抓好生态文明建设，守护中华文脉，全面建设社会主义现代化四川实现良好开局。

2024年是新中国成立75周年，是实现“十四五”规划目标任务的关键一年。在社会建设和人口发展领域，推动城乡融合、提升生活品质、促进人口均衡发展是四川省重要工作内容。一是需要统筹推进新型城镇化和乡村全面振兴，推动城乡融合发展迈出实质性步伐。如何提升县城综合承载能力和服务功能，提升乡村产业发展、乡村建设和乡村治理水平，仍是促进地方社会高质量发展的关键和难点。二是切实保障和改善民生，提升人民生活品质，其中稳定和扩大就业是核心。四川省提出要聚焦重点群体、重点地区、重点企业、重大项目、重点工作，以重点突破引领带动面上工作实现整体跃升，包括持续突出抓好高校毕业生、农民工、脱贫人口、易地搬迁人口、就业困难群体就业。三是积极有效应对人口趋势性变化，促进人口长期均衡发展。进一步释放四川三孩生育政策效应，稳定并适度提高生育水平，增强家庭发展能力，构建生育友好社会环境，将是实现四川人口高质量发展的重要路径。

关键词： 高质量发展　社会治理　人口与社会　人才与就业　四川

Abstract

Annual Report on Social Development of Sichuan (2024): Social and Population High-quality Development is an annual report compiled under the leadership of the Sociology Research Institute of the Sichuan Academy of Social Sciences. The relevant leaders of the Sichuan Academy of Social Sciences have provided strong guidance and assistance in the research, basic data supply, and writing of this book. This year, the report covers a wider range of social development topics, and the content is more substantial. The authors have deeply analyzed the current situation of social development in Sichuan in their familiar fields, focusing on the theme of high-quality social and population development.

In 2023, faced with a complex and severe external environment and arduous tasks of reform, development and stability, the whole province is firmly guided by Xi Jinping Thought on Socialism with Chinese Characteristics for a New Era, thoroughly implement the guiding principles of the Party's 20 National Congresses and General Secretary Xi Jinping's Important Instructions on Sichuan Work Series, seriously implement the development strategy of the Provincial Party Committee's "synchronization of the four modernizations, urban-rural integration, and co development of the five regions", firmly grasp the primary task of high-quality development, fully implement the new development concept, accelerate the construction of a new development pattern, focus on the construction of ecological civilization, safeguard the Chinese cultural heritage, and achieve a good start in the comprehensive construction of socialist modernization in Sichuan.

2024 marks the 75th anniversary of the founding of the People's Republic of China and is a crucial year for achieving the goals and tasks of the 14th Five Year Plan. In the fields of social construction and population development, promoting urban-rural integration, improving quality of life, and promoting balanced population development are important tasks in our province. Firstly, it is necessary to coordinate the promotion of new urbanization and comprehensive rural revitalization, and take substantial steps towards the integration of urban and rural development. How to enhance the comprehensive carrying capacity and service functions of county towns, enhance the development of rural industries, rural construction, and rural governance level, remains the key and difficult point in promoting high-quality development of local society. The second is to effectively safeguard and improve people's livelihoods, enhance their quality of life, with stability and expanding employment being the core. Our province has proposed to focus on key groups, key regions, key enterprises, major projects, and key work, with a focus on breaking through key areas and promoting overall progress in work. This includes continuously emphasizing the employment of college graduates, migrant workers, poverty-stricken populations, relocated populations, and groups facing employment difficulties. The third is to actively and effectively respond to changes in population trends and promote long-term balanced development of the population. Further unleashing the effects of the three child policy in Sichuan, stabilizing and moderately increasing fertility levels, enhancing family development capabilities, and building a fertility friendly social environment will be an important path to achieving high-quality population development in Sichuan.

Keywords: High-quality Development; Social Governance; Population and Society; Talent and Employment; Sichuan

目 录

I 总报告

II 专题一：高质量发展

III 专题二：社会治理

Ⅳ 专题三：人口与社会

Ⅴ 专题四：人才与就业

Ⅵ 专题五：典型案例

CONTENTS

I General Report

II High-quality Development

Ⅲ Social Governance

Ⅳ Special Reports

V Talent and Employment

VI Classic Cases

总报告

B.1

新时代四川社会高质量发展的现状与未来

刘金华　王绎斯*

摘　要： 新时代以来，四川省社会建设在人口结构、劳动就业、居民收入、城乡融合、教育科技、社会保障和乡村振兴等方面出现了新的变化。四川省委、省政府在以习近平同志为核心的党中央的坚强领导下，全省上下全面落实总书记对四川工作系列重要指示精神，着力适应新变化、新情况，全力以赴拼经济、搞建设，坚定不移推动高质量发展。四川省产业结构不断优化、发展质量不断提升、科技创新能力进入全国第一方阵，经济总量突破6万亿元，实现了量的历史“晋位”和质的有效提升。

关键词： 高质量发展　社会建设　人口发展　四川

---

* 刘金华，四川省社会科学院社会学研究所所长，研究员，研究方向为人口社会学、老年人口学、民族人口学等；王绎斯，四川省社会科学院，研究方向为社会工作管理。

一　新时代四川社会高质量发展现状

（一）人口结构持续变化，区域发展仍具潜能

1. 人口增长率变化

国家统计局数据显示，2018 年后，四川省人口出生率呈逐步下降趋势，死亡率整体有所上升，自然增长率持续下滑（见表 1），这表明四川的人口增长已经进入了一个新的阶段。一是随着人口自然增长率逐年降低、老龄化程度的加剧，四川更加需要注重人口质量的提升和人力资源的开发利用。二是随着城镇化进程的加快和经济社会的快速发展，四川也更加需要注重城乡统筹发展和人口布局优化。

表 1　四川省 2018~2022 年人口出生率、死亡率和自然增长率

单位：‰

指　标	2018 年	2019 年	2020 年	2021 年	2022 年
人口出生率	11.05	10.70	7.60	6.85	6.39
人口死亡率	7.01	7.09	6.30	8.74	9.04
人口自然增长率	4.04	3.61	1.30	-1.89	-2.65

资料来源：国家统计局。

根据第七次全国人口普查（以下简称七普）数据，2020 年四川常住人口 8367 万人，是全国排名第五的人口大省，与六普数据相比，四川人口正增长的城市仅有 8 个（见表 2）。10 年以来，四川有 12 个市（州）人口出现不同程度的负增长，其中内江、巴中、南充人口减少最多，减少 50 万人以上。

表 2　四川省第七次全国人口普查数据正增长地区

单位：万人

地　区	七普人口	六普人口	十年增长
成　都	2093.78	1511.88	581.89
凉山州	485.84	453.28	32.55
绵　阳	486.82	461.39	25.44

续表

地　区	七普人口	六普人口	十年增长
宜　宾	458.88	447.20	11.68
广　安	325.49	320.55	4.94
泸　州	425.41	421.84	3.57
甘孜州	110.74	109.19	1.56
眉　山	295.52	295.05	0.47

资料来源：四川省第七次全国人口普查。

四川省人口流动、家庭结构及婚姻状况也出现新情况。第一，四川人口流出 1035 万人，排全国第三，10 年来外省流入人口仅增加 146.1 万人。第二，四川省家庭户规模由 1953 年的 4.39 人跌至 2020 年的 2.51 人，平均每户减少 1.88 人。第三，四川省结婚登记对数从 2018 年的 66.90 万对逐年下降至 2022 年的 46.39 万对（见表 3）。四川总人口中，未婚人士占 19.08%，有配偶人士占 71.44%，离婚人士占 2.93%，丧偶人士占 6.55%。

表 3　四川省 2018~2022 年结婚登记对数

单位：万对

指　标	2018 年	2019 年	2020 年	2021 年	2022 年
结婚登记	66.90	61.32	53.65	51.16	46.39

资料来源：国家统计局。

2. 人口结构变化

（1）城乡常住人口结构变化

党的十九大以来，四川省常住人口结构发生了显著的变化。国家统计局数据显示，2018~2022 年，四川年末常住人口从 8321 万人增加至 8374 万人，共计增长 53 万人，增幅 0.64%；城镇常住人口增加 434 万人，增幅高达 9.75%；农村常住人口减少 381 万人，下降幅度为 9.85%（见表 4）。究其原因，一是随着新型城镇化战略的实施和四川经济的稳定增长以及产业结构的优化升级，大量人口向城镇聚集，推动了城镇常住人口的快速增长，农村常住人口随之减少。二是四川得天独厚的宜居宜游环境和开放共享的包容性，也吸引了各类人才来川就业、创业、定居，为四川经济社会发展注入了新的活力。

表4　四川省2018~2022年常住人口情况

单位：万人

指　标	2018年	2019年	2020年	2021年	2022年
年末常住人口	8321	8351	8371	8372	8374
城镇常住人口	4452	4623	4749	4841	4886
农村常住人口	3869	3728	3622	3531	3488

资料来源：国家统计局。

（2）年龄结构变化

2020年四川65岁及以上人口占比超过0~14岁人口占比（见图1）。从四川省人口年龄结构来看，截至2022年，60岁及以上人口有1816.4万人，老年人口规模居全国第三，占全省人口总量的21.7%，老龄化率居全国第七①。与2021年相比，60岁及以上人口增加了5.4万人②，这表明四川省已步入深度老龄化的阶段，日益严峻的老龄化不容忽视。

（3）人口抚养比变化

根据统计数据，四川省总抚养比从2018年的每百名劳动年龄人口大致要负担45.7名非劳动年龄人口，上升至2022年的49.6名（见表5）。这一上升趋势意味着，相对于劳动年龄人口，非劳动年龄人口比例增加，这是生育政策的调整、人口老龄化的加剧以及人口迁移等多重因素共同作用的结果。

① 《〈四川省推进基本养老服务体系建设实施方案〉新闻发布会》，四川省人民政府网站，https：//www.sc.gov.cn/10462/10705/10707/2023/12/1/166356dc3a1f4637adc47078bbe72aee.shtml，2023年12月1日。

② 资料来源：四川省人民政府。

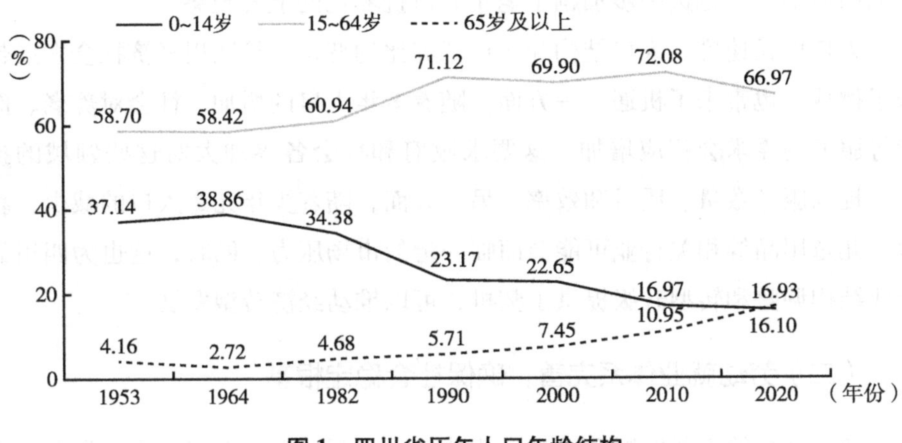

图 1　四川省历年人口年龄结构

表 5　四川省 2018~2022 年抚养比情况

单位：%

指　标	2018 年	2019 年	2020 年	2021 年	2022 年
总抚养比(人口抽样调查)	45. 7	47. 4	—	49. 7	49. 6
少年儿童抚养比(人口抽样调查)	23. 8	24. 2	—	23. 4	22. 5
老年人口抚养比(人口抽样调查)	21. 8	23. 2	—	26. 3	27. 1

资料来源：国家统计局。

少年儿童抚养比从 2018 年的每百名劳动年龄人口要负担 23. 8 名少年儿童下降至 2022 年的 22. 5 名，而老年人口抚养比则从 2018 年的每百名劳动年龄人口要负担 21. 8 名老年人增加至 2022 年的 27. 1 名。“一降一升”的现象，进一步印证了四川人口年龄结构的变化趋势。少年儿童抚养比的下降，是多重因素共同作用的结果，尤其是生育观念的转变和生育政策的调整，随着社会的发展和人们受教育水平的提高，越来越多的家庭选择只生育一个孩子，甚至选择不生育。这种生育观念的转变，直接导致了少年儿童人口比例的下降。而老年人口抚养比的上升，则是人口老龄化的直接体现。随着医疗技术的进步和生活水平的提高，人们的寿命不断延长，老年人口的比例自然会增加。同时，由于中国第一次、第二次婴儿潮，近几年为老年人口数量上涨的高峰期，这也进一步加剧了老年人口抚养比的上升趋势。

人口增长速度、人口结构和人口抚养比的变化，给四川经济社会发展带来了挑战，也带来了机遇。一方面，随着老年人口的增加，社会对养老、医疗等服务的需求会相应增加，这要求政府和社会各界加大对这些领域的投入，提高服务数量、质量和效率。另一方面，随着少年儿童人口的减少，教育、儿童用品等相关行业可能会面临一定的市场压力。同时，这也为四川的产业结构调整和转型升级提供了契机，可以推动经济转型发展。

（二）劳动就业体系完善，确保社会稳定根基

随着社会的不断发展和进步，劳动就业问题一直是人们关注的焦点。近年来，四川省劳动就业市场呈现稳定发展的态势，就业结构不断优化。

1. 宏观经济稳步增长，为劳动就业市场提供广阔空间

统计数据显示，2018~2022 年，四川省地区生产总值由 42902.1 亿元增长至 56610.2 亿元，累计增长 13708.1 亿元（见表 6）。从地区生产总值指数来看，四川省经济呈现稳步增长的良好态势。随着地区生产总值的不断增长，各行各业对劳动力的需求也逐步增加。宏观经济的稳步发展，为劳动就业的稳定发展提供了坚实的物质基础和积极向好的社会背景。

表 6　四川省 2018~2022 年地区生产总值

单位：亿元

指　标	2018 年	2019 年	2020 年	2021 年	2022 年
地区生产总值	42902.1	46363.8	48501.6	54088.0	56610.2
地区生产总值指数(上年=100)	108.0	107.4	103.8	108.2	102.8

资料来源：国家统计局。

2022 年，四川省民族自治地方（阿坝藏族羌族自治州、甘孜藏族自治州、凉山彝族自治州以及北川羌族自治县、峨边彝族自治县、马边彝族自治县）在经济上取得了显著的成就。在地区生产总值方面，共同实现了地区生产总值 3236.7 亿元，较上年增长了 4.8%。这一增长不仅体现了这些地区

经济的活力和潜力，也反映了四川省政府在促进地区均衡发展、支持民族地区发展方面做出的努力。在产业结构方面，民族自治地方也展现出多元化、特色化、地区化的特点。第一产业增加值达到 687.6 亿元，增长 4.2%，显示了农业和畜牧业在这些地区仍然占据重要地位。第二产业增加值达到 1055.8 亿元，增长 7.1%，说明制造业和工业也得到了持续发展。而第三产业增加值达到 1493.3 亿元，增长 3.6%，则表明服务业在这些地区的经济发展中扮演着越来越重要的角色。在收入水平方面，民族自治地方的人均可支配收入稳步提升。城镇居民人均可支配收入达到 39929 元，增长 4.8%，农村居民人均可支配收入达到 17642 元，增长 6.7%。这也进一步说明了民族自治地方随着经济发展和社会进步，劳动就业方面所取得的积极成果。①

2. 第三产业就业比重持续上升，成为吸纳劳动就业主力军

随着经济的发展和产业结构的调整，第三产业逐渐成为吸纳就业的主力军。在服务业、金融业、教育医疗等领域，就业比重持续上升。

自 2015 年起，四川省第三产业便超越第二产业，成为经济增长的领头羊，第三产业增加值由 2018 年的 22417.7 亿元增长至 2022 年的 30053.3 亿元（见表 7）。同时，第三产业对经济增长的贡献率已升至 53.09%，进一步凸显服务业在经济增长中的重要地位。这一趋势预示着四川省经济结构将持续优化，服务业或将成为未来经济增长的重要引擎。

表 7　四川省 2018~2022 年第一、第二、第三产业增加值

单位：亿元

指　标	2018 年	2019 年	2020 年	2021 年	2022 年
第一产业	4427.4	4807.5	5556.9	5662.0	5965.5
第二产业	16056.9	17187.9	17505.6	19949.7	20591.4
第三产业	22417.7	24368.3	25439.2	28476.2	30053.3

资料来源：国家统计局。

① 《2023 年四川省国民经济和社会发展统计公报》，四川省人民政府网站，https：//www.sc.gov.cn/10462/c106776/2024/3/18/d56cc650ca5b43aeb9a495f2e081f5d0.shtml，2024 年 3 月 18 日。

随着产业结构的调整，四川省就业情况的产业分布发生了显著的变化。首先，第一产业就业人员2018~2022年呈逐渐下降的趋势，由1618.0万人下降至1602.0万人。这一变化反映了四川省农业产业结构的优化和农业现代化进程的推进。其次，第二产业就业人员也缓慢下降，由1112.0万人下降至1074.0万人。这一下降可能与四川省工业结构的调整有关，随着传统工业的转型升级和高新技术产业的快速发展，第二产业对劳动力数量的需求发生了变化。一些传统工业领域逐渐退出市场，而新兴产业对劳动力的需求增长较慢，导致第二产业就业人员比重下降。最后，第三产业就业人员同期快速上升，由1960.0万人上升至2030.0万人。这一变化充分反映了四川省服务业的蓬勃发展和城市化的推进。随着人民生活水平的提高，人们对服务业的需求不断增加，推动了服务业的快速发展。同时，城市化进程也加速了劳动力向第三产业的转移，进一步推动了第三产业就业人员比重的上升。

2018~2022年，四川省就业结构的行业分布发生了显著变化，传统行业如制造业和采矿业等的就业人员比重呈现明显的下降趋势。与此同时，租赁和商务服务业、电商、房地产业以及信息传输、软件和信息技术服务业等新兴行业的就业人员比重则呈现显著的上升趋势。从就业占比来看，第三产业就业人员比重增速明显，2022年相较于2018年上涨1.3个百分点，达到了43.1%。第一产业就业人员比重从2018年的34.5%下降至2022年的34.0%，下降0.5个百分点，第二产业就业人员比重从23.7%下降至22.8%，降低0.9个百分点。

3. 政策扶持力度加大，劳动就业得到充分保障

党和政府高度重视劳动就业问题，出台了一系列扶持政策。提高政治站位，深化对就业重要性的认识，始终把稳就业、保就业作为重大民生工程、民心工程、根基工程。在强化政策落实上，充分利用稳岗返还、就业见习、求职补贴、扩岗补助等政策，加速释放政策红利，降低企业招工成本。在紧盯重点群体上，做好离校未就业高校毕业生等青年就业服务，强化脱贫家庭、低保家庭、零就业家庭以及有残疾的较长时间未就业的高校毕业生

"一对一"帮扶，统筹做好各类群体就业工作。在提升服务质效上，开展招聘活动、职业指导、技能培训、赛事活动等，让有就业和创业意愿的人有平台、有选择，并加强创业扶持，拓宽就业创业渠道。在防范化解风险上，加强就业资金监管、补齐制度政策短板、堵塞风险防控漏洞，切实守护好参保企业和服务对象的权益，防止和纠正就业歧视，守住不发生极端事件和群体事件底线。四川省就业市场在复杂形势中稳住了基本盘，五年间，城镇登记失业率保持在3.5%左右（见表8），劳动力供求市场基本平稳。

表8　四川省2018~2022年城镇登记失业人数及登记失业率情况

单位：万人，%

指　标	2018年	2019年	2020年	2021年	2022年
城镇登记失业人数	53.3	50.4	54.4	66.4	51.6
城镇登记失业率	3.5	3.3	3.6	3.6	—

资料来源：国家统计局。

为积极促进青年就业创业，四川省出台了"35条"政策措施，其中包括提供超过30万个政策性岗位，以及实施375个以工代赈的重点工程。在全省范围内，成功实现城镇新增就业104万人，应届高校毕业生的就业去向落实率在全国处于领先地位。同时，"四类重点人群"的高校毕业生基本实现就业，2600多万农民工的就业情况总体保持稳定，并实现了零就业家庭的动态清零。为了加强新就业形态劳动者的权益保护，建设4684个户外劳动者服务站点，并通过"暖心之家"行动，为43万名货车司机提供实质性的帮助和支持。这些措施的实施，旨在为广大劳动者创造更好的就业环境，确保他们的权益得到充分保障。

（三）居民收入逐步增加，提升群众获得感

随着国家经济的快速发展，城乡居民的收入水平呈现不断提升的趋势，人民生活质量也逐步改善。这一显著变化不仅体现了国家政策的正确导向，也反映了广大人民群众的辛勤付出和不懈追求。

1. 人均可支配收入增加

新时代以来，四川全体居民人均可支配收入继续保持强劲增长势头。从2018年的22461元跃升至2022年的30678元，增加8217元，增幅高达36.58%，年均增长率达到8.12%。这一增长趋势不仅反映了四川经济的持续繁荣，也体现了居民生活水平的稳步提高。

进一步分析城乡差异，发现城镇居民和农村居民的收入增长情况有所不同。城镇居民人均可支配收入从2018年的33216元增长至2022年的43233元，增加10017元，增长30.16%，年均增速为6.83%。而同期农村居民人均可支配收入则从13331元增长至18672元，增加5341元，增长40.06%，年均增速为8.80%。值得注意的是，农村居民收入的年均增长速度明显高于城镇居民，这表明四川在缩小城乡收入差距方面取得了一定的成效。

从居民收入结构来看，城镇居民和农村居民的收入来源也发生了一定的变化。对于城镇居民而言，2022年工资性收入、经营净收入、财产净收入、转移净收入占收入比重分别为57.95%、11.56%、7.82%、22.67%，相较于2018年工资性收入占比上升，财产净收入、经营净收入与转移净收入占比下降。这反映了城镇居民收入来源的多元化趋势，以及工资性收入在总收入中地位的提升。同时，农民收入结构也发生了较大变化，2022年工资性收入、经营净收入、财产净收入、转移净收入占收入比重分别为31.30%、37.73%、3.36%、27.61%，相较于2018年工资性和经营净收入占比下降，财产和转移净收入占比提高（见表9）。这表明农村居民的收入来源也逐步多元化，同时政府对于农村地区的转移性支付增加，有效提高了农村居民的收入水平。

表9　四川省2018~2022年人均可支配收入情况

单位：元

指　标	2018年	2019年	2020年	2021年	2022年
全体居民人均可支配收入	22461	24703	26522	29080	30678
城镇居民人均可支配收入	33216	36154	38253	41444	43233
工资性收入	19033	20479	21951	23934	25053

续表

指　标	2018 年	2019 年	2020 年	2021 年	2022 年
经营净收入	3900	4393	4334	4799	4999
财产净收入	2696	2891	3059	3322	3381
转移净收入	7587	8391	8910	9389	9801
农村居民人均可支配收入	13331	14670	15929	17575	18672
工资性收入	4311	4662	4978	5514	5844
经营净收入	5117	5641	6152	6651	7045
财产净收入	379	456	510	587	628
转移净收入	3524	3910	4289	4823	5156

资料来源：国家统计局、历年《四川统计年鉴》、《2022 年四川省国民经济和社会发展统计公报》。

此外，城乡居民收入的增长和人民生活质量的提升也带动了社会消费的持续增长。随着消费升级的加速推进，人们更加注重个性化、多样化、高品质的消费需求，为经济发展注入了新的动力。同时，消费市场的不断扩大也为产业发展提供了更加广阔的空间，推动了经济的良性循环。

2. 人均消费支出上涨

2018~2022 年的五年间，四川全体居民人均消费支出持续增长，增长率达到 26.26%，年均增长率达到 6.05%。此数据不仅揭示了四川省经济的蓬勃发展以及人民生活品质的持续改善，而且深刻凸显了四川省消费市场的庞大潜力及内在活力。在此期间，城镇居民和农村居民的人均消费支出稳步增长。城镇居民人均消费支出由 2018 年的 23484 元上升至 2022 年的 27637 元，增幅达到 17.68%，年均增长率为 4.22%。这一增长主要归因于城市经济的稳步增长、居民收入水平的持续提升以及消费升级趋势的积极推动。农村居民人均消费支出也实现了快速增长，由 2018 年的 12723 元上升至 2022 年的 17199 元，增幅高达 35.18%，年均增长率达到 7.86%（见表 10）。这一增长反映了四川省农村地区经济的不断发展和农民收入的稳步增加，同时也表明了农村消费市场的巨大潜力和广阔前景。

表 10 四川省 2018~2022 年居民人均消费支出情况

单位：元

指 标	2018 年	2019 年	2020 年	2021 年	2022 年
全体居民人均消费支出	17664	19338	19783	21518	22302
城镇居民人均消费支出	23484	25367	25133	26971	27637
农村居民人均消费支出	12723	14056	14953	16444	17199

资料来源：国家统计局。

随着乡村振兴战略的深入实施和农民收入的持续增长，农村地区的消费潜力将进一步释放，成为推动经济增长的重要动力。总体而言，我国农村地区消费增长明显快于城镇地区。这一趋势不仅反映了四川省经济发展的均衡性和协调性，也预示着未来消费市场将更加广阔和多元化。

经济的持续发展和居民收入的稳步提高推动居民生活从最初仅追求基本的衣食住行逐步向发展型和享受型消费转变，这一转变不仅体现了居民生活水平的提高，更彰显了生活质量的巨大飞跃。全体居民消费价格分类指数中食品烟酒类、交通和通信类、教育文化和娱乐类以及医疗保健类在 2018~2022 年绝大部分呈同比上升趋势（见表 11）。

表 11 四川省 2018~2022 年居民消费价格分类指数

指 标	2018 年	2019 年	2020 年	2021 年	2022 年
食品烟酒类居民消费价格指数(上年=100)	101.3	108.9	111.0	98.0	101.9
交通和通信类居民消费价格指数(上年=100)	101.2	97.1	96.4	104.1	105.4
教育文化和娱乐类居民消费价格指数(上年=100)	101.5	100.8	101.2	100.9	102.0
医疗保健类居民消费价格指数(上年=100)	102.8	102.8	100.7	101.9	100.6

资料来源：国家统计局。

随着四川经济的快速发展和居民生活水平的持续提高，家电和汽车等消费品的需求也稳步增长。2022 年，全体居民平均每百户年末家用汽车拥有量、洗衣机拥有量、彩色电视机拥有量、空调拥有量分别为 32. 1 辆、100. 5 台、120. 5 台和 132. 9 台，分别比 2018 年提高 27. 38%、6. 24%、3. 34%和 45. 40%。分开来看，城镇居民和农村居民在家用汽车拥有量上存在一定的差异。2022 年，城镇居民平均每百户年末家用汽车拥有量、洗衣机拥有量、彩色电视机拥有量、空调拥有量分别为 42. 7 辆、101. 6 台、122. 4 台和 179. 8 台，而农村居民则分别为 21. 8 辆、99. 4 台、118. 5 台和 87. 5 台（见表 12）。这表明，虽然农村居民的家电和汽车拥有量也有所增长，但与城镇居民相比，仍存在一定的差距。

表 12　四川省 2018~2022 年居民消费品拥有量

单位：辆，台

指　标	2018 年	2019 年	2020 年	2021 年	2022 年
全体居民平均每百户年末家用汽车拥有量	25. 2	28. 2	29. 1	29. 4	32. 1
城镇居民平均每百户年末家用汽车拥有量	33. 8	36. 8	36. 6	41. 5	42. 7
农村居民平均每百户年末家用汽车拥有量	17. 8	20. 6	22. 3	18. 1	21. 8
全体居民平均每百户年末洗衣机拥有量	94. 6	97. 9	98. 7	99. 5	100. 5
城镇居民平均每百户年末洗衣机拥有量	99. 7	101. 3	101. 6	101. 7	101. 6
农村居民平均每百户年末洗衣机拥有量	90. 1	94. 9	96. 0	97. 5	99. 4
全体居民平均每百户年末彩色电视机拥有量	116. 6	119. 7	120. 3	119. 3	120. 5
城镇居民平均每百户年末彩色电视机拥有量	121. 0	124. 3	124. 5	121. 6	122. 4
农村居民平均每百户年末彩色电视机拥有量	112. 8	115. 6	116. 4	117. 1	118. 5

续表

指　标	2018年	2019年	2020年	2021年	2022年
全体居民平均每百户年末空调拥有量	91.4	103.8	108.1	125.2	132.9
城镇居民平均每百户年末空调拥有量	140.1	154.2	156.3	175.4	179.8
农村居民平均每百户年末空调拥有量	49.4	59.3	64.2	78.2	87.5

资料来源：国家统计局。

（四）城乡融合互助共进，加速社会一体化进程

1. 城乡恩格尔系数稳定

深入研究四川城乡居民生活水平的变迁，2018~2022年，四川省城镇居民恩格尔系数的变化轨迹呈现先上升后下降的态势。与城镇居民相比，农村居民的恩格尔系数变化路径略有差异。农村居民恩格尔系数在2019年降至最低点34.71%，虽然有所下降，但仍高于城镇居民（见表13）。这一现象表明，尽管农村地区的生活水平也在逐步提高，但与城镇相比，整体上仍存在一定的差距。然而，无论是城镇还是农村，近两年恩格尔系数的下降趋势都在持续，这充分说明四川省城乡居民的生活水平稳步提升，反映了四川省经济社会的持续发展和城乡居民生活质量的不断改善。

表13　四川省2018~2022年城乡恩格尔系数

单位：%

指　标	2018年	2019年	2020年	2021年	2022年
城镇居民恩格尔系数	31.78	32.64	34.78	34.3	33.9
农村居民恩格尔系数	35.24	34.71	36.64	36.3	36.0

资料来源：历年《四川统计年鉴》。

2. 城镇化建设步伐加快

为持续优化城乡环境，四川省发布了《四川省新型城镇化和城乡融合

发展2022年重点任务》，推进以县城为重要载体的新型城镇化。实施县城补短板强弱项工程，推动县城公共服务、环境卫生、市政公用、产业培育设施提升四大领域17项建设任务，深化国家县城新型城镇化建设示范暨“小县优城”试点。落实争创全国百强县、百强区、百强镇支持奖励办法和培育工作方案，遴选新的递补培育对象，实施县域百亿产业培育行动，深化县域集成改革。实施中心镇“六大提升行动”“五项改革措施”，支持首批“省级百强中心镇”加快建设。开展城乡融合发展试点试验，落实成都西部片区国家城乡融合发展试验区实施方案，深化人口迁徙制度、土地制度、生态价值实现机制等5项重点改革，实施重大基础性功能性项目建设。开展县域内城乡融合发展改革试点；探索推进农村集体经营性建设用地入市，深化农村宅基地制度改革试点。四川城镇化率持续增长，迈向现代化新征程。统计数据显示，四川城镇化率从2018年的53.5%一路攀升至2022年的58.4%（见表14），这一增长趋势不仅展示了四川经济的蓬勃发展，也反映了该省在推进城市化战略方面的坚定决心和有效举措，但依然低于全国城镇化率65.2%。通过政府的有力引导和全社会的共同努力，四川省城镇化率在2016年首次突破50%，这个历史性的时刻标志着四川正式迈入了城市化快速发展的新阶段。

表14　四川省2018~2022年城镇化率

单位：%

指　标	2018年	2019年	2020年	2021年	2022年
城镇化率	53.5	55.36	56.73	57.8	58.4

资料来源：历年《四川统计年鉴》。

3.城镇功能品质提升

2023年，四川制定推进以县城为重要载体的城镇化建设实施意见，在37个县（市）开展了新型城镇化建设的省级试点工作。出台推动房地产业市场企稳回升的“10条”措施，使得商品房销售面积和销售额分别位居全国第四和第六。筹集保障性租赁住房10.5万套（间），以满足不同层次的住房需求。成都持续开展城市更新全国试点，并在11个地级市和10个县级市启动了省级城市更新试点，以推动城市的持续发展和更新。[①]

（五）教育科技人才融合，彰显国家战略支撑

1.教育质量稳步提高

从在校生人数来看，各级学校在校生人数的总体趋势呈现多样化的特点。具体而言，幼儿园在校生人数呈现明显的下降趋势，这可能与生育政策的调整、人口结构的变化以及家庭教育观念的转变有着密切的关系。随着社会的进步和家庭教育观念的转变，越来越多的家庭开始注重早期教育和学前教育，这导致幼儿园在校生人数的下降，从而进一步影响小学在校生人数。而高中和高等学校在校生人数则呈现上升的趋势，这一变化可能与我国高中阶段教育普及率的提高和高等教育大众化进程的加快以及新中国成立以来几次婴儿潮的叠加影响有关。随着国家对教育的投入不断增加，高中和高等教育资源得到了进一步的扩充，使得更多的学生有机会接受更高层次的教育。

从生师比来看，高中及以下生师比进一步优化，呈现下降的趋势。具体而言，小学生师比、初中生师比、普通高中生师比分别从2018年的16.84、12.78、13.94下降至2022年的15.59、12.40、13.15。这一变化表明，我国各级学校在教育资源配置上取得了显著的成效，教师的数量和质量得到了进一步提升，使得每位学生能够得到更多的关注和指导，有助于提高教育质量。然而，普通高校生师比却呈现上升的趋势，由2018年的19.33上升至2022年的19.81（见表15）。这可能与高等教育规模的不断扩大和师资力量的相对滞后有关。虽然高等学校在校生人数的增加反映了国家对高等教育的重视和投入，但生师比的上升也暴露出高等教育师资力量不足的问题。因

① 《关于推进以县城为重要载体的城镇化建设的实施意见》，四川省人民政府网站，https://www.sc.gov.cn/10462/10464/10797/2023/8/3/02c02f71572447d38fb70c40c2d5bb16.shtml，2023年8月3日。

此，未来高等教育的发展需要更加注重师资力量的培养和引进，以提高教育质量和满足日益增长的教育需求。

表 15　四川省 2018~2022 年每十万人口各级学校平均在校生人数及生师比情况

单位：人

指　标	2018 年	2019 年	2020 年	2021 年	2022 年
每十万人口各级学校平均在校生人数					
幼儿园	3142	3170	3167	3127	3034
小学	6691	6663	6602	6558	6510
初中	3154	3282	3341	3343	3315
高中	2799	2776	2814	2760	2834
高等学校	2409	2546	2754	2925	3129
各级普通学校生师比(教师人数=1)					
小学生师比	16. 84	16. 45	16. 03	15. 71	15. 59
初中生师比	12. 78	12. 93	12. 81	12. 49	12. 40
普通高中生师比	13. 94	13. 82	13. 68	13. 48	13. 15
普通高校生师比	19. 33	19. 56	19. 85	19. 87	19. 81

资料来源：国家统计局。

综上所述，2018~2022 年，我国各级学校在校生人数和生师比的变化反映了教育结构的调整和教育质量的提升。然而，高等教育生师比的上升也提醒各级教育单位，需要更加注重师资力量的培养和引进，以优化教育资源配置和提高教育质量。同时，政府和社会各界也应继续加大对教育的投入和支持力度，为教育事业的发展创造更加良好的环境和条件。

2023 年四川省在推进教育机会公平、资源配置公平、制度政策公平等方面持续发力，让教育发展成果更多更公平地惠及全体人民的同时，交出了一份“强省建设、教育何为”的时代答卷。

在推动基础教育优质均衡发展方面，优化调整中小学（幼儿园）4644 所、教学点 4262 个，建设 200 所公办幼儿园；印发《关于推进义务教育学区制治理的指导意见》，划分义务教育学区 732 个，“超大班额”全面消除；打造义务教育优质发展共同体 153 个，建设成渝地区城乡义务教育一体化发展试验区 10 个，首批 6 个义务教育优质均衡发展县（市、区）完成国家评估认定实地核查；举办“科学家百人千场进校园”活动，推广成都市中小学“作息令”，多措并举推动“双减”政策落地落实；牵头成立长江经济带 11 省（市）儿童青少年近视防控联盟，促进中小学生健康成长，“小胖墩”“小眼镜”逐步减少。

在推动职业教育提质融合发展方面，起草《四川省职业教育条例》，新设立 3 所高等职业学校，1 所高等职业学校升格为本科职业技术大学；完成首批 15 个省级产教融合示范项目验收，首批建设 7 个省级市域产教联合体，2 个入选国家名单，建设行业产教融合共同体 45 个；制定中职“三名工程”绩效考核办法，立项建设省级规划教材 703 种、认定双创示范课程 50 门；立项建设第二批省级虚拟仿真实训基地 15 个、首批信息化标杆学校 25 所、专业教学资源库 50 个，认定在线精品课程 150 门；继续开展浙川东西部协作中高职贯通培养，深化“蓝鹰工程”扩面结对，设立订单班 12 个，共建实训基地 8 个。

高等教育是建设“教育强省”的关键所在，2023 年四川实施“双一流”建设贡嘎计划，分层分类遴选 39 所高校 162 个贡嘎计划建设学科，19 所高校的 101 个学科进入全球高水平学科行列，第五轮学科评估中 10 所高校 39 个学科进入 A 类，较上轮增加 12 个；高校建成省部级以上创新平台 721 个，获国家自然科学基金项目 1741 项、占全省近 90%，获国家社会科学基金项目 191 项、占全省 85%；发布川渝高校科技成果转化清单 298 项。

四川省教育事业取得了显著的成就。2023 年末共有各级各类学校 2. 3 万所，在校生 1637. 7 万人（不含非学历教育注册学生及电大开放教育学生），教职工 126. 3 万人，其中专任教师 101. 2 万人。① 根据七普数据②，从

① 《2023 年四川省国民经济和社会发展统计公报》，四川省人民政府网站，https：//www. sc. gov. cn/10462/c106776/2024/3/18/d56cc650ca5b43aeb9a495f2e081f5d0. shtml，2024 年 3 月 18 日。

② 《第六次全国人口普查主要数据发布》，国家统计局网站，https：//www. stats. gov. cn/sj/zxfb/202303/t20230301_ 1919256. html，2011 年 4 月 28 日。

每10万人口中拥有各类受教育人口数量来看，2020年四川具有小学及以下文化程度的人数为3.13万人，比全国平均水平高出0.66万人；而具有初中、高中、大学文化程度的人数分别为3.14万人、1.33万人、1.33万人，分别比全国平均水平低0.3万人、0.18万人、0.22万人。尽管四川的教育事业取得了显著进步，但四川人口受教育程度总体上仍低于全国平均水平。更令人深思的是，与2010年第六次全国人口普查[①]相比，虽然15岁及以上人口的平均受教育年限由8.35年提高至9.24年，文盲率也由5.44%下降为3.98%，但这些数字也暴露出四川教育在发展中存在的问题和短板，比如教育资源分布不均、城乡教育差距大、教育质量参差不齐等问题仍然存在。

2. 科技水平创新发展

四川省近年来在科技领域全面实施了创新驱动发展战略，积极培育战略科技力量，为区域经济发展注入了新动力，并显著提升了基础研究能力、技术攻关能力和成果转化能力。

过去五年间，四川省规模以上工业企业在科技创新方面的投入呈现明显的增长态势。根据统计数据，规模以上工业企业R&D经费由2018年的342.39亿元增长至2022年的530.08亿元，增幅达到54.82%，表明越来越多的企业开始重视科技创新，并愿意为此投入更多资金。与此同时，规模以上工业企业在新产品开发方面的经费也实现了显著增长，由2018年的393.14亿元上升至2022年的620.06亿元，增幅高达57.72%。这一增长不仅反映了企业对于新产品开发的积极态度，也显示了四川省在推动科技成果转化方面的显著成效。

随着研发投入的大幅增长，四川省专利申请受理量也呈现稳步上升的趋势。近十年来，专利申请受理量增加了15185件，涨幅达到57.79%。这一增长不仅代表了四川省科技创新能力的提升，也彰显了四川省在保护知识产权、激发创新活力方面的坚定决心。此外，规模以上工业企业的有效发明专

① 《第七次全国人口普查主要数据情况》，国家统计局网站，https：//www. stats. gov. cn/sj/zxfb/202302/t20230203_ 1901080. html，2021年5月11日。

利数也实现了显著增长。据统计，2018 年四川省规模以上工业企业有效发明专利数为 35959 件，而到了 2022 年，这一数字已增加至 57722 件，增幅高达 60.52%（见表 16）。这一增长趋势充分展示了四川省在科技创新方面的持续投入和积累，以及推动科技成果产业化、促进经济发展方面的强大实力。

表 16　四川省 2018~2022 年规模以上企业科技创新情况

单位：万元，件

指　标	2018 年	2019 年	2020 年	2021 年	2022 年
规模以上工业企业 R&D 经费	3423923	3878572	4276383	4801710	5300775
规模以上工业企业开发新产品经费	3931381	4030592	4874121	5720504	6200605
规模以上工业企业专利申请数	26277	29678	34536	41236	41462
规模以上工业企业有效发明专利数	35959	39658	42114	48898	57722

资料来源：国家统计局。

2023 年，全省新增 2 家全国重点实验室、13 家全国性和 30 家省级重点实验室，为科研创新提供了强有力的支持。同时，4 家天府实验室也正式投入运行，为地方科技创新注入了新的活力。①

在重大科技项目方面，川藏铁路技术创新中心正式投入使用，高端航空装备及西部转化中心开始运行，锦屏深地实验室二期也顺利投入运营。稻城观测站成功通过验收，为天文学研究提供了重要支持。此外，子午工程二期入选了 2023 年科技新闻，展示了四川在科技创新领域的卓越实力。另外，四川在超级工程和国之重器方面也取得了显著成就。其中，“中国环流三号”被誉为超级工程，而 18 兆瓦海上风电机组则入选了国之重器，充分展现了四川在新能源领域的领先地位。

省委为推进新型工业化和现代化产业体系建设，已制定六大优势产业的提质倍增行动方案及相应的支持政策，旨在实现 6.6%的增长目标。四川注

① 《2024 年四川省人民政府工作报告》，四川省人民政府网站，https：// www.sc.gov.cn/10462/11555/11561/2024/2/1/257c937973a045eabd8a537187759691.shtml，2024 年 2 月 1 日。

重产业的集群化发展，致力于壮大国家战略性新兴产业和先进制造业集群，并已启动省级集群，多个城市成功入选全国百强。同时，为加强低空领域的开发，已开通第三批低空协同试点空域，构建低空飞行网络。在制造业领域，积极推进智能化数字化转型，多个场景被纳入国家人工智能“智赋百景”，并有企业入选国家级工业互联网平台。成都超算中心更荣获国家新一代人工智能算力开放创新平台的称号。在基础设施建设方面，新增 4.6 万个 5G 基站，使千兆光网覆盖家庭能力达到 5500 万户。①

四川省在全面实施创新驱动发展战略的过程中，通过积极培育战略科技力量、提升基础研究能力、技术攻关能力和成果转化能力，已取得令人瞩目的成就。展望未来，随着科技创新的不断深入和发展，四川省有望在科技创新领域取得更加辉煌的成就，为区域经济的持续健康发展注入更强劲的动力。

3. 人民健康更有“医”靠

近年来，四川省在人群健康领域取得了引人注目的进步。根据最新统计，2022 年四川省人均期望寿命已达 77.91 岁，相较于 2017 年的 76.90 岁有了显著提升，增加 1.01 岁。这一增长不仅彰显了四川省在卫生医疗事业上的不懈努力，更体现了民众生活质量和健康水平的稳步提高。但这一增长在性别间存在差异，男性人均期望寿命为 75.26 岁，而女性则为 80.99 岁。这种差异可能与社会文化、生活习惯及生理特点等多种因素有关，需要社会各界共同努力，推动男女平等和健康权利的全面实现。

在母婴健康领域，四川省同样取得了显著成就。孕产妇死亡率为 13.09/10 万，婴儿死亡率为 4.17‰，均连续多年低于全国平均水平。居民健康素养水平的提升也是四川省健康事业发展的重要体现。2022 年，四川省居民健康素养水平达到 25.60%，呈现持续上升的趋势。在卫生资源配置方面，四川省同样取得了显著进步。2022 年，全省每千人口拥有执业（助理）医师数达到 3.09 人，每千人口拥有 3 岁以下婴幼儿托位数达到 3 个，

① 《2023 年四川省国民经济和社会发展统计公报》，四川省人民政府网站，https：//www.sc.gov.cn/10462/c106776/2024/3/18/d56cc650ca5b43aeb9a495f2e081f5d0.shtml，2024 年 3 月 18 日。

均提前实现了“十四五”卫生健康发展规划的目标。这标志着四川省在医疗服务可及性和便利性方面取得了实质性进展，为民众提供了更加优质、高效的医疗服务。在疾病防控方面，四川省表现出色。国家免疫规划疫苗报告接种率均保持在90%以上，为预防和控制传染病的发生和传播提供了坚实保障。同时，居民规范化电子健康档案覆盖率达80.75%，高血压、2型糖尿病患者基层规范管理服务率分别为75.81%和74.33%，这些数字均反映了四川省在慢性病管理和防控方面的努力和成效。此外，四川省还积极开展婚前医学检查、孕前优生健康检查和叶酸服用等优生优育工作。全省婚检率为92.91%，目标人群免费孕前优生健康检查覆盖率达98.77%，目标人群叶酸服用率为96.94%。这些措施的实施为降低出生缺陷、提高人口素质奠定了坚实基础。在妇女健康方面，四川省针对宫颈癌和乳腺癌等“两癌”开展了专项检查。据统计，宫颈癌及癌前病变检出率为264.72/10万，乳腺癌检出率为36.64/10万。这些数据的公布不仅提醒广大女性关注自身健康，也反映了四川省在妇女健康保障方面的决心和行动。①

四川省在人群健康领域取得了显著的成绩和进步。这些成绩的取得离不开政府的高度重视和大力支持以及社会各界的共同努力和广泛参与。展望未来，四川省将继续加大投入力度、完善卫生服务体系、提高医疗服务质量，努力为人民群众提供更加优质、高效的健康服务。

4. 文化体育多元融合

“2022中国省市文化产业发展指数”公布，四川综合指数排名居全国第八位，是西部地区唯一进入全国前十的省份。回望过去的五年（2018~2022年），四川在文化设施建设上取得了长足的进步。在艺术表演场馆建设方面，四川从110个扩充至169个，增幅显著，达到53.64%。这一数据的跃升，不仅体现了四川省政府对文化事业的高度重视，更折射出广大民众对艺术表演的热烈向往与期待。随着场馆数量的增加，艺术家们得到了更多展示

① 《2022年我省人群健康状况怎么样》，四川省人民政府网站，https：//www.sc.gov.cn/10462/10464/10465/10574/2023/11/30/d130a79d04904600afd8bf1e33ce123d.shtml，2023年11月30日。

才华的舞台，观众们也得以欣赏更为丰富多彩的文艺演出。同时，博物馆和公共图书馆建设也实现稳步发展。博物馆机构数五年间增加 64 个，增幅达 25.40%。公共图书馆业机构数则从 204 个增加至 209 个，尽管数量增长不多，但服务质量和活动频次却实现了质的飞跃。公共图书馆组织各类讲座次数增加 172 次，增幅为 5.93%，公共图书馆举办展览数也增加 256 个，增幅高达 19.74%（见表 17）。这些活动不仅向公众展示了丰富的文献资源，还为市民提供了更为直观的文化体验。

表 17　四川省 2018~2022 年文化产业发展情况

单位：个，次

指　标	2018 年	2019 年	2020 年	2021 年	2022 年
艺术表演场馆机构数	110	101	125	159	169
博物馆机构数	252	256	258	267	316
公共图书馆业机构数	204	206	207	207	209
公共图书馆组织各类讲座次数	2899	3535	2257	2972	3071
公共图书馆举办展览数	1297	1376	1269	1486	1553

资料来源：国家统计局。

2023 年，三星堆入选首批国家文物保护利用示范区，博物馆新馆建成开放，三星堆文化瑰宝大放异彩。濛溪河遗址和桃花河遗址考古发掘成果，成为皮洛遗址后中国旧石器考古又一重大突破。国家级国际传播最高奖——金熊猫奖永久落户四川，首届评选活动隆重精彩。成功举办中国曲艺节、中国京剧艺术节、中国网络视听大会等国家级文化活动，音乐会、演唱会等城市演艺持续火爆。天府演艺集团挂牌成立，省文化艺术中心竣工投用。川籍运动员在杭州亚运会上获金牌、奖牌数量创历史新高。四川女篮夺得全国联赛、锦标赛冠军。243 个公共体育场馆和体育公园向社会免费或低收费开放，开放数量居全国第一位。举办县级以上赛事活动 7500 多项次，参与群众超 4000 万人次。①

① 《2024 年四川省人民政府工作报告》，四川省人民政府网站，https：// www. sc. gov. cn/10462/11555/11561/2024/2/1/257c937973a045eabd8a537187759691. shtml，2024 年 2 月 1 日。

（六）社会保障体系健全，逐步增进民生福祉

1. 社会保险

社会保障体系是人民生活的安全网和社会运行的稳定器。四川省以健全多层次社会保障体系为统揽，以推进社会保险人人享有为重点，以确保社保基金安全为底线，以提升社保经办服务温度为抓手，统筹推进城乡衔接、普惠共享、安全可控、温暖可及的社保体系建设。城镇职工基本养老保险、城乡居民社会养老保险、城镇基本医疗保险、失业保险、工伤保险参保人数分别从2018年的2543.71万人、3222.40万人、8637.10万人、875.11万人、1012.59万人增加至2022年的3327.21万人、3185.30万人、8393.90万人、1179.02万人、1544.80万人。城镇职工基本养老保险基金收入与支出分别由2018年的2884.24亿元、2532.08亿元增长至2022年的3701.86亿元、3441.09亿元；城乡居民社会养老保险基金收入与支出分别由2018年的246.50亿元、200.30亿元增长至2022年的390.30亿元、243.80亿元；失业保险基金收入与支出均呈现较大波动，2019年及2020年失业保险基金支出大于收入；工伤保险基金收入波动幅度较大，支出呈上升趋势，2020年及2021年工伤保险基金支出大于收入（见表18）。

表18　四川省2018~2022年社会保障情况

单位：万人，亿元

指　标	2018年	2019年	2020年	2021年	2022年
城镇职工基本养老保险					
参保人数	2543.71	2700.32	2830.06	3178.54	3327.21
基金收入	2884.24	2754.94	2662.34	3596.72	3701.86
基金支出	2532.08	2764.18	3104.96	3346.19	3441.09
城镇基本医疗保险					
参保人数	8637.10	8616.90	8591.70	8586.20	8393.90
基金收入	120.40	131.10	135.70	155.50	171.40
基金支出	926.10	107.10	110.80	124.70	132.90

续表

指　标	2018 年	2019 年	2020 年	2021 年	2022 年
城乡居民社会养老保险					
参保人数	3222. 40	3368. 70	3224. 20	3181. 10	3185. 30
基金收入	246. 50	246. 70	313. 90	384. 10	390. 30
基金支出	200. 30	204. 00	212. 50	231. 00	243. 80
失业保险					
参保人数	875. 11	953. 54	1045. 74	1128. 93	1179. 02
基金收入	104. 26	98. 85	53. 93	76. 67	81. 74
基金支出	80. 78	102. 87	134. 37	71. 76	69. 75
工伤保险					
参保人数	1012. 59	1177. 14	1320. 08	1472. 06	1544. 80
基金收入	41. 89	38. 95	23. 38	45. 27	50. 43
基金支出	30. 20	34. 13	34. 31	45. 33	47. 43

注：2012 年 8 月起，新型农村社会养老保险和城镇居民社会养老保险制度全覆盖工作全面启动，合并为城乡居民社会养老保险。

资料来源：国家统计局。

2. 社会救助

社会救助作为保障基本民生的关键环节，承载着促进社会公平、维护社会稳定的重大使命。四川省政府高度重视社会救助工作，通过一系列切实有效的措施，确保困弱群体的基本生活得到有力保障。

首先，为了让困弱群体在节日期间也能感受到社会的温暖与关爱，2023 年四川省财政在中秋国庆双节前夕特别下达了 1. 1 亿元的社会救助救济补助资金。据统计，年内累计下达的社会救助资金已达到 10. 58 亿元，为困难残疾人、重度残疾人等困弱群体提供了有力的经济支持。其次，在提升困弱群体的获得感方面，四川省严格遵循社会救助保障标准动态调整机制，本年度将一、二级重度残疾人护理补贴标准分别提高至 100 元/月、70 元/月。这一举措不仅使受益人数超过 100 万人，而且同比增长率分别达到 11. 1%和 16. 6%，充分体现了政府对提升困弱群体生活质量的重视。最后，在保障困弱群体安全感方面，四川省将社会救助救济补助资金纳入省级直达资金和全省民生实事项目管理，实现了对资金使用发放情况的实时监督。这一举措确保了每一笔救助资金都能及时、足额、精准地直达受益对象手中，从而切实维护了困弱群体的合法权益。

3. 社会福利

经过持续努力，2023 年四川省城乡居民基础养老金以及最低生活保障标准在全国的排名显著提升。在制度层面，已经基本构建起省、市、县、乡四级联动的低收入人口动态监测预警体系，确保了特殊困难人员能够得到及时有效的救助。对于残疾人群体，实行“两项补贴”标准的动态调整机制。此外，城市居家社区“15 分钟养老服务圈”和农村三级养老服务网络的建设已初见成效，孤寡老人关爱行动和失能老人照护行动已经让 200 万困难老年人受益。同时，还为 137.5 万人次的残疾人提供了个性化服务。在托育服务方面，新建和改扩建的普惠性托位数量已达到 1.2 万个。“明眸皓齿、正心立身”健康工程已经让近 900 万未成年人受益。①

（七）乡村振兴多措并举，促进“三农”强基固本

为确保完成全年粮食扩面增产任务，四川重点组织开展落实政策稳面积、强化服务攻单产、创建园区树标杆、粮经统筹增效益、防治灾害减损失、严格考评添动力“六大行动”。针对“创建园区树标杆”“粮经统筹增效益”两大行动，一方面，四川省坚持省、市、县各级粮食园区占比不低于 30%，发挥好 35 个国家级、省级粮食园区引领作用，大力发展“稻香杯”优质稻、青贮饲用玉米、酿酒高粱、高蛋白大豆、加工专用马铃薯等优质粮食生产，着力推动全川粮油结构不断优化。另一方面，四川省拟统筹落实 5.3 亿元财政资金，建设 16 个“以粮为主、粮经统筹、种养循环、五良融合”的现代农业示范区；建设 10 个鱼米之乡示范县；建设 22 个“五良融合”宜机化改造发展示范县，实现“千斤粮万元钱”“吨粮田五千元”，

① 《2024 年四川省人民政府工作报告》，四川省人民政府网站，https：// www.sc.gov.cn/10462/11555/11561/2024/2/1/257c937973a045eabd8a537187759691.shtml，2024 年 2 月 1 日。

促进粮食增产、农民增收。

2022 年，四川省修订《四川省健全防止返贫动态监测和帮扶机制办法（试行）》，进一步简化识别程序，探索建立村级入户核查员制度、突发严重困难户简易识别程序，精准认定监测对象，强化分类帮扶。持续巩固“三保障”和饮水安全成果，对义务教育、基本医疗、住房安全、饮水安全等方面进行持续关注，把握节点，定期排查，防范风险，尤其是持续关注医疗保障和饮水安全中的风险，绝不允许反弹回潮。聚焦易地搬迁安置点抓实后续扶持，强化产业就业帮扶，加快补齐安置点基础设施和公共服务短板。

在脱贫人口增收方面，四川省对脱贫地区原有帮扶产业、帮扶园区、帮扶车间坚持长期培育支持，健全完善联农带农机制，推动脱贫人口发展到户产业，逐步提高脱贫人口家庭经营性收入。依托东西部协作、省内对口帮扶等平台，深化省外省内劳务协作，逐步提高就地就近就业比重，稳住脱贫人口就业规模，确保有劳动力的脱贫家庭至少有一人就业。

2023 年，为全面贯彻落实田长制，积极推进成都平原及全省耕地保护专项整治工作，成功实现耕地面积净增 50 万亩以上，并动态清零撂荒地 4.2 万亩。同时，实施“天府良田”建设攻坚提质行动，以整市整县整片的方式推进，新建并改造提升高标准农田 425 万亩。

为了提升主要粮油作物的单产，在 90 个粮食生产重点县各建成一个万亩高产示范片。这些举措使得全省粮食产量达到 718.8 亿斤，创下了 26 年以来的新高；油菜籽产量更是居全国首位。在生猪产业方面，出台生猪保供稳价的“9 条”措施，并推进生猪产业现代化。因此，生猪出栏量达到 6662.7 万头，位居全国第一，并超额完成了国家下达的任务。秉持大食物观，启动“天府森林粮库”建设。此外，建成国内唯一的省级综合性种质资源中心库，并投入运行国家区域畜禽（生猪）种业创新中心，同时加快了五大种业集群建设。

为了提升农机装备水平，启动农机装备补短板行动，新增农机装备 30 万台（套）。同时，新建 1000 座农产品产地冷藏保鲜设施，还启动“天府粮仓·千园建设”行动，创建了 95 个国家级省级农业园区、21 个产业集群和66个产业强镇。此外，新增2万家家庭农场、300个农民合作社省级示范社和287个基层供销社示范社，从而加快了农业社会化服务体系的构建。①

运用浙江省“千万工程”的丰富经验，已全面启动旨在打造宜居宜业和美丽乡村的建设项目。为此，创建12个具有中国特色的美丽休闲乡村，并着力培育100个省级乡村旅游重点村。在基础设施方面，新改建了1.9万公里的农村公路，并实现乡村“金通工程”车辆数量的显著增长，达到2.7万辆。同时，为了提升农村卫生条件新改建51.2万户农村卫生厕所，乡村水务百县建设也在稳步推进中。

在深化农村改革方面，四川省稳慎推进了1市5县的农村宅基地制度改革试点，这一举措直接拉动了乡村产业投资超过40亿元。此外，四川充分发挥监测、增收、帮扶“三大工作体系”的作用，成功将151.3万脱贫人口纳入兜底保障，并确保所有防止返贫监测对象都得到了有效的帮扶措施。为了支持乡村振兴，对50个重点帮扶县实施全面的特殊支持措施。在区域协作方面，积极推动东西部协作和对口支援工作，实施857个年度帮扶项目，以确保乡村振兴工作的全面推进和务实有效。②

二　新时代四川社会高质量发展面临的新形势与新挑战

当前，全球形势正在经历前所未有的变革。世界格局正在加速调整，新一轮科技革命和产业变革正如火如荼地开展，全球产业链供应链也正在经历一场深刻的重构。在这样的大背景下，我国宏观政策加速发力，为四川省多年积蓄的综合优势和发展潜能提供了释放的契机。四川作为中国的西部重

① 《2024年四川省人民政府工作报告》，四川省人民政府网站，https：// www.sc.gov.cn/10462/11555/11561/2024/2/1/257c937973a045eabd8a537187759691.shtml，2024年2月1日。

② 《2024年四川省人民政府工作报告》，四川省人民政府网站，https：//www.sc.gov.cn/10462/11555/11561/2024/2/1/257c937973a045eabd8a537187759691.shtml，2024年2月1日。

镇，正处在一个“聚势提升”的关键时刻，面临着前所未有的新形势和新任务。

在这个关键的历史节点，四川必须坚定信心，乘势而上。一方面，四川的发展有着深厚的历史积淀和独特的地理优势。丰富的自然资源、优越的地理位置以及日益完善的基础设施，都为四川的发展提供了坚实的物质基础。另一方面，四川也是科技创新的重要高地，拥有一批在全国乃至全球有影响力的高新技术企业。这些企业不仅在科技创新上发挥着引领作用，同时也为四川省经济社会发展提供了强大的动力。

然而，面对全球科技革命和产业变革的新形势，必须清醒地认识到，四川的发展还面临许多挑战。如何在全球产业链供应链重构的大背景下，找到自己的定位，实现高质量发展，是四川未来发展必须回答的问题。为此，需要进一步提升发展质效和规模能级，实现新的突破。

（一）深化改革开放，结构性问题制约高质量发展

2023 年四川省经济状况呈现一些显著的特点和挑战。首当其冲的是工业生产者出厂价格指数（PPI）的下滑。统计数据显示，2023 年四川 PPI 下降了 2.4%，创下了八年以来的新低。这一数据揭示了当前工业生产的疲软态势，以及企业面临的成本压力。投资项目的接续不足也是四川经济面临的一大问题。新开工项目计划总投资下降了 22.6%，这意味着未来的经济增长动力可能会受到制约。这种下降趋势可能源于多种因素，包括市场需求不足、政策调整、资金短缺等。

尽管四川省经济结构持续优化，但第二产业比重的明显下滑却不容忽视。2023 年四川实现地区生产总值 60132.9 亿元，其中第二产业增加值为 21306.7 亿元，增长 5.0%，低于平均水平。这一趋势可能反映了四川省正在向服务业和高技术产业转型，但也暴露出第二产业特别是工业领域面临挑战。

在全社会固定资产投资方面，虽然其实现了 4.4% 的增长，但低于预期目标 2.6 个百分点，主要是房地产投资持续承压下行，拉低全省投资增速。

民间投资增速更是落后于全国水平，民营企业资本活力遭遇外部环境不利和内部动力不足的双重夹击。民间投资信心不足，连续 10 个月降幅超过两位数，这反映出市场主体的担忧和对未来的不确定性。

居民消费预期不足也是一个值得关注的问题。居民平均消费倾向低于 2019 年，这可能是收入增长放缓、就业压力增大、社会保障体系不完善等多种因素导致的。消费作为经济增长的重要驱动力，其不足将给经济复苏和增长带来压力。

造成上述问题的原因主要有以下三个方面。首先，成渝地区双城经济圈建设和“十四五”重大项目建设势头旺盛，但民营企业在此类重大项目中往往占比较低。这可能导致民营企业面临更大的竞争压力，同时也限制了其在经济增长中的贡献。其次，由于生产经营成本上升、市场预期不稳，民营企业投资信心不足，观望情绪较浓。这反映了当前经济环境下，民营企业面临的诸多挑战，如原材料价格上涨、人工成本增加、市场竞争激烈等。这些问题可能导致企业谨慎投资，进一步影响经济增长。最后，企业更多从新建厂房、购置设备、扩大产能的“硬投资”，转向研发创新、软件应用等提高效率的“软投资”。这一转变虽然有利于提升企业的核心竞争力，但也可能导致短期内的投资减少和经济增长放缓。

（二）加强创新驱动，发展动能培育仍然后劲不足

近年来，四川省科技型中小企业和高新技术企业的数量呈现快速增长的态势，这无疑为四川省科技创新发展注入了强大的动力。然而，从研发费用投入、知识产权、科研人员数量、上市情况等核心指标来深入评价科技创新的“含金量”时，却发现质的提升相对缓慢。

从体现创新硬实力的有效发明专利授权量指标来看，2022 年四川省为 5.77 万件，明显低于浙江、江苏、安徽、山东（分别是四川省的 2.53 倍、5.18 倍、1.59 倍、2.25 倍）。首先，虽然四川省在科技型企业数量上有所增长，但研发费用投入的增长却显得不够迅速。创新是一项长期且高风险的投资，没有足够的研发费用投入，就很难保证科技创新的质量和效果。其

次，知识产权是科技创新的重要成果，也是衡量一个地区科技创新实力的重要指标。从四川省知识产权申请和授权情况来看，虽然有一定的增长，但与一些先进省份相比，仍然存在较大的差距。这可能是因为四川在知识产权保护意识、知识产权管理制度等方面还有待加强。因此，四川省需要进一步完善知识产权保护制度，提高知识产权的申请和授权效率，为科技创新提供更好的法律保障。再次，四川省科研人员数量较少，需要进一步完善科研人才培养和引进机制，提高科研人员的待遇和福利，吸引更多的优秀人才投身于科技创新事业。最后，四川省还需要进一步完善科技型企业培育机制，加强资本市场对接，为科技型企业提供更好的融资环境和上市渠道。

加强创新驱动是推动产业升级和结构调整的重要途径。创新是引领发展的第一动力，四川需要紧紧抓住创新驱动这个核心，加大科研投入，提升自主创新能力。在产业升级和结构调整方面，四川应大力发展高新技术产业、绿色经济和现代服务业等新兴产业，逐步淘汰落后产能，优化产业结构。同时，四川还应加强与国内外高校、科研机构的合作，引进先进技术和管理经验，提升产业整体竞争力。

（三）巩固区域合作，企业竞争能力提升亟待加快

推进高质量发展还有许多卡点瓶颈，城乡区域发展仍不平衡，产业能级不高、工业占比较低，实体经济发展困难较多，重点群体就业压力较大，教育、医疗、养老等基本公共服务短板还比较突出，财政、金融、房地产等领域风险不容忽视，极端天气、洪涝干旱、地震地灾等多发频发，生态环境保护、安全生产、耕地保护还需持续用力，统筹发展和安全任务繁重。

在当前经济社会发展的背景下，城乡居民增收难度仍然较大。首先，尽管四川省近年来的经济开始恢复，但增长方式依然以粗放型为主，导致资源配置效率低下，产业附加值不高。这使得城乡居民在分享经济增长成果时，所获得的收益有限。其次，结构性矛盾比较突出，工业化、城镇化水平低于全国平均水平，也是导致城乡居民增收难度大的重要原因。在四川省经济发

展过程中，城乡差距、地区差距等问题一直存在。特别是在一些偏远地区，工业化、城镇化进程相对滞后，导致当地居民就业渠道有限，增收途径不畅。这种结构性矛盾不仅影响了当地经济的发展，也制约了城乡居民的增收空间。最后，就业矛盾进一步加剧也是导致城乡居民增收难度大的重要原因。随着人口红利的逐渐消失，劳动力市场供求关系发生变化，就业压力不断增大。特别是在一些传统行业，由于技术替代和产业升级等，就业岗位不断减少，而新兴行业的发展又不足以完全吸纳这些失业人员。这使得城乡居民在就业市场上面临更大的竞争压力，增收难度进一步加大。城乡居民增收难度仍然较大，这既是经济运行质量不高、核心竞争力不强等宏观因素所致，也与结构性矛盾、就业矛盾等微观因素密切相关。

首先，四川需要积极深化与周边省份的区域合作，共同打造区域经济增长极。在深化区域合作方面，四川可以加强与重庆、贵州等西部省份的联动发展，共同推进西部大开发战略。其次，四川还应积极参与国际经济合作组织，加强与共建"一带一路"国家的经贸往来，拓展国际市场。再次，还需要注重人才的引进和培养，为四川的发展提供强大的人才保障。通过加大教育投入，优化人才结构，吸引更多的高层次人才来川就业创业，为四川省经济社会发展提供强大的智力支持。最后，不能忽视生态环境保护。在发展的过程中，必须坚持绿色发展理念，实现经济发展与环境保护的双赢。通过推广清洁能源、发展循环经济、加强生态环境保护等措施，为四川的可持续发展奠定坚实的基础。

三　新时代四川社会高质量发展的未来

（一）纵深推进双城经济圈建设，促进形成成渝发展新格局

成渝地区是国内大循环的爆发点和新发展格局的重要承载地。立足新发展阶段，纵深推进成渝地区双城经济圈建设是成渝地区融入新发展格局的重要举措。

一方面是协同创新建设重点实验室，聚焦未来产业集群发展，包括未来健康、未来智能、未来能源、未来空间、未来材料等，发力高端产业细分，包括脑机接口、生物安全、智能计算、量子计算、深海探采、高端膜材料等，联合争取一批大平台、大团队、大项目等“国字号”创新资源落户川渝，以重点突破带动川渝区域协同创新体系建设。川渝两地要着力完善合力打造中国西部科学城的体制机制，以西部（成都）科学城、重庆两江协同创新区、西部（重庆）科学城、中国（绵阳）科技城为先行启动区，逐步构建“核心带动、多点支撑、整体协同”的发展态势。

另一方面是协同创新开展关键核心技术攻关。通过实施川渝科技创新合作计划，支持两地创新主体围绕重点产业领域开展关键核心技术联合攻关，同时积极争取国家重点研发项目支持。聚焦“卡脖子”工程和技术，共建智能网联新能源汽车产业、共建全国一体化算力网络成渝国家枢纽节点、联手打造具有国际影响力的电子信息产业集群、高效协同推进现代化产业体系建设，加快构建以智能网联新能源汽车、高端装备制造、电子信息制造、食品及农产品加工等先进制造业为骨干的现代化产业体系。

此外，以新质生产力联动建设川渝国家科技成果转移转化示范区，加速科技成果转化和产业化、建设“一带一路”科技创新合作区、建设川渝毗邻地区融合创新发展带和科创大走廊、推进军民协同创新、实现资源共享、引进高端人才等。

（二）一体推动科技创新进步，加速科研成果转化

要坚持科技创新和科技成果转化同时发力，把技术革命性突破作为关键引领。积极对接国家战略科技力量和资源，强化基础研究，提升原始创新能力，努力在先进核能、航空航天、电子信息、生物医学、新材料等方面实现更多“从0到1”的突破；大力推动产学研用深度融合，深入实施创新型企业培育计划，推动科技与产业供需对接、合理匹配，促进创新链产业链资金链人才链融合发展，让更多科技创新成果从样品到产品、从“书架”到“货架”，努力形成更多现实生产力。

要紧扣国家所需、立足四川所能，坚持工业兴省、制造强省不动摇。四川拥有电子信息、装备制造、食品轻纺、能源化工、先进材料、医药健康六大优势产业，做强做优特色优势产业，加快制造业智能化改造、数字化转型，培育壮大战略性新兴产业，瞄准人工智能、量子科技、第六代移动通信、商业航天、先进核能、智能网联汽车、新型显示等重点领域前瞻部署，抢占未来发展制高点，加快推进三次产业融合发展、相互赋能，不断巩固提升四川在全国产业版图中的位势和能级。

要牢固树立上游意识、强化上游担当，持续用力打好污染防治攻坚战，加强生态系统保护修复，加快建设美丽四川。绿色发展是四川高质量发展的底色，四川是长江黄河上游重要生态屏障，在维护国家生态安全中肩负重大使命。同时，要加快推进经济社会发展全面绿色转型，锚定碳达峰、碳中和目标，统筹推进水风光氢天然气等多能互补发展，推动产业结构、能源结构、交通运输结构绿色转型，构建绿色低碳循环经济体系，加快形成绿色健康生活方式，不断夯实高质量发展的绿色本底。

要更加注重发挥改革的突破和先导作用，坚持目标导向、结果导向、问题导向。发展新质生产力需要构建与之相适应的新型生产关系，必须向改革要动力、向开放要活力。聚焦发挥科技创新引领作用、破除城乡二元结构、优化营商环境等重点难点，持续用力推进全面深化改革，让政府“有形之手”和市场“无形之手”协同发力。要坚定走对外开放合作之路，积极融入和服务构建新发展格局，统筹推进开放大通道、大平台、大枢纽建设，切实巩固外贸外资基本盘，积极培育外贸新业态新模式，加快构筑向西开放战略高地和参与国际竞争新基地，努力在全球范围配置先进生产要素，更好地促进新质生产力发展。

要让人才在发展新质生产力中成为决定性因素。人才是第一资源，只有畅通教育、科技、人才的良性循环，充分激发劳动、知识、技术、管理、资本和数据等生产要素活力，才能更好地体现知识、技术、人才的市场价值，坚持“大人才观”，着眼人才培养、引进、使用、合理流动等各方面各环节，持续优化人才培养模式，整合完善各类引才计划、构建人才梯次招引体系，巩固用好职务科技成果权属制度改革成果，打通科研单位和科研人员成果转化“最后一公里”，充分释放人才创造活力，让各类人才向发展新质生产力流动集聚。

（三）深入推进新型工业化，加快形成新质生产力

结合中国共产党四川省第十二届委员会第三次全体会议通过《关于深入推进新型工业化加快建设现代化产业体系的决定》与省委书记的发言，四川既要统筹好存量优化和增量牵引、规模扩张和质量提升、锻造长板和补齐短板，不断提高产业显示度、品牌价值力和产品的含金量；又要发挥骨干龙头企业“链主”作用，推动中小企业在细分领域“专精特新”发展，形成大中小企业融通、中下游企业协同、内外资企业共生共赢的发展格局。同时，要创新政策要素、技术要素、资本要素供给，推动新型生产要素与实体经济高效耦合、顺畅衔接，不断提高全要素生产率。要促进供给端与需求端“两端”相融、农业工业服务业“三业”互通，推动形成更多技术、业态、产品的新模式。

完整、准确把握方向，全面贯彻新发展理念，服务和融入新发展格局，牢牢把握高质量发展这个首要任务，推进产业智能化、绿色化、融合化发展，着力“扬优势、锻长板，促创新、增动能，建集群、强主体”，建设现代化的工业、农业、服务业和基础设施，构建以实体经济为支撑的现代化产业体系，加快向现代化经济强省全面跃升。

锚定发展特色优势产业和战略性新兴产业主攻方向，聚焦聚力实体经济攻坚突破，加快形成现代化产业体系的主体支撑。突出高质量发展主题，更好地统筹产业发展质量、规模和效益，实现质的有效提升和量的合理增长；突出工业当先、制造为重，大力实施制造强省战略，推动韧链强群融合发展，加快形成现代化工业发展新格局；突出创新驱动引领，一头抓国家战略科技力量建设，一头抓产业技术创新和全社会创新创造，打造产业备份基地；突出能源、矿产等战略性资源科学开发利用，依托重点骨干企业培育特色优势产业，着力把资源优势转化为发展优势。

（四）加大制造业支持力度，扶持民营企业优质发展

为了夯实民营经济的基底，需要从多个方面发力，大力“挖潜能”，加大对第二产业特别是制造业的支持力度。政府应出台更多优惠政策，降低企业成本，提高市场竞争力。同时，还应前置机会清单，扩大民间投资发展空间，吸引更多民间资本进入制造业领域，激发市场活力。

要聚焦“新动能”，深化改革创新，培育竞争优势。在科技创新方面，鼓励引导民营企业加大投入，加强产学研合作，推动科技创新成果转化应用。在金融服务方面，要提升金融供给服务水平，满足民营企业多元化的融资需求。在外贸方面，要激发民企外贸活力，支持企业拓展国际市场，做大进口业务。

此外，还要实施企业培育成长计划，促进民营企业做大做强。引导第三方机构在质量、品牌、安全、法律、股权、税务、用工、财务等方面为民营企业提供低成本、有保障的专业服务。同时，引导民营经济积极融入数字经济、直播经济等新模式新场景，以高品质供给积极带动城乡消费回补和市场繁荣。

专题一：高质量发展

B.2

四川行业协会商会服务高质量发展研究

曾旭晖　曾　淇*

摘　要：　在新发展格局下实现高质量发展对行业协会商会提出了新要求，也带来了新挑战。四川省行业协会商会的脱钩改革工作基本完成后，在服务高质量发展过程中，已形成多渠道凝聚行业力量、多途径维护行业秩序、多平台带动会员企业、多方面履行社会责任等可供借鉴的经验，但依然面临发展势能、治理效能、赋能支持、综合监管等方面的不足，需要通过完善党建引领工作、健全制度安排体系、优化政策支持结构、建立长效互动机制等路径持续优化。

关键词：　行业协会商会　高质量发展　新发展格局

* 曾旭晖，四川省社会科学院农村发展研究所研究员，研究方向为社会治理；曾淇，四川省社会科学院，研究方向为社会治理。

行业协会商会是成熟市场经济国家普遍存在的一种促进经济领域各类互益性活动并提供相应公共服务的社会经济组织形式。改革开放以来，我国行业协会商会发展迅速，与政府、企业构成了有机的三边关系，表现在行业协会商会居于政府和市场的中介和服务地位，有效弥补了政府作为“公序”进入市场、行业的不足，并促进社会治理。[①] 在新发展格局下实现高质量发展，对行业协会商会提出了新的要求。本报告重点分析四川行业协会商会在服务高质量发展方面的基本情况及主要做法，并提出针对性的政策建议。

一　新发展格局下行业协会商会的新定位

推动高质量发展与构建新发展格局相辅相成、相互促进、共同提升，构建新发展格局是推动高质量发展的目标所向，推动高质量发展是构建新发展格局的行动所在。党的二十大报告指出：“高质量发展是全面建设社会主义现代化国家的首要任务……要坚持以推动高质量发展为主题……推动经济实现质的有效提升和合理增长”，要加快构建新发展格局。[②]

新发展格局对行业协会商会提出了服务高质量发展的要求。《中华人民共和国国民经济和社会发展第十四个五年规划和 2035 年远景目标纲要》就提出，要“培育规范化行业协会商会”，“深化行业协会、商会和中介机构改革”。[③] 当前，在高质量发展的要求和行业协会商会脱钩改革的背景下，我国行业协会商会总体上不再依附于政府，走向社会化、市场化，形成“自治”和“竞争”新格局，推动服务高质量发展。[④] 然而，脱钩改革也使

① 周俊、赵晓翠：《行业协会商会与政府共治的多元模式及其适用性》，《治理研究》2022 年第 4 期。

② 习近平：《高举中国特色社会主义伟大旗帜　为全面建设社会主义现代化国家而团结奋斗——在中国共产党第二十次全国代表大会上的报告》，《人民日报》2022 年 10 月 26 日。

③ 《中华人民共和国国民经济和社会发展第十四个五年规划和 2035 年远景目标纲要》，2021 年 3 月 12 日。

④ 为加快转变政府职能，充分发挥行业协会商会的作用，国务院着力推进政会“四脱钩”改革，即要求行业协会商会从职能、机构、工作人员、财务等方面与政府及其部门、企事业单位脱钩。到 2020 年底，全国性和地方性行业协会商会脱钩改革基本完成。

行业协会商会面临职能“空间”狭窄、与政府合作可持续性弱、工作人员稳定性差、市场适应性低等问题。行业协会商会对构建新发展格局、推动高质量发展发挥重要促进作用，其面临的机遇与挑战并存，因此如何持续改进完善治理结构，明确行业协会商会的定位，推动其有效服务高质量发展，仍是一个有待探索的课题。

二　四川省行业协会商会发展基本情况

（一）四川省行业协会商会概况

四川省将行业协会商会作为社会组织的一个类别进行管理。2014 年，省民政厅出台了《四川省行业协会商会类科技类公益慈善类城乡社区服务类社会组织直接登记暂行办法》，对行业协会商会类、科技类、公益慈善类和城乡社区服务类等四类社会组织的概念和业务范围做了界定，认为行业协会商会类社会组织是指“由同一经济领域为维护会员共同利益资源组成，从事行业自律、行业服务、行业培训、行业资讯等活动的社会团体”①。

根据党中央、国务院关于行业协会商会与行政机关脱钩改革的决策部署，四川省于 2016 年 6 月出台了《四川省行业协会商会与行政机关脱钩实施方案》，2016~2018 年先后开展三批脱钩改革试点，并于 2019 年 11 月开始在全省以“五分离、五规范”为重点全面推开脱钩改革。据统计，2019 年四川省纳入脱钩改革的行业协会商会共 4674 个（省级 386 个、市级 1483 个、县级 2805 个）②；转接社会组织党组织 32 个、新建党支部 33 个，党员数量从 2017 年的 65 人迅速增长至 355 人。到 2020 年底，3967 个行业协会商会全面完成脱钩改革，基本完成全面推进行业协会商会与行政机关脱钩改革任务。

① 四川省民政厅：《四川省行业协会商会类科技类公益慈善类城乡社区服务类社会组织直接登记管理暂行办法》（川民发〔2014〕169 号），2014 年 12 月 1 日。

② 四川省民政厅：《我省行业协会商会脱钩改革工作基本完成》，2021 年 4 月 27 日。

脱钩改革后，四川省行业协会商会去行政化进程取得重大进展，其作用发挥日渐凸显，数量稳步增长，功能逐步拓展，集中发挥了服务政府、服务行业、服务会员、服务社会的作用。2020 年，四川省出台《四川省行业协会商会综合监管实施意见》，要求规范脱钩后行业协会商会和直接登记的行业协会商会行为，促进四川省行业协会商会成为依法自治的现代社会组织，[①] 为服务构建新发展格局、推动高质量发展做出巨大贡献。但针对行业协会商会的特定社会组织如何在脱钩改革后发展自身、融入新时代的研究较为缺乏。

（二）四川省行业协会商会分布特征的问卷调查

为了充分掌握四川省行业协会商会基本分布特征，四川省民政厅与四川省社会科学院于 2023 年联合开展了一次问卷调查，该项调查以问卷星电子问卷形式向全省范围内的行业协会商会负责人随机发放，并通过问卷星回收，共获得有效问卷 599 份，以下分析主要依据这次调查的数据。

1. 地域层面，成都集聚优质资源

成都市行业协会商会共 241 家，占总数的 40.23%，且拥有 91.91%的国家级或省级行业协会商会，只有 11 家（约 8%）分布在其他市（州）（见表 1）。

表 1　成都及其他市（州）行业协会商会的数量与级别分布

单位：家，%

类目	总数	总数占比	省/国家级数量	省/国家级占比
成都市	241	40.23	125	91.91
其他市(州)	358	59.77	11	8.09
合计	599	100.00	136	100.00

资料来源：四川省行业协会商会问卷调查。

① 黄进、罗华兰：《四川社会组织的发展历程》，载黄进主编《四川社会组织发展报告（2022）》，社会科学文献出版社，2022，第 1~23 页。

2. 类别层面，分布不均衡

首先表现为协会和商会的组织类别不均衡，全省协会共有 482 家，商会 117 家，分别占比 80.47%和 19.53%（见表 2）。

表 2　四川省协会商会组织类别分布

单位：家，%

组织类别	数量	占比
协会	482	80.47
商会	117	19.53
合计	599	100.00

资料来源：四川省行业协会商会问卷调查。

其次是协会商会内部行业类别不均衡。直接服务经济发展类行业协会商会有 262 家（占 43.74%），涉及公共事业或社会事业类行业协会商会有 267 家（占 44.57%），另有 70 家属于综合类行业协会商会（见表 3）。此外，新兴重点发展的产业（如信息传输、软件和信息技术服务业）占比较低（只有 10 家，占 1.67%）。

表 3　四川省行业协会商会行业分布情况

单位：家，%

行业类别	数量	占比
直接服务经济发展类	262	43.74
公共事业或社会事业类	267	44.57
综合类	70	11.69
合计	599	100.00

资料来源：四川省行业协会商会问卷调查。

最后是组织内部级别分布不均衡，获得社会组织评级的协会商会非常少。被评为 3A 级及以上的行业协会商会仅有 31 家，占 5.18%。还有 131 家被评为 1A 级和 2A 级。另外 437 家（约占 73%）协会商会尚无等级。136

家国家级或省级协会商会中，获得社会组织评级的绝对数量较少，只有 46 家（占 33.82%），其中获得 3A 级及以上的仅有 3 家，比例甚至低于市级和县乡级协会商会（见表 4）。

表 4　四川省社会组织评级与不同级别协会商会分布

单位：家，%

组织级别	总数		省/国家级		市级		县乡级	
	数量	占比	数量	占比	数量	占比	数量	占比
1A 级和 2A 级	131	21.87	43	31.62	76	23.24	12	8.82
3A 级及以上	31	5.18	3	2.20	17	5.20	11	8.09
无等级	437	72.95	90	66.18	234	71.56	113	83.09
合计	599	100.00	136	100.00	327	100.00	136	100.00

资料来源：四川省行业协会商会问卷调查。

除此之外，四川省行业协会商会还整体表现出监管权责不明、会员数量少、少数级别较高、地理位置较好、直接服务经济发展类行业协会商会贡献更大等特点。可以说，全省行业协会商会总量虽然较多且发挥了重要的作用，但发展不平衡不充分、发展势能不足的问题比较严重，亟待建立健全更加完善科学的制度体系，努力推动四川省行业协会商会服务高质量发展。

三　四川行业协会商会服务高质量发展的主要做法

四川省行业协会商会在脱钩改革后，与政府职能有效分离，内部治理更加清晰，其发展和管理有更大空间，集中精力凝聚行业力量、维护行业秩序、带动会员企业和履行社会责任，在推动高质量发展方面形成行业协会商会的经验做法。

（一）多渠道凝聚行业力量

1. 搭建招商平台，服务产业发展

四川省行业协会商会通过搭建经贸平台、办会办展、组织交流考察等活

动，积极协助各级政府开展招商引资，并开设异地商会，服务各级政府开展区域间的招商引资。如宜宾市智能制造行业协会通过举办招商推介会、投资合作恳谈会、行业峰会等，协助引进延链、补链、强链企业，培育百亿企业，协助打造校企合作基地，培育省级成果转化基地。

2. 融入国家战略，寻求合作共赢

四川省行业协会商会积极响应“一带一路”“万企出国门”等方针政策，与国外商会建成友好商会，并组织国内外考察。此外，为促进成渝地区双城经济圈建设，推动两地深度融合，四川省行业协会商会与重庆地区行业协会商会达成《汇聚双城商协会力量共促成渝经济圈建设》系列合作，率先搭建起成渝协作的社会组织桥梁。如资阳市工商联通过承办双城经济圈商会合作峰会签约投资项目，四川省房地产业协会联合重庆市房地产业协会建立“川渝两地房地产展示平台”等。

3. 反映行业情况，提供决策参考

四川省行业协会商会积极反映行业情况和诉求，通过参与法律法规政策文件修订、开展行业统计和行业调查、向政府部门提出政策建议等方式，为相关法规和政策的出台提供参考。如四川省银行业协会参与制定了《商业银行法》和成都市《关于进一步加快建设国家西部金融中心的若干意见》；四川省钒钛钢铁产业协会自 2014 年以来，向国家有关部门、四川省委和省政府、省参事室、省级相关部门报送提案、议案、专题报告 100 余份。

（二）多途径维护行业秩序

1. 参与标准制定，规范管理体系

四川省行业协会商会坚持参与标准制定，提升行业整体产品和服务质量。如四川省珠宝玉石首饰行业协会制定《贵金属、珠宝玉石首饰专卖店（专柜）等级划分规范》，开创国内标准化管理先例；绵阳市行业协会商会在社会管理、社会服务、专项技术等方面制定地方标准和团体标准，优化管理环境、减轻管理负担。

2. 协助落实政策，增强纾困质效

四川省行业协会商会积极向政府有关部门反映行业困难情况，并通过减免、降低、取消、规范涉企收费等方式协助政府部门落实落地相关纾困政策，减轻企业负担。如四川省特种设备安全管理协会向国家和省政府反映电梯行业税收问题，减轻四川省客运索道运营和使用单位税赋；南充市行业协会商会通过规范收费行为、调整会费档次、降低会费标准、主动减免服务性收费等为企业减负。

3. 倡导行业诚信，推动自律建设

四川省各行业协会商会积极倡导行业自律公约，通过发布行业自律宣言、推进行业诚信体系建设等形式，加强行业管理、规范行业发展。如四川省房地产业协会先后倡导发布《诚信宣言》《诚信自律公约》《行业自律公约》，并开展诚信评价工作；泸州市民营医院协会通过公布《社会办医院和医务人员“信用+综合监管”信用评价结果运用倡议书》，着力推进行业诚信体系建设，规范行业发展。

（三）多平台带动会员企业

1. 充分整合资源，提供合作舞台

四川省各行业协会商会通过网络平台、会议宣讲、展览推介会等方式，整合对接各种资源，为会员单位提供展示和合作舞台。如四川省电子商务协会以电商推动内外贸网络交易；四川省服装商会举办西部服装博览会，邀请西部地区部分服装服饰行业协会商会及企业品牌参展。

2. 调解内部纠纷，维护合法权益

四川省行业协会商会通过积极搭建维权服务平台、联合应诉等方式调解行业内部出现的矛盾与纠纷。如南充市物业管理协会开创“郑哥说物业”栏目，为市民宣传梳理物业管理政策法规，减少或帮助解决在管理与服务工作中出现的纠纷；2022 年四川省调味品协会、四川省火锅协会、四川省律师协会、重庆市食品工业协会、重庆市火锅协会等 10 余家川渝相关行业协会商会，牵头发起联合应诉“青花椒”商标案件，挫败“碰瓷式维权”。

3. 开展能力培训，提升整体素质

四川省行业协会商会通过非学历社会化培训考评、法律技术政策等信息共享与咨询、学习交流调研等方式提升行业的整体素质。如宜宾市智能制造业行业协会以任务清单的形式为管委会提供相关产业的决策咨询服务，通过专家专题讲座、培训会等形式全方位、个性化为企业提供政策宣传、解读、运用服务。

（四）多方面履行社会责任

根据调查，四川省各行业协会商会是履行企业社会责任的一支重要且活跃的社会力量，在密切配合政府的同时，也推动会员企业积极参与脱贫攻坚、乡村振兴、社会救济、疫情防控、稳岗就业、促进共同富裕等中心工作，在履行社会责任、确保社会和谐稳定方面发挥着重要作用。

1. 服务稳岗就业

各行业协会商会立足发展实际，加大招聘专职人员力度，积极设置专业岗位或实习岗位。省民政厅牵头组织“社会组织招聘活动”，各行业协会商会及会员企业积极响应，通过招聘会、对接会等方式向社会发布就业岗位需求，帮助企业吸纳就业人员。如四川省劳务开发协会通过与全国各大企业对接，以国企定向班形式输送学员。

2. 服务乡村振兴

为响应省民政厅、省乡村振兴局《四川省“十四五”时期动员引导社会组织参与乡村振兴工作实施方案》，多家行业协会商会与国家级、省级乡村振兴重点县建立精准结对、定责帮扶关系，并定期开展产业振兴、民生保障、消费扶贫、乡村专场招聘会等基层服务活动。如四川省医药行业协会在全省 48 个村种植中药材，带动农民稳定增加收入。

3. 服务社会救济

各行业协会商会在慈善公益、关爱青少年等抗击自然灾害和爱心公益事业方面参与力度大，如通过捐款捐物、参与慈善公益捐赠、积极组织抗震救灾等方式为社会救助贡献力量，展示责任担当和家国情怀。

四　四川行业协会商会服务高质量发展面临的困境

当前，四川省行业协会商会不断革新，在规范化和专业化方面成效明显，但在高质量参与营商环境优化、服务构建新发展格局等方面还面临诸多挑战和约束。

（一）分布不均衡，发展势能不足

首先，地域、行业分布不平衡，作用发挥不充分。全省行业协会商会中超过九成的省级行业协会商会驻地选在成都，存量减少、增量不新，且某些行业的协会商会组织过多，功能重叠。其次，总体呈现“小弱散”的特点。“小”体现在会员数量少、覆盖率低；“弱”体现在行业协会商会数量少、服务能力差、人才少、会费收入不足；“散”体现在多数行业协会商会是文体类、娱乐类社团，未聚焦到经济发展领域。

（二）组织不完善，治理效能不足

一是内部机构设置不规范，个别行业协会商会存在会员大会、理事会、监事会制度不健全，或机构设置不规范等现象。二是内部治理机制不健全，部分行业协会商会对会员和理事的权威性、震慑力不足，且协会内部存在协调互动、内部监督及责任追究机制缺失等问题。三是党建业务融合不充分，有的行业协会商会的功能性党组织运行欠缺，党组织参与行业协会商会重大决策落实不到位，行业协会商会与党组织双方负责人联动融合未形成制度性安排，存在党建与业务工作脱节现象。

（三）政策不充分，赋能支持不足

一是购买服务政策落实不到位。由于与政府在公共服务领域需求不匹配，或缺乏公开透明的交易、评估和监管平台，不少行业协会商会承接政府服务未成体系。二是支持引领政策效能不足。各地各部门缺乏与产业发展战略关联的培育规划，对重点行业协会商会引领不足，与服务高质量发展对行业协会商会的要求不匹配。三是纾困支持政策衔接不够。首先，国家和地方层面针对行业协会商会的立法工作滞后；其次，在税收、金融、人才建设等具体政策支持方面尚未形成有效衔接并及时转化为政策红利。

（四）登管不统一，综合监管不足

首先，管理基础薄弱导致监管乏力。一方面，全省从事社会组织登记管理人员数量少、专业素养不高，未能有效开展执法监督工作；另一方面，业务主管单位、党建工作机构和有关职能管理部门在社会组织的双重管理体制下，参与实施综合监管的协调难度大。其次，顶层制度滞后导致监管缺位。在当前行业协会商会仍属于社会组织管理的制度体系下，政府与行业协会商会之间缺乏有效的衔接、协调、合作机制，未突出行业协会商会的行业属性和经济属性。最后，登记管理分离导致监管错位。部分行业协会商会存在无业务主管单位、前置审核与登记工作对接不畅的现象，会造成对会员单位后续管理难度加大的隐患。

五　四川行业协会商会服务高质量发展优化路径

行业协会商会是中国式现代化的重要力量，是服务推进高质量发展的重要抓手和有力助手。今后一个时期，四川省行业协会商会应充分利用自身紧密联系市场和企业的优势，坚定不移走中国特色社会组织发展之路，服务四川省制造业、农业、服务业高水平发展。

（一）服务政治站位，完善党建引领工作

一是明确行业协会商会党建工作的重要性。应认真学习贯彻习近平总书记关于脱钩行业协会商会党建工作的重要指示批示，认真履行全国性社会组织党建工作的职责使命，把行业协会商会党建工作作为一项重要政治任务，纳入党建工作总体布局持续推进。

二是理顺现有党建工作体制机制，探索推进嵌入式党建新模式。实现党组

织应建尽建，加大在专职人员中发展党员力度，推动党建全过程嵌入、引导和监督行业协会商会的业务活动各环节，形成“党建+业务”的党建工作新格局。

三是加强党建工作各项保障。充分发挥党组织优势，将行业协会商会党建人才纳入人才培养体系，针对功能性党组织设计出台优化管理措施，明确建设标准与管理流程并给予专项政策支持行业协会商会党建活动阵地建设。

（二）优化外部环境，健全制度安排体系

1. 构建经济服务体系

在国家战略、区域发展、产业发展、行业发展、地方发展等方面给予行业协会商会以制度支持。发挥地方行业协会商会服务地方特色经济发展的作用，以服务成渝地区双城经济圈建设为总牵引，推进行业协会商会科技协同创新、现代产业协作共兴共融。鼓励支持龙头企业整合资源，以产业集群发展战略培育壮大关键领域行业协会商会实力。鼓励行业协会商会参与制定有关标准和政策法规，主动协调和化解行业内外的纠纷，推动传统产业转型升级和战略性新兴产业培育。

2. 健全社会服务体系

助力实施乡村振兴战略，引导行业协会商会开展产业针对性帮扶，带动会员企业参与“一企一村”行动。助力推动就业创业，通过各种形式主动提供就业对接服务，创新人才培养模式。助力提升民生福祉，鼓励行业协会商会及会员单位积极参与公益行动和公益慈善事业，并推动会员单位设立各类基金或信托，助推实现共同富裕。

3. 完善法律法规制度体系

第一，建立健全多元治理主体的工作协同制度，推动各政府职能部门形成规范有序的监管协作机制，缓解脱钩改革后监管过程中出现的松散分割孤立等问题。第二，制定发展规划，建立党建指导、登记、管理、执法、服务的全周期监管制度。第三，推动建立行业协会商会信用承诺制度，推进行业自律和监管执法良性互动。第四，推进立法建设，推动省级层面针对行业协会商会发展的立法工作，强调行业协会商会的经济性、社会性和公益性。

（三）重视内部治理，优化政策支持结构

首先，出台促进行业协会商会发展的政策措施，加强政策创新。畅通支持行业协会商会发展的政策落地机制，加大赋权、赋能扶持力度，帮助行业协会商会壮大自身实力，增强对企业的吸引力和服务能力。

其次，优化行业协会商会承接政府购买服务机制，探索构建有效的政策激励机制。政府部门应邀请行业协会商会参与提供服务，实施专业人才培养支持行动，并给予相关人才优惠政策，完善社会组织等级评估制度，对发挥作用较好的行业协会商会给予奖补。

最后，进一步健全行业协会商会的法人治理结构。建立自律公约和内部激励惩戒机制，加强社会监督以提高公信力，更多参与到区域经济社会发展的工作流程和制度中，提升权威性、专业性。

（四）坚持协同合作，建立长效互动机制

1. 在行业协会商会与政府及企业关系方面

一是明确行业协会商会的定位，强化行业协会商会服务国家、行业、社会的意识和能力，与政府和社会形成协同治理的局面。二是立足产业发展特点和重点进行调查研究，以行业协会商会发展问题为主纳入党委、政府的高质量调研报告和政策建议。三是营造新型政会企关系，引导政府官员与企业家通过行业协会商会建立“亲”“清”关系，鼓励企业积极与行业协会商会合作，鼓励政府对行业协会商会作为独立主体实现购买服务的间接支持，引导行业协会商会利用资源优势为政府部门提供决策咨询与专业支持。

2. 在行业协会商会之间的关系方面

一是注重信息化治理，实施联盟化、品牌化和精细化战略。行业协会商会应以数字化治理手段探索新的商业模式，适应新情况、新变化、新要求，打造线上线下相结合的综合信息管理平台，延伸价值链和拓展市场渠道。二是参照现代化企业管理模式，实现行业协会商会跨地区、跨行业联盟化运营，构建战略导向的品牌培育管理体系，实现内部治理和服务职能精细化。

B.3
四川省教育资源与卫生健康发展形势*

龙兴云　方雨桐**

摘　要：　健康与教育是人力资本积累的不同方式，是人力资本诸多形成方式中最重要的两种，也是实现中国式现代化、支撑人口高质量发展的重要力量。本报告以四川统计年鉴数据和中国统计年鉴数据为分析基础，对教育资源和卫生健康的发展变化进行解读，分析总结近年来四川省教育资源与卫生健康发展状况。近年来，四川省对教育与公共健康的投入力度不断增大，人口的受教育水平和健康水平稳步提高，呈现良好的发展态势。但进入由人口总量问题转向为人口结构问题的新时期，还需要促进人口的质量提升与人口结构的优化调整，推进全体人民共同富裕。

关键词：　人力资本理论　教育资源　健康状况　四川

一　引言

健康不仅是个体全面发展的基础，也是经济发展的目标之一、人口质量的重要构成部分，投入公共健康资源、推进健康中国建设有利于提高国民素

* 本文为国家社科基金重点项目“青藏高原农牧民共同富裕的阶段目标、实施路径与重点任务研究”（22ADZ021）和四川省哲学社会科学规划重大项目“四川促进共同富裕的实现路径研究”（SC22ZDYC13）的阶段性成果。

** 龙兴云，四川省社会科学院社会学研究所助理研究员，研究方向为人口学、青少年教育；方雨桐，四川省社会科学院，研究方向为人口学。

质、提高人口质量，推动人口高质量发展、实现全体人民共同富裕。党的二十大报告指出，“教育是国之大计、党之大计”，党中央、国务院反复强调“科教兴国”的重要性，要促进人口的质量提升与人口结构的优化调整，带动经济社会发展与生产力发展，实现全体人民共同富裕。

在我国经济发展进入新时代之后，高质量发展成为当下乃至今后经济发展的基础性与关键性目标，人力资本作为科技创新与社会进步的主要动力，越来越受到社会各界的关注。

人力资本理论的提出可以追溯到18世纪，亚当·斯密（Adam Smith）在其1776年出版的《国富论》（*The Wealth of Nations*）中提出了初步的人力资本概念。西奥多·舒尔茨（Theodore Schultz）发表《人力资本投资》，宣告现代人力资本理论的诞生。人力资本理论认为人力资本由凝聚在劳动者身上具有经济价值的知识、技术、能力和健康素质构成，是劳动者质量的反映。影响人力资本形成的因素是多方面的，其中受教育程度与健康状况是决定劳动者人力资本拥有量的两个关键因素。早在1961年，西奥多·舒尔茨就提出教育的投入、健康的改善也是人力资本积累的一种方式。

人力资本理论在时代变迁中不断发展，对经济、社会以及人的发展都产生了极其深远的影响，为我国人力资本理论的研究和人才队伍的建设提供了有益的探索与借鉴。提升人口质量，尤其是提高劳动力的受教育水平和健康水平具有重要的意义。健康直接影响劳动力人口的身体素质，而智力资本是人力资本的核心，教育是生产智力资本的主力军。现如今，社会关注的重点由原来的经济社会发展总量逐渐转向全面、高质量的发展，而教育人力资本与健康人力资本的产出水平也与日俱进，提升教育人力资本与健康人力资本以实现经济又好又快的发展对社会具有重要的现实意义。

分析四川省教育资源与卫生健康发展状况和变动趋势，对了解四川省教育人力资源和健康人力资源的投入情况具有现实意义。因此，本报告以四川统计年鉴数据和中国统计年鉴数据为分析基础，对教育资源和卫生健康的发展变化进行解读，分析总结近十年来四川省教育资源与卫生健康发展变化状况。

二　四川省教育资源与人口受教育水平概况

（一）公共教育资源的分布与变化

根据《四川统计年鉴2023》，截至2022年底，四川省共有幼儿园12869所，普通小学学校5213所，普通初中学校3353所，普通高中学校809所，中等职业教育学校363所，普通本（专）科学校134所。

成都市作为四川省的省会城市，教育资源丰裕，各类学校数量较多(见表1)。不同种类教育资源地区分布有所不同。可以看到，少数民族人口较多的阿坝藏族羌族自治州、甘孜藏族自治州与凉山彝族自治州的教育资源与其他地区的差距缩小，说明国家对少数民族地区的公共教育资源投入已经取得成效。

表1　2022年四川省各市（州）各类学校数

单位：所

市(州)	幼儿园	普通小学学校	普通初中学校	普通高中学校	中等职业教育学校	普通本(专)科学校
全　省	12869	5213	3353	809	363	134
成都市	2821	636	467	175	83	58
自贡市	455	104	115	23	8	3
攀枝花市	173	55	41	14	4	3
泸州市	685	194	185	29	16	7
德阳市	394	205	108	25	16	9
绵阳市	794	331	129	36	21	11
广元市	292	254	114	24	11	3
遂宁市	466	176	107	31	10	1
内江市	545	223	123	40	16	4
乐山市	621	207	136	29	18	3
南充市	655	266	346	60	29	7
眉山市	416	171	137	28	16	6

续表

市(州)	幼儿园	普通小学学校	普通初中学校	普通高中学校	中等职业教育学校	普通本(专)科学校
宜宾市	876	294	230	41	16	2
广安市	610	157	226	41	26	1
达州市	635	257	304	52	28	3
雅安市	283	128	51	16	8	2
巴中市	299	182	174	43	9	1
资阳市	395	149	164	32	7	3
阿坝藏族羌族自治州	259	203	34	17	4	2
甘孜藏族自治州	375	304	36	14	3	2
凉山彝族自治州	820	717	126	39	14	3

资料来源：四川统计年鉴。

2010~2022年，四川省幼儿园数量有所增加，小学学校数量、普通中学数量和中等职业学校数量有所减少，这可能与不同阶段的学龄人口变化有关。值得注意的是，13年间，特殊教育学校数量持续增加，这说明四川省重视对学龄人口中特殊人群的教育，从行动上帮扶支持这一社会弱势群体，创造特殊人群友好的教育环境。同时，四川省高校数量也持续增加，这一方面与近年来持续增加的高中毕业人数相关，另一方面也说明四川省重视高等教育的发展与本土人才的培养（见表2）。

表2　2010~2022年四川省各类学校数

单位：所

年份	特殊教育学校	幼儿园	小学	普通中学	中等职业学校	普通高等学校
2010	100	9483	9282	4738	679	93
2011	107	10162	8847	4704	656	94
2012	113	10794	8586	4643	630	99
2013	119	11759	7257	4630	595	103
2014	122	12111	6959	4633	568	107

续表

年份	特殊教育学校	幼儿园	小学	普通中学	中等职业学校	普通高等学校
2015	124	12365	6487	4590	550	109
2016	125	12903	5981	4555	526	109
2017	127	13243	5721	4476	520	109
2018	128	13396	5730	4484	508	119
2019	129	13568	5725	4513	497	126
2020	132	13752	5679	4469	493	132
2021	135	13407	5443	4328	482	134
2022	137	12869	5213	4162	463	134

资料来源：四川统计年鉴。

（二）不同受教育程度人口的变化

1. 文盲率显著下降，且呈现性别差异

根据全国历次人口普查可知，第二次至第七次人口普查中，全国的文盲率分别为 33.58%、22.81%、15.88%、6.72%、4.08%、2.67%，四川省全省文盲率分别为 39.96%、24.49%、13.6%、7.64%、5.44%、3.98%，说明四川省在 1964~2020 年文盲率显著降低、人口素质稳步提升，与全国的差距不断缩小。

根据中国统计年鉴，2012~2022 年四川省文盲率总体呈下降趋势，且在近几年间稳步下降（见图 1）。其中，女性文盲率高于男性文盲率 2 个百分点左右。根据中国统计年鉴的数据，2012~2022 年，受教育程度为小学的男性与女性数量基本相当，但 11 年间受教育程度为初中、高中的男性约占 54%，女性约占 46%，可能是人口性别比失衡的情况在学龄人口间的反映。

2. 各类受教育程度的人口变化

表 3 显示，2012~2022 年，文盲率下降，不同受教育程度的人口比例也发生不同的变化。受教育程度为小学的人口比例变化较小，受教育程度为初中的人口比例有所下降，受教育程度为高中的人口比例略有提升。值得注意

图 1　2012~2022 年四川省文盲率变化

资料来源：中国统计年鉴。

的是，在文盲率下降的同时，接受高等教育的人口比例有所增加，这说明四川省各类受教育程度人口的结构在 11 年间发生了可喜的变化，对公共教育资源的投入取得了成效，人口受教育水平稳步提高，人口总体素质得到了有效提升。

表 3　2012~2022 年四川省各类受教育程度的人口占总人口的比例

单位：%

年份	未上过学	小学	初中	高中	大专及以上
2012	6.90	32.97	37.08	13.13	9.92
2013	6.89	35.58	33.76	13.24	10.54
2014	7.29	34.82	35.02	13.81	9.06
2015	8.15	33.30	33.91	13.65	10.99
2016	8.44	32.62	36.22	13.73	8.99
2017	7.23	32.79	34.35	14.94	10.69
2018	7.60	32.90	32.10	14.49	12.92
2019	7.01	32.57	31.55	14.74	14.14
2020	5.20	33.15	33.42	14.14	14.10
2021	5.08	31.75	31.21	15.47	16.49
2022	4.97	32.69	30.74	14.67	16.93

资料来源：中国统计年鉴。

3. 受高等教育人口比例增加，且男女比例逐渐持平

根据全国历次人口普查可知，第二次至第七次人口普查中，四川省每10万人中具有大专及以上文化程度的人口分别为284人、417人、925人、2470人、6675人、13267人，高学历人口数量不断增加，且分布不均，成都市是四川省最主要的高学历人口聚集地。近年来，四川省高学历人口仍呈持续增加趋势，但增速有所放缓（见图2）。根据图3，受过高等教育的人口中，男女比例由男性占比偏高过渡到男女比例相对持平且较为稳定。

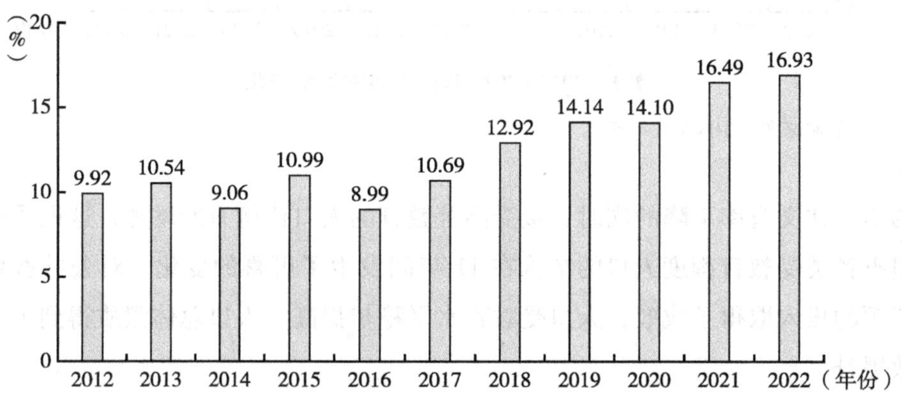

图2　2012~2022年四川省受教育程度为大专及以上的人口占比

资料来源：中国统计年鉴。

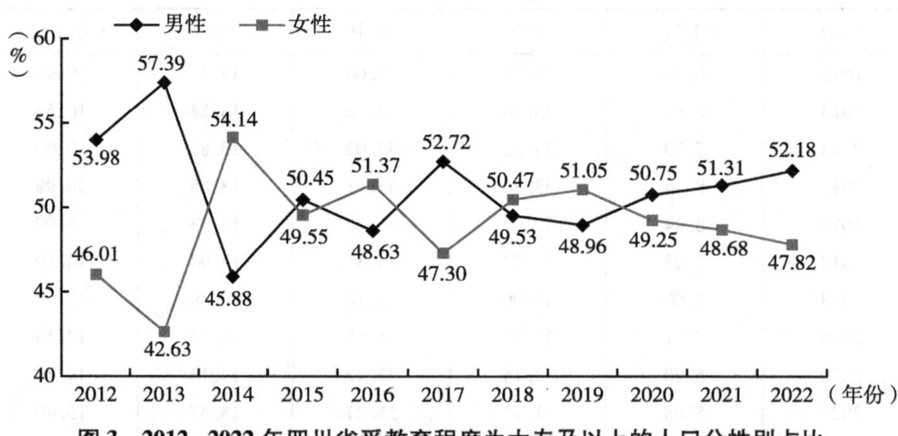

图3　2012~2022年四川省受教育程度为大专及以上的人口分性别占比

资料来源：中国统计年鉴。

三 四川省人口健康状况与卫生资源概况

（一）人口健康状况

1. 出生率、死亡率与自然增长率

根据历次人口普查结果，至第七次人口普查，四川省常住人口数量分别为4667万人、4912万人、7265万人、7835万人、8329万人、8041万人、8367万人，总体呈现上升趋势。四川统计年鉴数据显示，四川省人口出生率和自然增长率在2000年后有所下降，在计划生育政策放宽后的几年短暂上升，但在2020年迅速下降，2021年已出现人口负增长，先于全国进入人口负增长阶段（见图4）。

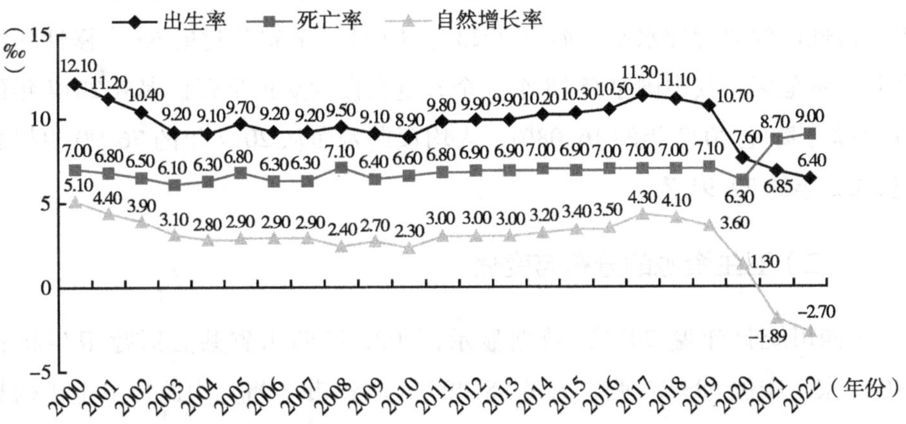

图4 2000~2022年四川省人口的出生率、死亡率及自然增长率

资料来源：四川统计年鉴。

2. 疫苗接种情况与慢性病防控

免疫规划是国民健康的重要支撑。由于经济社会发展变化，疾病类型由以急性传染病为主转变为慢性的非传染性疾病。根据《四川统计年鉴2023》，2022年四川省国家免疫规划疫苗基础免疫接种率已经达到99%左

右（见表4），对于传染病的防治起到了重要作用，使人口的健康水平得到较大提升。

表4　2022年四川省国家免疫规划疫苗基础免疫接种率

单位：%

疫苗种类	常规报告接种率	疫苗种类	常规报告接种率
卡介苗	99.45	麻疹疫苗	98.68
脊灰疫苗	98.91	乙肝疫苗全程	99.00
百白破三联	98.83		

资料来源：四川统计年鉴。

我国十分重视慢性病防控，从2010年起，开展“国家慢性病综合防控示范区”建设工作，建立健全我国慢性病防控体系，建设有效的防控工作协调和运行机制。近年来，四川以慢性病综合防控示范区建设为抓手，不断提高慢性病健康管理水平。截至2023年10月，全省共建成65个慢性病综合防控示范区，其中国家级28个。全省重大慢性病过早死亡率从2017年的17.94%下降至2022年的16.08%，人均预期寿命从2017年的76.90岁提高至2022年的77.91岁。

（二）卫生资源的分布与变化

《四川统计年鉴2023》数据显示，2022年四川省共有医疗卫生机构74041家，床位683873张，人员887493人。各市（州）中医疗卫生机构数前5位有成都市（16.66%）、南充市（7.22%）、宜宾市（6.62%）、泸州市（6.10%）、绵阳市（6.07%），医疗卫生机构数量后三位的市（州）为攀枝花市（1.45%）、雅安市（1.71%）和阿坝藏族羌族自治州（2.09%）。

根据表5可知，2002~2022年，四川省医疗卫生机构数总体呈增加趋势，但2022年有所下降。其中，医院数量和社区卫生服务中心数量有所增加，卫生院数量有所下降，疾病预防控制中心数量和妇幼保健院数量基本保持不变。医院数量和社区卫生服务中心数量有所增加说明四川省对公共医疗卫生资源的投入有所增加，且注重社区医疗资源的投入与社区健康支持体系的建设。虽然妇幼保健院数量基本保持不变，但近年来出生人口持续下降，意味着每个产妇及活产儿获得的人均医疗资源有所增加。

表 5　2002~2022 年四川省医疗卫生机构数

单位：家，个

年份	机构数	医院	社区卫生服务中心	卫生院	疾病预防控制中心	妇幼保健院（所、站）
2002	72768	1173	44	6280	214	200
2003	72810	1164	50	6048	208	198
2004	70944	1144	63	5369	209	196
2005	72399	1155	68	5179	207	197
2006	75262	1178	213	5012	207	202
2007	72862	1162	214	4845	208	201
2008	71195	1143	234	4817	208	201
2009	72907	1187	257	4745	207	202
2010	74311	1260	306	4688	207	203
2011	75814	1393	344	4619	206	203
2012	76555	1542	361	4607	204	200
2013	80039	1716	379	4595	207	202
2014	81081	1822	397	4575	207	202
2015	80114	1942	397	4511	206	202
2016	79516	2067	412	4493	206	202
2017	80480	2219	417	4476	206	203
2018	81539	2343	424	4437	206	201
2019	83757	2417	433	4421	208	201
2020	82793	2435	459	4317	210	202
2021	80249	2481	498	3687	212	202
2022	74041	2465	548	2811	211	202

资料来源：四川统计年鉴。

根据图 5 可知，虽然卫生院数量有所下降，但总体来看，2002~2022 年，四川省卫生机构床位数和卫生机构人员数相对稳定增加，卫生资源不仅仅是医疗卫生机构的数量，卫生机构床位数和卫生机构人员数同样具有重要的参考意义。据此可以说明，四川省医疗卫生资源在这 21 年间是持续稳定增加的，对人口健康水平的总体提高起到了重要作用。

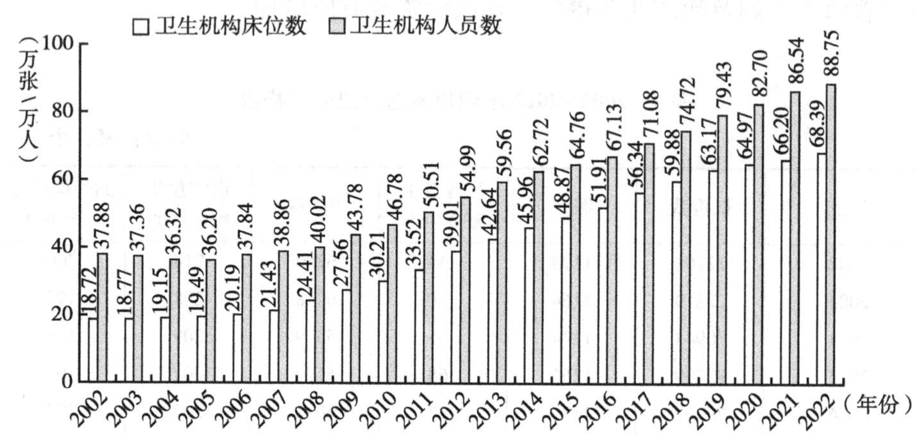

图 5　2002~2022 年四川省卫生机构床位数及人员数变化

资料来源：四川省统计年鉴。

四　结论与讨论

本文以四川统计年鉴数据和中国统计年鉴数据为分析基础，对教育资源和卫生健康的发展变化进行解读，分析近年来四川省教育资源与卫生健康发展状况并得到以下结论。

从公共教育资源的分布与变化来看，不同种类的教育资源地区分布有所不同，存在地区差异；少数民族地区的公共教育资源投入已经取得成效；特殊教育学校数量、普通高等学校数量持续增加。从不同受教育程度人口的变化来看，文盲率显著下降，且呈现性别差异；各类受教育程度人口的结构发生变化，接受高等教育的人口比例有所增加，人口受教育水平稳步提高；接受高等教育人口占总人口的比例增加，且男女比例逐渐持平。

从人口健康状况与卫生资源概况来看，四川省人口出生率和自然增长率从 2000 年开始呈波动下降趋势，2021 年人口自然增长率已经为负，比全国更早进入人口负增长阶段；疫苗接种率高，对于传染病的防治起到了重要作用，对慢性非传染疾病的防控需要进一步重视；医院数量和社区卫生服务中心数量有所增加，卫生院数量有所下降，疾病预防控制中心数量和妇幼保健院数量基本保持不变；卫生机构床位数和卫生机构人员数均呈现相对稳定增加的变化趋势，说明医疗卫生资源在这 21 年间持续稳定改善，对人口健康水平的总体提高起到了重要作用。

总体来看，四川省近年来对教育与公共健康的投入力度不断增大，并取得了可观的成果。面对由人口总量问题转向人口结构问题的新时期，要进一步完善医疗卫生服务体系，发展社区卫生服务，完善落实三孩生育政策及配套支持措施，健全积极支持生育的政策措施体系，营造生育友好的社会环境；重视人口质量的改善与提升，重视教育资源的投入与人口受教育水平的提高、就业与人力资源的开发利用、各行业人才的培养，为中国经济高质量发展提供资源保障；提高人口的受教育水平和健康水平，促进人口的质量提升与人口结构的优化调整，带动经济社会发展与生产力发展，以人口支撑中国式现代化建设，对实现国民整体素质的不断提高、实现人口高质量发展、推进全体人民共同富裕的进程具有重要的意义。

B.4
四川就业结构与产业结构耦合协调度分析*

刘金华　许朗琅**

摘　要：　随着四川省经济发展，产业结构和就业结构不断发生调整变化，而这二者的变化在一定程度上带来了发展速度不匹配、协调度不高等问题。因此本报告将四川省作为主要研究对象，研究分析2010~2021年四川省就业结构与产业结构的关系，分析其中的问题，并提出相应结论和措施。通过对2010~2021年四川省就业结构与产业结构变化趋势、结构偏离度的分析，从二者的线性回归关系和就业弹性入手，探讨二者如何相互影响，并得出以下结论：第一产业、第二产业结构偏离度高，第三产业就业产业结构协调度高。对此，本报告提出了改造传统农业和服务业、发展高新产业、大力发展职业教育、完善社会保障措施等提高四川省就业结构与产业结构匹配度的建议。

关键词：　产业结构　就业结构　结构偏离度　就业弹性

一　引言

党的十九大报告指出，我国经济已由高速增长转变为高质量增长，目前

* 本文为国家社科基金重点项目“青藏高原农牧民共同富裕的阶段目标、实施路径与重点任务研究”（22ADZ021）和四川省哲学社会科学规划重大项目“四川促进共同富裕的实现路径研究”（SC22ZDYC13）的阶段性成果。

** 刘金华，四川省社会科学院社会学研究所所长，研究员，研究方向为人口社会学、老年人口学、人口与健康等；许朗琅，四川省社会科学院，研究方向为人口与区域协调发展。

正处于优化经济结构、转变发展方式的关键时期。产业结构与就业结构作为我国经济结构的重要组成部分，为了适应我国经济的高速发展，产业结构必须不断优化升级，就业结构也需要随之调整。这二者的协调发展，是实现产业调整和高质量就业的重要方法。

就业结构与产业结构是经济结构的两大重要组成部分，二者相互影响。当前科学技术不断发展，社会分工更加细化，我国的产业结构已从过去的以劳动密集型为主的农业，发展为如今知识密集型和技术密集型的产业，产业结构持续向高附加值的方向发展。要适应产业结构的调整，获取更高的收入，劳动力的就业结构往往需要随着产业结构变化而调整。为了更好地实现产业结构升级调整与就业结构变化相互匹配，实现劳动力就业状况紧随产业结构升级，促进经济向好发展，许多学者把产业结构和就业结构相关问题的研究作为重要课题。

四川省作为西部地区人口最多的大省，随着经济的发展、产业结构的调整，劳动力在不同产业间的流动逐渐成为重要的研究课题。本报告通过对四川省近年来就业结构与产业结构变化趋势进行梳理，研究四川省就业结构与产业结构变化的问题，利用就业弹性、结构偏离度等指标进行数据分析。旨在基于可信的数据分析其中存在的问题，研究二者密切的关系，并据此给出相应的对策建议。

二　研究方法与资料来源

（一）耦合关系式

$$y_i = kx_i + b$$

其中，y_i为四川省每个产业的产出值占总产值的比值，x_i为四川省每个产业的就业人口数占总就业人口数的比值，k为耦合度。基于2020年统计年鉴的数据，通过SPSS软件计算回归方程，计算出k，即每一种产业就业比重可以解释多少的产业产值比重。因为就业人口是劳动力的一种体现，耦合度 k 的含义即每投入一个劳动力，能带来多少产值的变化。

（二）就业弹性

就业弹性是指经济增长每变化一个百分点所对应的就业数量变化的百分比。公式如下：

$$e_i = \frac{\ln L_i}{\ln GDP_i}$$

其中，e 表示就业弹性，分子 $\ln L$ 表示该产业就业增长率，分母 $\ln GDP$ 表示该产业的经济增长率，i 带入 1，2，3，分别表示第一产业、第二产业、第三产业。就业弹性≥0 时，含义比较简单、直接和容易解释：弹性高则经济增长对就业的拉动效应大，弹性低则经济增长对就业的拉动效应小。当就业弹性为<0 时，经济增长对就业的拉动作用根据经济增长率的不同可以分为两种：“挤出”效应和“吸入”效应。经济为正增长的情况下，就业弹性<0，就业减少，此时表现为“挤出”效应；就业弹性绝对值越大对就业的“挤出”效应就越强，就业弹性绝对值越小对就业的“挤出”效应就越弱。而在经济为负增长、就业增加的情况下则表现为“吸入”效应，此时就业弹性绝对值越大对就业的“吸入”效应就越大，就业弹性绝对值越小对就业的“吸入”效应就越小。

（三）产业结构偏离度

产业结构偏离度是指某一产业的就业比重与增加值比重之差，它与生产率呈反比。若某一产业的结构偏离度为正，即产业比重高于就业比重，说明该行业相对劳动生产率较高，存在劳动力转入的可能，反之存在劳动力转出的可能。产业结构偏离度越接近于 0，表明该产业就业结构越合理，其绝对值越大，表明结构越失衡。计算公式为：

$$E_i = \frac{Y_i/Y}{L_i/L} - 1$$

其中，$i=1$，2，3，分别表示第一产业、第二产业、第三产业，E 代表结构偏离度，Y_i/Y 为各产业增加值与 GDP 的比值，代表产业结构，L_i/L 为各产业就业人数与总就业人口的比值，代表就业结构。

三　产业结构与就业结构的变化及特点

（一）产业结构变化趋势分析

2010~2021 年，三次产业的产值均呈现上升的态势，整体发展状况良好。从三次产业产值增长率来看，第一产业增长率最低，平均增长率为 9.1%，第二产业与第一产业接近，为 9.5%，第三产业最高，为 15.3%。该数据表明第三产业的发展态势在三次产业中最好。这一点从三次产业结构中也可看出，2021 年，第三产业在三次产业结构中占比最高，已经占到最大比重。四川省 2010~2021 年产业结构变化趋势如图 1所示。

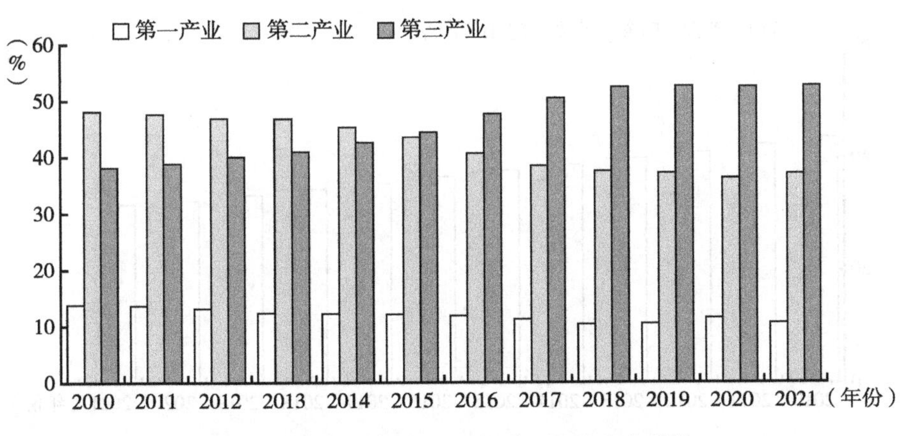

图 1　四川省 2010~2021 年产业结构变化趋势

2010 年四川省三次产业结构为 13.8 ∶ 48.1 ∶ 38.1，而到了 2021 年，该比重变为 10.5 ∶ 37.0 ∶ 52.5。该数值说明四川省近年来的产业结构变化趋势是第一产业、第二产业比重持续减少，第三产业比重增加，产业结构已经

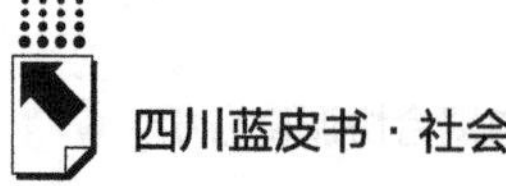

从以第二产业为主变成以第三产业为主。

对每个产业的变化进行具体分析，第一产业的产值比重从2010年的13.8%持续减少到2021年的10.5%，整体下降幅度较小。第二产业的产值比重在2010年为48.1%，此后10余年持续下降，到2021年只有37.0%，下降了11.1个百分点，相比第一产业下降幅度较大。与第二产业完全相反，第三产业产值比重10余年来不断上升，从2010年的38.1%上升到2021年的52.5%，与第二产业的差距不断缩小，自2015年起第三产业产值比重超过第二产业，已经占到三次产业总产值的一半，成为产业结构中最主要的部分。

（二）就业结构变化趋势分析

四川省2010~2021年就业结构变化趋势同三次产业中的劳动力增长率变化趋势吻合。总体的变化趋势为“二降一升”，即第一、第二产业的就业人数比重下降，第三产业就业人数比重上升。四川省2010~2021年就业结构变化趋势如图2所示。

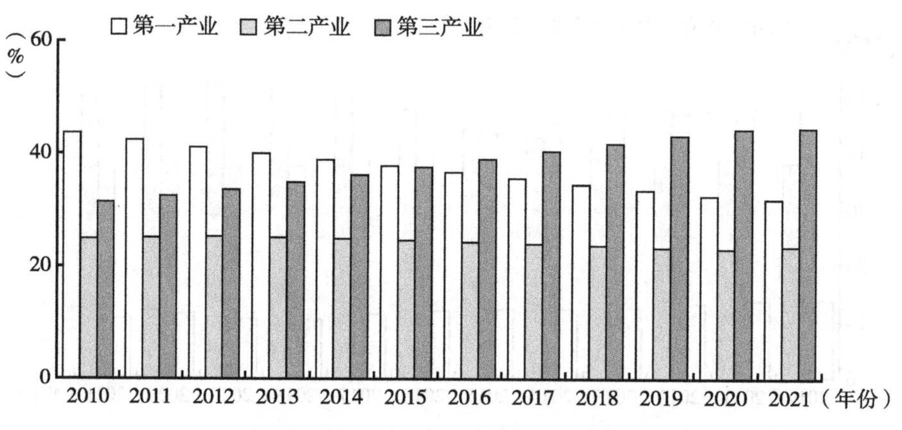

图2 四川省2010~2021年就业结构变化趋势

从图2可看出三次产业的劳动力就业比重变化，以第一产业和第三产业的变化最为明显。具体分析三次产业的就业结构变化，2010年第一产业劳动力就业比重达到43.7%，远超当时的第二产业和第三产业，是四川省就业人数和比重最高的产业。但是此后10余年，该比重不断下降，直到2021年第一产业就业比重已经只有31.9%，下降幅度为11.8个百分点，下降趋势明显。第二产业的就业结构变化幅度较小，整体呈现先升后降的状态。第二产业劳动力就业比重从2010年的24.9%先上升到2012年的25.3%，此后逐渐下降，到2021年该比重为23.5%，这10余年间就业人数比重下降幅度仅有1.4个百分点，说明第二产业的就业人数比较稳定。且在这10余年间，第二产业一直都是四川省三次产业中就业人数比重最小的产业。第三产业的变化趋势则与第一产业完全相反，表现为不断上升的趋势。2010年第三产业劳动力就业比重为31.4%，与当时的第一产业相差12.3个百分点，到2016年第三产业劳动力就业比重已经略超第一产业，到2021年达到44.6%，成为四川省就业人数比重最高的产业，超过第一产业和第二产业。结合三次产业的劳动力增长率可以看出，四川省近年来三次产业的劳动力就业趋势表现为第一产业劳动力大量流出，且主要流动到第三产业，第三产业就业人数大幅度增加。

（三）结构偏离度

对四川省2010~2021年三次产业的就业结构与产业结构变化趋势有一定认知后，通过对三次产业结构偏离度的分析，判断三次产业的就业结构与产业结构之间的偏离情况，明确在三次产业发展中就业与产业匹配方面还存在哪些问题。四川省2010~2021年三次产业结构偏离度如图3所示。

第一产业结构偏离度变化较小，整体呈现先降后升的状态，从2010年的-0.68下降为2018年的-0.70，然后到2021年提升至-0.67。尽管有所上升，但该数值仍表明四川省第一产业就业结构与产业结构存在较大偏离，结构偏离度为负意味着四川省第一产业的就业比重大于产业比重，第一产业的劳动生产率较低，农业农村存在大量需要向外转移的劳动力，劳动力从第一产业流向第二、第三产业。而结构偏离度较大，其原因可能是农村劳动力的转移速度与农业现代化发展的速度不一致，导致产业结构与就业结构的偏离度难以消除。

2010~2021年第二产业的结构偏离度一直为正，整体呈现下降趋势，从

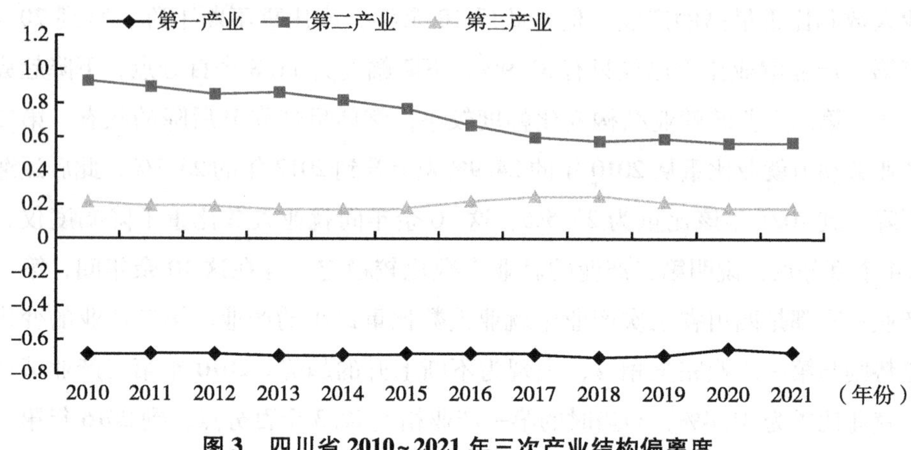

图3　四川省2010~2021年三次产业结构偏离度

2010年的0.93下降为2021年的0.57。10余年来结构偏离度大幅度下降，其原因可能是第二产业大量吸收了从第一产业转移来的劳动力，第二产业就业人数增加，就业结构与产业结构偏差不断缩小，趋于平衡。结构偏离度为正，说明第二产业的劳动生产率较高，存在劳动力转入的可能，但是即使达到2020年的0.57，该偏离度也表明四川省第二产业就业结构与产业结构存在明显偏离。

第三产业结构偏离度也始终保持正值，整体呈现先升后降的变化趋势。与第二产业相同，第三产业的结构偏离度表明该产业劳动生产率较高，有吸收劳动力转入的可能。和第二产业相比，第三产业的结构偏离度更接近0，产业结构与就业结构发展更为协调，总体发展较为平稳，应继续采取措施保证二者的协调发展。

总的来说，四川省产业结构与就业结构之间还存在一定的偏离问题。该偏离主要表现在第一产业和第二产业上，相比之下，第三产业的就业结构与产业结构要协调得多。尽管第一产业和第二产业都存在结构偏离的问题，但是二者的表现是不同的。第一产业主要表现为劳动生产率不高，剩余劳动力多，需要向外转移，而第二产业则需要劳动力转入，或者调整本地工业结构来适应劳动力就业情况。

四　就业结构和产业结构关系分析

本部分通过构建以就业比重为自变量、产值比重为因变量的线性回归方程，分别得到三次产业产值比重与就业比重的一元线性回归方程。同时利用就业弹性分析三次产业分别对就业的拉动能力，判断每个产业产值的变化具体如何影响就业结构，从而为提出提高就业结构与产业结构匹配度的建议奠定基础。

（一）第一产业产业结构与就业结构关系和就业弹性

1. 第一产业产业结构与就业结构的线性关系

通过计算整理得到第一产业线性回归方程：

$$y = 0.871 + 0.294x, R^2 = 0.866, \text{调整后 } R^2 = 0.851$$

根据一元线性回归方程的含义，R^2 越接近 1，该线性回归方程变量间的相关性越高。第一产业就业结构与产业结构呈现显著相关性，回归系数为 0.294，第一产业就业比重每增加 1%拉动的产值比重增长 0.294%，增长幅度较小。常数项 0.871，说明第一产业进入门槛不高，农业农村还存在一定数量的劳动力需要向外转移。

2. 第一产业就业弹性

通过计算，得到 2010~2021 年该产业平均就业弹性为-0.482。2010~2021 年，四川省第一产业的产值持续增加，但是就业弹性为负（见图 4），这种情况说明第一产业中产值增长不仅没有带来劳动力就业的增加，反而挤出了该产业的劳动力，导致第一产业中的劳动力数量呈现下降趋势，可以将该情况解释为一种挤出效应。从第一产业的就业弹性绝对值来看，就业弹性绝对值较大，对劳动力的挤出效应明显。其原因可能是近年来农村扶贫工作的推进，带来了农业生产方式的部分转变。如今农业农村的发展不再局限于种植业和畜牧业，还有农家乐、旅游业等新业态的引入，农业劳动生产率有所提高，相较于过去不再那么依赖大量劳动力的投入，因此第一产业发展所需劳动力数量减少。呈现出来的就是第一产业产值正增长，但是从事第一产业的劳动力数量减少。

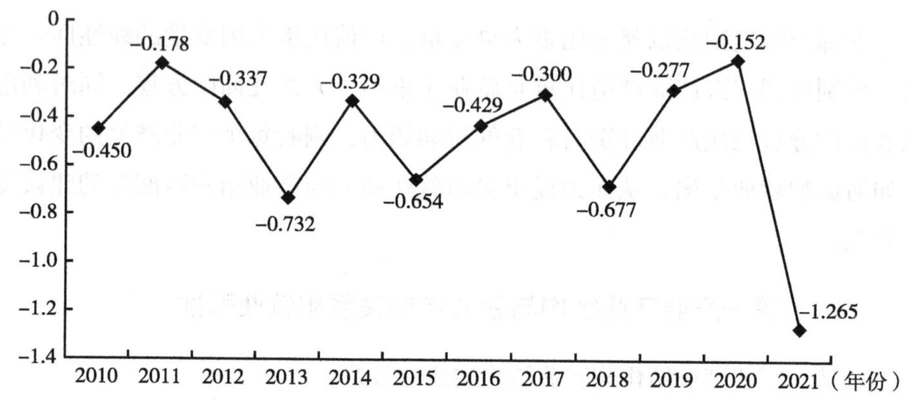

图4　四川省2010~2021年第一产业就业弹性

3. 小结

第一产业就业结构与产业结构偏离明显，二者显著相关，就业弹性为负。第一产业就业人数增加带来的产值增加较少，而产值的增加不仅不会带来就业人数的上升，反而会挤出第一产业的劳动力。结合第一产业的结构偏离度问题，应考虑加快第一产业剩余劳动力转移速度，实现第一产业劳动力就业结构与产业结构的匹配。

（二）第二产业产业结构与就业结构关系和就业弹性

1. 第二产业产业结构与就业结构的线性关系

通过计算整理得到第二产业线性回归方程：

$$y = 49.419 + (-1.577)x\text{，其中 } R^2 = 0.914\text{，调整后 } R^2 = 0.904$$

第二产业就业结构与产业结构之间也呈现高相关性。回归系数为-1.577，说明第二产业劳动力比重提高1%，产值比重反而会下降1.577%，第二产业劳动力比重的增加并不会带来产值比重的提高，说明增加第二产业的劳动力并不能有效提高第二产业的产值，相比于其他两个产业，在第二产业投入更多劳动力带来的收益相对更少。

2. 第二产业就业弹性

2010~2021 年第二产业的就业弹性平均值为-0.161，高于第一产业，整体略有波动（见图 5）。就业弹性为负说明第二产业也出现了产业发展挤出劳动力的问题，但与第一产业相比不太明显。出现这种情况的原因可能是近年来高新技术产业引入，工厂生产自动化水平提高，在工业生产效率显著提高的同时对劳动力的需求减少。

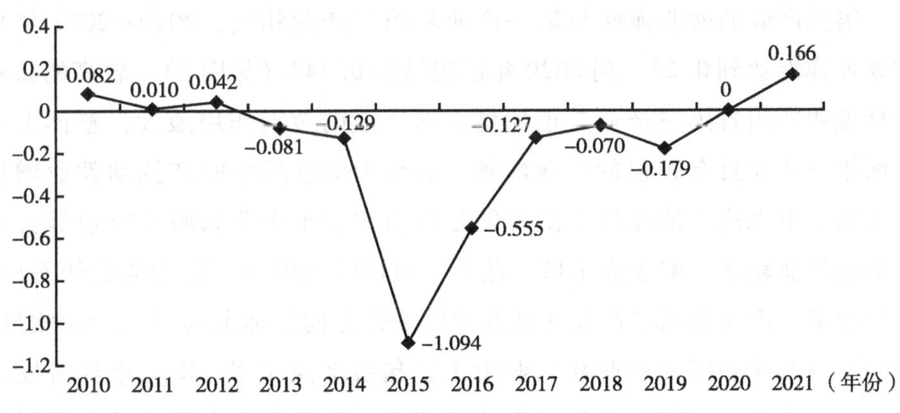

图 5　四川省 2010~2021 年第二产业就业弹性

3. 小结

第二产业的结构偏离度为三次产业中最高，且呈现下降趋势，就业弹性较低且 2021 年保持正值。根据第二产业的线性回归方程可得出结论，第二产业劳动力增加带来的产值提高在三次产业中最少，第二产业结构偏离度较大，属于就业人数较少的行业，同时第二产业的就业弹性不高，吸纳就业能力不强，因此需要考虑提高第二产业的就业吸纳能力以降低第二产业的结构偏离度。

（三）第三产业产业结构与就业结构关系和就业弹性

1. 第三产业产业结构与就业结构的线性关系

通过计算整理得到第三产业线性回归方程：

$$y = -3.049 + 1.285x, \text{其中 } R^2 = 0.967, \text{调整后 } R^2 = 0.963$$

第三产业的产业结构与就业结构呈现显著的相关性。回归方程的回归系数为1.285，即第三产业就业比重每增加1%，带来的产值比重增加达到1.285%，说明第三产业就业人数增加带来的产值增加效果最为明显。常数项-3.049，说明第三产业进入门槛较低，可以有效吸收劳动力，同时也能积极带动第三产业的发展。

2. 第三产业就业弹性

第三产业的就业弹性与第一产业和第二产业相反，2010~2021年平均就业弹性达到0.26，到2020年已经达到0.743（见图6）。较高的就业弹性说明四川省第三产业产值的增长对就业的拉动作用最大，整体上升说明第三产业具有较强的就业前景，有较大的发展空间和拉动就业增长的潜力。出现这种情况的原因可能是四川省中小企业和服务行业等劳动密集型产业较多，就业成本低。此外，通过就业弹性变化趋势也能看出，四川省第一产业和第二产业的就业弹性变化方向总体上与第三产业相反，说明第一产业和第二产业在就业中主要起蓄水池作用，即城市经济发展较好时，劳动力倾向于在第三产业中就业，反之则有大量劳动力返回农村或者工厂。

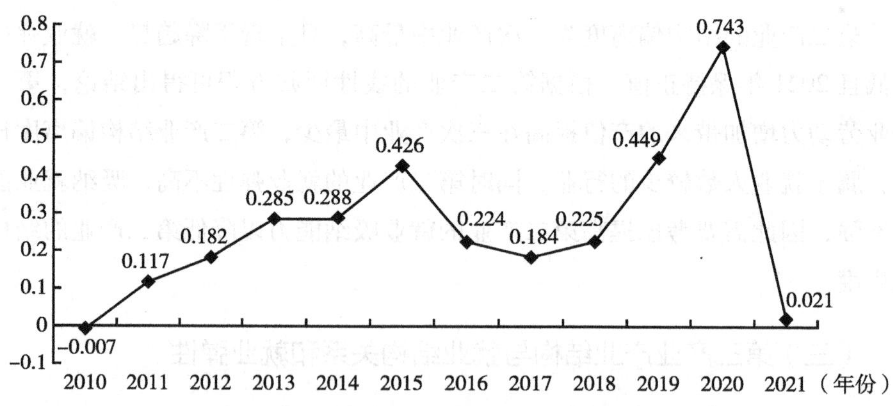

图6　四川省2010~2021年第三产业就业弹性

3. 小结

第三产业结构偏离度低，且就业弹性为三次产业中最高。第三产业的整体发展良好，无论是增加就业人数带来的产值增加，还是第三产业拉动就业的能力，都处于较高水平，同时第三产业结构偏离度小，就业结构与产业结构协调度高。因此，需要思考如何继续保持第三产业的良好发展态势，继续发挥第三产业大量吸收劳动力就业并促进经济发展的优势。

五　提高就业结构与产业结构协调度的政策建议

（一）产业层面

1. 改造传统农业，提高农业生产效率

四川省一直都是农业大省，农业产值占比较大，但是农村还有大量劳动力需要转移，因此需要对传统农业进行改造。首先，提高农业劳动生产率。通过建立规模化的产业园区，集中资源和劳动力进行农业生产，提高劳动生产率。其次，促进农业旅游业的发展。四川部分地区已经建立一套完整的农家乐观光旅游业，可继续推进农家乐产业的发展，丰富服务形式，让城市游客体验乡下日常生活，以此拓展第一产业从业者的收入来源。

2. 吸纳东部地区产业转移，发展高科技产业

当前，四川省第二产业面临产业结构偏离度高、就业弹性低的问题，第二产业产值的提高难以创造新的岗位，难以拉动就业增长。对此可以学习东部经济发达地区，承接产业转移，同时发展具有四川特色的工业产业。积极和周边城市合作，形成良性循环的产业链和经济圈，打造具有良好发展前景和就业关联度高的产业集群，通过高待遇高工资吸引劳动力就业，增强第二产业的就业拉动能力。

3. 改造传统服务业，发展新兴服务行业

四川省第三产业发展协调度高，发展态势良好，吸纳和拉动劳动力就业的能力强，但地区发展不平衡。对此，可以结合第一产业，利用农业资源发

展服务业，提高当地第三产业的发展水平，发展新兴服务业，建立健全相关法规体系，为第三产业的发展创造良好的社会环境和硬件条件，继续保持第三产业就业结构与产业结构的高度协调，充分利用第三产业实现四川省劳动力高质量就业。

（二）就业层面

1. 大力发展基础教育、职业教育，促进农村剩余劳动力转移

第一产业中存在剩余劳动力需要转移，而第二产业需要引进高技术产业，通过高工资高待遇吸引人才，这些都需要提高劳动力素质来实现。大力发展基础教育可以提高四川省特别是农村地区的义务教育水平，同时发展职业教育，通过专门的职业教育并结合当前的产业发展状况，培养具有专业技能的劳动力，提高他们在劳动力市场中的竞争力，将部分剩余劳动力转移到高新技术产业，从而提高农村剩余劳动力的转移效率。

2. 完善社会保障制度，增强就业意识

针对从农村向外转移的劳动力，通过完善配套的医疗保险、工伤保险等社会保障体系，提高他们向第二产业和第三产业转移的就业意愿。对于即将进入社会的学生群体，通过配套的社会保障措施和职业教育，一定程度上降低部分准备不充分学生的考研意愿，将这部分学生转变为就业人口。大量高素质劳动力进入第三产业，既有效降低了第三产业的结构偏离度，又创造了大量产值。

参考文献

四川省第七次全国人口普查领导小组办公室、四川省统计局编《四川省人口普查年鉴2020》，中国统计出版社，2022。

四川省统计局、国家统计局四川调查总队编《四川统计年鉴2021》，中国统计出版社，2021。

丁守海、陈秀兰、许珊：《服务业能长期促进中国就业增长吗》，《财贸经济》2014

年第 8 期。

方怡、王琪林、杨霞：《四川省就业结构与产业结构演变趋势及其耦合分析》，《绿色科技》2021 年第 12 期。

卢雪利：《产业结构与就业结构偏离对经济增长的影响》，新疆大学硕士学位论文，2021。

伍学林：《四川省产业结构调整对就业结构的影响》，《社会科学研究》2011 年第 4 期。

孙晴、韩平、丁莹莹：《三次产业的就业弹性、结构偏离度与比较劳动生产率协同研究》，《统计与决策》2019 年第 10 期。

杜传忠、杜新建：《我国服务业结构升级的就业效应及其影响因素分析》，《东岳论丛》2016 年第 7 期。

李长安、李艳：《我国劳动力结构的演变及其影响研究》，《中国劳动关系学院学报》2021 年第 5 期。

李冠霖、任旺兵：《我国第三产业就业增长难度加大——从我国第三产业结构偏离度的演变轨迹及国际比较看我国第三产业的就业增长》，《财贸经济》2003 年第 10 期。

李敏、刘采妮、白争辉、张春阳：《平台经济发展与“保就业和稳就业”：基于就业弹性与劳动过程的分析》，《中国人力资源开发》2020 年第 7 期。

杨玉梅、杨伟国、李帆：《改革开放以来我国就业弹性研究的回顾与展望》，《经济体制改革》2019 年第 5 期。

沈滨、李许卡：《我国就业与产业结构变动的关系研究》，《甘肃社会科学》2014 年第 1 期。

张抗私、王振波：《中国产业结构和就业结构的失衡及其政策含义》，《经济与管理研究》2014 年第 8 期。

张抗私、周晓蒙：《就业结构缘何滞后于产业转型：人力资本视角的微观解释——基于全国调研数据的实证分析》，《当代经济科学》2014 年第 6 期。

张晓旭：《中国就业增长与产业结构变迁关系的考量》，《统计与决策》2007 年第 24 期。

张淑芹：《产业结构与就业结构偏离：特征、原因、路径——以青岛市为例》，《中国经贸导刊（中）》2021 年第 4 期。

林发彬、吴德进、黄继炜：《闽台两地产业结构与就业结构关系的比较研究》，《福建论坛》（人文社会科学版）2021 年第 5 期。

周健：《中国第三产业产业结构与就业结构的协调性及其滞后期研究》，《兰州学刊》2020 年第 6 期。

周琪珺、唐凌飞：《产业结构与就业结构耦合协调分析——以江苏省为例》，《江苏商论》2021 年第 7 期。

封晓庆：《东、中、西部产业结构与就业结构的互动关系及其比较研究》，西南财经大学硕士学位论文，2007。

夏杰长：《我国劳动就业结构与产业结构的偏差》，《中国工业经济》2000 年第 1 期。

徐波、汪波、朱琳：《我国产业结构与就业结构演进及动态测度》，《统计与决策》2019 年第 18 期。

郭宇航、孔微巍：《产业结构升级对就业结构影响效应研究——以北京市为例》，《哈尔滨商业大学学报》（社会科学版）2020 年第 3 期。

B.5
川西北高原牧区共同富裕的现实挑战和实现路径研究*

刘金华　王械冰**

摘　要：川西北高原区位条件独特、生态地位特殊、文化特性复杂、生计基础薄弱，在推进共同富裕进程中，牧民持续增收任重而道远。本报告依托国家社科基金重点项目，针对川西北高原牧区动态微观家庭生计发展，使用全新指标体系在牧区展开以家庭为经济单元的全面深入的田野调查。发现牧区推进共同富裕在土地、人力、技术、金融、市场等要素方面面临困境：牧区草场管理方式滞后；义务教育边际贡献低；养殖技术革新慢；牧民借贷比例高，难以形成财富积累；牧业市场竞争力弱。提出优化土地要素、强化人力资源、扎根技术要素、维护金融要素、拓新市场要素的“新思路”，从而找寻川西北高原牧区生产发展、生活富裕、生态良好的高原共富之路。

关键词：　高原牧区　共同富裕　川西北高原

一　引言

川西北高原连接青藏高原、四川盆地，是我国生态文明高地，亦是

* 本文系国家社科基金重点项目“青藏高原农牧民共同富裕的阶段目标、推进路径与重点任务研究”（22AZD021）、四川省哲学社会科学规划重大项目“四川促进共同富裕的实现路径研究”（SC22ZDYC13）的阶段性成果。

** 刘金华，四川省社会科学院社会学研究所所长，研究员，四川省中国特色社会主义理论体系研究中心特约研究员，研究方向为人口社会学、老年人口学、民族人口学等；王械冰，四川省社会科学院社会学所，研究方向为人口社会学。

“民族文化交融地”和“区域交往密集地”，成为推进青藏高原高质量发展的前沿阵地。推进川西北高原实现共同富裕是编制“区域可持续发展蓝图”、绘就“人与自然和谐共生美好图景”、构建“中华民族共同体”的关键体现。自民主改革及改革开放以来，川西北高原实现了“一步千年”的伟大跨越，为新时代川西北高原长治久安和高质量发展，与全体人民迈出“共同富裕坚实步伐”打下坚实基础。

然而，川西北高原牧区特殊的生态高地定位、历史发展轨迹使之成为全国“经济发展低洼地”，长期处于不全面和不平衡发展的“薄弱环节”。此外，高原牧区高度依赖自然条件，易受风险冲击，生态脆弱性极高，生计陷入长期劣势积累，由此成为推进共同富裕最艰巨、最具挑战性之处。对川西北高原5个牧业县（若尔盖县、红原县、阿坝县、理塘县、壤塘县）相关机构、干部和牧民进行深度访谈和观察，并根据当地人口数量，采用PPS抽样方法选取经济发展状况不同的3个乡（镇），并在每个乡（镇）随机抽取2个村作为样本点进行调研，共获得入户调查问卷912份，其中有效问卷890份，有效率达97.6%，对相关问题进行梳理和分析，旨在以全面、微观的视角反映牧区经济社会发展现状，为实现川西北高原共同富裕开辟新思路。

二　川西北高原牧民增收的现实挑战

（一）牧区草场管理方式滞后

1. 牧民增收对草场的多元化需求与承包到户模式存在矛盾

一是草场管理方式复杂。草场产权管理制度，不仅是生态可持续发展的基础，也是牧民增收路径的关键。56.92%的草场采取承包到户的管理方式，一定程度上确保牧户直接管理草场，促进他们对草场的有效利用和保护，提高收入。但集体管理形式在部分牧区依然占据重要地位。6.46%为小组共用草场，19.69%为村集体共用草场，14.01%为冬草场承包到户、夏草场集体共用的混合管理模式（见图1）。

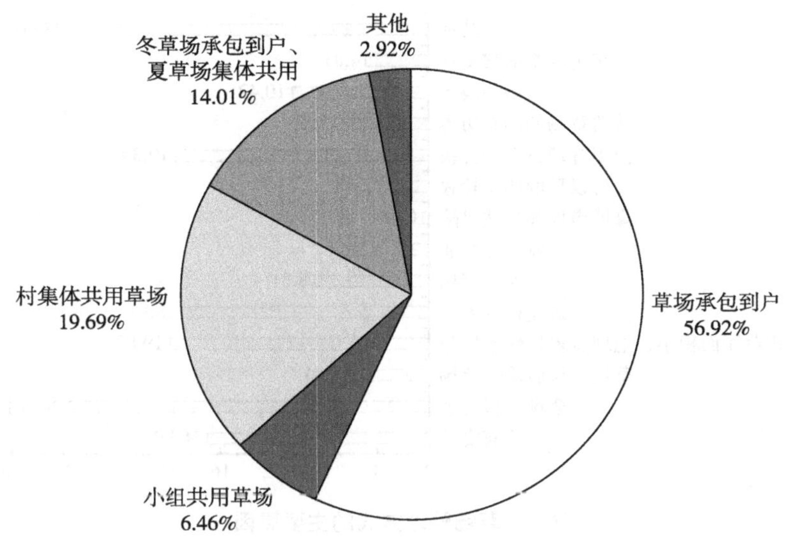

图1　草场管理方式

二是草畜管理制度缺乏规范。58.50%的牧区采用放牧配额方式管理草场，以保护草场资源、达到草畜平衡；73.28%的放牧配额分配方式以人口分配为主，15.23%以承包面积分配；50.31%的配额交易由村集体组织，39.69%为自由交易；对于放牧配额监督方式，61.30%的牧区以定期核算牲畜数量为主，也包括组成以村领导为主的监督小组（59.44%）、制定惩罚规则（46.13%）、文化惩罚（38.39%）。

三是现有草场管理体系的成因多元。复杂的草场管理模式主要缘于草场承包公平（29.17%），承包到户草场面积小、地理位置特殊不好分（19.87%），便于管理自己的牲畜（19.39%），避免村内冲突（18.91%）（见图2）。原因在于：①生态环境多样性的影响。草场管理体系需有高度适应性，以应对不同自然条件和季节变化，维持草场资源持续供给。②牧区社会文化和传统的影响。某些地区，传统的共治模式、共享习惯，使其延续草场共同管理模式，以减少风险。③维持社区稳定。避免村内冲突，增强社会团结。

四是草场承包局限性限制了牧业灵活性和有序性。承包到户的局限有三方面：①导致草场资源不均衡。分布不均衡表现在个别户草场质量更好、位置更

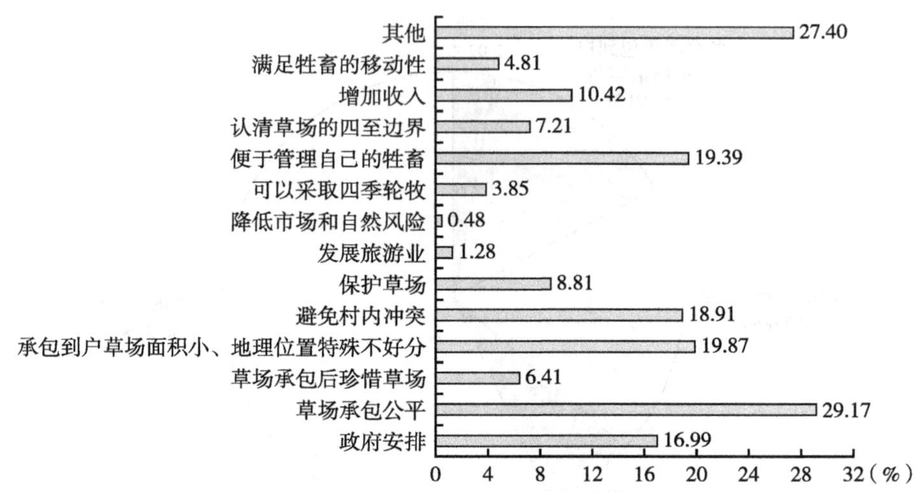

图 2　草场管理方式的主要原因

优，而其他户可能较差。利用不均衡表现在影响长期草畜管理效率，破坏草畜平衡、草场生态健康。②削弱牧区传统的集体管理优势。在面对自然灾害和疾病时，缺少集体协作与资源共享机制，降低牧区抵御突发事件的能力。③破坏草场生态整体性。承包到户模式缺乏跨户协同管理，忽视了土壤保持、水源涵养等草原整体生态服务功能，导致草地退化、水土流失，影响草场可持续发展。

2. 脆弱畜牧业应对极端天气策略与现有制度存在矛盾

灵敏感知气候变化、生态变化等风险对增强牧民收入稳定性至关重要。牧民及时感知并判断气候变化对草畜的影响，采取风险适应措施（长期），对极端气候事件（如干旱、暴雨）加强预警，及时调整放牧计划和草畜管理策略（短期），可保障牧民生产生活安全。

一是气温降雨（雪）变化感知方面。77.27%的牧民认为夏季气温变暖，36.20%的牧民认为冬季变冷；59.05%的牧民认为夏季降雨变少，32.15%的牧民认为冬季降雪变多（见图 3）。

二是生态变化感知方面。25.39%的牧民认为湿地面积变少，24.38%的牧民认为草场返青期提前，32.61%的牧民认为草场枯黄期提前（见图 4）。

三是生产变化感知与风险调适方面。33.06%的牧民认为挤奶量变少，

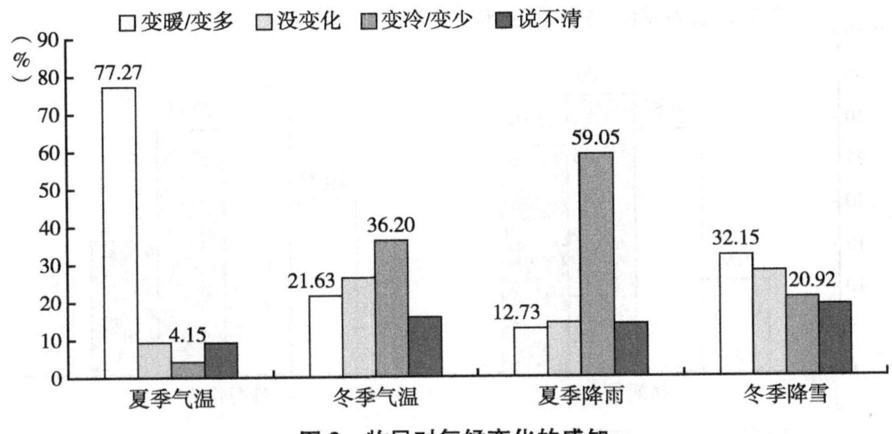

图 3　牧民对气候变化的感知

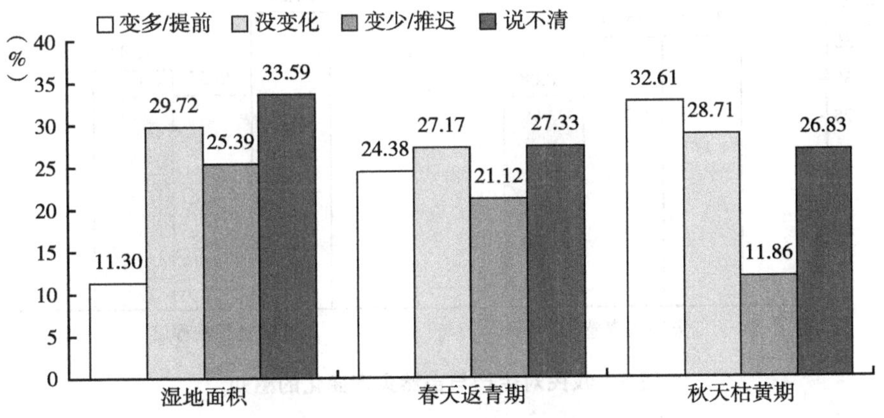

图 4　牧民对生态变化的感知

29.11%的牧民认为牲畜膘情变少。自然灾害感知方面，35.91%的牧民认为自然灾害发生频率变高，39.51%的牧民认为自然灾害对家庭的影响程度高（见图 5）。

（二）义务教育边际贡献低

1. 畜牧生产投入劳动力多，牧民较难脱离传统畜牧活动

牧户劳动力结构和数量对发展牧业至关重要。户均家庭规模 5.94 人，老年人口、劳动年龄人口、少儿占比分别为 7.29%、76.65%、15.60%，家庭少儿抚养系数为 26.80%，老年人口抚养系数为 11.70%，抚养系数较低（见

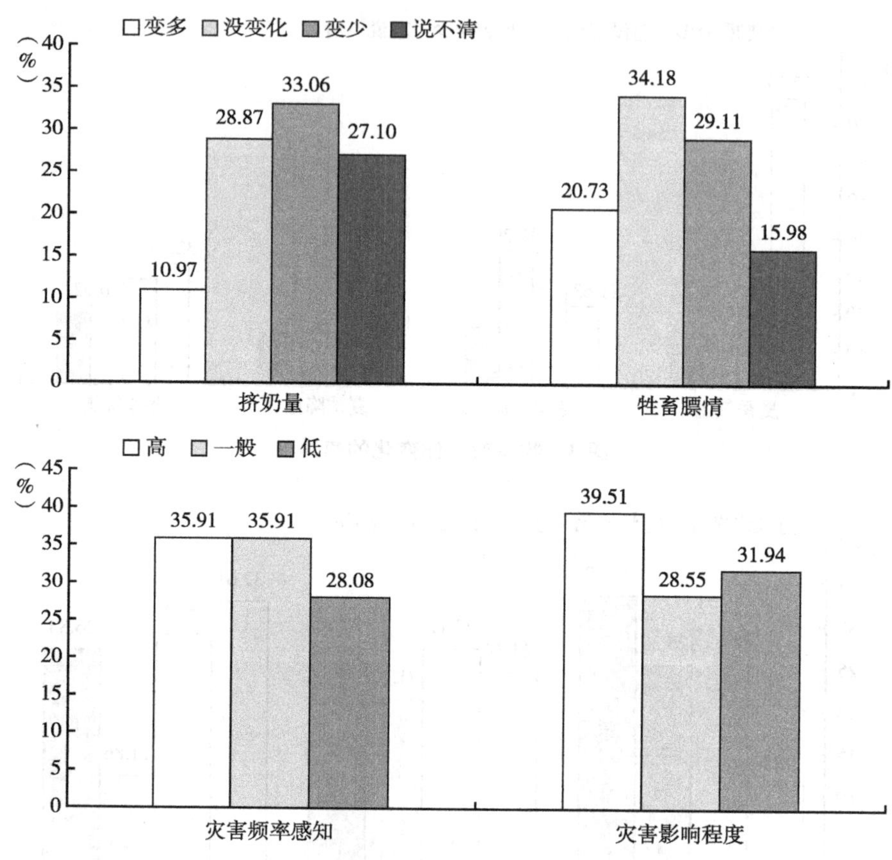

图5 牧民对生产与自然灾害变化的感知

表1)；户均4.09个健康劳动力，投入畜牧生产的家庭健康劳动力数量较多，牧民难以扩展其他收入来源。

表1 牧户家庭结构情况

单位：%

家庭结构	数值	家庭结构	数值
少儿占比	15.60	老年人口抚养系数	11.70
劳动年龄人口占比	76.65	家庭成员外出比例	1.72
老年人口占比	7.29	同住比例	93.25
少儿抚养系数	26.80	不同住比例	6.75

2. 牧户受教育程度较低，义务教育对增收效益不明显

一是牧区家庭平均受教育水平普遍较低。劳动力平均受教育程度为小学至初中（3.37）[①]；标准差为1.53，牧区家庭受教育程度分布差异较大。牧区教育水平相对较低，可能与地理位置偏远、教育资源匮乏、家庭经济条件限制或文化因素等有关。

二是义务教育对牧民增收的促进作用甚微。完成义务教育的家庭占比最高（522个家庭，58.65%）（见图6），此类家庭的户均人口数最多（6.07人）、拥有牲畜数量最多（109.85头）、人均草场面积最高（126.42亩），但家庭人均年收入最低（17903.41元）（见表2）。

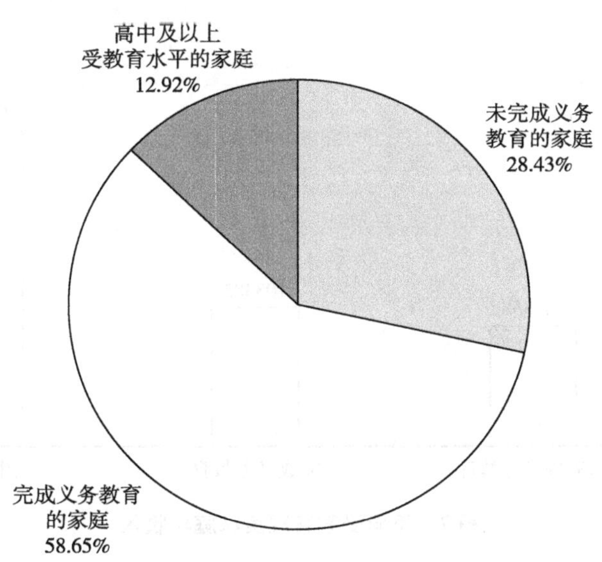

图6　牧民家庭受教育水平占比

① 受教育程度分类：①未上过学，也未在寺庙学习；②未上过学，但在寺庙学习过；③小学；④初中；⑤普通高中；⑥中专、职高；⑦技校；⑧大学专科；⑨大学本科；⑩研究生；⑪其他。

表 2 不同受教育水平家庭的资产、人口、收入情况

受教育水平	牲畜数量(头)	户均人口(人)	人均草场面积(亩)	人均年收入(元)
未完成义务教育	106.21	5.67	121.86	18254.80
完成义务教育	109.85	6.07	126.42	17903.41
高中及以上	80.17	5.97	111.78	19758.70

未完成义务教育的家庭年收入（102358 元）最低，与完成义务教育的家庭年收入（103383 元）差距较小，未完成义务教育的家庭人均年收入（18254.80 元）甚至超过完成义务教育的家庭。相比而言，接受过高中及以上教育的家庭年收入（112722 元）最高，其人均年收入（19758.70 元）最高（见图 7）。

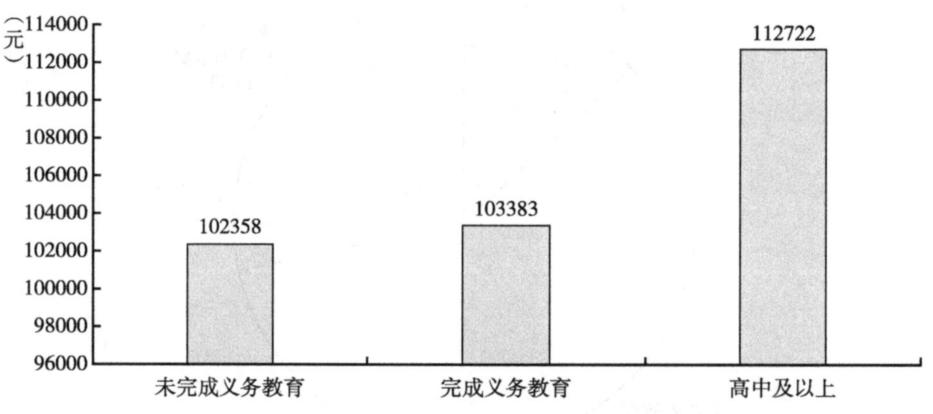

图 7 不同受教育程度家庭年收入

三是多数牧区家庭选择停留在义务教育阶段。原因在于：①“放牛靠经验”。天然畜牧业养殖仅需劳动投入，对教育的依赖和期望不高。劳动力受教育时间延长，牧户经济压力和机会成本普遍增加。②义务教育对家庭收入的边际贡献有限。缺乏足够激励投资劳动力接受高等教育，且高原牧区教育水平参差不齐，高考升学率低。③义务教育与就业脱节。牧区缺乏劳动力密集型产业，匹配义务教育的就业岗位较少，降低了义务教育吸引力。

（三）养殖技术革新慢

1. 先进养殖技术在牧区落地难度很大

一是养殖技术的革新发展不够。推进共同富裕进程中，交通工具和GPS定位的运用显著提高了牧民生产生活的效率和质量，但牦牛养殖技术、产能并未获得实质性提升。35%的牧民完全不了解现代科学养殖技术，22%的牧民对现代科学养殖技术略有了解（见图8）。原因在于三点：①新技术推广缺乏足够“生态”支撑。牧业新技术的推广受“生态环境保护”“草场管理制度”等限制。②新技术的成本过高，难以普及。提升养殖技术的初始投资大，机会成本高，牧民普遍担忧投资回报周期长。③传统养殖方式根深蒂固。操作复杂性和高维护成本，使得牧民在经济和心理上都难以接受新技术，对于新技术持谨慎态度。

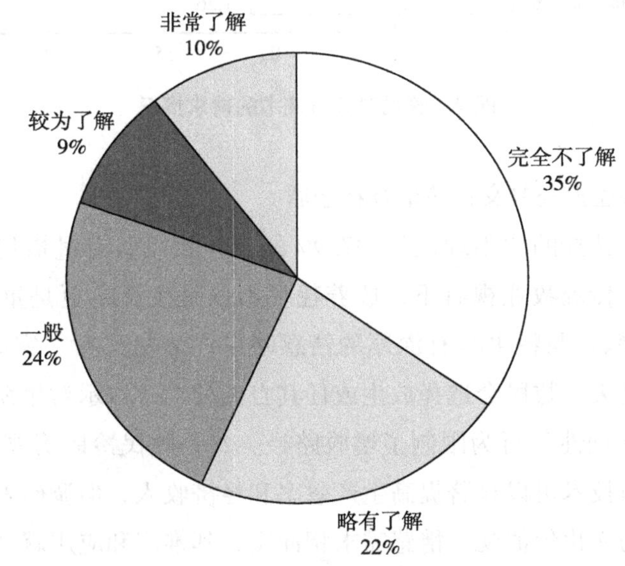

图8　牧民对现代科学养殖技术的了解情况

二是牧民牦牛养殖技术需求多样化，满足难度较大。虽然较高比例的牧民（23.67%）认为目前养殖技术无须改变。但仍有较多牧民（22.35%）

期望提升疾病预防和治疗技术，反映牧民意识到疾病管理在提升养殖效率、提高生产力方面的关键作用。18.63%的牧民关注饲料效率和营养改善，表明牧民认识到优化饲料配比、提高饲料转化率对于提升养殖效益的重要作用。15.47%的牧民关注放牧管理技术。牧民对养殖技术的需求分布显示，虽然部分牧民对现状持满意态度，但在疾病管理、饲料营养以及放牧技术方面仍有较大的提升空间和潜在需求（见图9）。

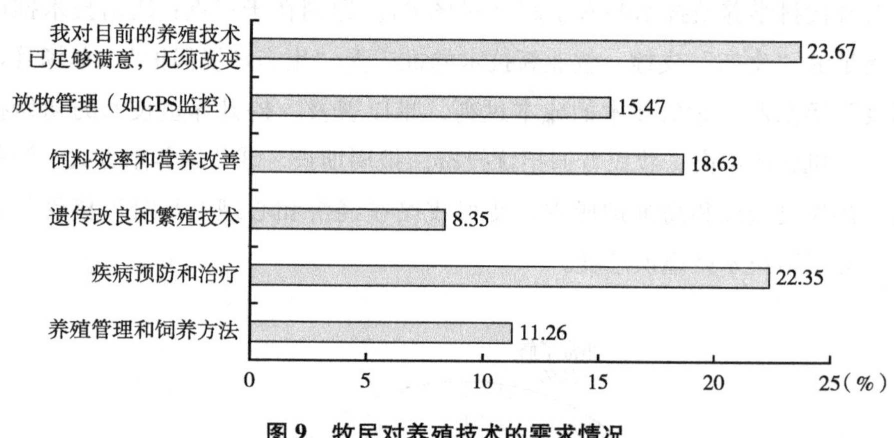

图9　牧民对养殖技术的需求情况

2. 畜牧业生产与其文化价值存在矛盾

一是牧民选择的“不理性”。37.9%的老年牧民曾有过惜售牦牛、过度保护的行为。传统牧业视野下，放养牦牛不仅是生计，更是重要的“财富文化符号”。牧民与牦牛具有深厚的情感联系，常视其为“家庭成员”，随着牦牛自然老去，牧民会选择放生或任其自然死亡，以示对生命的敬畏与尊重，这种“不理性”行为限制了增收路径。二是牧民冷眼旁观“新技术”。尽管现代养殖技术可以显著提高生产效率和经济收入，但调研发现，如果新技术与牧民的文化价值观、情感需求相冲突，其推广和应用就会受阻。

（四）牧民借贷比例高

1. 牧户资本存量较低，扩大生产对借贷依赖程度过高

一是牧民贷款更多的是作为应急手段，而非用于长期生产投资。牧区家

庭在生产、生活方面均高度依赖贷款，户均银行存款金额仅为 9525.58 元，77.16%的牧区家庭在调研期间持有银行贷款，22.24%的家庭持有私人贷款。户均银行贷款金额达 77162.77 元，其中 94.36%未归还贷款[①]；户均私人贷款金额达 38292.7 元，94.36%未还完有利息的私人贷款。

二是牧民贷款没有实现增收致富。贷款用途主要在三方面：①生产需要。33.23%的牧民家庭贷款主要用于购买饲草料，13.96%的牧民家庭贷款用于购买牧业保险，10.51%的牧民家庭则是为了转草场。②生活需求。医疗费用成为贷款主要原因，占 25.83%，其次是教育支出，占 22.07%。③心理需求。11.56%的家庭有“借新还旧”循环借贷的依赖习惯。

三是牧民贷款已经成为致富的“拦路虎”。多数牧区家庭银行贷款并未用于扩大再生产，而是用于维持生产生活现状。户均生产支出较低（15367.42 元），占比 17.92%，户均生活支出较高（73815.73 元），占比 86.10%。原因主要有两个方面：①财务压力可能导致家庭债务积累。牧区家庭资本存量低，导致牧区家庭在遭遇收入波动显著或突发性资金需求（医疗和教育）时，高度依赖贷款。②影响牧民持续增收。资本存量不足一定程度上制约了牧民扩大再生产，导致生产技术和经营模式难以优化。

2. 牧业保险参与率高，运作模式单一导致可持续性低

一是高原生态脆弱性与牧民生计脆弱性叠加，牧业保险对牧民家庭生产和持续增收的保障极为重要。其体现在三个方面：①牧民保险参与率较高。90.58%的牧户选择购买牲畜保险，94.55%的牧户选择在下一个生产周期续购保险。②牧民保险认知情况较好。96.26%的牧户肯定保险对家庭生产的重要性，有过理赔经验的牧户对保险的满意度均值为 8 分（10 分为最满意），71.99%愿意推荐给他人，76.97%对政府保险补贴政策并不了解，86.86%是通过村干部的宣传了解保险。③牧业保险保障良好。牧户保险年支出平均为 2758.01 元，保险收入平均为 14253.81 元，牧户保险收益良好。④政府兜底保障功能性强。政府补贴购买保险的牧户，80%的成本由政府承

① 牧民一般在秋季卖牲畜和买饲草料，贷款还款多集中于秋季，调研时期未集中在秋季。

担，并补贴保险公司赔偿板块。

二是保险“双单一化”① 有较大局限性。主要体现在三方面：①限制了牧业保险的持续性和创新性。青藏高原牧区保险类型单一，可持续发展难度大。②保险公司市场化参与度低。过度依赖政府干预，减弱了保险公司自主管理风险、创新服务的动力，减弱了市场配置的决定性作用。③风险管控机制缺乏。缺乏有效的风险分散机制和再保险机制，面对大规模自然灾害时，保险体系的稳定性和持续性受到严重挑战。

（五）牧业市场竞争力弱

1. 牧区养殖产业链较短，销售渠道单一且产值低

一是“生产”周期长而销售周期较短，存在产业链矛盾。青藏高原自然环境特性和传统放牧方式惯性，使牦牛养殖周期长，而牦牛销售周期多集中在肉膘肥美的秋季，季节性销售突出，季节性供应“过剩”导致价格不高。

二是养殖产业链缺乏整合，加工能力不足。青藏高原牧业价值未得到充分挖掘，未实现产品附加值最大化，大量产品以原材料形式低效益出售，深加工产品的缺乏限制了产业链延伸、价值链提升。

三是销售高度依赖商贩，牧民议价能力较低。牧业与市场信息不对称，牧民在与商贩议价过程中处于劣势。牧民长期以来依赖商贩体系进行牲畜销售，82.31%的牧户首先选择与二级商贩进行交易，缺乏直接与外部市场接触的机会，影响牧民议价能力，限制新市场、新渠道的拓展。在特殊时期，二级商贩倾向于压低收购价格，而饲草料价格却因需求增加而上涨，牧民难以获取公平合理的收益。

2. 牧民合作社参与率低，养殖产业市场竞争力低

一是牧民参与合作社的积极性不高，规模小影响市场竞争力。47.5%的

① 双单一化：当前青藏高原牧区保险缺乏市场化和多样化的风险管理机制，表现为牲畜死亡险类型和依赖政府兜底模式单一化。

牧户都曾参与过村集体股份制合作社，但是仍在社的牧户仅占 9%，积极性不高主要有四个制约因素：①市场适应性较差与管理门槛较高。牧区合作社缺乏灵敏的市场信息、技术辅导及资本输入，难以适应现代市场机制。②草场承包到户导致经营破碎。草场承包到户导致草场经营破碎化、社会网络分割，畜牧业生产高度个体化。③普通牧民参与积极性较低。牧民精英的控制权、发言权高于普通牧民，不平等的话语权降低了牧民参与的积极性。④政策依赖性强与道德风险较高。许多合作社成立初衷为获得政策支持和资金补助，一旦支持政策减弱，部分合作社可能沦为空壳。

二是牧区合作社的发展瓶颈，对畜牧业市场影响深远。这体现在四个方面：①市场准入与扩张限制。牧民无法通过集体行动进入更广阔的市场，如大型商超，牦牛产品销售渠道和市场范围受限，难以实现规模化和多元化发展。②价值链整合不足。牦牛养殖产业在生产、加工、销售等环节协同效应不足，难以实现产业链垂直整合，丧失了多个环节的经济效益，降低了整个产业的竞争力。③品质缺乏标准化。牦牛养殖产业产品质量的统一和标准化生产无法推进，影响产品的市场认可度和竞争力。④政策支持和资源配置路径不畅。金融、技术等市场化要素无法有效地传达到牧民，限制了牧业整体效率的提升。

三　川西北高原共同富裕实现路径的思考

（一）土地要素优化

1. 草场管理可持续，提高草场利用率和生态恢复能力

一是探索多样化草场管理策略。将承包到户与分区轮牧制结合，依据草场生长周期和牲畜种类合理规划放牧时间和区域，避免过度放牧导致草场退化。二是增强牧民主观能动性，积极号召广大牧民建立草场管理小组，共同参与实施草场恢复计划。三是完善草场生态补偿机制。依据草场恢复和碳汇量等科学指标，向牧民提供奖偿，鼓励牧民参与草场保护工作。

2. 建立气候适应体系，积极调整放牧策略并增强抗灾能力

一是开发气候智能预警系统，利用大数据和人工智能技术为牧民提供精准的气候变化信息和灾害预警，帮助牧民优化放牧和饲养管理。二是强化牧民的气候变化知识和技能培训，通过举办培训班等形式，增强牧民对气候变化的理解，提升对极端天气的适应能力和自救能力。三是推进多元化的气候适应措施，包括生态修复项目、种植耐旱和抗寒牧草品种、建设水资源管理设施等。

（二）人力资源强化

1. 优化牧户人力配置：提高家庭人力资本，增强牧户增收潜力

一是鼓励牧民积极参与技能培训和终身学习。特别是在养殖技术、草场管理、基础财务管理等方面，通过提高劳动生产率和经营管理能力，直接提升家庭收入。二是推广家庭多元收入策略。引导牧民家庭根据市场需求学习新技能，如电子商务、直播等，以便开辟非传统的收入来源，增强家庭经济的抗风险能力。三是加强家庭成员特别是妇女和青年的职业技能培训。提升整个家庭的经济参与度和生产力，实现家庭收入的可持续增长。

2. 拓宽牧区教育边界：升级教育质效，提升教育对增收边际贡献

一是优化远程教育和数字学习资源。推广“互联网+”教育模式，研发和部署适应高原特殊环境的在线教育资源，确保牧区儿童和青少年突破地域限制。二是推广双语教育与技能培训。推广双语教育，在保障民族语言文化传承的同时，加强通用语言培训，全面提高牧民的就业竞争力和自我发展潜力。三是重视开展高职教育。针对川西北高原牧区的经济发展特点和产业需求，开设相关的职业教育学校、课程。

（三）技术要素扎根

1. 打造“绿色共富基地”：生态、数字化结合促进牧民持续增收

一是发展绿色生态农牧业。利用川西北高原独特的自然资源发展有机畜牧业、高原特色种植业，建立绿色认证体系，提高产品附加值，实现生态与

经济双赢。二是推进“数字高原”计划。依托数字技术，如区块链、大数据等，建设数字农牧业平台，实现产销对接、信息共享，促进牧区经济数字化转型。三是发展高原特色文化旅游经济。结合川西北高原丰富的民族文化和自然景观资源，开发高原生态旅游、文化体验旅游等新型旅游项目。

2. 推广先进养殖技术：提高牧民生产效率和收益

一是推广先进养殖管理技术，引入耐旱牧草种植、推广节水灌溉技术、优化牲畜品种以适应更冷的冬季条件等。二是支持科技研发，鼓励和支持科研机构与企业开展针对高原特色畜牧业的研发工作，如牦牛育种技术的创新。三是增强现代信息技术应用，积极探索并引入卫星监测、物联网（IoT）、大数据分析等，以实现对牧场资源的高效管理和动态优化。四是培训畜牧技术人才，定期举办畜牧业技术培训，提升牧民技术水平，尤其是在育种、饲料管理和疾病防治等方面。

3. 激活牧区“文化经济”：开发文化经济增收渠道

一是融合传统与现代观念。在尊重并保护川西北高原牧民传统文化的同时，引入畜牧业互联网参与理念，创新文化经济模式。加强对牦牛文化价值、使用价值的宣传，扩大牦牛销售市场。二是提升文化产品的市场价值。开发以牦牛为主题的文化旅游产品，如牧民生活体验、传统节日活动等，通过增加文化附加值来提高牧民收入。同时，利用数字技术推广高原特色文化，拓宽销售渠道，提升产品竞争力。

（四）金融要素维护

1. 提升牧区健康水平：增强家庭健康风险应对能力

一是实施“健康高原”项目，引入“流动医疗车”服务，全面提高医疗服务质量，提升牧户健康水平。牧区地广人稀、交通不便，“流动医疗车”能够深入偏远牧区提供基础医疗服务，如常规检查、疫苗接种等。二是“流动医疗车”搭载远程医疗设备，通过在线问诊等形式，实现现场与远程专家的即时沟通。三是开展全民健康教育计划，通过村集体活动普及健康知识，增强牧民的疾病预防管理意识，减轻家庭应对健康重大风险的脆弱性。

2. 增强金融风险意识：减轻牧区家庭金融脆弱性

一是推广金融教育与普及，实施金融知识培训项目，向牧民普及金融知识，提高他们对金融产品和服务的了解程度和信任度。二是发展适合牧区的金融产品，设计并推广符合牧区特点的金融产品，开发面向农牧业的小额信贷产品，支持牧民的生产经营活动。三是增强金融风险管理意识，通过举办风险管理与金融知识培训班，提升牧民对家庭经济风险管理的认识，提高牧民金融素养和风险意识。

3. 加强生产风险管理：创新保险模式且提升风险应对能力

一是综合评估牧业生产风险，包括自然灾害（如干旱、暴风雪）、疫病流行等。基于评估结果，开发针对性的保险产品。二是优化索赔流程，建立简洁、高效、透明的索赔机制，确保牧民能够在灾害发生后快速获得赔偿，提高牧民理赔体验和满意度。三是创新保险产品，鼓励保险机构开发适合牧区特点的金融产品和服务，引入基于气象指数的保险与基于牲畜死亡的保险产品混用，增强牧民抵御生产风险的能力。

（五）市场要素拓新

1. 推动品牌建设：提质以拓宽电商等多元销售渠道

一是建立品牌意识。通过打造牦牛产品品牌，建立和推广有机、绿色认证标准，提升产品市场认可度和消费者信任度，为牧民开辟更广阔的市场渠道。二是拓展线上线下销售平台。积极利用电商平台，结合传统市场销售，实现销售渠道的多元化，提高市场覆盖范围和销售效率。三是开拓国际市场。通过国际合作与交流，开辟牦牛产品的国际市场，利用国际博览会、电商平台等渠道，拓展海外市场。

2. 产业链纵向延伸：灵活调整销售周期应对市场需求

一是促进产业链整合与延伸。政府和行业协会应推动产业链上下游的整合，包括鼓励建立屠宰、加工和深加工企业，拓展牦牛产品的加工深度和广度，如开发牦牛乳制品、肉制品加工等，形成完整的产业链，增加附加值。二是加强市场需求调研。定期进行市场需求调研，了解消费者偏好和市场趋势，灵活应对市场需求，适时调整销售策略，避免集中销售造成的供过于求。三是改善储存技术。引入现代冷链物流和储存技术，解决季节性销售带来的市场供应问题，保证全年供应的稳定性，减少价格波动。

3. 合作社吸引人才：强化集体经营以提升市场竞争力

一是加强合作社能力建设。提升合作社的管理能力和服务水平，通过共享资源、集体采购、统一销售等方式，降低成本，提高议价能力和市场竞争力。二是增强牧民参与积极性和合作社凝聚力，建立公平透明的利益分配机制，确保牧民利益得到充分保护。三是搭建平台促进信息共享。建立合作社与政府、研究机构、市场买家之间的信息共享平台，及时掌握市场信息，优化生产和销售决策，增强市场适应能力。

B.6
乌东德水电站促进库区实现共同富裕的效果与进路研究*

贾兴元　张语轩**

摘　要：　乌东德水电站是新时代建设的大国重器，乌东德水电站的建成与运营促进了库区的共同富裕。本研究深入乌东德水电站库区进行调研，研究发现，乌东德水电站的建成对库区实现共同富裕起到了重要的促进作用，主要体现在奠定共同富裕的坚实基础、提升共同富裕的基础设施、改善共同富裕的实现路径和结合民族地区特点拓展富裕路径四个方面。同时，库区在发展过程中还存在发展进程转变慢、提升后期帮扶成效难和机制创新障碍多等问题。报告提出坚持多措并举开创发展新局面，着力机制创新探索帮扶新路径，加强政策研究构筑共享新格局等措施，以更好地为构建、完善民族地区水电开发利益共享机制提供借鉴。

关键词：　乌东德水电站　共同富裕　水电移民　后扶政策

一　引言

习近平总书记对金沙江乌东德水电站首批机组投产发电作出重要指示强

* 本文为国家社科基金重点项目“青藏高原农牧民共同富裕的阶段目标、实施路径与重点任务研究”（22ADZ021）和四川省哲学社会科学规划重大项目“四川促进共同富裕的实现路径研究”（SC22ZDYC13）的阶段性成果。

** 贾兴元，四川省社会科学院社会学研究所，研究方向为区域社会经济发展；张语轩，四川省社会科学院，研究方向为人口与经济社会发展。

调：坚持新发展理念勇攀科技新高峰，努力打造精品工程更好造福人民。乌东德水电站是新时代建设的大国重器。乌东德水电站于 2015 年 12 月 16 日核准，2020 年 6 月 29 日首批机组投产发电，2021 年 8 月 29 日首次满发，总出力达 1020 万千瓦，是党的十八大以来我国开工建设并建成投产的千万千瓦级世界级巨型水电工程，是中国第四大、世界第七大水电站。总投资约 1200 亿元，其中直接用于电站枢纽建设和库区建设的资金超过 500 亿元。

乌东德，彝语意为“五谷丰登的坪子”，苗语则是“云雾缭绕的地方”，乌东德水电站库区地跨川、滇两省，包含凉山彝族自治州会东县、会理市，楚雄彝族自治州武定县、元谋县、永仁县，昆明市禄劝彝族苗族自治县，攀枝花市盐边县（享受民族县待遇），共 7 个民族县（市、区），生产安置人口 33605 人中，有汉族、彝族、傣族、傈僳族、阿昌族、白族等 21 个民族，少数民族人口比例约 40%。少数民族人口数量多、比例高、基础弱、发展慢，是推进共同富裕的特点和难点。

乌东德水电站的建成与运营促进库区共同富裕，事关构筑共建、共享、共赢新格局，事关稳定与发展。研究乌东德水电站对库区共同富裕的促进效果与实践进路，可以为更好地促进共同富裕、加快乡村振兴提供参考，为研究工程建设对地区经济发展、共同富裕的促进效果奠定基础，为后续如何构建、完善库区水电开发利益共享机制提供借鉴。

二 研究方法

本报告以共同富裕为切入点，以发展经济学、社会学、人口学等学科视角，将多种研究方法相结合进行深入研究。对乌东德水电站项目涉及的凉山彝族自治州会东县、会理市，楚雄彝族自治州武定县、元谋县、永仁县，昆明市禄劝彝族苗族自治县，攀枝花市盐边县等 7 个县（市、区）进行深入调研，对地方各级政府部门、移民干部、移民、非移民、电站参建各方专业技术人员等进行深入访谈或入户调查，调查范围涵盖参建各方。

文献研究法。通过对乌东德水电站规划、建设和运营期间的统计年鉴、政府工作报告、乌东德水电站相关资料等文件资料进行研究，系统评估乌东德水电站对共同富裕的促进作用。

深入访谈法。对政府相关机构、干部、参建各方、移民群众及专家学者等进行深度访谈，旨在梳理成效、探讨问题、分析症结和寻求解决路径。

入户调查法。走进乌东德水电站移民安置点，深入了解情况，随机选取有代表性的移民作为调查样本，通过入户调查和深度访谈，分析移民群体实现共同富裕的基础、路径、问题和期待等情况。

三　促进效果分析

乌东德水电站建设对促进库区共同富裕发挥了重大作用，主要体现在增强发展信心、促进经济增长、改善基础设施、拓展发展空间、提升生产生活条件等诸多方面。

（一）奠定共同富裕的坚实基础

1.增强实现共同富裕的信心

习近平总书记对金沙江乌东德水电站首批机组投产发电作出的重要指示，进一步增强了参建各方和各族群众实现共同富裕的信心和决心。一是建设过程中，各民族群众服从国家战略，舍小家顾大家，为国家重点工程作出巨大贡献，进一步铸牢中华民族共同体意识。二是乌东德水电站规划建设在尊重少数民族的生产、生活方式和风俗习惯基础上，按照“互嵌式社区”规划并建设移民安置点，重视后期扶持，促进各民族交往交流交融，提升发展技能，增强实现共同富裕的信心。

2.经济实现跨越发展

乌东德水电站总投资约1200亿元，拉动区域性相关投资1000亿~1250亿元，其中直接用于电站枢纽建设和库区建设的资金超过500亿元，川滇两省相关原材料采购合同共计近30亿元，惠及群众50余万人，建设期间平均每年增加就业人数约 7 万人，极大地促进了经济社会跨越式发展（见表 1）。枢纽工程所在地会东、禄劝两县，拉动其 GDP 年均增长至少 2 个百分点，GDP 爆发式增长、多年高位运行。

表 1　乌东德水电站拉动 GDP 增加额及占比

单位：亿元，%

地区		2016 年		2020 年		2023 年		总产出增加额
		总值	占比	总值	占比	总值	占比	
四川省	凉山州	1372.7	8.28	1733.2	6.56	2261.10	5.03	910
	会东县	124.1	81.58	140.3	72.16	179.64	56.36	810
云南省	昆明市	4757.4	2.46	6732.5	1.74	7864.80	1.49	940
	禄劝县	82.00	80.56	146.5	74.40	164.96	66.06	830

注：①总产出增加额根据投资乘数法进行测算。
②占比计算方式以可研报告中的总产出增加额进行年均计算。
③为方便计算总产出增加额，参照投资特点，根据可研报告内容计算，并选取代表性年份。

3. 财政税收大幅增加

乌东德水电站建设期间，每年增加地方财政税收约 2.2 亿元。建成运营后，乌东德水电站每年增值税为 19.06 亿元，对所在地财政贡献为 4.77 亿元，城建税、教育费附加、地方教育费附加每年合计 0.95 亿元。此外，所得税按经营期电站年均实现利润的能力计算提取，每年将达 9.8 亿元以上。截至 2024 年 2 月底，乌东德累计缴纳税费约 68 亿元。以禄劝县为例[①]，2023 年全年地方一般公共财政预算收入共计 5.63 亿元，其中乌东德所带来的增值税为 0.75 亿元，占 13.32%（见图 1）。

4. 帮扶资金成效显著

一是乌东德水电站在移民安置规划中增列Ⅱ类项目资金，川滇两省各 10 亿元，共实施 79 个项目（云南 29 个、四川 50 个），用于区域提升基础

① 乌东德水电站运营期内，按照四川省税收政策，凉山州财政和会东县财政在增值税及其附加中每年因乌东德水电站增加税收收入分别约 1.0 亿元、1.5 亿元。根据云南省税收政策，云南省、昆明市财政和禄劝县财政每年的税收收入分别为 1.25 亿元、0.5 亿元、0.75 亿元。

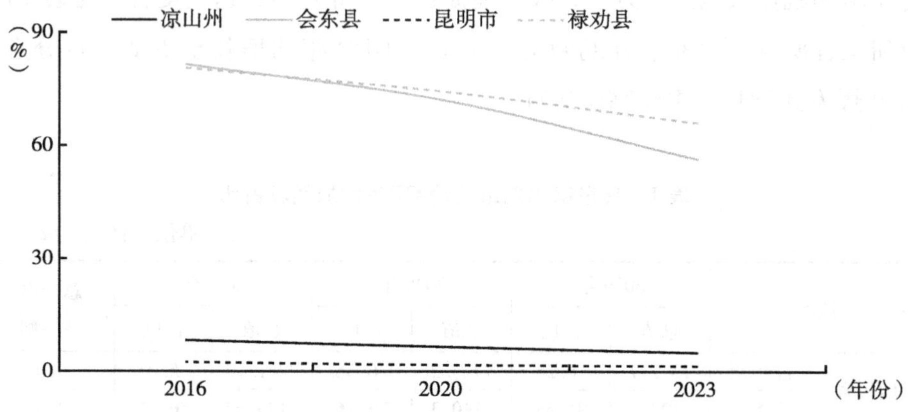

图 1　增值税占四地财政税收比例

设施水平、完善公共服务配套、支持后期产业发展。二是库区基金，从有发电收入的大中型水库发电收入中筹集，库区基金属于政府性基金，分省统筹，纳入财政预算，实行“收支两条线”管理。根据水库实际上网销售电量，按 0.008 元/kW·h 的标准征收，库区基金每年将缴纳约 3.0 亿元。

（二）提升共同富裕的基础设施

1. 交通基础设施大幅优化

乌东德水电站建设促进交通路网优化和提升，与金沙江下游的白鹤滩水电站、溪洛渡水电站、向家坝水电站共复建等级公路超 1000 公里，复建和补助跨金沙江大桥 10 座、码头渡口 142 个等，结束了两岸居民“以船渡江、溜索过江”的历史，促进各族群众共居、共学、共事、共乐，促进民族地区经济发展。云南省有超过 100 万吨货物通过皎平渡大桥进入四川凉山、攀枝花等地；中国石榴之乡——会理石榴，70%的产量通过皎平渡大桥、洪门渡大桥运往昆明，远销国内外。规划兴建翻坝转运设施，促进通航河道航运发展，基本形成金沙江下游河段上下游、左右岸的库周交通网络，加强了川滇两省人员与物资往来，拓展了民族地区高质量融入“一带一路”和长江经济带的新通道。

2. 其他基础设施大幅改善

一是实施专项资金项目，电站建设期间，项目法人中国三峡集团支持凉山州彝族聚集区专项资金达 18.3 亿元，主要用于住房建设、基础设施、公共服务、产业发展等项目。建成三峡新村 80 个，新建改建住房 2.37 万户，扶持产业发展项目 140 个，维修、新建村组道路 1300 余公里，完成农田水利、安全饮水、文化教育等基础设施和公共服务设施项目 751 个，受益贫困人口达 10 万余人。二是实施水电基金项目，为助力库区移民长远发展，项目法人在乌东德水电站库区深入实施水电基金项目共计 59 个，投资 8445 万元，涉及教育帮扶、医疗帮扶、基础设施改善、产业扶持等，进一步改善移民生产生活条件，推动区域经济社会发展。

（三）改善共同富裕的实现路径

1. 生活条件大幅提升

乌东德水电站移民建设的 25 个集中安置点，集中搬迁安置 26597 人，投入安置点新址建设费用共计 21.15 亿元，人均安置点建设费用约 8.0 万元，安置点外部连接道路建设投入约 6.80 亿元，人均道路建设投入约 2.6 万元，安置点外部供水系统管道建设投入 13.62 亿元，人均供水系统建设投入 5.1 万元（见图 2、图 3），人均生活条件改善投入 15.7 万元。安置点实现了“硬化、绿化、亮化、美化、净化”和“通车、通水、通电、通网”的“五化四通”，生活垃圾集中处理和生活污水集中处理比例、移民户卫生厕所普及率均达到 100%。教育、医疗等公共服务保障水平大幅提升。

2. 生产模式更加优化

乌东德水电站移民过程中，按照标准调整配置生产用地 24536.6 亩，高标准开展土地平整和肥化，修建、完善田间渠系等水利设施，共改（扩）建、利用、整治水库 19 座，用水渠（管）道共 352.34 公里，新建提水泵站 10 座，机组总台数 26 台，总装机 3175 千瓦。大大改善了安置地的灌溉条件，积极引入农业开发公司集中流转土地种植经济作物，通过后期扶持支持

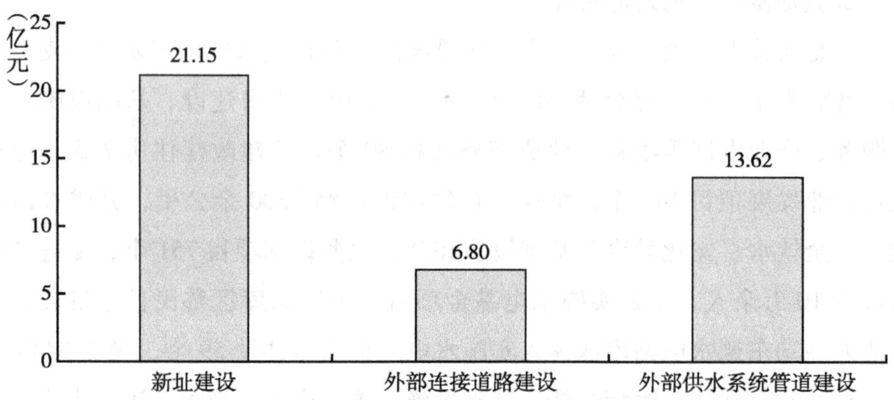

图2　集中安置点各项投入费用

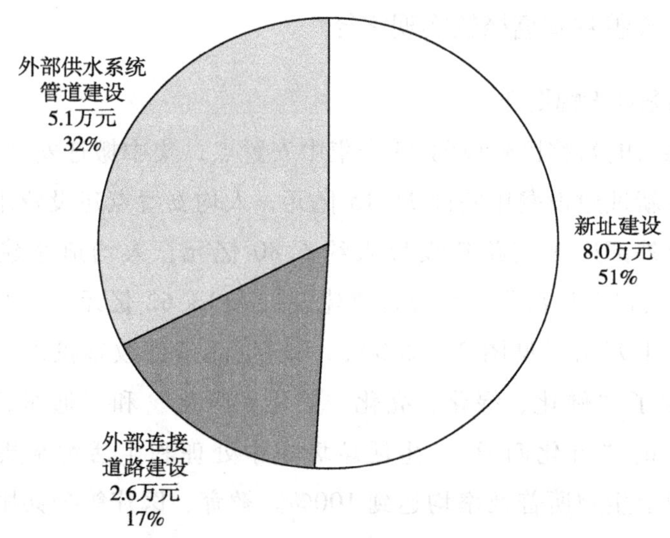

图3　集中安置点人均建设投入占比

特色产业发展，通过技能培训提高就业能力，多渠道增加收入。如元谋县江边集镇安置点，依托优越气候条件，发展高原特色农业，综合发展示范项目，以“康养农业+旅游”为定位，大力发展果蔬、花卉产业与旅游业，探索出特色产业促进共同富裕的新路子。

（四）结合民族地区特点拓展富裕路径

乌东德水电站建设全过程充分考虑和尊重民族风俗习惯与文化特点[①]，因地制宜设计具有民族特色的房屋形式，结合民族地区特点拓展富裕路径。以会理市新安乡傣族村马鞍坪居民点为例，居民点建设融入了傣族特有的干栏式建筑风格和外墙的孔雀纹样装饰，结合民族节庆习俗，建设了泼水节广场，体现了在移民安置中对傣族建筑文化的保护及创新性发展，开创了民族旅游发展新格局。连续多年举办“会理风情游·傣乡泼水节”活动，吸引了周边超万名游客前来参与，带动产业发展，拓展移民收入来源，推动库区经济发展，促进各民族交往交流交融。

四　主要问题总结

调研发现，在新的发展起点和发展格局下，进一步促进乌东德水电站库区共同富裕，有三方面的问题需要重视：发展进程转变慢、提升后期帮扶成效难和机制创新障碍多。

（一）发展进程转变慢

1. 发展思路转变慢

搬迁安置是“攻坚战”，后期发展则是“持久战”。乌东德水电站蓄水发电后，库区理应逐步转入正常的生产、生活状态，实现移民向居民的转变。调研发现，部分地方移民部门工作重心还没有完全从搬迁安置转变为后期扶持，部分工作机构和移民仍停留在“非正常”生产生活轨道上，发展理念转变不及时的情况和问题非常突出，调适难度大、过程长。

① 国务院第471号令第十一条规定，编制移民安置规划应当尊重少数民族生产、生活方式和风俗习惯。国家发改委439号文明确提出，水电开发要尊重当地民风民俗和宗教文化，具体体现在充分考虑当地风俗民情、宗教文化特点，合理确定补偿补助项目和标准，保护当地民族文化，提升移民安置水平。

2. 自身角色转变慢

部分移民还存在“移民身份特殊化”心理，内生发展动力不足，一定程度上滋生了“等靠要”等懈怠想法，对如何促进长远发展谋划不足，主要精力还用在“被动式”解决搬迁安置历史遗留问题上。移民普遍存在发展意识转变难的情况，部分移民对于新发展模式持怀疑和观望态度，难以看到长远发展趋势，对新发展模式接受度低。此外，部分地方移民部门“重搬迁安置、轻后期扶持”，进入后期扶持阶段后，移民干部人数少、业务生、任务重等情况比较突出，对进一步促进共同富裕有较大影响。

3. 生产方式转变慢

农村移民的种植方式由原来的“土地多、分散化”转变为“土地少、集约化、规模化”，生产方式转变慢导致产业发展滞后，发展能力有限。课题组调研发现，会理市 8 个安置点目前均未形成规模化发展模式，农业产业发展比较粗放，集约化水平和产品质量效益不高，市场竞争力不强，农业生产的组织化程度比较低，有专业合作社的移民村只占三成左右，小生产与大市场矛盾比较突出。由于经济效益低下，60%以上的青壮年劳动力外出务工谋生，导致农村产业发展能力不足，2023 年移民人均可支配收入约 17000 元，大概是全县农村居民人均可支配收入 24293 元的 70%。

4. 生活方式转变慢

移民由原来“自家小院散居式生活”转变为安置点集中居住，对“有偿物业服务”难以理解和接受，集体经济薄弱，集中安置点社会服务问题比较突出，如公共基础服务设施的运营费用分担难、基层管理难度大等。调研发现，绝大多数安置点内净水站、污水处理站等基础设施运维经费保障困难，管理人员工资、设备维护检修、运行电费等资金无法得到保障，后继资金缺乏，部分公共服务设施损坏严重。

（二）提升后期帮扶成效难

1. 项目资金统筹难

一是移民安置点多面广，后期扶持资金投入有限且项目逐年实施，往往只能解决一个阶段一个方面的问题，“撒胡椒面”式的项目安排和“挤牙膏”式的资金投入，导致资金使用效率没有充分发挥。二是移民管理部门和相关行业部门职责不同，资金来源有差异，建设进度不统一，项目实施方式各异，建设上难以将“设计规划—组织实施—竣工验收—投入使用”一张蓝图画到底，缺乏长远规划且项目分散，实施效果不好，效益大打折扣。

2. 扶持产业升级难

一是大部分移民村组经济收入总量较小、人均纯收入不高，产业结构单一，自主发展经济的能力不强，产业化水平较低，在促进产业升级方面，后期扶持政策和资金难以发挥“杠杆效应”。二是农业投资周期长、见效慢、企业入驻量少，移民后期扶持产业主要是种养业，存在“小、散、弱”的现象，导致龙头企业带动性不够，产品深加工不足、产业链条短，产业化组织能力比较欠缺，难以形成竞争优势。三是后期扶持资金投入有限，加之地方财政紧张，规模化的农产品加工、仓储、交易市场等具有富民增收引领性的项目，很难获得后期扶持政策支持。

3. 促进增收致富难

因发展空间不足、就业渠道不多、就业技能不足，传统方式的种植业和务工仍是收入的主要来源，移民劳动力自我发展能力和市场竞争力相对欠缺，具有辐射带动作用的产业化示范点和示范户还比较少。课题组在元谋县调研发现，在家移民的经济来源主要为土地流转租金、按月发放的逐年补偿和种植销售芒果与香蕉等经济林果等，林果种植虽已形成一定规模，但农产品质量提升、市场开拓和精深加工等方面不足，种植业效益不佳，增收致富的路径不多。由于土地大多流转，后期扶持资金难以投入增收致富带动性强的产业化项目，地区特色产业发展后劲不足。

（三）机制创新障碍多

1. “传统式”帮扶机制实施成效有限

一是原有的改善基础设施、提升基本公共服务、整治人居环境等共享机制，受限于项目资金的使用方式，资金统筹难度大，仅有“修修补补”“小打小闹”

的实施效果，群众获得感不强。二是原有的促进产业发展升级的共享收益机制，前期投入较大、效益低、风险高、投资回收期长，群众接受程度相对较低，由于利益共享机制的建立涉及利益共享主体的确定、利益表达、分配以及整合等诸多方面，在推进过程中遇到很多问题和障碍，实施成效有限。

2. “创新式”帮扶机制存在诸多障碍

针对发展空间不足、发展路径受限等问题，很多地方都在积极探索解决，构建风险小、周期长、满意度高的利益共享机制。课题组调研发现，部分地方创新共享机制有一些新突破。比如，楚雄州为了破解移民产业发展困境，已逐渐探索出多种合作模式，主要包括资产认购合作分红模式、资产抵押保底分红模式、土地入股合作分红模式等，目前比较成功的有“后期扶持资金+社区贷款+自筹”的模式、购买优质物业收取租金的模式。当前各种合作模式均属于起步状态，运营模式和经验尚处于实践探索阶段，移民和带头人对于合作方式均不熟悉，移民产业发展合作模式有待探索完善。后期风险、收益、分配和可持续性等问题，需要进一步在实践中探索和解决。

五　实践进路探索

（一）坚持多措并举，开创发展新局面

1. 加强党组织建设，引领共同富裕

一是贯彻以人民为中心的发展思想，以基层党建为抓手，以实现移民群众“稳得住、能发展、可致富”为目标，推动党建与后期发展深度融合。强化“党建+思想引领”，激发基层党组织当好移民工作的“引路员”。二是开展党员干部深入移民户大调研，聚焦民生福祉，突出移民美丽家园、产业转型升级和创业就业能力建设，广泛问计于民，积极谋划后期扶持产业发展，进一步增强服务群众意识，大力宣传正能量，引导摒弃“等靠要”思想，激发内生动力，构建“党员领着干、能人带头干、群众就会跟着干”的发展局面。三是通过抓牢党建工作“牛鼻子”，打出政策

实施“组合拳”，围绕富民增收“基本功”，引导群众通过自己的勤劳双手，促进就业、激励创业、发展产业，促进共同富裕。四是加强移民干部队伍建设，把移民干部专业性、连续性、积极性作为一项重要工作来抓，促进后期扶持和移民安置协调互动，建立专业化机制和干部队伍，推动共同富裕。

2. 培育致富带头人，带动共同富裕

一是加强乡村工匠、文化能人、手工艺人和经营管理人才等创新创业带头人培训，提高移民创业技能，培育造就一批善经营、精管理的致富带头人、农业职业经理人、农业经纪人等新型职业农民。二是吸引有能力有想法的青壮年劳动力返乡创业，有针对性地开展就业、创业培训，提高移民的就业创业能力，带动更多群众共同富裕。三是坚持原则性与灵活性相协调、前期补助与后期奖励相结合，集中打造一批具有示范性、引领性、前瞻性、可复制、可借鉴、可推广的“致富带头人示范项目”。

3. 助推数字化建设，促进共同富裕

一是探索“互联网+”移民村居建设，推进智能化管理，打造服务型智慧移民村居。深化安置点基层社会治理创新，加快智慧化、标准化、规范化党群服务平台建设，加强网格化服务管理和安置点综合治理，建设宜居宜业美好家园。二是促进农村电商发展，依托农村电商的发展基础和优势，支持库区和移民安置区积极建设电商服务平台或电商服务站，加强移民电商的服务保障，深入推进信息进村入户。三是实施“互联网+”农产品出村进城工程，发展线上交易、直供直销、快递配送等现代营销模式，支持发展互联网嫁接特色农产品，帮助农产品和农副产品走出农村，促进有特色农产品的移民村实现经济转型升级。

（二）着力机制创新，探索帮扶新路径

1. 破解资源困境，创新发展模式

一是“飞地经济”形式，对于资源承载力有限、发展空间不足的移民，通过机制协同，发展“飞地经济”形式，跨空间、跨时间投入，发挥规模

效应、集聚效应，建立健全移民资产管理和收益分配机制，认真执行村务、财务公开制度。二是“物业经济”形式，整合移民后期扶持资金，推进抱团联合购建物业，包括购买商铺，建设标准厂房、农贸市场、创新创业小微企业园、产业园等。物业经济扶持要坚持稳健原则，降低市场风险，做到项目可行、程序到位、建设规范、效益明显。加强物业项目开发经营情况的日常监管，做到全程监督、公开透明，提升物业经营管理水平。

2. 用好政策组合，拓宽融资渠道

一是充分发挥后期扶持资金撬动地方资源和融资渠道形成的规模聚合效应，加大对移民开展农村种养殖业（含农产品加工流通业）、工业和服务业、个体私营、电子商务等生产开发和产业经营的金融支持力度。二是积极运用支农支小再贷款、扶贫再贷款等央行政策工具，引导金融机构合理合规增加对移民安置融入服务的信贷投放，加大产业扶贫等领域金融支持力度，降低低收入移民融资成本。三是创新使用普惠小微企业贷款延期支持工具和信用贷款支持政策，鼓励金融机构结合移民安置区资源禀赋和周边产业特点，支持库区和移民安置区产业发展与移民就业创业。四是继续发挥三峡种子基金的“杠杆效应”，继续做大三峡种子基金，发挥更大效益，积极探索后期扶持项目全过程咨询试点，分批、分期逐步扩大试点范围。

3. 促进转型升级，壮大经营主体

一是聚焦兴产带农增收，大力培育新型经营主体，引导城乡各类主体开展创业、领办企业，带动合作社参与后期扶持产业发展，统筹整合同类加工企业，开展农民合作社和新型集体经济组织规范提升行动，培育打造一批农特产品加工集团、农民合作社示范社、家庭农场示范场、新型集体经济组织和农户增收致富小庭园。二是创新产业经营组织方式，实施产业链“链主”培育工程，建设一批农村新型供销合作社和农民合作社联合社，组建一批由龙头企业牵头、新型经营主体和小农户参与的产业化联合体，构建“户建场、场入社、社接企、企连市”的联合经营体系，实现各主体优势互补、合作经营、抱团发展。三是健全产业促进共同富裕机制，将新型经营主体带农实际效果与政策扶持挂钩，建立务实管用的“合作式”“联合式”“入股式”“托管式”“代养式”“订单式”等多种形式的合作经营联利分红方式，建立村集体经济收益分配方式和大户带小户、先富带后富机制，带动农民分享产业发展增值收益。

4. 推动产业发展，做大集体经济

一是壮大集体经济，采取多元发展模式，打造支柱产业，增强发展后劲，筑牢集体经济全新业态，盘活集体闲置资产，增强村级（集体）组织“造血”功能，筑牢移民群众增收底线。二是建立组织体系，建立以基层党组织为领导、村民自治组织和村务监督组织为基础、集体经济组织和农民合作组织为纽带、其他经济社会组织为补充的村级组织体系。三是保障集体经济利益，通过构建引领性、带动性、促进性、持续性的评价体系，激励发展壮大集体经济的积极性。加强移民利益联结和收益分配机制研究，确保“水库移民扶持基金投向产业发展项目所形成的经营性资产，产权归移民村集体所有”。

（三）加强政策研究，构筑共享新格局

1. 加强新时代水电开发利益共享政策研究

《国务院关于完善大中型水库移民后期扶持政策的意见》提出，后期扶持的目标是解决移民温饱、基础设施薄弱和移民长远发展问题。当下，移民温饱问题已经得到解决，但移民长远发展和共同富裕任务还很艰巨。移民每人每年补助 600 元、扶持 20 年的标准和期限，需要结合推进共同富裕的时代背景加以优化和调整。应聚焦移民发展的突出问题和薄弱环节，提高移民自我造血能力，更好地满足移民群众日益增长的美好生活需要，促进移民与当地居民共同发展、共同富裕。

《关于做好水电开发利益共享工作的指导意见》① 提出，建立健全移民、

① 国家发改委、能源局、财政部、人力资源社会保障部、自然资源部、宗教局于 2019 年联合印发（发改能源规〔2019〕439 号）。

地方、企业共享水电开发利益的长效机制，构筑水电开发共建、共享、共赢的新局面，增强库区发展动力，维护库区社会和谐稳定、人民安居乐业，稳步推进共同富裕。应加强政策研究，把改善民生、凝聚民心作为民族地区经济社会发展的出发点和落脚点，推动民族地区融入新发展格局、实现高质量发展，不断提高公共服务保障能力和水平，促进发展成果公平惠及各族群众，这是研究新时代背景下构建水电开发利益共享机制促进民族地区共同富裕的出发点和落脚点。

2. 构建促进民族地区共同富裕的共享机制

探索建设金沙江清洁能源促进库区共同富裕示范基地。金沙江下游为干热河谷地区，具有丰富的风能和太阳能资源，可结合乌东德水电站的独特优势，促进共同富裕。川滇两省与项目法人可以加强协同，探索建设风光水储一体化金沙江清洁能源基地，促进库区共同富裕示范基地建设。结合清洁能源优势，规划发展沿江优势产业，促进库区经济发展。

探索乌东德水电站移民集中安置点建设民族互嵌式社区试点。一是按照共同富裕的理念，铸牢中华民族共同体意识，探索集中安置点构建互嵌式社会结构和社区环境的路径与模式，创造各族群众共居共学、共建共享、共事共乐的社会条件，在安置点持续深化民族团结进步创建工作，促进民族交往交流交融。二是把安置点美丽家园移民新村建设同创建少数民族特色村寨（小镇）结合起来，提高安置点公共服务保障能力和水平，发展民族特色村寨（小镇）旅游，促进发展成果公平惠及各族群众。

研究建设乌东德水电站促进库区共同富裕试验区。一是通过编制有针对性的发展规划，制定考核方案，加强对相关政策落地情况和规划落实情况的评估。二是制定有针对性的举措，把促进库区共同富裕机制落到实处，如继续提取水电基金推动后期扶持，探索乌东德水电站地方股权收益反哺库区发展机制，明确电站税收支持共同富裕的方式和比例，鼓励项目法人股权收益支持区域发展等。三是研究建设乌东德水电站促进库区共同富裕试验区，可以通过部门协同、政策创新、试点探索等方式，通过优化资源配置和政策创新等方式，探索促进库区共同富裕新机制，把改善民生、凝聚民心作为促进民族地区经济社会发展的出发点和落脚点，推动民族地区融入新发展格局、实现高质量发展，实现共同富裕。

参考文献

龚和平主编《中国水电移民实践经验》，中国水利水电出版社，2020。

彭豪祥、冯耕耘：《三峡移民社会适应性研究》，武汉大学出版社，2015。

张学珍：《禄劝县乌东德镇新村产业发展思路》，《农村实用技术》2022 年第 6 期。

张学珍：《禄劝彝族苗族自治县乌东德镇新村生态振兴思路》，《农村实用技术》2022 年第 1 期。

阴奔、刘祖雄：《乌东德水电站可研阶段实物指标调查要点分析》，《水利技术监督》2014 年第 6 期。

刘培林、钱滔、黄先海等：《共同富裕的内涵、实现路径与测度方法》，《管理世界》2021 年第 8 期。

曹鹏飞、吕邦华、廖磊琼：《新时代背景下乌东德水电站移民工作管理机制分析》，《云南水力发电》2023 年第 12 期。

牛江溶、商艳光：《乡村产业振兴驱动因素研究——以凉山州会理县石榴产业为例》，《湖北农业科学》2021 年第 12 期。

商艳光、牛江溶、施国庆：《金沙江下游水库移民工作的重大理论与实践问题》，《工程研究-跨学科视野中的工程》2020 年第 4 期。

商艳光、施国庆、涂文华：《中国水电移民分权管理体制的功能及挑战——基于 WDD 水电站移民安置规划工作的分析》，《工程研究-跨学科视野中的工程》2018 年第 6 期。

商艳光、施国庆：《基于五大发展理念的水利水电工程移民政策评价——以〈大中型水利水电工程建设征地补偿和移民安置条例〉为例》，《西部论坛》2017 年第 2 期。

专题二：社会治理

B.7 四川新型集体经济组织治理实践和对策建议[*]

李 羚 杜 玲 肖 杰[**]

摘 要： 发展新型农村集体经济是党中央提出的一项重要战略任务，是有效实施农村农业现代化、实现共同富裕的重要途径。实践中各地探索集体经济多样化发展途径，推行资源发包、物业出租、产业服务、资产参股等多种模式，但也存在治理与发展不平衡的现状。本报告通过三个案例展示了集体经济组织治理实践和现状。通过参与式方法分析了发展中的主要难点：农村集体经济组织成员权利确认与实践衔接不足；村集体经济组织自身的发展运营水平低；农村集体经济组织治理结构仍需健全；集体经济组织负责人的多

[*] 本文系成都哲学社会科学规划项目“社区党组织建设的创新路径和案例研究”（2023BS008）、四川省社会科学院社科基金孵化项目“健全党组织领导下的自治、法治、德治相结合的乡村治理体系研究”（21FH18）阶段性成果。

[**] 李羚，四川省社会科学院社会学研究所研究员，研究方向为政党政治和基层治理；杜玲，四川蜀光社区发展能力建设中心主任，研究方向为社区发展；肖杰，四川省教育厅一级主任科员，研究方向为社区党组织建设。

重身份成“雷区”。结合当前参与式清单化集体经济治理的实践，我们认为一个好的集体经济组织治理要着力五个方面：成员认定、带头人角色认定、市场竞争、利益分享、共管共治。

关键词： 新型集体经济组织　参与式治理　四川实践

发展新型农村集体经济是党中央提出的一项重要战略任务，是推动实施乡村振兴战略、推进农业农村现代化、促进集体资产保值增值和农民实现共同富裕目标的重要途径。2022 年中央一号文件再次提出“巩固提升农村集体产权制度改革成果，探索新型农村集体经济发展路径”。2023 年中央一号文件明确提出把强化集体所有制根基、保障和实现农民集体成员权利同激活资源要素统一起来，搞好农村集体资源资产的权利分置和权能完善，让广大农民在改革中分享更多成果。从政策上将治理与发展相融为集体经济发展保驾护航。但目前，集体经济发展中存在三个难点：集体经济容易变成干部经济、集体经济容易变成股东经济和集体经济容易变成群众漠不关心的经济。这些难点显示出将治理引入集体经济发展的重要性。本报告以农村集体经济组织治理实践案例为研究对象，从参与式治理视角分析实践困境的成因，从而明确未来的发展路径。

一　新型集体经济组织问题的提出和政策

在基层调研中我们发现，围绕新型农村集体经济组织发展有许多创新举措，探索多样化发展途径，推行资源发包、物业出租、产业服务、资产参股等多种模式，提高集体经济收入、服务带动能力和回馈村社区治理，也促进了村社区和谐发展。据农业农村部统计，2021 年全国已建立乡、村、组三级集体经济组织近 90 万个，有集体账面资产 7.7 万亿元，其中经营性资产 3.5 万亿元，这是新型农村集体经济发展的重要基石，也是促进农民增收的重点所在。为推进两项改革“后半篇”文章、促进乡村振兴提供法治支撑，也为国家开展农村集体经济组织立法探索“四川经验”，2021年7月29日，四川省十三届人大常委会第二十九次会议举行全体会议，表决通过《四川省农村集体经济组织条例》，为规范农村集体经济组织运行提供依据。2021年全省1292个合并村开展集体经济融合发展试点工作。根据合并前集体资产和债权差异形成了不同类型的集体经济发展类型。[①] 2022年全面实施《四川省农村集体经济组织条例》，并把条例实施情况纳入乡村振兴实绩考核。四川主要落实四条支持政策，一是继续实施扶持壮大村级集体经济项目，2022年新增扶持1292个村，每个村补助100万元，专项用于支持发展新型农村集体经济。二是脱贫攻坚期间设立的“贫困村产业扶持基金”更名为“村级集体经济发展基金”，用于发展种植业、养殖业、农村电商、农旅结合、农产品加工等产业业态。三是将财政投入建设形成的国有资产，按规定程序依法委托给农村集体经济组织持有、管护和经营，其收益归农村集体经济组织所有。四是鼓励符合条件的农村集体经济组织承接政府购买服务、财政投入的农村小型公共基础设施项目的建设管理，增加集体经济组织收入。[②]

从各地实践看，由于国家法律的长期缺位，当前农村地区不同程度地存在集体资产监管政策针对性不强、监管制度执行不到位、风险防范机制不能有效满足新时期农村集体经济发展新要求等问题，难以充分发挥农村集体经济组织的有效作用。据农业农村部网站数据，截至2023年2月底，全国清查核实农村集体资产7.7万亿元，集体土地等资源65.5亿亩。管好用好这些数量庞大的集体资产，离不开健全有序的农村集体经济组织治理。新型农村集体经济治理，是指在农村地域范围内，以农民为主体，相关利益方通过联合与合作，形成具有明晰的产权关系、清晰的成员边界、合理的治理机制

① 包括集体资产和债权债务相差不大村的合并及相差较大村的合并、集体经济发展较好与较薄弱村的合并、贫困村与贫困村的合并、贫困村与非贫困村的合并、非贫困村与非贫困村的合并等不同类型。

② 《1292个村每村补助100万！省委一号文件聚焦这些大事》，《四川日报》2023年3月14日。

和利益分享机制，实行平等协商、民主管理、利益共享的经济形态。新型农村集体经济如何壮大、实施效果如何，学术界已经形成了一批较有影响力的研究成果，主要集中在路径探索、效果呈现以及困境与策略等方面，且多为基于特定案例和实践经验的具体分析，在研究面向上凸显了发展新型农村集体经济的一个维度。而在分析其实施效果与提升组织治理效能，进而助推乡村振兴整体发展等方面，尚有进一步加深研究的空间。基于此，笔者跟随团队于 2022 年 3 月深入西昌采用非结构访谈及参与观察等社会学研究方法，对一个典型案例村进行实地调研，力图解决两个难点：一是新型农村集体经济发展的治理实践模式和治理效能；二是参与式清单化治理对发展农村集体经济、推进乡村振兴战略的启示作用。

二　参与式清单化机制参与集体经济组织治理的可行性

在村级组织中，农村集体经济组织一直面临着法人地位不明、独立性不显、治理机制不清等方面的质疑，主要表现为三个方面，集体经济发展成为干部经济、集体经济成为少数人经济、集体经济成为群众漠不关心的经济。迫切需要将治理纳入集体经济发展的全过程。值得一提的是，成都通过多年先行先试，以“还权赋能”为核心，构建起以党组织为核心，自治组织、经济组织和社会组织协同参与的“政经分离、一核多元、合作共治”的农村基层治理新机制，农村集体经济呈现盘活资产、资源开发、经营服务业等多样化特点，为全省提供参与式治理样本。

参与式治理从 20 世纪 90 年代后期开始进入中国，被称为“参与式管理”，在国际组织和当地政府的合作推动下，在云南、贵州等地的偏远地区减贫、小流域治理、小额贷款、农村合作医疗等方面广泛引入参与式发展的理念，取得显著成效。参与式治理也被运用于中国的社区建设。根据项继权教授的研究，2004 年和 2005 年分别在北京和成都召开的“参与式治理”学术会议“均是对中国城市社区建设和治理问题的讨论”；王敬尧则将参与式治理等同为居民参与，“指社区居民本着公共精神参与社区事务，从而推动社区发展和人的全面发展”。在一些学者看来，参与式治理所指向的社区建设不仅包括城市社区，还包括农村社区。另外，在地方政府和学者的共同努力下，“参与式预算”、公民评议政府以及政府“开放式决策”等参与式治理的机制和实践，在全国各地都有试点和推广。正是基于对国内外已有参与式治理的借鉴，西昌提出参与式清单化基层治理模式。这个模式最大的特点是以社区公共事务问题治理为切入点，以项目小组和群众参与为重点，链接自上而下与自下而上的资源、力量和职责，形成共建共治基层治理新格局。从成都实践来看，参与式治理推动了集体经济有效发展。截至2021年末，成都共有村级集体经济组织2289个，共确认集体经济组织成员733.43万人。农村集体资产总量达到341.47亿元，全市农村集体经济总收入55.95亿元，全市农村集体经济村平均收入240多万元。

三　参与式清单化基层治理视角下集体经济发展的难点

参与式清单化基层治理对集体经济组织治理有其独特之处，更注重群众在集体经济组织中的地位和作用。

以往集体经济实践，重经济发展，是以龙头企业、专业合作社为市场载体的集体经济组织，这些经济主体更加注重经营的存续性和盈利性，缺乏对农户参与者的普惠性，并没有完全融入社会化的市场经济中。[①] 换言之，新型集体经济组织治理主要是以社区或村庄为主要发展群体，不仅要完成内部治理和权益分配，还要与农村基层治理机制相衔接，处理好与村委会、基层政府以及外部市场的关系。强调引导其规范开展成员管理、机构运行、资产运营、收益分配等行为。参与式清单化基层治理正是在此基础上提出来的。

参与式治理是对参与式发展的一种本土化应用。参与式发展理论是一种

① 徐辉、范志雄：《集体经济组织化治理的逻辑和路径启示》，《经济学家》2022年第3期。

微观的发展理论，与现代化理论的宏大叙事不同，它强调尊重差异、平等协商，在“外来者”的协助下，通过当地社区成员主动的广泛参与，实现可持续的、成果共享的发展。其价值取向是以人为本的，解决落后国家、地区在现代化进程中谁是发展主体、谁是发展的受益者等根本问题，在解决区域发展方面的有效性越来越受到尊重。① 也有学者认为，参与式发展理论并不完全是舶来品，早在20世纪二三十年代的乡村建设运动中实验者们便创造和运用了大量的参与式发展的理论与方法，尤其是定县实验和邹平实验更是如此。参与式发展的核心是赋权。参与式发展理论认为任何一个外部组织都没有社区成员更加了解社区的情况和他们自己的需求，赋权的核心是对参与和确立发展援助项目全过程的权力再分配，如参与规划、决策、实施以及监测和评估等诸多环节。其次是赋能。发展的内涵超出以经济增长为中心的发展，强调人是发展的主体。参与式发展项目本身就是一个不断学习、不断改进、不断接受自我教育和自我培训的赋能过程。提升社区成员的自信心和主动性。参与式治理不仅强调自下而上的主体作用，而且强调自上而下的党政支持作用。通过赋权、协商和资源分配等形式，找到共同利益，采取共同行动。参与式治理作为社区治理的新场域，以社区认同、民主协商、群众赋权为主要特征。将治理、发展和主体职责有机融合，强调各个主体在推进公共事务中的责、权、利。在推进国家治理体系和治理能力现代化进程中积极调动群众参与基层治理的积极性，推动基层治理由“上层发力”向“上层发力与底层着力的上下结合”转变，将组织优势与群众参与相结合，推动组织优势转化为发展优势。

参与式基层治理在西昌实践中何以能推进？首先，领导干部对参与式治理的主动支持。时任州委书记高度重视基层治理工作，在2013年任甘孜州委常委、康定县委书记时，就创造性地开展了参与式社区能力建设试点，努力探索政府管理与社区管理有机衔接新模式，并取得了较大成效。在此基础

① 刘金成、雷晓明：《论新农村建设的参与式发展机制与政策选择》，《农村经济》2012年第2期。

上指出要以开展参与式群众工作法试点为抓手，不断完善基层治理体制机制。其次，市委将集体经济发展纳入“社会治理突破年”重要行动之一。西昌从 2015 年开始把发展壮大村级集体经济摆上重要位置，2015 年起，给予 47 个贫困村每村 5 万元集体经济启动资金，15 个有贫困村的乡镇每乡镇 15 万元产业发展资金。探索发展壮大村级集体经济新路径，实现了从“输血式”扶持到“造血式”扶持的转变。截至 2019 年，西昌全市 244 个村中有集体经济收入的达 219 个，超过 100 万元的村有 5 个，5 万元以上的村有 65 个。西昌市还把发展壮大农村集体经济作为一项重要任务来抓，为全面推进乡村振兴打下坚实基础。西昌市围绕建优机制，做实新型集体经济组织；优化布局，促进产业带动释放红利；融合业态，探索新型集体经济发展路径，聚焦改革赋能、规范管理、盘活资产、融合发展等重点任务，着力培育壮大村级集体经济，持续增加群众收入，推动脱贫攻坚成果同乡村振兴有效衔接。2021 年，全市 198 个村集体经济组织实现收益 8566 万余元、村均 43 万元，为全面推进乡村振兴、加快农业农村现代化打下了坚实基础。[①] 最后，新型集体经济组织治理需要实践参与式清单化治理。持续深化农村重点领域和关键环节改革，结合实际探索新型农村集体经济有效实现形式，切实推动巩固脱贫攻坚成果同乡村振兴有效衔接。西昌提出抓好合并村集体经济融合发展是做好两项改革“后半篇”文章的重要内容，要重点解决好盘活利用撤并村闲置资产、处理好合并后原村之间成员利益、“旧账”“新账”处理等 9 个突出问题。2022 年，西昌市在总结 2021 年 20 个试点村经验的基础上，开展新型集体经济组织治理工作。目前，很多地方在实践中仍有不少人将农村集体经济等同于农村集体所有制经济，这事实上是一种误解。新型农村集体经济不仅包括改造后的农村集体所有制经济，也包括基于私有产权形成的合作制和股份合作制经济，以及公有产权和私有产权联合的混合型集体经济。所谓新型农村集体经济，是指在农村地域范围内，以农民为主体，相关利益方通过联合与合作，形成的具有明晰的产权关系、清晰的成员边

① 《西昌：聚焦现代农业　加快乡村振兴步伐》，《凉山日报》2022 年 8 月 31 日。

界、合理的治理机制和利益分享机制，实行平等协商、民主管理、利益共享的经济形态。要切实发挥好村集体经济组织行使所有权、统筹集体资源资产、组织协调广大农民的特有优势，市场主体经营管理项目、参与市场竞争的独特优势，真正让“沉睡”的农村集体资产“活起来”，农业强起来，农民富起来。

四 参与式清单化基层治理的西昌集体经济组织治理案例

（一）江管村集体经济组织治理实践

江管村现有常职干部6人，党员96人，设有1个党总支、2个党支部。2019年，江管村在上级部门支持下投入资金1000余万元，分两期完成了24间冻库的建设，一方面是抢抓西昌市农村集体产权制度改革试点契机，以支部+股民（村民）的方式通过建设冻库、劳务公司等盘活村集体经济，目前已经成为冻库基地；另一方面是以村支部书记为法人，股民（村民）代表为管理人员，形成支部引导、利益相关人协商管理的集体经济股东管理机制。在乡镇党委的支持下，开始办理集体经济法人执照。从资金、政策和鼓励基层干部做事方面发挥支持作用。镇上书记鼓励试错，“放开手脚去干，干错了，不怪你们，镇上支持”。2019年3月，江管村成立合作社，开办对公账号，收取入股资金，以修建冻库为突破口，扩大村集体经济规模。为发展壮大村集体经济，江管村成立了股份经济合作联合社，下设冬阳商贸有限公司、兴盛劳务服务有限责任公司，让越来越多群众参与进来，目前群众参与入股168户，获184股（全村近800户，划分10人为小组，选理事会）。

随后村民代表和股民入户宣传，做通村民思想工作，解决了冻库建设用地指标问题。同时，村“两委”积极对接国土、农业等相关部门，将零星建设用地指标归整到一处用于冻库建设。在村民支持配合协调下，最终将村、组两级13亩零星的可建设用地整合起来，有效解决了冻库建设用地问题，并通过规划，将其中4亩土地用于厂房建设。村集体以现有集体资产为主体，争取中央省州村集体经济发展扶持资金和农业部门专项扶持资金，吸收部分本村大户入股，完成启动资金积累；动员全村村民将 13 亩村、组两级零星建设用地指标归整用于冻库建设，解决集体经济发展“钱”和“地”两个关键问题。据村干部介绍，2018 年该村集体收入只有 90 多万元，到现在村集体经济收入已经增长至 180 多万元，冻库建成投入使用后直接为村内 40 余名劳动力提供了就业岗位，带动 150 名村民就业。2019 年每股分红 1500 元，2021 年每股分红 1650 元，2022 年预计每股分红 1800 元。除分红外，集体经济收入还用于道路硬化、照顾困难群体、为村集体活动提供资金支持，增强了群众的幸福感和获得感。总体来说，江管村通过支部率先发展产业来做大集体经济，对西昌乃至四川推进集体经济发展有重要的实践价值。

江管村特色在于闯过了市场关。在集体经济发展领域脱颖而出闯过市场关后，目前面临着和另一个村（该村没有集体经济收益）合并后，如何让新并入江管村的群众也从集体经济发展中实际受益的问题。如果简单地把老村民创造的蛋糕拿过来直接分给新村民，可能引起两村群众的矛盾。

（二）马厂村集体经济组织治理市场竞争实践

马厂村耕地面积 3400 余亩，其中大棚种植面积 2000 余亩，以种植大棚蔬菜、玉米制种、洋葱、稻谷为主。马厂村位于佑君镇西南方向，安宁河穿越而过，地势平坦、气候良好、日照充足，农业基础条件优越，非常适宜农业种植。2021 年以前，马厂村的村集体经济只有 4000 多元，大大制约了乡村的发展。2021 年 9 月在发展新型集体经济组织政策引导下，村支部根据项目基本情况，召开村民代表大会，论证集体经济发展项目，其中农户对优质种苗需求大，且买苗贵、购苗难，农户开展蔬菜大棚种植缺乏科学技术指导。通过外出实地考察项目、专家实地调研论证、召开村民代表大会等方式最终确定发展项目，2022 年 3 月注册马厂村润展农业股份公司。流转土地 25 亩用于建设育苗棚、品种试验棚、培训中心及附属设施，发展佑君镇蔬菜大棚种植面积 1 万余亩，建设蔬菜育苗及技术培训基地，利用基地+农户+技术团队的模式（西昌学院），项目总投资460万元，开启了集体经济发展之路。建设现代蔬菜育苗及农业科学技术服务示范园。马厂村以参与式清单化基层治理项目试点为契机，推行“支部+公司+农户+技术团队”发展模式，村民们加入村集体控股公司“抱团”致富，村“两委”班子和党员干部带头入股，从而带动村民主动入股参与项目建设。目前，该村吸纳股民91户，入股资金达到200万元，其中村集体出资260万元，占57%，本村农户出资200万元，占43%。其创新点主要在于通过股东大会探索了集体经济分配方案，提出收益分配的三条原则：科学合理合法原则；坚持民主决策原则；激励促进发展原则。通过股东大会讨论占股分配规则，章程规定分配包括两个层面：一是股东分配。作为个体股东和集体股东的分配，个体股东两次分红，作为村民资格和作为股东资格；集体股也是两次分红，村集体股分红和小组股分红。集体股与个人股有同等的权利，参与股份合作社的股红分配。

二是集体股份的分配：①利润法定盈利公积金提10%。②剩余利润通过召开股东大会（2/3到会方可召开）进行约定表决，2/3的股东（股份数）同意后可拿出不超过20%的盈利作为分红（集体股份占10%，普通股占90%，一组占普通股的20%、二组占普通股的20%、三组占普通股的15%、四组占普通股的15%、五组占普通股的15%、六组占普通股的15%）。③行使重大表决权方面理事会占30%（其中理事长占40%，其他成员按平均分配总体占60%），监事会占10%（其中监事长占40%，其他成员按平均分配总体占60%），余下60%的股由1~9组平均分配。④理事会、监事会等成员随村民委员会正常换届后，由新当选的班子成员担任。此分配方案较好地探索了村民、股东与集体经济之间的关系，破解了集体经济发展存在的一个尴尬现状：既是集体经济的人，却不愿支持集体产业发展。老百姓对本村产业发展仍然不信任，集体经济发展并不是一蹴而就的，根源还在于农村集体经济组织参与市场化经营的时间较短、经验不足，创新能力有限。从参与式治理的视角可以发现最大的困境在于集体经济组织的市场竞争力问题，由于群众参与不足，对集体经济组织的认同感和拥有感不强。

（三）天王山社区集体经济参与社区微治理实践

天王山社区辖内面积约9平方公里，建成和在建小区31个，分为3个网格，下设15个居民小组，常住人口3500户13000余人。社区党委下设4个党支部、7个院落党小组、15名党员楼栋长，党员165名，驻区单位党组织9个，“双报到”党员150名，志愿者队伍4支40人。社区治理共同体已具雏形。天王山社区是“两项改革”中原小庙乡李家村和泸川村整体拆迁合并的村改居社区，是西昌市新城区建设中心。由于存在小区买菜难题，政府划拨土地，投资百万元建便民市场。由国资公司管理，三年期满后由社区代管，通过召开村民代表大会，共议便民市场管理。达成由合作社来出租经营的共识，菜市场收入的5%交给天王山社区，目前已积累近200万元集体经济收入，约2万元作为天王山社区服务整个小区居民的公益性资金。

集体经济如何参与社区治理？为社区治理注入社区资金。在社区发展专家团队指导下，天王山社区党委通过参与式清单化治理的方法，以微公益创投办法，加强党建引领，立足有效使用集体经济公益资金回馈社区居民，提升社区精细化服务水平，激发村民“自己家园自己建”的内生动力。

社区干部及网格员直面群众的新期待和新需求，深入小区走访和入户问询，搭建社区和居民交流平台：①通过社区动员，动员群众参与和发现社区问题。着力发挥党小组长、楼栋长、居民小组长等各方作用，全面开展宣传工作。通过两个小区公示栏和栋楼张贴项目征集通知、召开坝坝会宣讲5次、利用15个居民小组微信群和2个小喇叭等线上线下多种方式，开展全方位、全覆盖的宣传动员。上门开展一次和小区居民“面对面，心连心”的交流，了解他们对项目的看法，围绕居民最迫切的诉求，引导居民主动发现问题、主动解决问题。倾听居民心声、了解居民诉求60条。使居民从最开始的不理解、没有想法，到后来的慢慢理解、积极参与并提出想法，形成了居民从被动接收到主动参与的工作格局。②动员村民参与项目申报。搭建项目平台，推动居民发现问题。向群众讲解什么是微创投，激发群众参与的内在积极性。组织社区干部、网格员、居民小组长、党小组长、楼栋长等到小区居民家中，为居民讲解什么是微创投，以群众关注的“急难愁盼”问题为切入点，开展“你行动我支持”公益活动以改善社区环境。建立天王山社区党委联动机制，推动社区能人、志愿团队参与小区内部微治理。申报微创投项目6个，申请人数120余人，部分居民利用微创投项目自发组成志愿团队，向社区申请安装桌椅项目，项目物资采购、选址、安装、后期的管理和维护均由志愿团队负责，社区负责监督整个项目实施并提供部分公益资金支持，剩余资金由志愿团队自筹。引导陪伴社区居民精准自我管理、自我服务，为社区培养一批能干事、干得成事的人或自组织。微创投公益是通过社区自组织解决社区内部公共事务（自主解决自己“急难愁盼”问题的一群居民，或者非正式自组织）的实施操作能力（自主协商能力、合作行动能力和公正自管能力）的方法。③社区党委开展链接资源和培训自组织能力建设的活动。对小区申报公益创投的居民团队和2个临时组建志愿团队进行引导和规范：邀请专家对自组织进行组织管理、业务能力和项目后期维护等方面的培训。通过对活动项目策划、资源链接指导、活动指导等方面进行赋能，微创投小组在人员组织、活动策划等方面的能力得到进一步提升。街道党工委、社区党委及时对接房管局、民政局、教体局等部门联动提供小组外部政策支持，以此加强部门、街道、社区、居民以及企业的互动，从而形成“心往一处想，劲往一处使”的社区微公益的支持力量。为社区培育一批有担当、有责任、有公心、有志愿精神的骨干队伍，促进社区和居民之间的紧密联系，成为撬动社区居民参与社区治理和居民自治的基石。参与式清单化社区微治理活动表明，并不是提供资金就能自动办好，工作方法要改善、要跟上，要有过细、具体、可操作的能力。

此项目值得讨论的一点是其可持续性，如果项目专家团队完成项目周期，项目是否能够继续开展下去？如何在保持原有内容和水准的基础上，继续推进和深化，为本项目寻找和增添新的内容，发掘新的项目成长点，实现本项目的持续演进与升华？只有解决了上述两个问题，微公益创投项目的效能和效益才可持续、有保障。

总结以上三个实践案例，我们可以思考一个关键话题，即集体经济发展的关键路径（见表1）。历史上大面积的集体经济发展不起来，首先是过不了市场关，手中没有蛋糕；其次是过不了利益分享关。有吸引人的蛋糕时，种种理由导致仅少数人入股，把集体蛋糕变成了少数人的蛋糕。这使得集体经济常常被异化成干部经济和少数人经济；部分普通群众难以从干部经济和少数人经济中受惠。分蛋糕与自己无关，做蛋糕时自己又被排斥，甚至作为集体成员该如何受益也不清楚，群众与集体慢慢有了疏离感。集体经济容易变成一般群众漠不关心的经济。但也要防止把集体经济变成股东经济，用股东取代村民集体利益。这是一个通病，原因就在于缺乏对新型集体经济组织治理的深刻理解，促进农民走共同富裕之路。正如习近平总书记指出，“农村改革不能把农村集体经济组织的地位改弱了、不能把集体经济组织成员的利益改掉了。有效的集体经济发展必须为全体成员带来效益”。

表1　三个村集体经济组织治理案例比较

名称	社区类型	项目	主要创新	问题
江管村	葡萄产业村	冻库	法人功能定位	群众参与少
马厂村	纯农业	农作物苗子	村民资格确认	市场竞争难
天王山	集中居住区	农贸市场	公益创投参与社区治理	自组织能力

五　参与式治理视角下集体组织治理实践中的四大难点

农村集体经济组织成员权利确认与实践衔接不足。村民对集体经济认同感低。哪些人是集体经济组织成员？再加上一些农村集体资产具有复杂性，资格标准不清，改革整体性互动性不足，以及城乡之间人员流动性强，影响农村集体经济组织成员的资格确定、股权确定等。在调研中发现，对集体经济组织宣传动员不充分，有的地方村“两委”通过会议决策村民不入股即放弃集体经济分红资格，而且要签订自愿放弃集体经济协议，把股权参与和村民资格认定混淆。现在很多集体经济登记流于形式，有相当数量的村没有进行清产核资，登记时就写个约数上报。

村集体经济组织自身的发展运营水平低。很多农村集体经济组织参与市场化经营的时间较短、经验不足，创新能力有限。有的新型农村经济组织依赖政府补助，自我创新发展能力有限。集体经济目前存在一个尴尬之境：既是集体经济的人，却不愿支持村集体经济的产业发展。在调研中，有村干部反映村集体创业难，守业更难，机构管理难，市场订单难，鉴于集体经济组织负责人的多重身份，在信息经常不明的情况下，群众的误解猜忌很容易发生。

农村集体经济组织治理结构仍需健全。农村集体经济组织是中国特色社会主义公有制经济组织，是参与乡村治理的重要主体。但农村集体经济组织治理结构仍需健全，部分农村地区在改革进程中，简单地将原有的村级管理与组织机制直接移入集体经济组织当中，个别村庄出现职能混乱现象，加上考核机制和收益分配机制不够完善，在一定程度上影响了新型农村集体经济的发展，很容易陷入集体经济发展越快，风险越大的困境。

集体经济组织负责人的多重身份成“雷区”。一个集体经济组织负责人，既是村领导，又是集体企业负责人，既是集体企业的入股人，又是一般的集体组织成员。复杂角色让利益关系变得复杂化，有时不免用管企业的思路管集体经济组织，乱套用市场竞争规则；有时又用管集体经济组织的思路管企业，让企业捆住手脚闯市场。新型集体经济发展需进一步提升对新型集体经济组织治理的认识，作为乡村发展的主体，经营性集体兼具经济发展和村庄治理的实践面向。

六　参与式治理视角下优化集体经济组织治理的建议

参与式治理有益于促进集体经济组织治理的有效推进。习近平总书记多次强调，要创新乡村治理体系，走乡村善治之路。乡村振兴，治理有效是基础，没有集体经济组织的有效治理，就没有乡村的全面振兴。通过参与式治理实践，我们认为一个好的集体经济组织治理是发展与治理相融合的新治理，参与式清单化治理进一步提升了对新型集体经济组织治理的认识，作为乡村发展的主体，经营性集体兼具经济发展和村庄治理的实践面向。与传统集体经济组织显著不同，农村集体经济组织法人的治理结构问题主要涉及其内部治理机构的功能定位和职权划分。通过集体经济组织自身治理结构和治理制度的调整进一步优化乡村治理结构，理顺内部主体间的关系。结合凉山西昌参与式清单化集体经济治理的实践，我们认为一个好的集体经济组织治理要过五关：成员认定关、带头人角色认定关、市场竞争关、利益分享关、共管共治关。

一是开展扎实的成员认定。其特点是利益相关者能够积极全面地参与集体经济组织治理的决策、实施、管理和利益分享的全过程。通过参与式清单化工作方法，成立项目小组，通过调查、访谈、分析、排序、村民议事会、清单制等工具与技术，更加客观准确地得到利益相关者与当地村社集体"三资"情况，明确集体"属于谁""谁该受益"问题，为改善集体经济组织治理创造了基础条件。首先要从认识上让基层干部明确集体经济是集体所有，有个重要的前置词——"成员"。乡村集体无论怎么分层，都是"成员集体"，这就点出了新型集体的本质特点：它是全体成员的财产和利益共同体，离开了成员主体，成员集体这个整体性主体就没有了意义。运用好"三资"确认和村民资格确认的成果，增强村民对集体经济的认同感和拥有感。摒弃集体经济是干部经济和少数人经济的认识，改善村民在集体经济中被边缘化或排斥的状况。全面推动集体经济股权量化，让集体资产从"共同共有"向"股份占有"转变，股权"量化到人、固化到户"，集体经济组织成员人人享有相应股权。

二是明确带头人角色职能。核心就是村（社区）党组织书记的"一肩挑"[①] 角色。由村党组织书记担任理事长，旨在构建以党为中心的村级组织权威格局，确保村党组织能够全面领导并深入参与村域治理，在各村级组织

---

① "一肩挑"是指村党组织书记、村民委员会主任和村级集体经济组织、合作经济组织负责人由同一人担任。

间灵活保持一定的角色分工与职能差异。关键在于明确集体经济组织负责人和集体企业带头人的差别，筑牢村庄公共利益基础，发挥其具有的纽带联结功能，让以党为中心的村域整合治理更富韧性；集体经济组织作为特别法人，可以直接参与市场经营，也可以与其他市场主体合作参与市场经营。通常享有规避风险的两张底牌，即保底收益与有限责任。发挥好村党组织对集体经济的领导和监督之责，剥离混淆的"帅将"角色身份。进一步探明新型农村集体经济有效参与市场经营的路径，从而规避市场对自身有限市场主体地位的担忧。

三是增强市场竞争能力。通过探索多种路径参与市场经营，利用市场经济规律发展农村集体经济已成为学界的基本共识。但这也是集体经济发展的难点。与农业产业化龙头企业、供销合作社、农民专业合作社和家庭农场等其他主体相比，在市场参与问题上其都要解决内部民主管理与外部市场逐利之间的矛盾。但农村集体经济组织如何参与市场、以何种方式参与市场的研究明显不足。农村集体经济组织的资源资产为集体所有，是公有财产，这在很大程度上决定了其只能采取保守稳健的方式参与市场经营。因此，集体经济市场竞争力更多是指结合农村现代化发展的客观要求，构建科学的农业经营服务体系，为广大群众提供社会化的配套服务以及销售市场体系。目前，各地主要开展三项工作：开展新型集体经济组织内部治理；开展农村集体经济组织的财务管理制度建设①；加大农村集体经济组织负责人培养力度，加快培育农业职业经理人队伍。针对集体经济利益相关者开展市场能力培训是参与式方法中的重要特色，做好市场能力建设和农户农业生产市场服务。这涉及几个具体能力：个人和机构的市场能力建设、为什么需要这些能力建设、怎么高效地开展能力建设、什么方法更恰当等。

四是完善"两轮"利益分享机制。其一是坚持全体成员"公平均衡受益"原则，集体企业的集体收益由全体成员共同拥有。其二是通过集体企

① 合理筹集资金，管好用好集体资产，建立健全收益分配制度和激励约束机制，加强财务信息管理，完善财务监督，控制财务风险。

业利润的“两轮分配制”，即成员资格和股民，来具体兑现全体集体经济组织成员的利益分享。集体企业利润的“两轮分配制”，把集体经济组织全体成员“公平均衡受益”原则落到实处，增强了集体经济组织的凝聚力和可持续性。

五是发挥集体经济组织的内在连接性。集体经济组织治理是基层治理持续发展的内在动力。农村集体经济组织具有为农民提供公共服务的社会功能和提高农村资产经济效益、实现农村资产保值增值的经济功能。集体经济组织治理是一个系统性整体性的治理，既涉及集体经济组织的成员权，也涉及集体经济组织内部治理的决策权和经营权、监督权以及收益分配参与公共事务治理的关键环节。因此，集体经济组织治理在村级治理中既有公共性、保障性、社会性的特征，也有一个重要价值在于它的连接性。通过这个结构，连接个体与公共组织，真正发挥基层组织公共性的桥梁作用。因此，集体经济组织治理一方面要大力发展集体经济，使之真正成为村庄内生发展的经济基础；另一方面要回馈村社区发挥连接个体与公共组织的有效载体，提升基层治理的有效性。党组织要搭建集体经济和参与社区治理同步发展的机制。在为集体经济提供专业化服务和经营指导的同时，也带动公益性和志愿性组织的发展，强化村社区治理的内在动力和物质支撑。一句话，集体经济发展的更高阶段是集体经济治理，是让全体成员切身认可“共同拥有、共同发展、共同管理、共同分享”的共同致富之路。

B.8

四川省基层社会治理中的部门协同和社会参与研究

张雪梅　赵天宇*

摘　要： 本报告对2017~2023年四川省妇女维权典型案例进行内容分析，以期通过观察妇女维权构筑的基层社会治理场域，分析其中政府部门协同和社会多方参与的现状和水平，并探索部门协同和社会参与之间的关系。通过基本信息、部门协同、社会参与三个方面的编码和数据分析，发现在妇女维权的治理场域中，妇女权益遭受侵害与特定的领域、场景、社会关系、特殊群体等紧密相关；部门协同呈现以妇联为牵头单位、司法部门为重心、其他部门分工协作的治理格局；社会参与总体较为薄弱，以社会组织、村/社区参与为主；部门协同和社会参与之间存在一定正向相关性，二者在基层社会治理中呈现共生关系。研究为更加精准、有效地推进四川省妇女维权工作提供参考，也有助于更好地理解基层社会治理中部门协同和社会参与的关系，推进二者均衡发展、有机衔接。

关键词： 妇女维权　社会治理　部门协同　社会参与

一　研究背景

协同治理是政府效能提升的关键，也是当前国家现代化治理能力提升的

* 张雪梅，四川省社会科学院社会学研究所副研究员，研究方向为城乡社区发展和治理、社会组织发展与管理、青少年发展和社会性别；赵天宇，四川省社会科学院，研究方向为社会政策。

难题之一。研究协同治理理论的中国学者认为，协同治理既包括政府系统内部的部门协同，还包括政府部门、经济部门和第三部门共同参与社会公共事务治理的跨部门协同，是国家、市场和社会的协同。① 这一本土化阐释紧密契合了新时代完善“党委领导、政府负责、社会协同、公众参与、民主协商、法治保障、科技支撑”的社会治理体系的要求。一方面，“党委领导、政府负责”要求加强部门协同从而提升政府效能；另一方面，“社会协同、公众参与”要求形成政府、市场和社会的跨部门协同从而焕发社会的动能和活力。促进部门协同和社会参与对完善社会治理体系发挥着至关重要的作用。

部门协同和社会参与也是学术界关注的两个议题。社会学、政治学、公共管理、行政管理等不同学科的学者对部门协同的研究成果颇多，主要集中在部门协同与公共管理改革、危机管理等领域。例如，郑巧、肖文涛认为，要实现服务型政府协同治理，政府需要特别注重社会治理资源的优化、社会管理体制的创新、社会良性资本的创造和基层民主政治的发展。② 刘晓认为，传统治理范式向协同治理范式的转变应当重点推行“政府再造”，积极培育“第三部门”，壮大公民社会力量。③ 沙勇忠、解志元认为，公共危机的不确定性导致其预防和处置必须吸纳更为广泛的社会力量进行协同治理。④ 这些研究都关注到政府之外的社会力量。对社会参与的研究也极其丰富，尤其是涉及社会治理领域的社会参与，其中善治、多中心治理理念已是学界主流认知。

总体来看，最富启发性的研究往往关注部门协同和社会参与的机制，即那些达成和强化部门协同，或影响社会参与的重要因素及其相互之间的作用关系。此外，针对部门协同程度、社会参与水平所设计的一些测度方法，也构成了这些最富启发性研究的一部分。由于这两个议题的复杂性，大部分研

① 肖克、谢琦：《跨部门协同的治理叙事、中国适用性及理论完善》，《行政论坛》2021 年第 6 期。

② 郑巧、肖文涛：《协同治理：服务型政府的治道逻辑》，《中国行政管理》2008 年第 7 期。

③ 刘晓：《协同治理：市场经济条件下我国政府治理范式的有效选择》，《中共杭州市委党校学报》2007 年第 5 期。

④ 沙勇忠、解志元：《论公共危机的协同治理》，《中国行政管理》2010 年第 4 期。

究分别关注了部门协同和社会参与，而很少将这两者置于社会治理体系范畴中进行共同研究。

随着四川省社会治理体系建设近年来持续完善，基层社会治理取得了良好的成效，在很多方面逐步形成了较为完善和具有一定地方特色的经验模式。妇女维权工作是维护妇女权益、解决社会问题、化解社会矛盾、预防社会风险的重要举措，是基层社会治理的重要内容。本研究尝试以四川省妇女维权典型案例为实证切片，观察由妇女维权这一事件构筑的四川省基层社会治理场域，分析其中折射的基层社会治理中部门协同和社会参与的现状与存在的问题，提出相关对策建议，为持续完善四川省社会治理体系建设、提升治理水平提供参考。

二　研究设计

（一）研究问题

本研究关注两个方面的问题，一是针对妇女权益保护这一基层社会协同治理工作内容，协同治理的主体有哪些？体现出哪些协同治理特征？本研究期待通过对这一方面问题的回答，以点带面地描绘四川省基层社会治理的场域特征。二是基层社会治理中部门协同和社会参与的关系如何？本研究将部门协同和社会参与这两个议题放在同一个治理场域中进行分析，尝试探索二者之间的关系。

（二）案例来源

2016 年，四川省妇联联合四川省高级人民法院、检察院、公安厅、司法厅、省总工会等部门发起了第一届四川省维护妇女儿童合法权益优秀案例征集评选活动，向全省各部门、各单位征集妇女儿童维权优秀案例，经过评选后发布当年的十大优秀案例。截至 2023 年 12 月，这一优秀案例的征集和评选活动已经连续开展了八届。每年从全省各部门、各单位推荐和报送的案例约 100 个，除第一年数据缺失并剔除重复报送的案例外，八年来征集到的案例共 708 个，形成了全省妇女儿童维权案例库。由于案例在征集时要求具有代表性、典型性和创新性，在妇女儿童权益维护上具有示范性成效，因此按照这一标准征集的案例基本囊括了 2017 年以来全省在妇女儿童维权方面具有代表性和典型性的优秀案例。本研究按照权益受侵害人为女性的标准，包括成年女性和女童，从 708 个案例中筛选出 405 个案例，作为妇女维权典型案例内容分析的样本。

（三）编码说明和变量构造

通过内容分析，对 405 个妇女维权案例的文本进行了分检、编码，并形成数据库。首先按照案例基本信息、部门协同信息、社会参与信息三个一级编码类别，对文本内容进行逐一分检，形成一级编码关键词。再对一级编码关键词进行清理、合并，形成二级编码。在二级编码基础上，提取构造了 16 个变量，具体变量名称和内容见表 1。最后按变量名称和内容将 405 个案例逐一录入，形成数据库。

表 1　变量名称和内容

案例基本信息	案例类型	暴力伤害、性侵害、劳动和经济纠纷、离婚纠纷、拐骗、骚扰
	家庭内外	家庭内、家庭外
	发生地点	农村、城镇、城市
	发现方式	被动发现、自主求助
	侵权双方关系	无关系、集体与个人、劳动关系、熟人朋友、同辈亲属、代际亲属、夫妻情侣
	受侵害人特殊情况	未成年人、残障女性、少数民族、孕产妇、无特殊情况
	报送渠道	省妇联、省高院、省公安厅、省检察院、省律协、省女法官协会、省女检察官协会、省民政、省总工会、省司法厅
	案例时间	2017~2023 年
部门协同信息	是否部门协同	是、否
	部门协同程度	联动部门数量得分的连续变量
	部门协同水平	应对措施数量得分的连续变量

续表

社会参与信息	有无社会参与	是、否
	有无村/社区参与	是、否
	有无社会组织参与	是、否
	有无公司企业参与	是、否
	有无个人参与	是、否

注：本表中变量内容是主要的二级编码关键词，来源于一级编码，因一级编码内容较多，受篇幅限制没有列出。

1. 案例基本信息

案例基本信息包含8个变量："案例类型"指每个案例中使妇女权益受损的侵害行为类型，包含暴力伤害、性侵害、劳动和经济纠纷、离婚纠纷、拐骗和骚扰6种类型。其中，性侵害包含强奸、猥亵、性骚扰3类，而骚扰是指跟踪、造谣等侵权行为。离婚纠纷中往往涉及经济纠纷，但因其主要是由离婚事件引起的，所以仍然归在离婚纠纷中。"家庭内外"指案例发生在家庭内部还是家庭外部。"发生地点"指案例发生地的城乡分类，采用农村、城镇和城市的三分法，城镇指县域和乡镇，城市指下辖区的城市区域。"发现方式"指权益受侵害被发现的方式，包括自主求助或被动发现；自主求助是指受侵害人自行报警、起诉和信访等方式，被动发现是指他人报警、社会舆论曝光、强制报告等方式。"侵权双方关系"指案例中施加侵权行为人和被侵权人双方的关系类型，包含集体与个人、劳动关系、熟人朋友、同辈亲属、代际亲属、夫妻情侣和无关系等类型。"受侵害人特殊情况"指受侵害人属于未成年人、残障女性、少数民族、孕产妇等特殊群体的情况。"报送渠道"指案例由哪个部门、系统、组织报送，包含省妇联、省检察院、省高院和省司法厅等10个部门或组织。"案例时间"指案例报送的年份，包括2017~2023年；由于每个案例报送时基本已结案或处理完毕，因此实际发生的时间应早于报送时间一年左右，为统一起见，均采用报送年份作为案例时间。

2. 部门协同信息

将"部门协同"界定为案例的维权处理过程中有两个及以上党政部门

联动工作、采取措施的情况。检出部门共22个：公安、检察、法院、司法、法律援助中心、司法鉴定中心、教育、民政、卫健、人社、劳动仲裁中心、财政、乡村振兴、市场监管、文旅、市/区/街道/乡镇政府、宣传部、政法委、网信办、妇联、工会、共青团。①

部门协同信息由3个变量构成："是否部门协同"指案例的维权过程中是否有部门协同联动，按照是否赋值为0、1。"部门协同程度"用案例中参与部门的数量来衡量，每出现一个部门计1分，分数越高说明参与部门数量越多，则认为部门协同程度越高；同一部门只计一次分，若有同一部门的不同层级则不再计分。"部门协同水平"用案例中各类解决应对措施的数量来衡量，每出现一种措施计1分，分数越高说明措施应用数量越多，则认为部门协同水平越高。检出的措施共12种：强制性法律措施（如逮捕、拘留、判决、仲裁等）、强制报告、未成年人保护提前介入、法律监督、法律教育、法律援助、经济救助、心理救助、调解、信访、行政支持帮扶、群团支持帮扶。

3. 社会参与信息

将"社会参与"界定为案例维权处理过程中出现的社会性主体，分检出村/社区、社会组织、公司企业、个人4种类型的主体。

社会参与信息包含5个变量："有无社会参与"指案例中有没有上述任意一种社会性主体的参与。"有无村/社区参与"指案例中有没有村委会或社区居委会的参与。"有无社会组织参与"指案例中有没有社会组织的参与，包括公益慈善组织、社会服务机构、社工机构等不同类型的社会组织。"有无公司企业参与"指案例中有没有营利性公司、企业、商业组织的参与。"有无个人参与"指案例中有没有来自部门、组织以外的社会个人的协助、帮扶、支持等参与行为。

① 法律援助中心是司法部门下设的事业单位，其工作相对有别于其他司法行政工作，因此单列为一个部门。司法鉴定中心和劳动仲裁中心就其法定身份而言都属于独立的社会中介服务机构，但是分别由司法部门和人社部门设立或管理，经费来源、工作方式、人员编制等都具有较强的行政色彩，因此归为部门分别单列。

三　四川省妇女维权典型案例的基本情况

采用统计软件进行数据分析，将案例基本信息汇总为表2。

表2　案例基本信息汇总

单位：个，%

变量名称	选项	案例数量	占比
案例类型	暴力伤害	33	8.1
	性侵害	124	30.6
	劳动和经济纠纷	158	39.0
	离婚纠纷	65	16.0
	拐骗	15	3.7
	骚扰	10	2.5
家庭内外	家庭内	184	45.4
	家庭外	221	54.6
发生地点	农村	63	15.6
	城镇	159	39.3
	城市	183	45.2
发现方式	被动发现	119	29.4
	自主求助	286	70.6
侵权双方关系	无关系	69	17.0
	集体与个人	8	2.0
	劳动关系	73	18.0
	熟人朋友	62	15.3
	同辈亲属	5	1.2
	代际亲属	53	13.1
	夫妻情侣	135	33.3
受侵害人特殊情况	无特殊情况	250	61.7
	未成年人	125	30.9
	残障女性	21	5.2
	少数民族	2	0.5
	孕产妇	7	1.7
报送渠道	省妇联	253	62.5
	省司法厅	14	3.5

续表

变量名称	选项	案例数量	占比
报送渠道	省高院	39	9.6
	省公安厅	6	1.5
	省检察院	34	8.4
	省律协	20	4.9
	省女法官协会	6	1.5
	省女检察官协会	1	0.2
	省民政	2	0.5
	省总工会	30	7.4
案例时间	2017 年	55	13.6
	2018 年	62	15.3
	2019 年	58	14.3
	2020 年	50	12.3
	2021 年	67	16.5
	2022 年	46	11.4
	2023 年	67	16.5

从案例类型来看，比例最高的前三类依次是劳动和经济纠纷、性侵害、离婚纠纷，三类合计占比 85.6%，是主要的侵权案例类型。此外，还有部分暴力伤害（多为家暴）、拐骗和骚扰类型的侵权案例。从家庭内外看，发生在家庭外的案例比例为 54.6%，略多于发生在家庭内的案例。从发生地点看，城市地区的案例最多，其次是城镇地区，农村地区案例最少。从发现方式来看，自主求助的案例比例为 70.6%，是被动发现案例数量的 2.4 倍。

从侵权双方关系来看，双方为夫妻情侣关系的排在第一位，占全部案例的 1/3。其后依次是劳动关系、无关系、熟人朋友、代际亲属，这四类关系合计超过 60%，此外还有一小部分为同辈亲属、集体与个人两类关系。从受侵害人特殊情况看，超 1/3 的案例涉及权益受侵害人是特殊群体的情况，其中未成年人是最主要的特殊群体，其次是残障女性，还有一小部分是孕产妇和少数民族女性。其他约 2/3 的案例是普通女性。从案例的报送渠道看，分检出来的 10 个报送部门中，省妇联报送的案例最多，约占全部案例的

2/3。排在其后的4位依次是省高院、省检察院、省总工会、省律协。这5个部门合计报送了90%以上的案例。从案例时间看，2017年以来各年案例数量分布比较均匀，平均每年约60个，只有2022年可能受疫情影响较大，案例报送数量少于其他年份。

四　典型案例的部门协同和社会参与情况

（一）部门协同的情况

1. 是否部门协同

全部案例中，有部门协同的比例为72.1%。按照部门协同的界定，也就是说，在超过2/3的案例中，存在两个及以上的党政部门协同联动对维权案例进行处理。案例中如果只出现一个部门，则认为这时部门协同相对薄弱。因此，总体看来，妇女维权案例中存在两个及以上党政部门参与的情况是多数，部门协同的比例较高。另外，只有一个部门参与的情况虽然是少数，但也仍有近30%的比例，这一部分案例在部门协同上较为薄弱（见表3）。

表3　是否部门协同

单位：个，%

是否部门协同	样本量	占比
是	292	72.1
否	113	27.9
合计	405	100.00

2. 部门协同程度

是否部门协同只能说明是否存在多部门协同联动的情况，为了进一步量化部门协同的程度，引入了联动部门数量这一变量。每出现一个部门计1分。数据显示，在有部门协同的292个案例中，联动部门数量最小值为2，表示案例中有2个部门联动参与；最大值为11，表示案例中有11个部门联动参与；得分的均值为3.41，众数为3，即平均每个案例有3.41个部门联动参与，出现最多的是有3个部门联动的情况。联动部门数量得分总体偏低，向最小值一端趋近（见表4）。

表4 部门协同程度（联动部门数量）

单位：个

变量名	样本量	最大值	最小值	均值	众数	标准差
部门协同程度	292	11	2	3.41	3	1.488

结合均值和众数，将有部门协同的292个案例按照得分情况分为低、中、高三组，可以进一步清楚地看到部门协同程度的高低分布。低分组和中分组合计超过90%，高分组比例不足低分组的1/3。也就是说，在有部门协同的情况下，部门协同程度总体上不高（见表5）。

表5 部门协同程度分组

单位：个，%

部门协同程度组别	样本量	占比
低(2分)	87	29.8
中(3~5分)	178	61.0
高(6~11分)	27	9.2
合计	292	100.0

3. 部门协同水平

部门协同水平用案例中采用的应对措施数量来衡量，即将应对措施视为部门协同的一种成果或成效，单个案例中每采用一种措施计1分，得分越高认为部门协同水平越高。数据显示，在有部门协同的情况下，部门协同水平即应对措施数量得分最大值为8，最小值为1；得分均值为2.67，众数为2，即平均每个案例采用2.67种应对措施，出现最多的是采用2种措施的情况。可以看到，部门协同水平总体上偏低，得分也向低分一端趋近（见表6）。

表 6　部门协同水平（应对措施数量）

单位：个

变量名	样本量	最大值	最小值	均值	众数	标准差
部门协同水平	292	8	1	2.67	2	1.476

同样地，结合均值和众数，按低、中、高三组将部门协同水平进行分组，可以看到低分组和中分组合计达到88%，低分组是高分组的2倍多。这意味着应对措施数量表现出来的部门协同水平总体不高（见表7）。

表 7　部门协同水平分组

单位：个，%

部门协同水平组别	样本量	占比
低(1分)	74	25.3
中(2~4分)	183	62.7
高(5~8分)	35	12.0
合计	292	100.0

表8展示了不同类别应对措施出现的频率。12种措施中排在前五位的依次是：强制性法律措施、调解、法律援助、群团支持帮扶、法律教育。可以看到，司法部门的强制性法律措施是妇女权益维护的主要手段，但非强制性的手段如调解、法律援助，或社会性的应对如妇联、工会等群团组织的支持帮扶、有关部门的经济救助，也发挥着经常性的重要作用。

表 8　应对措施出现频率

单位：个，%

应对措施类别	样本量	出现频率	个案频率
强制性法律措施	368	34.1	90.9
强制报告	10	0.9	2.5
未保提前介入	24	2.2	5.9
法律监督	18	1.7	4.4

续表

应对措施类别	样本量	出现频率	个案频率
法律教育	74	6.9	18.3
法律援助	133	12.3	32.8
调解	151	14.0	37.3
信访	11	1.0	2.7
行政支持帮扶	66	6.1	16.3
群团支持帮扶	86	8.0	21.2
经济救助	71	6.6	17.5
心理救助	68	6.3	16.8
合计	1080	100.0	266.7

（二）社会参与的情况

1. 有无社会参与

全部案例中有社会参与的仅有40个案例，所占比例不到10%，反映出总体上四川省妇女维权的社会参与比例较低，相关社会力量较为薄弱的现状（见表9）。

表9 有无社会参与

单位：个，%

有无社会参与	样本量	占比
有	40	9.9
无	365	90.1
合计	405	100.0

从社会参与的主体来看，4个类别的主体出现频率的排序依次是：社会组织、村/社区、公司企业、个人。可以看出，妇女维权的社会参与是组织化的，社会组织和村/社区两类主体合计所占比例为92.2%，是最主要的主体，也是组织化的主体，具备一定的重要性和影响力。而公司企业和个人的社会参与比例还很低，并带有较强的偶发性质，在全部案例中几乎可以忽略不计（见表10）。

表10　不同类别社会参与主体出现频率

单位：个，%

社会参与主体类别	样本量	出现频率	个案频率
村/社区	23	45.1	57.5
社会组织	24	47.1	60.0
公司企业	2	3.9	5.0
个人	2	3.9	5.0
合计	51	100.0	127.5

2. 有无村/社区参与

在有社会参与的案例中，继续检验村/社区参与的情况，发现有村/社区参与的比例接近60%（见表11）。村/社区是权益受侵害女性周边的组织化主体且带有行政色彩的生活世界，在案例中发挥的作用如发现报告、调解、支持帮扶等，是社会参与的主要途径之一。村/社区参与在全部案例中的比例很低，反映出基层社区在维权案例中发挥的作用目前仍然有限。

表11　有无村/社区参与

单位：个，%

有无村/社区参与	样本量	占比
有	23	57.5
无	17	42.5
合计	40	100.0

3. 有无社会组织参与

同样地，继续检验社会组织参与的情况，发现有社会组织参与的比例为60.0%，略高于村/社区参与的比例（见表12）。这与近年来全省社会组织稳步发展、日趋成长密不可分。公益慈善组织、社会服务机构、社工机构依托全省各级社工站体系建设、志愿服务体系建设、政府购买服务等渠道持续深入基层社区，通过“五社联动”开展各类公益慈善活动和社会服务，成为基层社会治理中越来越重要的一支社会力量。在妇女维权案例中，社会组织起到的作用有法律援助和心理援助、政府和社会资源链接、政策咨询、协助未成年人保护救助等。与村/社区相比，社会组织多从更专业的角度参与妇女维权。但从案例总体比例来看，社会组织参与的比例也很低，进一步发挥作用的空间还很大。

表 12　有无社会组织参与

单位：个，%

有无社会组织参与	样本量	占比
有	24	60.0
无	16	40.0
合计	40	100.0

五　典型案例的特征分析

采用列联交叉分析的方式，进一步描绘各因素之间存在的关联性。这些关联性反映的是妇女维权典型案例的特征及其所处基层社会治理场域的特征。

（一）各因素间关联性总体情况

纳入分析的共 10 个分类变量，逐一两两交叉，并通过卡方检验观察变量组别间的差异显著性，具有差异显著性（$p<0.05$）说明两个变量之间的关联性具备了统计意义，可以认为二者是关联的。显著性检验的结果汇总见表 13，变量间的关联性总体情况如下。

表 13　交叉分析的显著性检验

变量	案例类型	家庭内外	发生地点	发现方式	侵权双方关系	受侵害人特殊情况	报送渠道	案例时间	是否部门协同	有无社会参与
案例类型	—	0.000	0.022	0.000	0.000	0.000	0.000	0.078	0.000	0.000
家庭内外	0.000	—	0.608	0.000	0.000	0.000	0.000	0.242	0.142	0.106
发生地点	0.022	0.608	—	0.061	0.000	0.002	0.520	0.001	0.243	0.016

续表

变量	案例类型	家庭内外	发生地点	发现方式	侵权双方关系	受侵害人特殊情况	报送渠道	案例时间	是否部门协同	有无社会参与
发现方式	0.000	0.000	0.061	—	0.000	0.000	0.000	0.136	0.000	0.120
侵权双方关系	0.000	0.000	0.000	0.000	—	0.000	0.000	0.487	0.003	0.000
受侵害人特殊情况	0.000	0.000	0.002	0.000	0.000	—	0.000	0.004	0.000	0.003
报送渠道	0.000	0.000	0.520	0.000	0.000	0.000	—	0.000	0.000	0.197
案例时间	0.078	0.242	0.001	0.136	0.487	0.004	0.000	—	0.736	0.000
是否部门协同	0.000	0.142	0.243	0.000	0.003	0.000	0.000	0.736	—	0.000
有无社会参与	0.000	0.106	0.016	0.120	0.000	0.003	0.197	0.000	0.000	—

案例类型与家庭内外、发生地点、发现方式、侵权双方关系、受侵害人特殊情况、报送渠道、是否部门协同、有无社会参与 8 个因素均存在关联性；而与案例时间无关。

案例发生在家庭内外与案例类型、发现方式、侵权双方关系、受侵害人特殊情况、报送渠道 5 个因素存在关联性；而与发生地点、案例时间、是否部门协同、有无社会参与 4 个因素无关。

案例发生地点与案例类型、侵权双方关系、受侵害人特殊情况、案例时间、有无社会参与 5 个因素存在关联性；而与家庭内外、发现方式、报送渠道、是否部门协同 4 个因素无关。

案例发现方式与案例类型、家庭内外、侵权双方关系、受侵害人特殊情况、报送渠道、是否部门协同 6 个因素存在关联性；而与发生地点、案例时间、有无社会参与 3 个因素无关。

侵权双方关系与案例类型、家庭内外、发生地点、发现方式、受侵害人特殊情况、报送渠道、是否部门协同、有无社会参与 8 个因素存在关联性；而与案例时间无关。

受侵害人特殊情况与其他 9 个因素均存在关联性。

案例报送渠道与案例类型、家庭内外、发现方式、侵权双方关系、受侵害人特殊情况、案例时间、是否部门协同 7 个因素存在关联性；而与发生地点、有无社会参与 2 个因素无关。

案例时间与发生地点、受侵害人特殊情况、报送渠道、有无社会参与 4 个因素存在关联性，而与案例类型、家庭内外、发现方式、侵权双方关系、是否部门协同 5 个因素无关。

是否部门协同与案例类型、发现方式、侵权双方关系、受侵害人特殊情况、报送渠道、有无社会参与 6 个因素存在关联性，而与家庭内外、发生地点、案例时间 3 个因素无关。

有无社会参与与案例类型、发生地点、侵权双方关系、受侵害人特殊情况、案例时间、是否部门协同 6 个因素存在关联性，而与家庭内外、发现方式、报送渠道 3 个因素无关。

（二）部门协同、社会参与与各因素关联的特征分析

各因素关联性的特征能够进一步展示妇女维权这一事件所发生的社会环境，以及围绕妇女维权，参与治理的主体和治理内容的样态。受篇幅所限，本研究只选取与部门协同和社会参与存在关联性的因素进行交叉分析，并描述其特征。

1. 部门协同与相关因素关联的特征

从表 14 是否部门协同与案例类型的关联上看，暴力伤害和性侵害两类案例与其他类型的案例相比，存在部门协同的比例更高。进一步检验案例类型与部门协同程度和部门协同水平的关联，发现暴力伤害、性侵害两类案例的部门协同程度和部门协同水平分布在高分组和中分组的合计比例更高，也就是说暴力伤害和性侵害两类案例在部门协同的情况下，有更高的部门协同程度和部门协同水平。这可能是由于这两类案例多涉及刑事犯罪，从发现、立案、侦查到提起诉讼，再到审理、判决，往往要经过公检法等多个部门，部门联动的可能性和参与部门数量都更高。而劳动和经济纠纷、离婚诉讼、骚扰三类案例的部门协同程度和部门协同水平分布在中分组和低分组的合计比例更高；拐骗类案例在部门协同的情况下，具有较高的部门协同程度，而

部门协同水平不高。这些特征可能与案例类型的复杂程度对部门协同和应对措施的要求不同有关。

表 14　是否部门协同与案例类型交叉表

单位：%

是否部门协同	案件类型						合计
	暴力伤害	性侵害	劳动和经济纠纷	离婚诉讼	拐骗	骚扰	
否	24.2	4.0	37.3	47.7	40.0	40.0	27.9
是	75.8	96.0	62.7	52.3	60.0	60.0	72.1
合计	100.0	100.0	100.0	100.0	100.0	100.0	100.0

从表 15 是否部门协同与发现方式的关联上看，相比于自主救助的案例，被动发现的案例有部门协同的比例更高，达到 95.0%。同时，进一步的检验发现，被动发现案例的部门协同程度分布在高分组和中分组的合计比例显著高于自主求助案例，这说明被动发现的案例在部门协同程度上往往也更高。

表 15　是否部门协同与发现方式交叉表

单位：%

是否部门协同	发现方式		合计
	被动发现	自主求助	
否	5.0	37.4	27.9
是	95.0	62.6	72.1
合计	100.0	100.0	100.0

从表 16 是否部门协同与侵权双方关系的关联上看，有部门协同比例最高的前三种关系依次是：无关系、熟人朋友和代际亲属。这反映出熟人朋友和代际亲属间的侵权行为，因双方关系较为紧密，侵权行为不易暴露，加之受害人易顾忌、涉及未成年人特殊群体等原因，处置起来复杂程度更高、难度更大，需要更多部门协同处置。

表 16　是否部门协同与侵权双方关系交叉表

单位：%

是否部门协同	侵权双方关系							合计
	无关系	集体与个人	劳动关系	熟人朋友	同辈亲属	代际亲属	夫妻情侣	
否	14.5	50.0	32.9	14.5	20.0	18.9	40.7	27.9
是	85.5	50.0	67.1	85.5	80.0	81.1	59.3	72.1
合计	100.0	100.0	100.0	100.0	100.0	100.0	100.0	100.0

从表 17 是否部门协同与受侵害人特殊情况的关联上看，受侵害人为少数民族女性的案例有部门联动的比例最高，其次是残障女性和未成年人的案例，都达到 90%以上。残障女性和未成年人作为社会中的弱势群体，其权益保护一直受到各方重视。值得注意的是少数民族女性案例，典型案例中四川省甘孜、阿坝、凉山三州民族地区的妇女维权案例比例不高，但是这类案例中有部门联动的比例达到 100%，一方面说明少数民族女性维权案例由于语言、地理条件、社会文化等因素可能处置难度更高，需要更多部门联动；另一方面也反映出各部门和社会对少数民族女性权益保障的高度重视。

表 17　是否部门协同与受侵害人特殊情况交叉表

单位：%

是否部门协同	受侵害人特殊情况					合计
	无特殊情况	未成年人	残障女性	少数民族	孕产妇	
否	41.2	6.4	4.8	—	14.3	27.9
是	58.8	93.6	95.2	100.0	85.7	72.1
合计	100.0	100.0	100.0	100.0	100.0	100.0

从表 18 是否部门协同与报送渠道的关联上看，各部门报送案例在维权处理中的部门协同情况有显著差别。检察系统（检察院、女检察官协会）报送的案例有部门协同的比例最高。

表 18　是否部门协同与报送渠道交叉表

单位：%

是否部门协同	报送渠道										合计
	省妇联	省司法厅	省高院	省公安厅	省检察院	省律协	省女法官协会	省女检察官协会	省民政厅	省总工会	
否	28.5	35.7	35.9	33.3	5.9	25.0	33.3	—	50.0	33.3	27.9
是	71.5	64.3	64.1	66.7	94.1	75.0	66.7	100.0	50.0	66.7	72.1
合计	100.0	100.0	100.0	100.0	100.0	100.0	100.0	100.0	100.0	100.0	100.0

进一步检验报送渠道与部门协同程度的关系，发现检察系统报送案例的部门协同程度得分均值显著高于其他报送渠道（见表19）。说明由检察系统报送的案例，在维权过程中不仅有部门协同的比例最高，部门协同程度也最高。这可能与检察工作的法律监督性质有关，作为法律监督机关，检察院有可能在妇女维权案例的几乎所有环节介入进行法律监督，从而与其他部门协同行动，因此由其报送的案例的部门协同程度往往也最高。实际工作中，针对涉及违法犯罪的维权案件，往往是公安、检察院、法院这几个司法部门紧密协作，从立案侦查到提起诉讼，再到最后的判决执行，各个环节都有着很高的参与程度。

表 19　报送渠道与部门协同程度得分

单位：个

报送渠道	极小值	极大值	均值	样本量	标准差
省妇联	1	11	2.78	253	1.718
省司法厅	1	7	2.29	14	1.637
省高院	1	7	2.23	39	1.327
省公安厅	1	5	2.67	6	1.633
省检察院	1	8	4.09	34	1.712
省律协	1	4	2.05	20	0.887
省女法官协会	1	3	2.33	6	1.033
省女检察官协会	6	6	6.00	1	0.000
省民政厅	1	4	2.50	2	2.121
省总工会	1	4	2.20	30	1.064
总计	1	11	2.74	405	1.664

继续检验报送渠道与部门协同水平的关系，发现部门协同水平（应对措施数量）的均值排在前三位的依次是民政部门、司法部门、工会（见表20）。这表明，民政部门报送的案例在维权过程中有可能采取更多应对措施；同时，虽然检察系统报送的案例部门协同程度最高，但部门协同水平不高，而司法部门报送的案例部门协同程度不高，但部门协同水平较高。综合起来判断，报送渠道与部门协同水平的关系还不够明确，可能是由于需要进一步考虑部门性质的差异，也可能是由于部门协同水平这一变量的效度存在问题。

表 20　报送渠道与部门协同水平得分

单位：个

案件来源	极小值	极大值	均值	样本量	标准差
省妇联	1	7	2.62	253	1.441
省司法厅	1	5	2.86	14	1.231
省高院	1	6	2.44	39	1.294
省公安厅	1	4	1.83	6	1.329
省检察院	1	6	2.65	34	1.574
省律协	1	8	2.65	20	1.663
省女法官协会	1	4	2.00	6	1.265
省女检察官协会	1	1	1.00	1	0.000
省民政厅	3	3	3.00	2	0.000
省总工会	1	7	2.77	30	1.135
总计	1	8	2.60	405	1.413

2. 社会参与与相关因素关联的特征

从表21有无社会参与与案例类型的关联上看，暴力伤害和性侵害案例中的社会参与比例显著高于其他类型的案例，一方面说明这两类案例更容易吸纳社会参与，例如，针对家暴事件，村/社区、社会组织或其他个人在发现报告、调解劝阻、心理抚慰、临时庇护等多方面都可以参与进来提供帮助，这也是传统社会力量参与妇女权益维护的途径。另一方面则反映了劳动和经济纠纷、离婚诉讼、拐骗等其他类型的案例社会参与不足的状况，特别是劳动关系、婚姻辅助和婚姻纠纷矛盾化解等领域专业性社会力量参与不足。

表 21　有无社会参与与案例类型交叉表

单位：%

有无社会参与	案件类型						合计
	暴力伤害	性侵害	劳动和经济纠纷	离婚诉讼	拐骗	骚扰	
无	72.7	81.5	95.6	98.5	100.0	100.0	90.1
有	27.3	18.5	4.4	1.5	—	—	9.9
合计	100.0	100.0	100.0	100.0	100.0	100.0	100.0

从表 22 有无社会参与与发生地点的关联上看，农村地区的社会参与比例高于城镇和城市，三个地区社会参与比例的排序由高到低依次为：农村、城镇、城市。进一步检验发生地点与有无村/社区参与和有无社会组织参与的关联时，发现农村地区的案例中，有村/社区参与和有社会组织参与的比例都更高，但是与有无村/社区参与的关联不显著（p=0.124），与有无社会组织参与的关联达到显著水平（p=0.012）。也就是说，在妇女维权中，与城镇和城市相比，农村地区社会组织参与比例更高。这一发现表明，社会组织参与基层社会协同治理在城乡地区分布上，有可能与社会组织在城乡地区的发展水平是不吻合的。当前，四川省城市地区社会组织的发展水平无论是数量上还是质量上都显著高于农村地区，但是与城市地区社会组织更发达不匹配的是，城市地区社会组织参与妇女维权的比例反而低于农村和城镇。这有可能是政府向社会组织购买服务引导的结果，通过引导加大了对农村地区的社会支持力度，也有可能是由城乡之间不同案例类型引起的，实际情况还需要进一步的调查验证。

表 22　有无社会参与与发生地点交叉表

单位：%

有无社会参与	发生地点			合计
	农村	城镇	城市	
无	81.0	89.9	93.4	90.1
有	19.0	10.1	6.6	9.9
合计	100.0	100.0	100.0	100.0

从表 23 有无社会参与与侵权双方关系的关联上看，侵权双方关系为代际亲属的案例中，有社会参与的比例最高；其次是集体与个人关系的案例。单独检验行变量占比，发现在有社会参与的全部案例中，比例最高的两种关系依次为代际亲属、夫妻情侣。综合起来说明代际亲属、夫妻情侣这类较为亲近的关系，以及基层村社中集体与个人之间，适合借助社会第三方的协助，以便更好地沟通交流，有效地推进维权处理。

表 23　有无社会参与与侵权双方关系交叉表

单位：%

有无社会参与	侵权双方关系							合计
	无关系	集体与个人	劳动关系	熟人朋友	同辈亲属	代际亲属	夫妻情侣	
无	87.0	75.0	100.0	95.2	100.0	71.7	91.9	90.1
有	13.0	25.0	—	4.8	—	28.3	8.1	9.9
合计	100.0	100.0	100.0	100.0	100.0	100.0	100.0	100.0

从表 24 有无社会参与与受侵害人特殊情况的关联上看，受侵害人为少数民族女性的案例有社会参与的比例最高，达到 50.0%。虽然在全部案例中四川省甘孜、阿坝、凉山三州民族地区妇女维权案例的数量不多，但社会参与比例高，可能与部门协同比例高的原因是相同的，一旦发生这类案例，从部门到社会都非常关注和重视，折射出少数民族女性权益保障的重要意义。

表 24　有无社会参与与受侵害人特殊情况交叉表

单位：%

有无社会参与	受侵害人特殊情况					合计
	无特殊情况	未成年人	残障女性	少数民族	孕产妇	
无	94.0	83.2	85.7	50.0	100.0	90.1
有	6.0	16.8	14.3	50.0	—	9.9
合计	100.0	100.0	100.0	100.0	100.0	100.0

从表 25 有无社会参与与案例时间的关联上看，有社会参与的比例总体上呈波动趋势，2020~2022 年有社会参与的比例总体上有较为显著的增加。进一步检验不同主体社会参与比例变化情况，发现增幅最大的是有村/社区参与的情况。这说明，社会参与比例上升主要是由村/社区参与比例上升贡献的。这可能与疫情期间村/社区在基层社会危机应对中的协助作用被持续强化有关。

表 25　有无社会参与与案例时间交叉表

单位：%

有无社会参与	案件时间							合计
	2017 年	2018 年	2019 年	2020 年	2021 年	2022 年	2023 年	
无	96.4	98.4	98.3	74.0	85.1	76.1	97.0	90.1
有	3.6	1.6	1.7	26.0	14.9	23.9	3.0	9.9
合计	100.0	100.0	100.0	100.0	100.0	100.0	100.0	100.0

（三）典型案例特征总结

就具体维权过程来看，总体而言，妇女维权的处置仍然是党政主导的，部门协同的比例远高于社会参与的比例。在部门协同上，暴力伤害、性侵害等刑事案件的部门协同程度往往高于离婚纠纷等民事案件。在社会参与上，一些领域如婚姻家庭专业辅导、劳动关系协调等社会参与还十分缺乏；社会参与的城乡分布也不均衡，农村地区的社会参与情况要好于城镇和城市地区。综合来看，侵权双方关系为代际亲属的案例是部门协同和社会参与都比较好的类型，这与这类案例具有的隐匿性、复杂性、更高的社会支持需求性有关。

六　典型案例中部门协同和社会参与的关系分析

上文的交叉分析已验证是否部门协同和有无社会参与两个二分类变

量之间具有关联性。通过相关性检验，进一步分析这种关联的程度，以及部门协同程度和部门协同水平两个连续变量与社会参与各变量的相关性。

表26用相关系数展示了部门协同和社会参与之间的相关关系，从中可以看到：总体而言，部门协同和社会参与的大部分因素之间都具备相关性，且达到显著性，具有统计意义，部门协同和社会参与总体上属于中等偏弱的相关关系。

表26 部门协同和社会参与的相关性检验（N=405）

变量		是否部门协同	部门协同程度	部门协同水平	有无社会参与	有无村/社区参与	有无社会组织参与
是否部门协同	相关系数	1.000	0.734**	0.040	0.210**	0.137**	0.185**
	Sig.（双侧）	—	0.000	0.426	0.000	0.006	0.000
部门协同程度	相关系数	0.734**	1.000	0.116*	0.248**	0.161**	0.304**
	Sig.（双侧）	0.000	—	0.019	0.000	0.001	0.000
部门协同水平	相关系数	0.040	0.116*	1.000	0.060	-0.011	0.032
	Sig.（双侧）	0.426	0.019	—	0.225	0.829	0.520
有无社会参与	相关系数	0.210**	0.248**	0.060	1.000	0.741**	0.758**
	Sig.（双侧）	0.000	0.000	0.225	—	0.000	0.000
有无村/社区参与	相关系数	0.137**	0.161**	-0.011	0.741**	1.000	0.345**
	Sig.（双侧）	0.006	0.001	0.829	0.000	—	0.000
有无社会组织参与	相关系数	0.185**	0.304**	0.032	0.758**	0.345**	1.000
	Sig.（双侧）	0.000	0.000	0.520	0.000	0.000	—

注：数据为非参数数据且各变量不符合正态分布，采用spearman相关系数检验变量间相关性。

** 置信度（双侧）为0.01时，相关性显著。

* 置信度（双侧）为0.05时，相关性显著。

是否部门协同与有无社会参与之间具有显著的正向相关性，相关系数为 0.210。即有部门协同的案例，有社会参与的可能性越大，反之亦然。是否部门协同与社会参与中的有无村/社区参与、有无社会组织参与两个因素之间也分别存在显著的正向相关性，即有部门协同的案例，有村/社区参与、有社会组织参与的可能性越大，反之亦然。

部门协同程度与有无社会参与、有无村/社区参与、有无社会组织参与之间分别具有显著的正向相关性，即部门协同程度越高（部门联动数量越多），有社会参与、有村/社区参与、有社会组织参与的可能性越大，反之亦然。其中，部门协同程度与有无社会组织参与之间的相关系数为 0.304，是各相关系数中最高的，达到中等强度的相关性。

部门协同水平与社会参与的各因素都不相关。其中，与有无村/社区参与的相关系数为-0.011，虽然没有达到显著水平，但部门协同水平与有无村/社区参与是负向关系，这提示部门协同水平较高时，可能因为政府部门主导过强而抑制村/社区的参与。

上述相关性检验揭示了妇女维权工作中展开的部门协同和社会参与之间的相关性。就核心问题而言，我们关注在基层社会治理中，部门协同和社会参与有没有关系；进而，什么样的社会参与能带来更好的部门协同，或什么样的部门协同能带来更好的社会参与，从而构建更好的协同治理格局。本研究通过实证数据验证了部门协同和社会参与之间的相关性，在很大程度上回答了这一问题，即良好的部门协同，总是伴随着良好的社会参与，反之亦然。但二者的相关性还不能说明它们之间有因果关系，要继续解决核心问题，还需要后续更多因果关系的验证和作用机制的探索，受数据限制，本研究暂不展开。

七　研究发现和启示

（一）研究发现

1. 典型案例的部门协同和社会参与特征

妇女维权过程中的部门协同呈现以妇联为牵头单位、司法部门为重心、其他部门按照工作职责分工协作的治理格局；而社会参与总体较为薄弱，以社会组织、村/社区参与为主，社会其他力量和资源的动员还很不足。

在部门协同上，大部分案例都存在部门协同的情况。2017~2023年先后有20余个党政部门参与到妇女维权工作中，妇联和公安、检察院、法院4个部门的参与最多。妇联部门作为党委联系广大妇女群众的群团组织，在妇女权益保障和权益维护中发挥着极其重要的作用，既是基层妇女遭受权益侵害时重要的发现报告和求助部门，又是维权过程中各部门协同联动的枢纽组织。案例报送渠道、应对措施类别等因素分析中都清晰地呈现了这一点。在很多案例中都能看到各级妇联组织在接案求助、纠纷调解、动员和链接部门与社会资源、协调部门关系等各个环节的重要性。公安、检察院、法院作为司法机关，是妇女权益遭受侵害后的司法维权部门。由于很多维权案例实际上都是较为严重的侵权，涉及司法处理，尤其是强制性法律措施，因此这3个部门在妇女维权中出现的比例很高。同时，由于这3个部门在司法过程中的不同工作性质，它们之间本身就有着较强的分工协作，因此在妇女维权中也有着很强的部门协同。此外，工会、律师协会、司法、民政等部门也是主要的一些协同部门，根据各部门工作领域在不同类型的维权案例中和妇联、公安、检察院、法院等协同联动。

部门协同程度与案例类型、发现方式、受侵害人特殊情况等多个因素存在关联。暴力伤害、未成年人性侵害等涉及刑事犯罪的侵权案例，因其复杂程度更高，往往比其他案例的部门协同程度更高。部门协同水平与其他因素的关联特征不够明确，这可能与变量构造的解释度不够有关。联动部门数量、应对措施数量反映出来的部门协同程度和部门协同水平总体上处在中等偏低水平，还有很大提升空间。

在社会参与上，典型案例的社会参与比例远低于部门协同比例。社会参与和案例类型、侵权双方关系等多个因素存在关联。总体上看，代际亲属、夫妻情侣这类家庭关系之间发生的暴力伤害、性侵害，社会参与的比例较高。此外，村社中集体与个人之间的侵权纠纷，社会参与比例也较高。反映出当前社会参与带有很强的社会工作特质，擅长在一些人际关系较为亲近、社会互动较为紧密的环境中发挥第三方协商、协助的治理功能。此外，在妇女权益保障和权益维护的一些重要领域，如劳动领域、离婚辅导领域等，社会参与还存在一定的空白。

2. 部门协同和社会参与的关系

研究验证了部门协同和社会参与之间存在相关关系。是否部门协同和部门协同程度与社会参与的各个因素之间都具有较为显著的正向相关关系。虽然这种相关关系还不能说明部门协同和社会参与之间具有因果关系，但是这反映出二者在基层社会治理中的共生关系，良好的部门协同总是伴随着良好的社会参与，反之亦然。

从基层社会治理的实践来看，良好的部门协同往往意味着在政府各部门之间建立了一种相对常态化的协同工作机制，形成了牵头部门或核心部门与其他各部门分工合作的工作规程，从而在一定程度上解决部门和条线分割造成的非协同治理问题。同时，政府内部某一领域的跨部门协同工作机制，往往也意味着一个更加开放的治理体系，在吸纳市场资源和社会力量方面具有更加包容的性质。二者是互相建构的，部门协同和社会参与的相关关系，也许可以从这一角度来理解和阐释。

（二）相关启示和研究展望

对典型案例的分析向我们展现了四川省妇女权益保障和维权工作开展的基本状况。对妇女维权案例各项因素的分析比较，有助于我们更加精准、有效地开展这项工作，也有助于更加科学地评估这项工作的成效，按图索骥找准薄弱环节予以提升。

透视围绕妇女维权这一事件所形成的基层社会治理场域，党政部门之间呈现较强的协同治理特质，但协同程度和协同水平还有待提升。同时，在共建共治共享的社会治理体系建设中，社会公共事务的协同治理还需要更加关注经济部门和第三部门的协同参与，政府部门协同和社会协同还需要更多的有机衔接。这不仅是妇女维权领域需要关注的问题，也是当前基层社会治理的各个领域普遍需要关注的问题。

本研究典型案例来源于全省各部门、各单位的推荐和报送，由于各部门、各单位组织推荐报送的力度不一，实际工作开展情况和案例报送情况不一定完全匹配，因此案例库样本可能存在一定偏差，致使有些类型或领域可能没有被呈现，有些部门、组织的工作可能被遗漏。此外，通过典型案例的内容分析构建了各个变量，在内容分析的过程中不可避免地带有主观色彩，因此变量构造既受到案例本身内容的限制，也受到主观认识的影响，可能存在效度上的缺陷。例如，用应对措施的数量来表现部门协同水平这一变量，其效度的不足是较为明显的。又如，社会参与只能用有无来检验，而参与的程度、水平无法测度。这也限制了在现有的妇女维权这一基层社会治理场域进一步观察和比较社会参与的活跃程度。这些都有待在未来的研究中持续推进。

B.9

四川社区治理法治化发展研究报告*

王 楠　李军可**

摘　要： 社区作为社会治理的基石，其治理效能直接关系到社会的和谐稳定与发展。在当前社会变革的背景下，推进社区治理法治化建设显得尤为重要。法治化建设不仅能为社区治理提供坚实的制度保障，也有助于创新治理方式，提高治理水平。近年来，四川省社区治理法治化工作取得了有目共睹的成就，成都市作为其中的佼佼者，在综合推进城市建设和管理方面形成了一套富有成效、体现新发展理念的新模式。社区治理法治化还面临着社区治理行动主体权责不清、社区和社会协同不足、社区层面治理法治化实施难、社区治理的法治经验和资源不足等问题。本报告梳理了国家、其他省市社区治理法治化的发展情况，结合成都社区治理法治化的实践经验，提出四川社区治理法治化的对策建议。

关键词：　社区治理　法治化　基层治理　四川

党的二十大报告提出，“坚持全面依法治国，推进法治中国建设”。推进社区治理法治化建设不仅能为社区治理提供坚实的制度保障，也有助于创新治理方式，提高治理水平。随着国家层面相关法律政策的出台以及城乡发展的需求，构建以法律为基础的现代基层治理体系对各省市地方来说都是至

---

* 本文系四川省社会科学院社科基金孵化项目“健全党组织领导下的自治、法治、德治相结合的乡村治理体系研究”（项目编号：21FH18）的阶段性成果。

** 王楠，四川省社会科学院社会学研究所副研究馆员，研究方向为社区发展治理、社会组织；李军可，四川省社会科学院，研究方向为基层社区治理。

关重要的。2023 年 3 月在十四届全国人大第一次会议上新修改的立法法中，针对设区市的立法权限新增了一项“基层治理”，这也是为了适应地方创新基层治理的实际需要，推进本地区的社区治理。基于四川省具体情况，通过法规、规章等地方立法方式，形成四川省社区治理的长效机制和法治保障，成为目前亟待解决的问题，也是本报告研究的出发点。

一　国家和其他省市社区治理法治化发展现状

社区治理相关法律法规非常庞杂，既有分布在不同法律位阶的硬法，也有全国和地方性软法。此外，党内法规虽然不属于立法体制中的法律，但作为我国国家治理体制中最重要的规范性文件之一，也有涉及社区治理的重要部分。本报告整理的法律法规，是广义的指称，指包含硬法、软法和党内法规在内的法律、法规和党政政策性、规范性文件的综合。纳入整理分析的标准是，凡有条文涉及“村委会”“居委会”“基层群众性自治组织”“社区”的规定。①

（一）国家社区治理法治化发展现状

从宪法以下到国务院各部门规范性文件，整理收集到 35 部法律、12 部行政法规、17 部部门规章、39 部中共中央和国务院及各部门规范性文件和党内法规。从图 1 可以看出，硬法中高位阶的法律占了一半以上，而与之衔接的下位法数量较少。高位阶法作为基本法和普通法，条文规定多为原则性内容，往往需要下位法针对具体情况制定细则。另外，规范性文件和党内法规占比最高，说明当前在社会法体系尚不完善的实践中，不得不依靠政策文件来规范和约束治理行为，也更加说明相关立法的迫切性。

从内容来看，目前全国性法律法规涉及的内容可以分为 10 类：①自治

① 整理的范围主要参考了中国法制出版社出版的《中华人民共和国社会管理法典》及调研中收集到的各地方政府和相关部门编印的城乡社区发展治理法律法规汇编等相关资料。

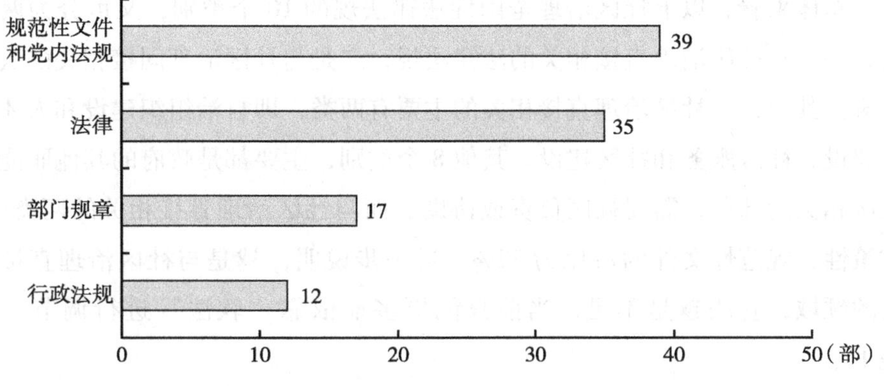

图 1　社区治理全国性法律法规类别

组织建设和人才队伍建设；②社区服务和社区建设；③城市管理和环境卫生；④社会治安综合治理；⑤卫生计生；⑥低保、救助、救灾；⑦婚姻家庭；⑧特殊人群；⑨劳动就业；⑩人民调解与信访。

其中涉及最多的前五个类别是低保、救助和救灾，占 20%；自治组织建设和人才队伍建设，占 18%；社区服务和社区建设，占 17%；特殊人群，占 12%；城市管理和环境卫生，占 9%；社会治安综合治理，占 7%（见图 2）。可见，相关法律法规落在社区中，重点关注的就是这几类问题。

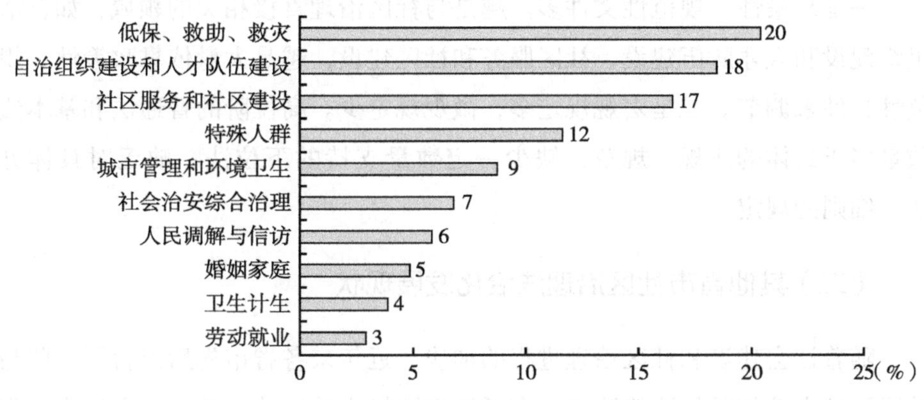

图 2　社区治理全国性法律法规的内容

总体来看，以上社区治理全国性法律法规的10个类别，又可分为两大类，一是与社区治理直接相关的法律法规，二是与社区治理间接相关的法律法规。其中，与社区治理直接相关的主要有两类，即自治组织建设和人才队伍建设、社区服务和社区建设。其他8个类别，主要都是政府的其他职能与社区相关的部分，需要社区负责或协助。而与社区治理直接相关的两类中，政策性、规范性文件的占比为72%。进一步说明，越是与社区治理直接相关的领域，立法越是不足，当前只能更多地依靠“软法”进行调节（见表1）。

表1　社区治理相关法律法规数量

单位：部

法律内容	法律	行政法规	部门规章	规范性文件和党内法规
社区治理直接相关	11	1	6	28
社区治理间接相关	24	11	11	11

通过对上述全国性法律法规的整理、分析，可以看出我国社区治理领域现行法律法规的特征有以下两点。

一是政策性、规范性文件多。越是与社区治理直接相关的领域，如自治组织建设和人才队伍建设、社区服务和社区建设，越是大量依靠政策性、规范性文件来调节。二是宏观规定多，微观规定少。高位阶的普通法和基本法数量多于具体的法规、规章，缺少一定数量支持的下位法，缺乏对具体办法、细则的规定。

（二）其他省市社区治理法治化发展现状

随着社会建设和社区治理进程的加快，近年来各省市先后出台了一些与社区治理直接相关的法律法规，在通过立法推进社区治理的道路上迈出了脚步。本报告将收集整理的34部有代表性的地方法律法规、地方政府规章，按照东部、中部、西部进行划分并对其内容进行分析（见表2）。

表 2　各省市社区治理法律法规位阶及体例

地点		地方性法规名称	法律位阶	体例
东部	北京市	北京市街道办事处工作规定(1999年1月4日)	地方政府规章	总则/组织机构/工作职责/工作职权/工作制度/经费/附则
东部	北京市	北京市街道办事处条例(2019年11月27日)	地方行政法规	总则/机构与职责/公共服务/城市管理/社会治理/保障与监督/附则
东部	天津市	天津市街道办事处条例(2020年9月25日)	地方行政法规	总则/机构职责/公共服务/公共管理/平安建设/保障措施/法律责任/附则
东部	辽宁省沈阳市	沈阳市社区工作暂行办法(2002年9月1日)	地方政府规章	共27条
东部	辽宁省沈阳市	沈阳市城市社区建设促进条例(2022年11月1日)	地方行政法规	总则/城市社区规划/城市社区治理/城市社区服务/保障措施/附则
东部	辽宁省	辽宁省基层群众性自治组织工作清单管理规定(2022年9月21日)	地方行政法规	共11条
东部	上海市	上海市区人民代表大会常务委员会街道工作委员会工作条例(2021年12月29日)	地方行政法规	共23条
东部	上海市	上海市居民委员会工作条例(2017年7月1日)	地方行政法规	共39条
东部	上海市	上海市街道办事处条例(2016年9月14日修正)	地方行政法规	共26条
东部	上海市	上海市街道办事处条例(2021年7月29日修正)	地方行政法规	共27条
东部	江苏省南京市	南京市城市治理条例(2013年3月1日)	地方行政法规	总则/公众参与治理/城市管理事项/城市管理行政执法/监督和救济/附则
东部	浙江省杭州市	杭州市街道居民议事工作规定(2022年12月1日)	地方行政法规	共20条
东部	山东省滨州市	滨州市社会治理网格化服务管理条例(2021年8月5日)	地方行政法规	共18条

续表

地点		地方性法规名称	法律位阶	体例
东部	山东省东营市	东营市社会治理网格化服务管理条例（2022年12月22日）	地方行政法规	总则/职责体系/网格/网格员/网格化服务管理事项/工作保障/法律责任/附则
	广东省深圳市	深圳经济特区社会建设条例（2022年6月30日）	地方行政法规	总则/民生建设/社会治理/促进和保障/附则
	广东省珠海市	珠海经济特区社会建设条例（2013年10月30日）	地方行政法规	总则/基本公共服务/社会管理创新/附则
	广东省广州市	广州市社会工作服务条例（2018年5月30日）	地方行政法规	总则/社会工作服务机构和社会工作者/社会工作服务活动/保障与监督/法律责任/附则
		广州市社区专职工作人员管理办法（试行）（2018年1月7日）	地方政府规章	总则/岗位设置及工作职责/招聘/考核及奖惩/工资福利待遇/培训及退休/附则
	广东省汕头市	汕头经济特区社会工作者条例（2014年12月29日）	地方行政法规	总则/社会工作者/社会工作服务机构/社会工作服务/社会工作者协会/保障与支持/法律责任/附则
	海南省海口市	海口市社区居民委员会服务场所建设保障办法（2014年11月28日）	地方行政法规	共23条
	海南省三亚市	三亚市人民代表大会常务委员会关于授权大社区综合服务中心行使有关行政管理权限的决定（2020年6月23日）	地方行政法规	共3条
中部	山西省太原市	太原市城乡社区治理促进条例（2021年2月10日）	地方行政法规	总则/社区建设/社区治理/社区服务/保障措施/法律责任/附则
	山西省	山西省社区居家养老服务条例（2022年9月28日）	地方行政法规	总则/服务设施/服务供给/服务保障/监督管理/法律责任/附则
	内蒙古自治区呼和浩特市	呼和浩特市街道办事处工作条例（2023年4月27日）	地方行政法规	总则/机构职责/公共服务/公共管理/基层治理/保障措施/法律责任/附则

续表

地点		地方性法规名称	法律位阶	体例
中部	吉林省长春市	长春市街道办事处工作条例(2022 年 10 月 27 日)	地方行政法规	总则/机构职责/公共服务/公共管理/社会治理/保障措施/法律责任/附则
	吉林省长春市	长春市城乡社区治理促进条例(2022 年 10 月 27 日)	地方行政法规	总则/社区建设/社区服务/社区治理/“三长”联动/保障措施/法律责任/附则
	吉林省通化市	通化市社区治理促进条例(2023 年 4 月 26 日)	地方行政法规	总则/社区建设/社区治理/社区服务/保障措施/法律责任/附则
	湖北省武汉市	武汉市街道办事处条例(2018 年 5 月 11 日)	地方行政法规	共 24 条
	湖南省	湖南省社区居家养老助餐服务若干规定(2022 年 11 月 23 日)	地方行政法规	共 6 条
西部	贵州省贵阳市	贵阳市社区工作条例(2013 年 12 月 1 日)	地方行政法规	总则/社区建设与治理/社区服务与管理/社区工作保障/附则
		贵阳市社区管理暂行办法(2012 年 5 月 21 日)	地方政府规章	总则/服务与管理/保障与监督/附则
		贵阳市街道办事处工作条例(2021 年 12 月 29 日)	地方行政法规	总则/机构职责/公共服务/城市管理/社会治理/保障监督/附则
	西藏自治区山南市	山南市城乡社区治理促进条例(2022 年 10 月 11 日)	地方行政法规	总则/综合治理/人居环境治理/服务保障/法律责任/附则
	青海省黄南藏族自治州	黄南藏族自治州城乡社区治理促进条例(2022 年 2 月 22 日)	地方行政法规	总则/城乡社区治理/城乡社区服务/城乡社区建设/保障措施/法律责任/附则

1. 各省市社区治理法治化发展特点

通过对上述地方性法律法规内容的整理、分析（见图 3），各省市社区治理领域现行法律法规的特征主要有以下三点。

一是地方立法实践逐渐加快。2017 年《中共中央　国务院关于加强和完善城乡社区治理的意见》的出台，标志着国家支持各地方依据省级地方

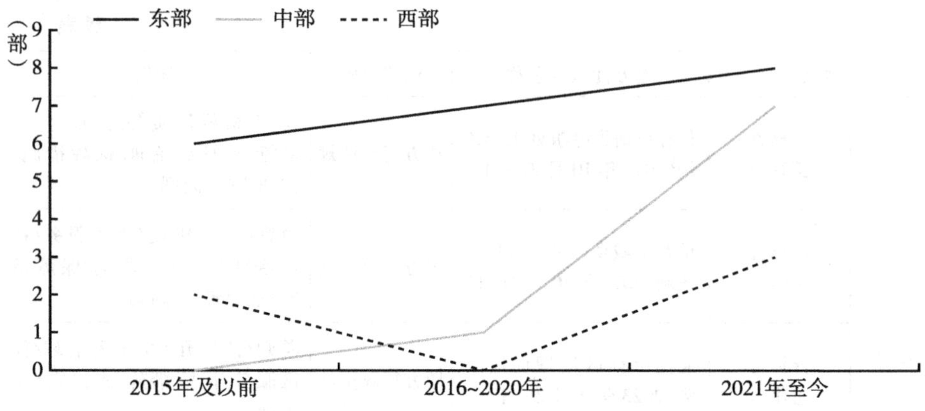

图3　各省市社区治理立法数量发展趋势

的特点和创新基层治理的实践需求，引导制定相关地方性法规和地方政府规章。从地方性法规、规章制定颁布（或修改发布）的年代看，2017 年后呈快速增长趋势，最近两年增速尤其快。且以区域中心城市、特大城市立法为主，说明社区治理在中心城市、特大城市发展中的重要性日益突出，相关矛盾和问题也日益突出，倒逼地方立法不断加快速度。另外，一些县级市地方出台的法律法规也体现出对部分特殊运行模式所伴随的相应法律问题的重视。

二是经济发展水平较高的地区社区治理法治化进展更快。以北京、上海、广州等为代表的东部地区在社区治理方面已出台了 21 部相关法律法规，这一数量远超中西部地区。东部地区经济水平较高，管理制度相对完善，社区发展规模完备，基础设施和服务质量上乘，为社区治理法治化的加快推进创造了有利条件。

三是综合性和重点性相结合。从各省市已有立法的体例、内容来看，有些侧重于将不同上位法关于社区的规定糅合在一起，有些侧重于将社区治理时代内容和本地实践经验纳入立法。另外，各地的立法并不求全，而是有的放矢，根据本地的实际情况，选择重点突破的问题。

2. 各省市社区治理法治化发展重点

这 34 部法律法规都是与社区治理直接相关的地方性法规或地方政府规章，分别从自治组织建设和人才队伍建设（街道和居委会组织、社区专职工作人员)、社区服务和社区建设（社区工作、社会工作、社区管理、城市治理）两个方面进行了规定，体例上各有侧重，从内容上可以看出要着重解决的几个问题如下。

(1) 治理理念如何体现的问题

与传统的管理侧重于政府的单方性、高权性、强制性而言，治理以多元主体共同参与为核心，更强调现代性、民主性、开放性、包容性、互动性和有效性。

(2) 政府负责部门、机构的问题

政府对社区治理负责部门、机构的规定，有助于实现高位协调，对解决长期以来社区管理工作中存在的部门权限不清、职责交叉、推诿扯皮等问题起着关键性作用。

(3) 社区各组织主体、职责的问题

一是解决了《城市居民委员会组织法》《村民委员会组织法》两部组织法与其他上位法内容规定之间的衔接问题，明确主体间的关系。二是体现时代变化带来的社会发展、社会治理新内容在村委会、居委会职责中的反映。如社区信息化，以及物业管理、业主、业委会等新时代的内容。三是对社区事务的职责进行了界定。如哪些是“应当负责”的，哪些是“应当协调”的，哪些是“应当配合”的。

(4) 社区治理工作机制的问题

一是解决社会协同、公众参与的问题。二是解决社区减负和行政事项社区准入的问题，明确了下放事务费用和权责的问题。

(5) 社区服务的主体、服务内容

根据服务内容的不同，社区服务的主体包括政府设立的主体、社会中的主体。此外，政府和社会还可以共同开展各种便民利民服务，如基于社区养老需求的增多，以城乡社区为依托，引入社会力量，开展日间照顾、居家养老等服务。

(6) 社区治理的保障问题

主要是从社区服务管理机构编制、社区办公用房和公共服务设施用地用房，以及社区工作人员、居委会工作人员经费和待遇这几个方面进行了规定。

二 四川社区治理法治化发展情况

近年来，四川省大力推进城乡社区治理，出台了一系列地方制度，政策保障体系不断完善，为提升社区治理能力奠定了法治基础。成都作为典型代表，法治化进程推动有力，取得了显著成效，形成了一系列具有地方特色的治理模式。对其进行梳理有助于深入剖析四川社区治理法治化的内在逻辑和机制，提升社区治理水平和能力，为四川其他地区推进社区治理法治化提供重要启示和宝贵经验。

（一）完善政策配套，推动相关立法出台

成都在既往已有社区治理的基础上，不断探索创新实践。“十三五”期间，成都市民政局先后牵头修订出台《加强和完善村党组织对村民议事会领导的试行办法》《成都市村民议事会组织规则（试行）》《成都市村民议事会议事导则（试行）》《成都市村民委员会工作导则（试行）》等8个相关文件，推动完善村（居）民民主议事决策制度和规则，健全社区协商机制，加强基层群众性自治组织规范化建设。2015年，成都市委组织部和市民政局出台《关于减轻城乡社区负担的十条措施》，厘清政社边界，建立村（社区）事项准入制度，梳理出五大类社区事项清单。2017年，成都市制定出台《关于深入推进城乡社区发展治理建设高品质和谐宜居生活社区的意见》（以下简称《意见》），明确了下一步推进城乡社区治理的总体思路、基本原则、主要目标、重要举措和保障措施，是成都社区治理的行动指南。围绕《意见》，陆续出台成都城乡社区发展治理“1+6+N”系列文件，主要涉及行政区划调整、街道（乡镇）职能转变、社区专职工作者管理、社区营造、社区发展规划、社区标准体系等6个方面，以及“五大行动”、物业管理、社会组织服务、社会企业管理、小区分类治理等N个具体工作

配套文件。成都在基层治理格局、创新工作机制上的改革突破，取得了一系列成效，荣获全国“2018 年民生示范工程”第一名；获得中组部、民政部等中央部门的多次肯定；在全国性会议上做多次典型发言；根据成都市委托第三方机构开展的“高品质和谐宜居生活社区万人问卷调查”结果，96%以上的受访群众表示社区环境面貌发生可喜变化，居民对高品质和谐宜居生活社区建设的认可度得分达 95.02。①

如何固化改革的成效，把创新性经验成果上升为法规，让社区治理在法治轨道上平稳有序推进，成都又一次进行了创新探索，2020 年出台《成都市社区发展治理促进条例》（以下简称《条例》），这是全国首部全面聚焦“社区发展治理”的地方性法规，也是成都市社区治理法治化的重要标志性事件。《条例》的实施将有效规范治理行为，保障居民的合法权益，提升社区治理效能，推动社区自治、法治、德治相结合，实现社区资源的优化配置和社区事务的规范管理。

（二）《条例》的重点和特点

《条例》共 7 章 52 条，分为总则、社区发展、社区治理、社区服务、保障与监督、法律责任和附加条款。其中，要点是党的领导、以人为本、法律规定、协商共治、共建共享，重点主要分为三个部分。

完善社区发展治理体系。单独设立“社区发展”专章，规范社区发展、商业推广、环境优化、文化塑造。开设“社区治理”专题栏目，构建“自治、法治、德治、共享管理、智慧管理、综合管理”等社区治理体系，并对此类重难点问题进行专题解答。如在物业管理区域治理、房屋治理方面，提出社区在保护管控工作中的治理职能已经普遍化，并开展专项立法对其进行规范。另外，专设“社区服务”专题板块，打造“基本公共服务、基础生活服务、专项特色服务、社区志愿服务”等公共社区服务体系，针对社会企业、社区社会组织的发展开辟了特色培育板块。

① 《城乡社区发展治理工作成效如何　市民群众来打分》，《成都日报》2018 年 10 月 12 日。

促进社区的持续发展与治理。为保障社区治理的正常运行，需要完善社区治理的运行体制，将群众自治制度放在村一级，需要加强社区治理的组织建设、机制建设、提升组织动员能力和优化服务格局。

严格责任追究，确保法律法规有效实施。对于违反《条例》中有着具体规定法律条文的相关人员，明确其刑事责任。对于忽视社区发展、是否滥用职权为其牟利、不作为乱作为等方面进行严格的界定。

《条例》着力构建共建、共管、共享的社会治理模式，鼓励明确在社区治理过程中各主体的领导职责以及权责界限，明确各层级职责。主要特点包括以下三个方面。

首先，基于自治、法治、德治的引领，激发多元参与活力。一是完善居民讨论协商机制。通过在实践中自发形成的民意决策机构参与社区治理，居民通过学习提升对社区的认同感和自治水平。二是加强法治建设。在增强居民法治意识的基础上，坚持围绕依法办事、维护权益的原则开展工作，全面提高社区法治化水平。三是推动社会道德治理建设。创新、发展、完善天府文化，弘扬成都生活美学，带领居民厚德载物、乐于助人、诚实守信、孝敬长辈。

其次，注重发展与治理相互融合，激发社会内生动力。《条例》遵循“城市之本在于人”的理念，聚焦满足市民美好生活需求。一是明确社区发展治理的意义，让居民参与到社区经济、文化、社会和环境的建设中，促进社区活力和可持续发展，为社区高质量发展贡献力量，共同推动城市转型。二是规范社区服务范围，完善各项社区服务建设和发展，提高生活便利性，打造特色服务，打造“15 分钟社区生活圈”的概念。

最后，以还权赋能增效为关键，夯实城市基层基础。一是明确基本社会保障。地区（镇）、城市为社区中生活的居民开展劳动和其他相关活动提供空间、设施和设备。二是提供公共资金保障。将社区发展和政府工作的经费保障纳入同级财政预算总体安排，鼓励组建社区基金会，加强对居民的服务保障，并促进区域综合治理能力提升。

（三）成都市社区治理法治化实践成效

1. 权责关系明确，法治氛围日渐浓厚

《条例》的颁布，标志着成都社区治理正式进入法治化时代。这一立法举措体现了成都在社区治理法治化方面的先行意识，为社区治理的规范化、制度化奠定了坚实基础。以法律的形式明确了政府、社区居民、社会组织等多元主体在社区治理中的权责关系，确保了各方在社区治理中的行为有法可依、有章可循。政府积极转变职能，减少对社区自治事务的干预，将更多精力投入政策制定、宏观指导等方面。同时，社区居委会和社会组织等自治力量得到了有效发挥，积极参与社区治理，为社区居民提供更加优质的服务。

加强法治宣传教育，营造良好的法治氛围。成都市通过举办丰富多彩的活动，普及社区治理法治化知识，增强社区居民的法治意识。如长寿苑社区开展"青少年模拟法庭"，通过角色扮演、寓教于乐的方式，让法治深入人心。武侯区开展物业纠纷"巡回庭审"机制，针对典型案件开展巡回审判，以案说法，以案释法，让物业公司和居民真实感受到法治教育。青羊区少城街道整合辖区资源，成立全国首个街道层面的"枫桥学院"，聘请专家学者，开设专题培训班、研学班等，增强群众的法治意识。

2. 治理结构优化，服务能力显著提升

随着成都社区治理法治化的不断推进，社区治理结构进一步优化。2017年成都在全国率先成立城乡社区发展治理委员会，作为统筹推进城乡社区发展治理改革工作的党委部门，整合了分散在多个部门的职能职责，形成了协同高效的工作格局，改变了社区治理缺乏顶层设计、"九龙治水"的局面，统筹协调人、财、物等资源，增强了社区治理的系统性和整体性。按照《条例》的相关规定，市、区两级社区治理发展部门负责制定社区发展治理规划，并对区域内各部门涉及社区治理的相关工作进行统筹协调，督促考核，避免了过去不同政策之间衔接和呼应不足、工作交叉互相推诿的现象，大大提高了社区治理效能。

社区服务能力显著提升，通过引入市场化服务机制、推动社区服务信息化等方式，提高了社区服务的效率和质量。成都实施的“幸福美好生活十大工程”聚焦民生关切，通过建设一批重大项目，解决群众急难愁盼问题，提升了居民的生活质量和幸福感。推动镇（街道）党群服务中心建设，全面完成社区党群服务中心亲民化改造。依托社区综合服务中心构建“15分钟社区幸福生活圈”，实现政务、医疗、文化、买菜等各类生活所需一体化集成。优化线上便民服务圈，依托“天府市民云”提供政务服务、区县特色服务、教育专区服务等，拓展成德眉资同城化共享服务，实现“一网通办”，方便居民群众办实事。

3. 多元共治格局形成，矛盾纠纷化解在基层

鼓励和支持多元主体共同参与社区治理，形成了政府主导、社会协同、居民参与的多元共治格局。青羊区社区志愿服务以“青益+”品牌化发展为导向，以青志联为重要依托，联合区域内企业、高校、社会组织等参与，常态化扎根社区开展专业志愿服务，打造了“蒲公英”医疗志愿服务、“融YI家”金融志愿服务等专业志愿服务品牌。新都区大丰街道牵头物流配送企业，发动党员骑手组建“丰行侠”队伍，参与食安监督、城市安全等活动，联手200余家“两新”组织创建“爱心商家联盟”，社区、楼宇提供党群阵地建立“丰行侠微驿站”，为骑手提供各类生活服务，真正实现小平台破解大难题，小切口撬动大治理，被评为全国市域社会治理创新优秀案例。

社区“两委”加强与社区居民、社会组织等自治力量的沟通和协作，共同解决社区治理中的难题，把矛盾纠纷化解在基层。社区居民通过参与社区议事会、居民代表大会等方式，表达自己的意愿和需求；社会组织则通过提供专业服务、搭建沟通平台等方式，为社区治理提供了有力支持。青羊区同德社区通过居委会召集社区23支文体队伍进行民主选举，成立同德社区文体协会，制定《同德社区广场公约》，加强对噪声扰民问题的日常监督管理和劝导。针对小区物业纠纷矛盾多，武侯区通过市区两级物业行业协会、区级相关部门和法律专家等力量，建立“小区—社区—街道—区”物业矛盾四级联调机制，协调各方力量调解纠纷，2023年共调解2800余起。

4. 创新治理模式，促进精细化治理

利用大数据、云计算等技术推动成都智慧社区建设，建立了社区信息平台，把基层治理条块化、碎片化数据有效整合，避免重复采集录入等问题，实现了信息资源共享。以社区基础数据库为基础的“社智在线”，开展了社区微治理、居民自治等试点项目，探索了有效的社区治理模式和方法。新津依托智慧新津数据中台，创新“报表通”场景，通过集成数据、开发应用、定期维护，实现报表一键生成，为社区治理减负增效。都江堰南桥社区打造“智慧社区+区块链”云端智慧场景，实现部门间信用闭环，减少多轮审核上报流程，疏解社区养老服务痛点、难点，落实老年群体“放心办”“云端办”。

推进党建引领“微网实格”治理机制，全覆盖构建起社区总网格、一般网格、微网格和专属网格的“3+1”体系。聚焦解决群众家门口的急难愁盼问题，建立“网格吹哨—部门报到—镇街处置”工作机制，实现了群众诉求处置全周期闭环管理，打通了基层治理“最后一米”，走出了一条以“微网实格”为基础，精细化治理、精准化服务、智慧化支撑的超大城市治理现代化之路。

三　当前社区治理法治化的主要难点和问题

（一）社区治理行动主体权责不清

政府和法定基层自治组织两大主体之间的权责不清。首先，职能部门的专门化需求与政府的属地化综合管理模式之间存在鲜明的行政逻辑差异。当这些差异落实到基层社区层面时，原本分明的“条”与“块”已无法继续向下细分，最终转化为以社区为界限的属地化管理方式。其次，政府部门突破职责清单将法定职责内的事项交由基层，而社区被视为政府的派出机构，被动地接受一些职责清单外的工作。作为法定的基层群众性自治组织，居委会疲于应对各种工作任务，几乎无暇顾及社区自治的核心事务。最后，社区内除了居委会，还有业委会、物业企业以及各企事业单位等多元行动主体共同参与治理。然而，这些主体在行动过程中缺乏明确的法律条文规范及参与方式，导致实践中的操作缺乏统一标准。这些自治组织机构设置往往随意性较大，结构不够稳定，相关政策的缺失影响了其在社区治理中的效能和可持续性。

（二）社区和社会协同不足

一是政府、企业、社会组织、居民没有充分参与到社会治理的过程中。政府在参与社区治理的过程中过多地承担了职能，导致自治组织的力量难以发挥。作为社会管理者的角色，缺乏对社区内的政策指导和开展社会服务的规范。

二是物业企业作为与社区关系密切的市场力量，管理水平有待提升，提供的服务项目单一，部分业主委员会成立工作滞后，在社区治理方面的作用并未完全发挥。其他企事业单位等社会力量在社区发展的过程中很少受到重视，社会力量发育不足。

三是社会组织和居民参与社区事务治理的广度、深度和效度不够。居民参与社区事务治理的欲望不强，社区与社会组织的组织化互动主要是文体活动方面，在专业性、特殊需求、市场与政府供给不足等社区服务领域几乎是空白，同时缺乏必要的互动对接机制。

（三）社区层面治理法治化实施困难

首先是操作过程困难，缺乏实效性。由于社区治理直接相关或间接相关的法律法规中法条数量多且分散，在不同的位阶和不同的法律领域都有，但对社区治理的总体性和综合性规定较少。例如，村、居两部组织法是目前最直接涉及社区的国家法律，但是在法律中针对作为基层群众性自治组织的主体，村委会、居委会具体如何开展工作没有做出规定。各地方政府针对两部组织法制定的实施办法，受上位法的限制，也多缺乏配套规定，无法指导实践操作。

其次是相关法律法规是早些年修订的，关于社区治理部分概念和具体工作内容的规定与现实不相符。此外，社区治理的过程和成效监督评估机制，目前仍然是依靠行政性的目标考核。在法律实践中，社区治理的监督机制也存在相似的问题。

（四）社区治理的法治经验和资源不足

社区治理法治化是依法治国在社区层面的微观体现。长期以来我国治理体系中存在浓厚的行政色彩，法治意识和法治能力仍然亟待提高。从立法的角度来看，社区治理专门性立法的经验、技术和人才严重不足。从政府的角度来看，依法行政的观念和能力还有待进一步加强，反映在社区治理中，重管理、轻服务，重行政命令、轻民主协商等情况仍然存在。从社会的角度来看，居民和社区工作者的法治意识水平较低。反映在社区治理中，在社区干部身上表现为部分社区干部“官本位”思想严重，依法办事的意识和水平较低，不按规章办事，随意性强。在居民身上则表现为权利意识与责任意识较为淡薄，对社区事务参与度不高。

四　四川社区治理法治化的对策建议

（一）完善四川社区治理法律法规体系，确保可操作性

一是完善省、市两级社区治理法律法规体系。按照国家对社区治理的新要求和新部署，借鉴各地社区治理法治化的成功经验，结合实际，加快推进省级层面的立法步伐，出台社区治理专项立法，明确社区治理的范围、工作内容、工作机制、保障监督、法律责任等。鼓励具有立法权的市（州），结合自身的经济社会发展情况、文化风俗习惯等，在总结本地区好的社区治理经验、措施的基础上，探索区域社区治理法治化模式，出台社区治理的地方性法规和地方政府规章，完善法律法规体系，为社区治理实践提供有力支撑。

二是确保社区治理立法的可操作性。社区治理立法在具体的实践操作中，要结合自身社区实践过程中的经验，充分考虑地方特色优势，发挥不同地区的自主性，制定符合本地区社区治理的法律法规，确保立法的可操作性。社区治理涉及的事项众多，在制定过程中，要注重地方立法与上位法的衔接，专门性条例与普遍性条例相协调，当法律与法规规章相抵触时，应以法律为基准；若二者相符，法规规章可作为参考。

（二）明确多元主体权责关系，加强社会与社区协同

一是明确社区治理多元主体之间的权责关系。首先，厘清政府与社区的权责边界，政府承担指导和协助的职责，规范政府职能部门的行政工作。在开展工作的过程中按照政事分开、权责配套的原则，适度介入，减轻社区居民委员会与非营利组织下沉行政事务的负担。让处在社区之中的居委会把更多的时间投入社区自身的自治事务中去，根据社区的实际情况面向社区，强化基层作用。在政府、基层自治组织之间构建平衡的治理体系。其次，在社区治理的实践过程中，对治理工作重要的参与者如“两委”、物业企业之间的关系进行确定，明确各自的角色定位、参与治理方式，形成良性互动。最后，优化社区内部的自治组织框架，根据地方政策法规和自身发展需求，建立内部规章制度促进组织规范化发展，强化社区组织建设，稳定内部治理结构。

二是加强社会力量的参与。首先，应明确社会力量在社区治理中的定位与角色，为社会力量参与提供法律保障，明确权责边界。其次，设立专门的引导机构，统筹和协调社会力量的参与和投入。通过建立激励机制，如设立专项资金、给予税收优惠等，激发社会力量参与的积极性。同时，加强培训指导，提升社会力量参与社区治理的专业能力。最后，强化监督评估，确保社会力量参与社区治理的实效性和可持续性。

（三）强化法治思维，提高社区治理法治化能力

在政府层面，首先要摒弃行政化思想的束缚，从过去大包大揽的管理转

向多元化、服务化的治理。随着经济社会的转型，治理理念、治理模式都在发生深刻的变化，治理能力和治理效能的提高，都需要明确的制度作为依据。其次要深刻理解社区治理法治化的重要性，强化依法行政的理念，把法治化思维贯穿到社区治理的方方面面，确保社区治理的各项工作都在法治化轨道上运行。

在社会层面，一方面要加强社区治理法治化人才队伍建设。制定专门的培训计划，在资金上予以一定的保障，通过邀请法律专家开展法治培训、讲座，外出参访学习其他社区的法治化先进经验，提高社区工作者的法律知识水平，强化依法办事的能力。同时，还要着力打造社区法律专业服务团队。整合社区资源，协同各方法治力量，打造以调解矛盾纠纷、提供法律咨询和服务、开展社区法治宣传教育为主的法律服务团队，建立基本公共法律服务体系，提升社区治理法治化水平。另一方面要树立居民的法治意识。加强对居民的法治宣传教育，通过组织开展法律讲座、法律咨询活动，举办社区服务活动，加强与社区居民的沟通与互动，在开展活动的过程中，提升社区治理立法的公众认知度和参与水平，促进社区居民法治意识和法律素养的提升。依法行使居民的权利，保障自身的合法权益，培养居民参与社区治理各项事务的责任感，增强居民对社区的认同感和幸福感。

B.10
成都市社会工作组织发展报告

蒋晨曦　成永霞　李小雨　黄熹微*

摘　要：　近年来，得益于政府购买社会服务的政策推动和社会工作职业化、专业化、本土化发展需要，社会工作组织通过发挥专业优势和地缘优势成为基层社会治理和提供社会服务的有效载体，在数量和服务能力上得到发展。然而面对愈加复杂的发展环境和要求，社会工作组织要高质量发展，需要不同部门和主体之间联动创造良好的发展环境，也需要社会工作组织加强内部和外部治理，开展问题研究、实践研究和理论研究，回应群众需求，提供专业服务，塑造专业形象，提升专业话语权。

关键词：　社会工作组织　专业服务　专业能力

一　成都市社工组织发展背景

（一）政策背景

党的十八大以来，党中央高度重视培育、支持和发展社会组织。党的十八届三中全会指出，“适合由社会组织提供的公共服务和解决的事项，交由社会组织承担”。党的十九届四中全会通过的《中共中央关于坚持和完善中

* 蒋晨曦，成都市社会组织社区和社工人才服务中心社会工作师，研究方向为社会工作项目管理、社会组织管理；成永霞，成都市社会组织社区和社工人才服务中心管理岗位七级职员，研究方向为公共管理；李小雨，成都市社会组织社区和社工人才服务中心，社会组织和社区事务科科长，研究方向为社会工作项目管理；黄熹微，四川省社会科学院社会学研究所助理研究员，社会工作师，研究方向为家庭社会工作、青少年社会工作。

国特色社会主义制度 推进国家治理体系和治理能力现代化若干重大问题的决定》指出，要“坚持和完善共建共治共享的社会治理制度”，“发挥群团组织、社会组织作用，发挥行业协会商会自律功能，实现政府治理和社会调节、居民自治良性互动，夯实基层社会治理基础”。2022 年，党的二十大报告指出，要“健全共建共治共享的社会治理制度”。党的二十届二中全会通过了《党和国家机构改革方案》，组建中央社会工作部，要求省、市、县级党委组建社会工作部门。

随着党中央对社会组织、社会工作的重视，民政部等国家部门相继出台更为细致的激发社会工作组织活力的措施。2012 年，民政部、财政部印发《关于政府购买社会工作服务的指导意见》，倡导“以培养使用社会工作专业人才队伍、扶持发展民办社会工作服务机构为基础，深入推进政府购买社会工作服务”。2014 年，民政部印发《关于进一步加快推进民办社会工作服务机构发展的意见》，对民办社会工作服务机构进行了更为权威的界定。2016 年，财政部、民政部出台的《关于通过政府购买服务支持社会组织培育发展的指导意见》指出，要“推动社会组织以承接政府购买服务为契机专业化发展”，“不断提升公共服务提供能力”。2021 年，民政部在《“十四五”民政事业发展规划》中指出，要“引导社会力量举办和发展社会工作服务机构。优先发展以老年人、残疾人、困境儿童、农村留守人员、流动人口、家庭暴力受害人等为重点服务对象的社会工作服务机构”。

在贯彻执行国家部门以政府购买服务等方式培育社会组织的政策基础上，四川省通过实施“社工人才百人计划”，发布《社会工作专业人才万人培养工程实施意见》等培养专业社工人才，提升社会工作服务机构专业服务能力。近年来，成都市出台《关于加强社会工作专业人才队伍建设的实施意见》等一系列政策文件，加快社会工作专业人才队伍建设。印发《关于政府购买社会工作服务的实施意见》《关于促进民办社会工作服务机构健康有序发展实施意见》《成都市关于加强社区社会工作服务助推城乡社区发展治理的实施意见》，从规范政府购买服务、助推社区治理等方面为民办社会工作机构发展指明了方向。2022 年成都市民政局等 18 部门印发《关于加强社会工作者职业体系建设的实施意见》，要求市级、区（市）县财政部门应“将社会工作发展项目经费纳入同级财政预算予以保障……依法依规通过政府购买服务方式支持本级社会工作行业协会日常运行，扶持民办社会工作服务机构发展”。

在推进国家治理体系和治理能力现代化的过程中，社会组织发挥着重要作用。社会工作组织的发展往往被放置在社会组织发展的大背景下。本报告所称社会工作组织（以下简称“社工组织”）指在各级民政部门（行政审批部门）完成登记手续，取得法人登记证书，且单位名称中包含“社会工作”或“社工”字样、业务范围中包含社会工作服务相关内容的社会组织，包括社会组织中专门从事专业社会工作的社会团体和民办非企业单位。

（二）研究情况

关于社工组织的研究往往被放在社会组织相关理论研究框架之下。社会组织是社会治理的重要载体，政府与社会组织的关系也成为学术界的重要研究课题。

王名、蔡志鸿、王春婷认为，在多元共治的5个主体（中央政府、地方政府、企业和各种市场主体、社会组织、公民和公民各种形式的自组织）中，社会组织将成为社会共治的核心主体。[①] 罗峰、何英英从社区协同治理的角度分析，认为社工组织具有一定的专业手段，能提供较为优质的社区公共服务，保证各治理主体利益的最大化。[②] 还有一些研究，在分析社工组织面临的发展困境基础上探索社工组织的发展路径。陈晓蓉[③]、刘军奎[④]认为，在政府购买服务背景下，社工组织与服务型政府间存在双向的互构关系，政

① 王名、蔡志鸿、王春婷：《社会共治：多元主体共同治理的实践探索与制度创新》，《中国行政管理》2014年第12期。

② 罗峰、何英英：《社工组织介入社区协同治理机制研究——以成都市S社区为例》，《秘书》2021年第2期。

③ 陈晓蓉：《制约与拓展：政府购买服务下社工机构的发展困境及应对策略——以社会救助为例》，《山东行政学院学报》2019年第6期。

④ 刘军奎：《社工组织与服务型政府之功能关系探究》，《开发研究》2016年第2期。

府对社工组织更具有主导性，社工组织存在资源依赖下的独立性与可持续性问题、项目驱动下的弱专业问题，政府应该健全社会工作相关法规政策体系、建立多元化资金投入机制和覆盖城乡的社会工作领导机制。彭善民以上海社工机构为例，认为培育发展社工机构应该完善管理体制和政府采购制度，将政社合作拓展至企社合作，加强专业能力建设。① 项继权、侯亚丽认为，社工组织面对多个行政主体的行政摊派选择妥协的根本原因是基于生存发展和良好合作的“关系理性”，地方政府应该建立多元化的社会治理创新激励制度，应包括项目、资金、考核、奖励等4个方面的激励。② 周芳芳认为，政府与社工组织的非对称性依赖关系，决定了二者之间存在互动困境，社工组织应主动破局，建立一套稳定的沟通机制，加强互动合作，提升社区影响力，寻求第三方力量来制衡。③

二　成都市社工组织发展情况

（一）成立登记相关要求

根据成都市社会组织和社工网公示的社会组织办事指南，成立登记民办非企业单位的社工组织，由个人发起成立的，发起人中至少有1人取得社会工作师职业水平证书或2人取得助理社会工作师职业水平证书。社工组织的关键岗位（理事长或中心主任）应由持证社工担任。发起成立社工组织或在社工组织中担任关键岗位的持证社工应按要求完成继续教育和登记再登记。

民办非企业单位社工组织名称一般由行政区划名称、字号、社会工作服务中心依次构成。例如，市本级成立登记的民办非企业单位社工组织为：成

① 彭善民：《上海社会工作机构的生成轨迹与发展困境》，《社会科学》2010年第2期。

② 项继权、侯亚丽：《中国社工组织何以行政化？——一个政府科层治理模型的解释》，《天津行政学院学报》2023年第2期。

③ 周芳芳：《合作、冲突与调适：社工组织与政府的互动关系研究》，《社会福利（理论版）》2014年第4期。

都XX社会工作服务中心。“XX”为其字号，举办者或举办单位按照《社会组织名称管理办法》拟定，由登记管理机关审批后方可使用。

社工组织的业务主管单位一般为与登记管理机关同级别的民政部门。[①]社工组织的业务范围，一般从13个社会工作细分领域中选取不超过3个领域，经业务主管单位和登记管理机关审批同意后写入章程，并在法人登记证书正副本上体现。社工组织发展成熟后，在人员资质、项目经验和机构管理等方面达到一定条件后，经业务主管单位研讨和登记管理机关同意后，方可在业务范围中加入“督导”或“评估”等内容。

（二）成都市内社工组织基本情况

1. 发展概况

当前，在成都市内各级民政部门（行政审批部门）完成登记注册手续，且状态标记为正常的社工组织有1200余家，其中民办非企业单位占九成以上，有2家被认定为慈善组织。[②]

2. 区域分布情况

在状态标记为正常的社工组织中，有300余家是成都市本级社会组织，其中有1家社会团体；按住所所在地统计，数量居前五位的区（市）县依次为龙泉驿区、武侯区、高新区、青羊区和成华区。在各区（市）县民政部门（行政部门）成立登记的社工组织有900余家，按登记管理机关所在地统计，数量居前五位的区（市）县分别为龙泉驿区、双流区、新都区、武侯区和高新区。[③]

3. 服务领域情况

在状态标记为正常的社工组织中，对其业务范围按社会工作实务的13

① 截至2024年3月，成都市委社工部尚未公布三定方案，社工组织业务主管单位相关工作仍由民政部门承担。

② 资料来源：全国社会组织信用信息公示平台（https://xxgs.chinanpo.mca.gov.cn/gsxt/newList）、成都市社会组织和社工网（https://www.cdnpo.com）。

③ 资料来源：全国社会组织信用信息公示平台（https://xxgs.chinanpo.mca.gov.cn/gsxt/newList）、成都市社会组织和社工网（https://www.cdnpo.com）。

个主要领域进行统计，居前五位的服务领域分别为：社区社会工作、儿童及青少年社会工作、老年社会工作、家庭社会工作和残疾人社会工作。可以开展“督导”和“评估”的社工组织均达到100家。①

4. 表彰表扬情况

2023年，面向市本级社会组织开展的社会组织登记评估中，3家社工组织被评为“5A”级社会组织，3家社工组织被评为“4A”级社会组织，6家社工组织被评为“3A”级社会组织。②

截至2024年3月，19个区（市）县对外公示了2023年社会组织等级评估的结果，根据公示资料，成都市各区（市）县共有6家社工组织被评为“5A”级社会组织，12家社工组织被评为“4A”级社会组织，20家社工组织被评为“3A”级社会组织，2家社工组织被评为“2A”级社会组织。

2016年、2020年、2022年成都市开展成都榜样“十强/佳社工机构”评选，每次评选10家，目前共评选出30家十强/佳社工机构。

（三）专业服务情况

近年来，成都市各级部门将购买社会工作服务纳入财政预算，逐年加大财政投入，通过公益创投、购买服务、竞争立项等形式支持社工组织开展专业服务和人才培养。

1. 社工服务体系建设

按照成都市民政局等3部门印发的《成都市社会工作服务站（室）建设实施方案》要求，成都市和各区（市）县公开、择优遴选服务专业、运行良好、具有一定经验的社工组织承接社工站（室）运行服务，实现市社工支持中心、区（市）县社工总站、镇（街道）社工站建设完成率100%，村（社区）社工室实际通过购买社会组织服务建立990个、挂牌

---

① 资料来源：全国社会组织信用信息公示平台（https：//xxgs. chinanpo. mca. gov. cn/gsxt/newList）、成都市社会组织和社工网（https：//www. cdnpo. com）。

② 资料来源：https：//cdmzj. chengdu. gov. cn/cdmzj_ gb/c121879/202401/12/content_ cdf0546e17ef430689d32baa3cae2668. shtml。

建立 2055 个、完成率100%①，逐步形成“功能齐全、运行规范、服务专业”的“社工支持中心—社工总站—社工站—社工室”社会工作服务“四级网络”。

2. 社会组织发展基金项目

《2023 年成都市社会组织发展专项基金资金安排方案》安排专项基金项目资金，开展公益生态营造项目、民政民生领域项目和社会工作服务体系建设项目。2023 年，共立项 122 个民政民生领域和公益生态营造项目，其中 76 个项目由社工组织执行。② 根据当地社工站（室）实际情况，由三圈层区（市）县民政部门组织遴选社会组织共开展 161 个社工站（室）建设项目。③

3. 社会工作服务示范

为提升专业社会工作服务品牌示范效应，引领专业社会工作发展，成都市民政局开展社工站（室）及社工实务发展资助项目。2023 年，社工站（室）示范项目（A 类）由民政部门依法登记的社会工作服务机构等社会组织联合镇（街道）、城乡社区共同申报，资助项目 86 个④；社会工作服务示范项目（B 类）由符合条件的社会工作服务机构等社会组织联合城乡社区或镇（街道）共同申报，资助项目 15 个⑤。

4. 社工人才实务实训

成都市坚持以实务为导向培养社会工作专业人才，不断加强社会工作实务实训基地建设。2020 年起，先后资助了 17 个社会工作实务实训基地开展实务实训项目。⑥

---

① 资料来源：https：//mp. weixin. qq. com/s/ToxPWyBUtAK6OMAkX2pm2w。

② 资料来源：ttps：//cdmzj. chengdu. gov. cn/cdmzj_ gb/c121879/2023-07/25/c48a8a480d84448aab9351250ad373c7/files/f75b461c84e045f59788db70a1d9ce2d. pdf。

③ 资料来源：https：//www. cdcsh. com/content/15433。

④ 资料来源：ttps：//cdmzj. chengdu. gov. cn/cdmzj_ gb/c121879/2023-07/25/c48a8a480d84448aab9351250ad373c7/files/f75b461c84e045f59788db70a1d9ce2d. pdf。

⑤ 资料来源：ttps：//cdmzj. chengdu. gov. cn/cdmzj_ gb/c121879/2023-07/25/c48a8a480d84448aab9351250ad373c7/files/f75b461c84e045f59788db70a1d9ce2d. pdf。

⑥ 资料来源：https：//cdmzj. chengdu. gov. cn/cdmzj_ gb/c121877/2023-07/24/content_ 406cfa2cd51341f7ae9ef80d58931c48. shtml。

社会工作实务实训基地发挥社工组织专业人才培养的主体作用，构建政社、校地、校社融合性交流平台，聚焦重点领域工作，形成了社会工作细分领域人才梯度化培育、专业化精细化发展路径。实务实训基地为学员营造实务实训场景，建设实习点位，开展问题研究、实践研究和理论研究，总结梳理实务服务的成效、方法和模式，与成都市三社中心、成都市社会工作协会共同研制出《社会工作实务实训指南》。

5. 助力社区发展治理

2023 年，成都市民政局安排福利彩票公益金，支持社会组织开展村（居）民参与能力提升、社区综合能力提升、项目提升推广三类项目，探索居民自治组织参与社区发展治理的方法路径。资助项目 35 个，其中 17 个项目由社工组织承接。①

6. 社工慈善融合发展

2023 年成都市开展慈善社区（村）品牌孵化项目，突出资源整合、彰显慈善元素，可由村（居）委会申报，也可由社会组织联合村（社区）申报。在立项的 41 个项目中，有 24 个项目由社工组织承接。②

各类项目不仅为社工组织提供资金支持，还通过加强项目管理，提升社工组织开展专业服务和人才培养的能力，引导社工组织开展专业研究，研制专业服务和社工培养标准。不少社工组织在专业领域开展服务、培育人才方面形成了自有品牌，并辐射带动了周边区域专业服务的发展。成都怀仁社会工作服务中心在医务社会工作领域，成都市利川社会工作服务中心在精神健康社会工作领域，成都市新空间社会工作服务中心在少年司法社会工作领域都走出了各具特色的专业服务和人才培养路径。

① 资料来源：https：//www. cdnpo. com/web/article/info/1672944637997879296/1。

② 资料来源：https：//cdmzj. chengdu. gov. cn/cdmzj_ gb/c121879/2023-05/18/content_ b6fd4650d9984f2aad5feb3c48805424. shtml。

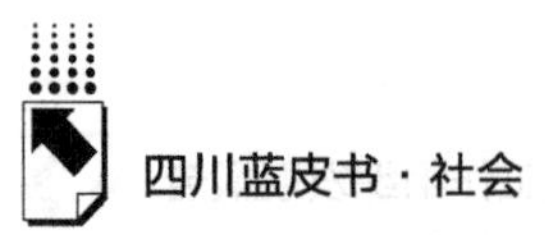

三　成都市社工组织发展存在的问题

（一）社工组织数量与需求不匹配

社工组织是凝聚社会工作专业人才、提供专业服务、传递社会福利的载体，为社会工作者开展专业服务提供基础条件。当前成都市对专业社会工作的需求，既表现为专业社会工作者数量不足，也体现在社工岗位的缺乏和社工组织数量的不足上。

得益于政府购买社会服务政策的推动和各平台机构的孵化培育，全市社工组织总量逐步上升，但与当前超大城市高质量发展和精细化治理要求还存在差距，当前存续的社工组织能提供的社工专业岗位和服务有限，还不足以支持社会工作服务体系全覆盖。

截至2023年12月31日，成都市常住人口达到2140.3万人，户籍人口1598.24万人，[①] 每万名户籍人口所配备的社工组织不足1家。2022年底，成都60岁及以上老年人口324.24万人[②]，按照"十四五"国家老龄事业发展和养老服务体系规划主要指标规定，每千名老人配备社会工作者人数保持1人及以上，成都需要至少3.2万名老年社会工作者。目前，全市范围内可开展老年社会工作服务的社工组织、所能提供的老年社会工作者岗位远不足3.2万个，能为老年群体提供的社会工作服务也有限。

《关于办理性侵害未成年人刑事案件的意见》中第三十二条、第三十九条指出要在"一站式"办案救助机制中引入专业社会力量，为被害人提供心理疏导、临时照料、医疗救治、转学安置、经济帮扶等救助保护措施。目前，成都市范围内可在司法社会工作领域开展服务的社工组织不足20家，不论是在专业服务提供上，还是在人才培育上，都形成了缺口。

---

① 资料来源：https：//mp. weixin. qq. com/s/Q9JMF4lVNBWyVChvbS1qJQ。

② 资料来源：https：//mp. weixin. qq. com/s/xTmBLmcB3krqMfanQkyf_ g。

《关于加强困境儿童心理健康关爱服务工作的指导意见》指出，要充分发挥学校教师、儿童主任、儿童社会工作者、志愿者等作用，为有需求的儿童分类制定心理关爱方案，提供心理辅导、情绪疏导、心理慰藉等帮扶服务。目前，成都市范围内可提供儿童青少年及未成年服务的社工组织，也难以满足相关要求。

（二）社工组织的服务能力与需求不匹配

项目制是当前政府和社区购买社工组织服务的主要形式，也是社工组织获取资源的重要途径。专业化社会工作服务的传递是以社工组织为载体进行的，社工组织作为政府购买社会服务的承接主体，其自身能力也在这一过程中得到锻造和提升。但当前社工组织能力发展不足，导致其能为社会提供的专业服务与社会需求不匹配，主要体现在以下几个方面。

1. 服务模式和经验不成熟

自2008年成都市成立第一家本土的社工组织起，现有的1200余家社工组织中，八成成立于2016年及以后，超过五成成立于2019年及以后。项目制的服务提供形式，使得服务的延续性不足，社工组织和社会工作者服务过程中对社会工作专业方法应用不熟练，对服务对象需求评估不全面，对服务过程中出现的问题、运用的理论、改进的方向研究不到位，对已有的经验总结梳理不到位，难以形成可复制、可借鉴、可推广的经验模式。

2. 专业人才储备不足

专业人才储备情况决定着社工组织的发展。社工组织所需的人才不仅包括社工专业人才，还包括项目管理、财务管理等专业人员。薪酬和职业预期较低、社会认同度不高、工作烦琐繁重等都是社工组织难以吸引和留住人才的重要原因。而许多处在初创期的社工组织，奔波在“拿项目”和“建立关系”的路上，对内部制度的建立健全、专业人员的培育培养、督导体系的搭建完善都还停留在筹划阶段。考取社会工作职业水平证书的门槛相对较低，持证社工专业知识水平参差不齐，使社工组织发展和社会工作者能力提升二者相互牵制。

3. 内控制度不健全

内控制度是社工组织规范开展专业服务的保障。社工组织成熟的内控制度，建立在财务、人事管理、专业服务等制度的完善和发挥作用的基础之上。许多处于初创期的社工组织虽然建立了理事会、监事（会）、职工大会制度，形成了章程，设置了内设机构，但未能充分发挥决策机构、监督机构的作用，章程和其他已形成的管理制度被“束之高阁”，囿于管理者能力和精力不足等，尚未建立完善符合各自使命要求、促进组织发展壮大的内控制度体系。

4. 自主性不强

社工组织自主性是社工组织行动能力的根本来源。在以项目形式购买社会组织服务的背景下，社工组织对提供资金支持的单位形成了依赖性，使其在开展项目设计、需求评估和专业服务的过程中更加重视资金支持方的要求，而专业的意见和服务对象的需求与资方要求可能存在脱节的情况，影响社工组织服务效能的发挥。

（三）区域分布不均衡

根据统计数据，住所地址在中心城区①的社工组织占总量的近八成，在“5+2”区域②的占总数的44.4%。社工组织主要集中在经济社会发达、资金供给充足、各类资源丰富和人口密度较高的中心城区。但在弱势群体集中、经济社会发展相对滞后、资源相对短缺、体制机制发展落后、需求难以被识别和回应的城市郊区和农村地区，由于专业人员、资金和资源短缺等，尚未成立足够数量的社工组织。

① 根据成都市第七次全国人口普查公报（第二号），成都市中心城区扩大为：锦江区、青羊区、金牛区、武侯区、成华区、新都区、郫都区、温江区、双流区、龙泉驿区、青白江区、新津区12个行政区和成都高新区、四川天府新区成都直管区2个功能区。

② 成都“5+2”区域：四川天府新区、成都高新区、锦江区、青羊区、金牛区、武侯区、成华区。

四　下一步发展方向

（一）部门联动，营造良好发展环境

登记管理机关需要优化行政审批流程，开展组织管理机制建设的指导。业务主管单位要加强对社工组织发展现状的研判，制定回应社会需求、符合专业发展路径的政策，引导社工组织加强能力建设。行业联席会议部门要加强联动，制定完善政策，探索多渠道支持社工组织开展专业人才和管理人才培育，引导社工组织在服务实践中提升能力。行业协会应发挥应有作用，加强行业自律，研制体现专业水平、符合本土实际的社工组织建设行业标准和团体标准。

（二）强化治理，适应社会发展新形势

社工组织要加强自我治理，适应当前社会发展和城市建设对社会公共服务提出的新挑战。建立完善符合组织使命的内部控制体系，发挥人事管理、财务管理和专业服务等制度的作用，保证组织高效有序运营。与服务对象、资金支持单位建立良好关系，关注行业动向和政策变化，及时调整组织发展战略，主动融入国家发展和城市建设战略，把握国家机构改革为社会工作专业发展带来的新机遇、新挑战。及时公开相关信息，接受社会各界监督。提升项目研发能力和执行能力，拓展资金来源渠道，培育良好形象，提升自主性。

（三）深化实践，形塑专业形象

社工组织应扎根服务实践，坚守专业底线，规范开展需求评估，精准回应服务对象需求，发挥社会工作在应对复杂现实、解决实际问题中的专业作用。要开展问题研究、实践研究和理论研究，总结工作规律与方法，形成可借鉴、可推广的服务经验。积极参与社会公共事务，形塑社会工作者和社工组织的专业形象，为社会治理体系和治理能力现代化建设贡献社会工作专业力量。

B.11
四川省社会组织参与社区治理现状、问题与对策建议

兰 琴 冯月嵘 陈 玲*

摘 要： 社区治理是社会治理的重要基础，社会治理的基础在基层、根本在社区，社会组织参与社区治理是我国社会治理的主要方式。四川省社会组织经过40多年的发展，在参与社区治理方面取得了显著成效，本报告将从社会组织参与社区治理的制度环境、组织数量与类型、参与途径、取得成效等方面梳理四川省社会组织参与社区治理的现状。然后从参与社区治理意识不足、服务提供依赖政府、专业化程度偏低、社会组织服务不足四个问题入手，剖析四川省社会组织参与社区治理的困境，并从党建引领、善用社区公益慈善资源、提升社会组织专业能力、创新政府监管和评估4个方面提出相关建议。

关键词： 社会组织 社区治理 社会参与 四川

一 四川省社会组织参与社区治理现状

2024年国务院政府工作报告已经第14次提及“社会组织”，该词每次出现在政府工作报告中均与“民生”和“社会治理”紧密相连，可见社会组织已经成为促进民生发展和社会治理不可忽视的力量。四川省社会组织网

* 兰琴，四川省社会科学院社会学研究所，研究方向为养老保障、医疗保障；冯月嵘，四川省社会科学院，研究方向为社会组织；陈玲，崇州乐帮社会工作服务中心，研究方向为社会组织。

公开数据显示，截至 2024 年 3 月 16 日，现有已注册登记的社会组织共有 52475 家，在一年多的时间里，四川省社会组织增加 7000 多家，相比 2022 年底增长 15.56%，[①] 仍处在快速发展阶段。本部分将从社会组织参与社区治理的制度环境、社会组织数量与类型、社会组织参与社区治理的方式和成效四个方面来反映四川省社会组织参与社区治理的现状和未来发展着力点。

（一）社会组织参与社区治理的良好制度环境

四川省为社会组织参与社区治理提供了良好的制度土壤。2017 年中共中央、国务院印发的《关于加强和完善城乡社区治理的意见》明确提出，要大力发展纠纷调解、健康养老、教育培训、公益慈善、防灾减灾、文体娱乐、邻里互助和居民融入等方面的社区社会组织。2020 年，四川省民间组织服务中心更名为"四川省社会组织服务中心"，为四川省社会组织提供了重要阵地。2021 年 12 月，四川省民政厅、中共四川省委组织部、中共四川省委政法委印发《四川省"十四五"城乡社区发展治理规划》，指出要创新社区与社会组织、社会工作者、社区志愿者、社会慈善资源的"五社"联动机制，推动城乡社区治理水平提升。在中央文件指导下，2022 年 12 月，四川省发布《四川省社区社会组织登记备案管理暂行办法》，以规范社区社会组织管理，健全社区社会组织培育机制，促进社区社会组织健康有序发展。一系列政策的出台与执行，为四川省社会组织的发展、社会组织参与社会治理及社区治理提供了良好的制度环境和广阔空间。

（二）社会组织呈现多元发展态势

在党和政府大力倡导与支持下，四川省社会组织不仅数量上有了大幅增长，而且类型上也呈现多样化发展特征。《2023 年 4 季度民政统计数据》显示，2023 年底，全国社会组织约 88.16 万家，与 2022 年相比减少约 1 万家，

① 《四川省 2022 年民政事业发展统计公报》显示，截至 2022 年底，全省共有社会组织 4.5 万家，比上年下降 1.2%。

增长率约-1%，这已经是我国社会组织数量连续两年出现负增长，表明我国社会组织整体正从“数量增长”阶段转向“质量提升”阶段，进入质量、结构、规模、速度、效益、安全相统一的高质量发展时期。四川省所有已登记注册的社会组织数量还在稳步提升，还未完成“数量增长”到“质量提升”的转变，还具有较大的发展空间。目前，四川省社会团体共有22206家，其中社区社会组织联合会共有26家，非社区社会组织联合会的社会团体（主要包括行业商会、行业/爱好协会、组织联合会、学会、研究会、照料中心等）共有22180家；基金会共有213家，以教育、残疾、社区发展基金会和企业基金会为主；民办非企业单位共有30056家，主要包括社区服务、公益发展与社会工作服务等。这三种类型的社会组织占比与全国社会组织占比保持基本一致，民办非企业单位数量最多，社会团体次之，基金会数量最少。四川省所有社会组织中明确提及“社会工作”的组织共有2004家；与“公益发展”“慈善”相关的有362家；明确包含社区相关服务的有1956家，其中涵盖了卫生服务、养老服务、餐饮服务、托育服务、志愿服务、矛盾调解、娱乐休闲等人民生活的方方面面，体现出满足人民多样需要的特点。

在所有社会组织中，社区社会组织凭借其在地性和基层性，在参与社区治理中发挥着独特的作用。与其他外来的社会组织相比，社区社会组织能够为社区居民提供即时性、日常性的服务，能够为所在社区居民提供生活、公益慈善、文体等方面的服务，也是最能够代表社区居民争取居民权益的组织，是社区居民参与社区治理的重要平台和主要途径。从实践来看，社区服务与社会组织发展呈现愈发紧密的关系，社区越重视对社会组织的培育和引导，社区服务精细化和效能感愈强。

（三）社会组织参与社区治理的方式

四川省社会组织参与社区治理的一大特点是以“五社联动”为基层治理行动框架进行原则指引，主要通过多元参与“五社联动”机制，按照组织化推进、项目化支持、参与式管理的思路，搭建平台聚合力，供需对接增动力，赋能增效激活力，逐步形成党建引领共建共治共享的基层治理新模式。

搭建平台聚合力。建立社区社会组织联合党支部，做实社区社会组织联合会、社区基金会和社会组织服务中心三大平台，依托区域化党建“朋友圈”和社区党群服务阵地，通过“外引、内建、互联”的方式，强化党建引领，广泛链接资源，引导社会组织积极投身志愿服务、主动参与社区治理。

供需对接增动力。以居民需求为导向，重点引入和培育为老、教育、社区、公益四大类社会组织，打造“需求收集—项目策划—过程公开—效果评估”的闭环管理机制，建立服务清单，精准对接需求，弥补政策空白，逐步建成“供需一站式”服务体系。

赋能增效激活力。通过社会组织参与承接社区公益项目、社会组织专业技能培训等多元途径开展社会组织的赋权增能工作，并广泛集结社区居民骨干和志愿者力量，深入发掘并培养社区治理领域的“能人”，进而提升社会组织在社区治理中的参与能力和实际效果。

（四）社会组织参与社区治理的成效

首先，在社会组织的参与下，社区的治理力量从“单一主体”向“一核多元”转变，改变了过去主要由“两委”成员主导的社区治理格局。充分调动社区各类主体各种资源发挥作用，社区“两委”在社会组织协助与支持下积极培育网格员、社区社会组织、专业社工人才、社区志愿者等多元治理主体，形成了以社区党组织为治理核心、各社区主体参与治理的新格局，积极推进居民等多方力量共同参与的“一核多元”社区治理模式。2023 年 4 月，成都市委社治委通过深入调查，在总结做法经验、反复论证修改的基础上，形成了《支持城乡社区合伙人参与社区发展治理工作的指导意见》，提供了不同社会主体通过与城乡社区合作实现共建共治共享的实践机制，通过多种途径促进城乡社区治理共同体建设。[①] 社区合伙人在

① 《成都市制定〈支持城乡社区合伙人参与社区发展治理工作的指导意见〉》，《中国社区报》2023 年 4 月 11 日。

主体上较“五社联动”更加丰富，合作场景上更加灵活多样，是社区营造的升级版。

其次，在社区阵地上实现了从“行政化”到“亲民化”的转变。以人为本的社区建设是服务群众联系群众的“最后一公里”，传统社区空间向居民生活、情感、价值领域渗透融合是社区场景改造的新趋势，社区场景亲民化改造要求紧贴居民需求，积极营造政务服务、党员活动、邻里生活、教育卫生、文化体育、商业消费、文创科创、智慧治理等新场景，推动社区由“管理办事”的单一、刻板场景向形态多样、各具特色的治理形态转变。四川省城乡社区治理示范三年行动计划提出，要对社区服务阵地进行亲民化改造，为社区居民享受社区服务提供场所，同时为社区居民参与社区治理提供空间基础。各地在试点中把握“硬件上有改观”这一目标，以省级奖补资金为“引子”整合市县资金资源，新建及改建社区综合服务设施点位达 352 个，共占 15.49 万平方米。①

最后，在社区服务方式上，逐步迈向社会治理实践的新方法。社区发展治理不仅是“中国之治”的重要样本，也在为中国社区治理理论提供全新的探索实践，即以参与、协商和合作为互动形式，由政府、市场和社会组织等主体共同构建社会治理网络和目标共同体。

2023 年中央社会工作部成立，其是社区治理多年实践和创新发展的产物。社区治理牵涉众多部门，应由党委主抓统筹，既提高了社区治理的定位，又强化了其工作的系统性及其资源动员能力。社区治理工作不是传统民政工作，而是全局性的统领性工作，是超大城市治理的关键切入点，这也是成都社区发展治理区别于其他地方的基本特征。为解决安置小区居民急难愁盼问题，成都东部新区充分贯彻市委、市政府关于落实小区治理的精神要求，系统研究成都市小区信托制治理模式的核心精髓，创新社区合伙人参与安置小区治理的路径，通过发动“商居”，在柏树村安置小区引入社区基金会、信托公司、行业专家等专业力量，探索

① 李丹：《提升幸福感 亮点特色多》，《四川日报》2023 年 12 月 4 日。

出“社区合伙人定向捐赠+社区基金会委托+信托公司资金受托+物业企业服务执行”的安置小区治理服务信托模式，为促进基层治理提质增效注入一股鲜活动力。

二　社会组织参与社区治理的困境

社会组织作为社区治理的重要力量，其组织结构、组织宗旨、内部治理和参与能力对于推动社区治理的现代化、民主化和科学化具有重要意义。但是当前社会组织提供社区服务过程中普遍存在参与社区治理意识不足、提供服务依赖政府、专业人才缺乏以及社会组织服务不足等问题，影响了社会组织参与社区治理的效能。

（一）社会组织参与社区治理意识不足

目前，许多社会组织参与社区治理的意识和积极性并不高，在一定程度上制约了社会组织在社区治理中作用的发挥。社会组织参与社区治理意识不足有多方面原因。首先，在政府购买服务的大背景下，社会组织完全以合作契约的形式与政府合作，这使得社会组织在服务过程中有较强的工具理性取向，以完成任务指标为目的，导致社会组织参与社区治理的积极性和主动性缺乏。[①] 其次，出于政府购买服务的缘故，社会组织往往以政府需求为导向，这会导致社会组织的服务是对政府需求的回应而非社区居民需求的回应，当社会组织无法有效充当社区与居民之间的桥梁时，其就难以在服务中体现社会性，难以在服务中有意识地参与社区治理。最后，社区治理问题复杂多样，对于社会组织服务专业性有较高要求，如果社会组织服务专业水平无法与社区治理难度相匹配，那么社会组织参与社区治理的积极性就会受到影响。

① 陈锋：《悬浮的社会组织》，《文化纵横》2020年第6期。

（二）社会组织参与社区治理依赖政府

我国社会组织对其他主体尤其是政府存在较强的依赖性，[①] 社会组织参与社区治理依赖政府主要表现为单向度的项目资源依赖和制度依赖。项目资源依赖即社会组织依赖政府部门购买自身服务，容易让社会组织以地方政府的行动意志为导向，并进一步加剧社会组织与政府部门之间关系的不对等。长此以往，也会影响组织自身发展规划，难以充分发挥自身优势，并在地方政府行动意志导向下形成服务“内卷”态势。在四川省全面推行垃圾分类期间，多数社会组织设计环保主题类项目，相关项目同质性较强，忽视了社区的实际情况以及居民的实际需求，造成资源浪费和“环保项目不环保”的局面，也没能以“环保”实践带动居民参与社区治理。目前，四川省内各地社会组织参与社区治理的制度环境有所差异。成都市社会组织大多采取公益市场化运作（发展社会企业），不断创新自身参与社区治理的方式，极大地提高了自身的主体性、拓展了发展空间，但是在四川省其他地区并不存在发展社会企业的制度土壤，限制了社会组织参与社区治理的模式与路径创新。

（三）社会组织专业化程度较低，专业人才缺乏

社会组织专业化程度较低，专业人才缺乏，这在一定程度上影响了它们在社会治理和公共服务中的作用和效果。四川省社会组织参与社区治理的专业化程度偏低主要是由人才短缺与主体责任不明确导致的。

目前，四川省内乃至全国范围内大多数社会组织内部成员都是作为兼职成员参与其中，成员参与主要基于兴趣或以价值观为导向，而缺乏项目管理技能和专业服务技巧。也正因为内部成员兼职比例较大，所以社会组织人员流动性较大，具有不稳定性，难以培养专业人才或者培养的专业人才很难留

① 汪庆华、白蕾：《资源依赖下社会组织参与社区微治理的自主性何以生成？——以上海市 Y 组织为例》，《上海大学学报》（社会科学版）2024 年第 1 期。

下来。部分社会组织成员缺乏应有的培训，对组织承接的项目了解有限，相关知识与技能掌握不足，难以有效发挥项目作用。截至2023年底，全省持证社工人才已达到6.68万人。虽然数量上有所提升，但在社会组织从业人员中持证社工占比仍然较低。

社区治理涵盖多元主体，但在实际运作中，各主体间责任边界模糊的问题日益凸显。项目执行过程中，社区党组织及社区“两委”常扮演主导角色，而其他社区主体则处于辅助地位，此种模式下若处理不好社区党组织、“两委”与其他社区主体的关系，则会导致基层行政工作外溢，其他社区主体被迫承担，难以充分发挥各主体的专业作用。这不仅抑制了社会组织内部的创新活力，更对社会组织的可持续发展和专业化建设构成障碍。

（四）社会组织提供服务的不足

社会组织提供服务的不足体现在三个方面：一是社会组织服务的内容“悬空”，二是社会组织服务的主要受众“悬空”，三是社会组织服务的区域发展不平衡。

在社会组织服务内容方面，地方政府的行政需求与社区居民的实际需求往往有所差异，这就导致社会组织提供的服务无法回应社区居民的真实需求。即使社会组织能够在项目申请前进行目标服务社区的需求分析，但是受时间、人力、资金等多种因素限制，主要依靠文献查询或进入社区随机访谈几名社区积极分子了解情况，导致需求评估的真实性和代表性不足，这又进一步影响到项目设计。① 在社会组织服务受众方面，社会组织在社区开展服务可以按照服务受众简单分为两大类别：一类是针对特殊群体的专业化服务，如空巢老人、残疾人群体的特殊服务；另一类是针对全体社区居民的普惠性服务，但是社区社会组织的骨干往往与社区积极分子具有一致性，强化了自身与社区积极分子的关系，反而让服务受众相对固定与集中，在参与社区治理过程中社区积极分子成为社区普通民众的代表，造成其他社

① 陈锋：《悬浮的社会组织》，《文化纵横》2020年第6期。

区成员的集体失语，出现少数人的需求被过度满足，而多数人的需求被忽略的情况。在这种模式下，广大社区居民的社区参与难以实现，更难以通过社会组织参与社区治理。在社会组织服务区域方面，四川省区域发展不平衡的现状也直接影响了社会组织服务的区域分布与发展，成都“一城独大”、成渝地区“中部坍塌”现象明显，民族地区、盆周山区等发展基础薄弱的现状成为制约当地社会组织发展及社会组织提供服务的重要因素。以社区慈善/发展基金会为例，中国社会组织网中已登记的 10 家四川省社区慈善组织/基金会全部坐落于成都市，呈现较强的地域发展不平衡的特点，这既是社会组织服务区域发展不平衡的原因之一，也是社会组织服务区域不平衡的具体表现。社会组织服务在城乡之间也存在发展不平衡的问题，整体呈现城市以普惠性、发展性社区服务为主，乡村以补救性、基础性社区服务为主的特征。

三　社会组织参与社区治理的对策建议

总体来看，社会组织在中国式现代化建设中发挥着不可或缺的作用，同时，社会组织也是坚持和完善共建共治共享社会治理格局的重要力量。在社会治理及社区治理中要让社会组织“用起来”“做起来”“闯起来”，充分发挥作用，探索出一条适合中国国情的现代化建设新路子，贡献社会组织独特的智慧与能力。结合四川社会组织参与社区治理实践，分别从党建引领、善用社区公益慈善资源、提升社会组织专业能力、创新政府监管和评估 4 个方面提出相关建议。

（一）党建引领

加强基层党组织政治引领。本着党建引领，回归群众的基本立场，社会组织在进入社区开展服务时可遵循以下路径。首先，明确为人民群众服务的基本思想，以此为项目立足点，并在此基础上进行社区资源盘点与需求识别，既要识别社区居民的资源与需求，也要识别其他社区各主体的资源与需求。其次，找到社区不同主体的利益耦合点，以利益耦合点为中心探索各主体利益最大化的最佳路径，以此方式调动各主体参与社区治理的积极性。最后，在厘清以上内容的基础上进行愿景可视化呈现，形成具体的服务方案操作手册，明确各社区主体职责范围，提高各社区主体为社区居民服务的能力、提高各主体参与社区治理的效率。①

（二）善用社区公益慈善资源

社区公益慈善资源是从“三社联动”到“五社联动”的创新之处，可用于回应社区需求、解决社区问题、促进社区治理的一切物资、资金、技术和服务等社会资源。社区慈善资源的提出是解决社区资金缺乏、过度依赖政府等问题的关键举措。社区慈善基金在推动社区治理中发挥着核心纽带作用，一方面动员社区居民、商户、企业通过捐赠的途径了解并参与社区服务，另一方面又通过社区慈善基金的使用服务辖区居民，充分体现了共建共治共享的社区治理理念。成都社区慈善基金经过多年的探索与发展，形成了一系列富有创意的经验与做法。如依托社区慈善活动和慈善项目筹措慈善资源的“爱心—捐赠”型；商业化运作社区资源的“服务—捐赠”型；发展社区社会企业的“盈利—捐赠”型；打造公益文创集市的“营收—捐赠”型；社区慈善晚宴的“企业—捐赠”型。社会组织应积极探索参与社区慈善基金运行的方式与路径，借鉴已有的社区慈善基金运营模式，找到自身发展与社区慈善资源的耦合点，以社区慈善资源为依托提高自身造血能力。

（三）提高社会组织专业能力

专业能力是社会组织参与基层社会治理的核心竞争力。社区治理领域问题的复杂性与多样性又对社会组织提出了更高的专业要求。首先，由省、

① 许文文、石煊：《利益耦合、共同行动与情感共鸣：社会组织建构社区治理共同体的三阶路径》，《公共管理与政策评论》2024 年第 1 期。

市、区各级民政部门牵头，充分发挥社会组织孵化园专业支撑、规范指导的作用，加强社会组织的专业培训和教育。通过组织定期的培训课程、研讨会和讲座，帮助社会组织成员提升专业技能、项目设计与管理能力、资金筹集能力、组织运营能力、社区规划能力。截至 2023 年 12 月底，四川省已成功举办三期社会组织民政业务领域培训班，鼓励规范社会组织内部管理，号召、引导广大社会组织积极参与民政事业各领域创新发展。此外，鼓励社会组织成员考取社会工作者职业水平证书，目前成都范围内如郫都区、新都区、温江区、龙泉驿区、大邑县等地均对考取社工证的社会组织成员给予补贴。其次，鼓励社会组织与高校、研究机构等建立合作关系，引入更多优秀的专业人才和研究成果，推动社会组织创新发展。四川省社会组织通过与开设社会工作、社会学、公共管理等专业的高校建立合作关系，一方面为相关专业的大学生提供实习实训基地，方便高校开展教学实践工作；另一方面也有利于相关专业学生的就业，为社会组织引入专业力量与新鲜血液，提高社会组织服务的专业能力。最后，需要加强社会组织的品牌建设。社会组织应该明确自身的定位和使命，制定合理的战略规划和发展目标，不断提升自身的组织能力和管理水平。同时，积极引入外部资源和社会力量，拓展资金来源和服务领域，提高社会组织的综合竞争力和社会影响力。

（四）创新政府监管和评估

创新完善政府对社会组织的监管、评估机制，这对于社会组织参与社区治理来说是必要的。拓展社会组织的自主性与发展空间，仍然需要从地方政府着手，创新政府监管与评估，进一步优化制度环境，破解管与放之间的平衡难题。这就要求政府一方面规范社会组织行业相关管理制度，明确政府与社会组织的主体责任，明确监管职责部门，提高监管效率，推动组织管理透明公开；另一方面基于社会组织的发展进行正向引领，制定科学合理的评估标准，拓宽社会组织等级评估的方式和渠道，从服务受众评价、供需对接评估、服务专业性考核、服务价值导向评价、阶段性发展评估、运行效率评估等方面完善社会组织登记评估标准及社会组织项目结项考核标准，并根据评估结果进行奖惩。例如，浙江出台《浙江省品牌社会组织和社会组织领军人物评选管理办法》，品牌组织与领军人物可享有优先获得财政性资金资助和政策支持的资格，该办法的出台极大地推动社会组织的高质量发展和在地化转化，增强了社会组织参与社区治理的主体力量。

专题三：人口与社会

B.12
四川省城市人口—经济—环境耦合协调发展研究*

刘金华　石　欣**

摘　要： 人口、经济与环境共同构成了一个协同发展的核心体系，三者之间相互依赖又相互制约。随着四川省经济快速增长，如何在人口增长、经济繁荣与环境保护之间找到平衡成为该地协调发展的重要挑战。本研究基于2012~2022年的数据，建立人口、经济、环境三系统的协调评价框架，运用熵值法和耦合协调度模型分析了四川省各地区的发展状况。结果显示，21个市（州）已成功脱离失衡状态，大部分地区进入初级协调阶段。五个经济区整体协调发展相对均衡，未出现明显地区差异。然而，深入分析发现，部分市（州）之间的协调度差异较大，极值差高达0.352。这表明在后续推动整体协调发展时，必须加强和完善部分地区的协调发展工作，优化高质量

* 本文系国家社科基金重点项目“青藏高原农牧民共同富裕的阶段目标、推进路径与重点任务研究”（22AZD021）、省规划重大项目“四川促进共同富裕的实现路径”（SC22ZDYC13）的阶段性成果。

** 刘金华，四川省社会科学院社会学研究所所长，研究员，研究方向为人口社会学、人口与健康、民族人口学等；石欣，四川省社会科学院，研究方向为人口学。

发展策略，加强人才队伍建设，重视生态环境保护，促进地区间和经济区间的均衡与和谐，实现全面协调可持续发展。

关键词： 耦合协调度模型　人口发展　区域经济　协调发展

党的二十大报告明确指出，要加快构建新发展格局，推动高质量发展，其中“促进区域协调发展”被确立为一项重要的战略部署，为新时期我国区域协调发展指明了方向。四川省作为我国经济版图中的关键一环，下辖18个地级市及3个自治州被打造为五个各具特色的经济区。这些经济区的协同发展正有力推动四川省经济社会迈向全面繁荣与进步的新阶段。然而，各地区在人口、经济、环境三个系统的发展上仍有一定差异。我们必须注重区域协调发展与共同富裕之间的良性互动，逐步缩小各地区间的发展差距。本报告通过构建针对四川省人口、经济和环境系统的评价体系，深入分析各地及各经济区2012~2022年耦合协调发展的差异与变化趋势，旨在为各地区、各经济区乃至全省的耦合协调发展提供策略性建议与参考，为四川省乃至全国的区域协调发展贡献智慧和力量。

一　文献回顾

经过对既有文献的系统性回顾与深入分析，四川省在多个领域的耦合协调发展研究，主要聚焦以下几个方面。

首先，针对川渝地区耦合协调性的相关研究。张鹏飞和刘新智深入探讨了成渝地区产业、交通、人口三大系统的协调发展，为区域协调发展提供了重要参考。[①] 杨光明等运用灰色系统理论和模型，对成渝地区农业和旅游业的耦合协

① 张鹏飞、刘新智：《“产业—交通—人口”协调发展的时空格局与演进研究——以成渝地区双城经济圈为例》，《城市问题》2021年第9期。

调因素进行了深入研究，为农业和旅游业融合发展提供了理论支持。[①] 何寿奎等则运用耦合协调模型对成渝地区水资源、水环境和水生态的协调发展趋势进行深入分析，为保护水环境提供可行策略。[②] 赵智等针对成渝地区的16个城市单元，从时间和空间维度进行了人口均衡发展的详细测度与探讨。[③]

其次，针对四川省的耦合协调性研究。周蕾等研究了农业与旅游耦合发展的机制，以及旅游产业对区域经济的影响。[④] 赵陈等探讨了四川省内部各地城镇化与旅游产业耦合协调发展的空间差异原因。[⑤] 马历等探索了四川农村人口、土地和经济系统的协调发展及变化趋势的原因。[⑥] 梁陶讨论了农村建设和乡村旅游的耦合协调发展，强调乡村旅游对新农村建设的重要作用。[⑦] 许钰莎等深入探讨了农业社会化服务、现代化评价、农产品收储等环节的耦合因素。[⑧]

此外，在四川与其他地区耦合协调性研究方面，亦有多位学者运用耦合协调模型进行了深入探讨。比如黄河流域九省份的生态保护与高质量发展[⑨]、区域经济和旅游—体育产业协调发展[⑩]、水土资源承载力的评估[⑪]、功

① 杨光明、罗垚、陈也等：《川渝地区农业与旅游业耦合协调机理及优化研究——基于灰色系统理论》，《资源开发与市场》2021年第8期。

② 何寿奎、简东涵、廖荣艳等：《成渝双城经济圈“三水”共治系统耦合协调度演进及影响因素研究》，《资源开发与市场》2023年第6期。

③ 赵智、余川江、阳盼盼：《成渝地区人口均衡发展的水平测度、耦合协调与时空演变》，《西北人口》2023年第4期。

④ 周蕾、段龙龙、王冲：《农业与旅游产业融合发展的耦合机制——以四川省为例》，《农村经济》2016年第10期。

⑤ 赵陈、宋雪茜、方一平：《四川省旅游与城镇化耦合协调度及其空间差异》，《山地学报》2017年第3期。

⑥ 马历、唐宏、尹奇等：《四川农村人口土地和经济系统的协调发展及时空演变》，《中国生态农业学报》2017年第1期。

⑦ 梁陶：《四川省新农村建设与乡村旅游发展耦合性分析》，《中国农业资源与区划》2019年第12期。

⑧ 许钰莎、何鹏、李晓：《农业大省农业社会化服务、农业现代化评价及耦合协调度分析——以四川省为例》，《农村经济》2022年第11期。

⑨ 史玉芳、张天伦：《黄河流域生态保护与高质量发展耦合协调性及障碍度研究》，《人民黄河》2024年第2期。

⑩ 马红涛、楼嘉军：《黄河流域经济-环境-旅游耦合协调时空分异及影响因素》，《社会科学家》2021年第12期。

⑪ 赵子萌、曹永强、常志冬、王菲：《黄河沿线9省区水土资源生态承载力耦合协调分析》，《水资源保护》2023年第6期。

能工业水资源效率与经济发展[①]等内容。此外，长江经济带的发展亦吸引了众多研究者的目光。针对该区域包括四川省在内的 11 个省份居民健康与经济发展水平的相互关系[②]，人口、经济、环境三者之间的协调发展及其未来趋势预测[③]，城镇化对碳排放的影响[④]等方面进行了深入研究。

最后，针对省内特定地区的耦合协调性的相关研究也是一项值得关注的工作。比如都江堰区域的水—能源—粮食系统协调发展趋势的测度[⑤]，有研究深入剖析了岷江上游农民生计与社会资本等因素的耦合协调关系[⑥]；四川西南部林区农户省级稳定性和耦合性[⑦]，以及川西高原农业与生态环境的耦合协调发展等[⑧]方面。

经过对四川省耦合协调发展相关研究的系统性深入分析与整理，绘制出如图 1 所示的研究综述图谱。该图谱展示了四川省在不同空间尺度下，于旅游、农业、体育等关键领域耦合协调发展研究的丰富成果。但目前对于四川省人口、经济和环境领域的研究仍然存在一定的不足。因此，本报告深入探索四川省各市（州）人口、经济和环境的耦合协调发展程度，并对比五大经济区的发展差异，挖掘各自可借鉴的优势，旨在为四川省三个系统实现可持续、高质量发展提供具有参考价值的理论成果和切实可行的建议。

---

① 苗峻瑜：《黄河流域工业水资源效率与经济发展耦合协调分析》，《工业技术经济》2023 年第 9 期。

② 李紫航、郭孟子、马荣菲、吕邦亮、汤质如：《长江经济带居民健康水平和经济发展水平的耦合关系及空间格局研究》，《南京医科大学学报》（社会科学版）2024 年第 1 期。

③ 廖东声、庄定鹏：《长江经济带人口、经济与环境耦合协调发展分析及预测》，《河北环境工程学院学报》2023 年第 5 期。

④ 耿亮、彭灵通、魏玻、安彧：《城镇化对长江经济带农业碳排放的影响及其耦合关系研究》，《生态经济》2024 年第 3 期。

⑤ 粟汶悦、陈万林、徐志芬、陈菁、岳琼、马隰龙、李金刚：《都江堰灌区水-能源-粮食系统耦合协调分析》，《华北水利水电大学学报》（自然科学版）2024 年 2 月 27 日。

⑥ 王小兰、余珂、侯兰功：《岷江上游农户生计资本与生计稳定性耦合协调分析》，《西安理工大学学报》2024 年 1 月 10 日。

⑦ 赵雷、张海霞：《西南林区水电移民安置区农户生计资本与生计稳定性耦合协调分析——以四川西部地区为例》，《林业经济》2022 年第 7 期。

⑧ 田双清、陈磊、谢皖东、陈宇阳、陈文宽：《川西高原农牧业与生态环境耦合协调度量化研究》，《中国农业资源与区划》2017 年第 4 期。

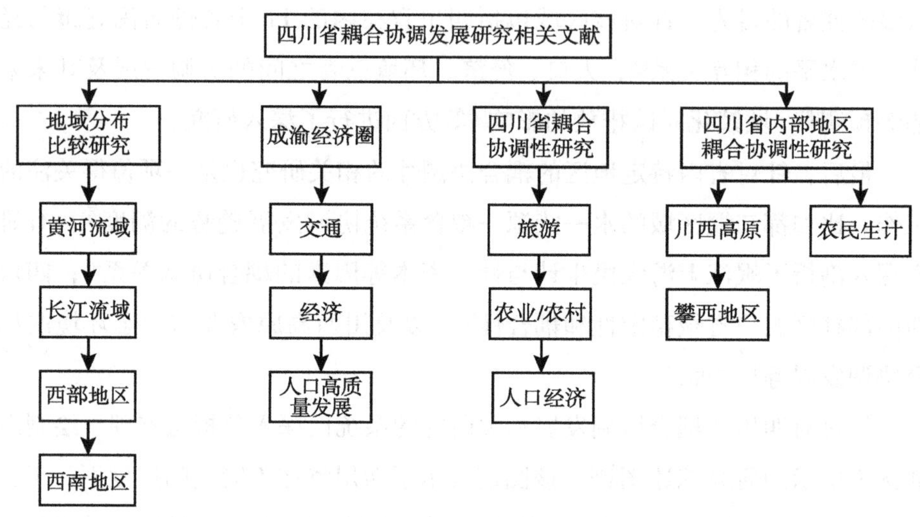

图1　四川省耦合协调研究发展相关文献

二　研究设计

（一）研究区域

本研究以四川省全境为研究区域，覆盖了本省18个地级市及3个自治州，并聚焦四川省内五大经济区的协同发展状况。整个研究区域的总面积达到48.6万平方公里，常住人口排全国第五。同时，四川省2023年GDP高达60132.9亿元，彰显了其强大的经济潜力和实力。然而，四川省内部的人口分布并不均衡，部分地区少数民族人口占比较大，且经济发展水平存在显著差异，环境保护方面的状况也不尽相同。因此，深入探讨四川省内人口、经济与环境之间的协同发展问题，对于推动四川省内各地区的均衡发展以及其他区域的协调发展和高质量发展具有不可或缺的重要意义。

（二）数据来源

选取四川省 21 个市（州）在 2012 年和 2022 年这两个关键时间点的数据作为分析资料，以此揭示整体的耦合协调状况，并探讨过去十年来人口、经济和环境耦合协调发展的变化趋势。为确保研究的准确性和权威性，所需数据来自 2012 年和 2022 年两期《四川统计年鉴》、《中国人口和就业统计年鉴》及《中国城市统计年鉴》。此外，还涵盖各地级市的统计年鉴，第六、七次全国人口普查数据，国民经济和社会发展统计公报，政府工作报告及教育事业发展统计公报等多种信息源。针对部分缺失数据，采用省级数据替代、均值补齐、补缺等多种策略进行补充，以确保数据的完整性和研究的严谨性。

（三）研究方法

本研究主要采用耦合协调度模型，旨在评估四川省 21 个市（州）人口、经济及环境三个系统之间的协调发展趋势。为了满足耦合协调度模型应用条件，需对各系统内部的指标进行综合评估。

1. 最大最小值法

最大最小值法是原始数据标准化处理及综合评价函数构建的核心环节。若指标值的变化与系统发展保持同一方向，则视为正向指标；反之，若指标变动与系统发展方向不一致，则视为负向指标。具体公式如下：

$$\text{正向指标}: Y_{ij} = \frac{X_{ij} - \min\{X_{ij}, \cdots, X_{nj}\}}{\max\{X_{ij}, \cdots, X_{nj}\} - \min\{X_{ij}, \cdots, X_{nj}\}} \quad (1)$$

$$\text{负向指标}: Y_{ij} = \frac{\max\{X_{ij}, \cdots, X_{nj}\} - X_{ij}}{\max\{X_{ij}, \cdots, X_{nj}\} - \min\{X_{ij}, \cdots, X_{nj}\}} \quad (2)$$

其中，在公式（1）和公式（2）中，X_{ij}代表的是第 i 个区域第 j 项的原始数据，Y_{ij}表示经过最大最小值计算后的标准化数据，n 代表区域总数，即第 n 个区域。

2. 熵值法

熵值法是一种量化分析方法，通过衡量数据的不确定性，评估指标的离散程度，进而确定各指标在综合评价中的权重。首先，需要对第 i 个区域第 j 项指标进行比重的计算，获得具体的占比 P_{ij}。其次，借助 P_{ij} 计算获得指标的熵值 e_j，信息熵冗余度 c_j。最终，获得各指标权重 w_j 和指标综合分数 U_i。具体算法如公式（3）~（7）所示。

$$P_{ij} = \frac{Y_{ij}}{\sum_{i=1}^{n} Y_{ij}} \tag{3}$$

$$e_j = -l\sum_{i=1}^{n} P_{ij}\ln(P_{ij}) \tag{4}$$

在公式（4）中，$l = \frac{1}{\ln(n)}$，且 e_j 的取值需满足 $e_j>0$。

$$c_j = 1 - e_j \tag{5}$$

$$w_i = \frac{c_j}{\sum_{j=1}^{m} c_j} \tag{6}$$

在公式（6）中，m 为指标项的总数，即第 m 个指标，本研究中 $m=3$。

$$U_i = \sum_{j=1}^{m} w_j Y_{ij} \tag{7}$$

3. 耦合协调度模型

在人口、经济、环境三个系统的协同发展过程中，耦合协调度模型可用于分析和研究系统协同程度。该模型构建了耦合度 C、耦合协调度 D 和综合评价指数 T 指标。其中，耦合度 C 值的大小反映了系统间关联性的强弱，耦合协调度 D 则用于评估耦合系统中良性耦合的程度，体现协调状态的优劣。根据国内学者对耦合协调度的引用与评价①，构建人口—经济—环境三个系统的耦合协调度模型。

① 刘春林：《耦合度计算的常见错误分析》，《淮阴师范学院学报》（自然科学版）2017 年第 1 期。

$$C = \frac{3\sqrt[3]{U_1 U_2 U_3}}{U_1 + U_2 + U_3} \tag{8}$$

$$T = \alpha U_1 + \beta U_2 + \varepsilon U_3 \tag{9}$$

$$D = \sqrt{C \times T} \tag{10}$$

α、β、ε，三个系数总和为1，鉴于人口、经济和环境的重要性，所以取 $\alpha = \beta = \varepsilon = 1/3$。其中，$C \in [0, 1]$，$D \in [0, 1]$，值得注意的是，$C$ 与 D 的数值对于系统内外部的相互作用强度和协同发展状况具有显著影响。具体而言，当 C 与 D 的数值增大时，表明系统内外部的相互作用增强，协同发展的状况也逐步改善。

（四）评价指标

基于过去关于人口、经济、环境的研究成果，结合可获取的数据及学者的评价指标体系，并考虑四川省的发展特性，本研究选取以下指标作为各个系统维度的评价准则，如表1所示。在人口系统方面，涵盖人口密度、死亡率、人均受教育年限等指标。在经济系统方面，涉及地区生产总值、地方财政收入、第三产业总值等指标。在环境系统方面，涵盖污水处理率、绿化覆盖面积等指标。

表1　四川省人口—经济—环境耦合协调度评价系统

单位：%

系统	指标	单位	方向	权重
人口	年末常住人口	万人	+	11.71
	城镇登记失业率	%	-	11.11
	死亡率	‰	-	10.81
	自然增长率	‰	+	10.91
	城镇化率	%	+	10.88
	人口密度	人/公里^2	+	12.06
	高中毕业生数	人	+	11.32
	人均受教育年限	年	+	10.53
	刑事案件立案	件	-	10.67

续表

系统	指标	单位	方向	权重
经济	地区生产总值	亿元	+	10.69
	第三产业总值	亿元	+	11.52
	第三产业占 GDP 比重	%	+	10.05
	人均地区生产总值	元	+	9.84
	出口总额	万美元	+	14.16
	社会消费品零售总额	亿元	+	10.91
	地方财政收入	亿元	+	11.75
	城镇居民可支配收入	元	+	10.94
	农村居民人均收入	元	+	10.15
环境	污水排放量	万立方米	-	15.33
	供水综合能力	万米^3/日	+	17.76
	绿化覆盖面积	公顷	+	17.31
	建成区园林绿地面积	公顷	+	17.44
	人均公园绿地面积	平方米	+	16.53
	污水处理率	%	+	15.63

通过对四川省21个市（州）及五个经济区的三个系统数据进行最大最小值法、熵值法运算所得的综合数值进行耦合协调度计算，可以得到21个市（州）三个系统之间的耦合协调度结果。通过将具体的数值与表2所列的耦合协调度判定标准进行对比，可以明确四川省各地级市和五大经济区三个系统耦合协调度所属阶段与类型。

表2　人口—经济—环境系统耦合协调度类型

耦合度阶段	D值	类型
协调发展	0.9~1.00	优质协调
	0.8~0.89	良好协调
	0.7~0.79	中级协调
过度调适	0.6~0.69	初级协调
	0.5~0.59	勉强协调
	0.4~0.49	濒临失衡

续表

耦合度阶段	D 值	类型
失调衰退	0.3~0.39	轻度失衡
	0.2~0.29	中度失衡
	0.1~0.19	严重失衡
	0.0~0.09	极度失衡

三　四川省各地的人口、经济、环境综合发展情况

经过数据计算与整理，得到四川省 21 个市（州）人口、经济和环境三个系统的综合发展指数，具体如表 3 所示。该指数综合反映了各市（州）在三个系统中的综合表现和发展水平，为决策者提供了有力的数据支持。

表 3　四川省各地的人口、经济、环境和综合发展指数

五大经济区	城市	综合发展		人口发展		经济发展		环境发展	
		2012 年	2022 年	2012 年	2022 年	2012 年	2022 年	2012 年	2022 年
成都平原经济区	成都市	1.670	2.531	0.755	0.813	0.370	0.997	0.545	0.720
	德阳市	0.847	1.180	0.443	0.432	0.087	0.300	0.317	0.448
	绵阳市	0.872	1.302	0.436	0.489	0.087	0.346	0.348	0.467
	乐山市	0.725	1.207	0.409	0.388	0.070	0.313	0.247	0.506
	眉山市	0.785	1.146	0.405	0.406	0.057	0.283	0.323	0.456
	资阳市	0.810	1.011	0.462	0.320	0.054	0.253	0.294	0.438
	遂宁市	0.811	1.210	0.431	0.485	0.044	0.253	0.336	0.473
	雅安市	0.636	1.097	0.393	0.373	0.050	0.263	0.194	0.461
川南经济区	自贡市	0.806	1.137	0.423	0.388	0.069	0.296	0.315	0.453
	泸州市	0.854	1.233	0.477	0.442	0.059	0.289	0.318	0.502
	内江市	0.791	1.119	0.487	0.364	0.044	0.276	0.261	0.479
	宜宾市	0.843	1.241	0.448	0.432	0.061	0.320	0.334	0.489
川东北经济区	广元市	0.740	1.090	0.394	0.382	0.045	0.226	0.301	0.483
	南充市	0.819	1.236	0.484	0.479	0.042	0.265	0.294	0.491
	广安市	0.952	1.092	0.445	0.361	0.060	0.267	0.447	0.463
	达州市	0.702	1.208	0.460	0.486	0.042	0.271	0.200	0.450
	巴中市	0.673	1.123	0.404	0.418	0.034	0.212	0.235	0.493

续表

五大经济区	城市	综合发展		人口发展		经济发展		环境发展	
		2012 年	2022 年	2012 年	2022 年	2012 年	2022 年	2012 年	2022 年
攀西经济区	攀枝花市	0.778	1.199	0.470	0.437	0.094	0.315	0.215	0.447
	凉山州	0.728	1.043	0.401	0.455	0.062	0.235	0.265	0.353
川西北生态示范区	甘孜州	0.624	0.974	0.298	0.391	0.047	0.230	0.279	0.353
	阿坝州	0.716	1.006	0.378	0.398	0.059	0.255	0.279	0.353

（一）各地区综合发展态势呈现积极向好的趋势，川东地区发展速度快于川西地区

通过观察表 3 中的数据发现，四川省 21 个市（州）的综合发展指数呈现明显的增长态势，充分彰显经济发展的稳健基础和巨大潜力。特别值得关注的是，成都市作为综合发展指数领跑的地级市，2012~2022 年，综合发展指数实现了 0.861 的显著增长，在全省 21 个地级市中居首位。相比之下，其他 20 个市（州）综合发展指数增幅均值为 0.367。在这些城市中，广安市的综合发展指数提升幅度相对较慢，十年间增加了 0.140。从经济区的发展情况来看，成都平原经济区、川南经济区、川东北经济区、攀西经济区和川西北生态示范区的增幅均值分别为 0.441、0.359、0.372、0.368、0.320。基于这些数值，可以得出综合发展指数上升排名，这一排名不仅精准地反映了各经济区在发展速度上存在相对差异，更预示着这些区域在未来发展中所具有的特性。特别是西部地区，其在人口、经济和环境等多个方面均展现出广阔的提升空间。

（二）部分地区人口发展呈下行趋势，西部地区略现上升势头

分析表 3 数据发现，综合发展、经济发展以及环境发展指数均呈稳定增长的态势。然而，人口发展却较为缓慢，部分地区人口发展指数甚至出现下降的趋势。以甘孜州为例，尽管 2012~2022 年其人口发展指数上升最多，

但增幅仅为0.093，增长幅度相对有限。德阳市、乐山市、资阳市和雅安市等12个城市的人口发展指数均出现下降趋势。通过对五个经济区的综合评估发现，成都平原经济区、川南经济区和川东北经济区的人口发展指数增幅平均值呈现负值，意味着这些经济区整体的人口发展出现了下滑的趋势。相对而言，攀西经济区和川西北生态示范区的人口发展呈现一定的上升趋势。不难发现，四川省整体的人口变动趋势呈现明显的下滑态势，这与社会发展的宏观背景密切相关。数据显示，2022年，四川省人口死亡率为9.040‰，四川省内有十地的死亡率高于此数值。在人口自然增长率方面，2022年仅有成都、甘孜、阿坝和凉山四地的自然增长率为正数，且成都市的自然增长率仅为0.958%，而其他地区的自然增长率均为负数。此外，川南、川东北和川西北等经济区的城镇化率仍维持在55%左右，说明这些地区在城镇化进程中仍有较大的提升空间。

（三）成都市对周边城市产生了积极的辐射效应，然而邻近城市的发展速度仍需进一步提升

作为四川省的省会，成都市凭借其丰富的经济、人力和环境资源，近年来实现了迅猛的发展。2013年，成都市首次荣登新一线城市榜首，而2019年更是跃升为一线城市，其虹吸能力不断增强，吸引了大量外来人口在此安居乐业。因此，成都市的发展也对周边城市产生了积极的辐射和带动作用。然而，省内其他20个市（州）的发展起点相对较低，发展速度相对较慢。在这些城市中，达州市的综合发展指数变化最为显著，从2012年的0.702提升至2022年的1.208。相比之下，广安市的综合发展指数变化最小，十年间仅提升0.140。此外，2022年甘孜州的综合发展指数最低，为0.974，与综合发展指数最高的绵阳市（1.302）相差0.328。根据数据可知，四川省各市（州）在发展水平上展现出相对均衡之中仍存在一定的差距，这是不容忽视的事实。为此，仍需持续关注并积极推动各地区的发展，增强成都市的积极辐射效应，提升周边城市资源的利用效率，构建更为全面、均衡的区域发展格局。

四 四川省各地的人口、经济、环境耦合协调发展情况

应用耦合协调度模型，计算得到四川省内 21 个市（州）2012~2022 年人口、经济、环境三大系统的耦合协调度数值。为了进一步全面展示四川省内不同地区的协调发展状况，通过计算获得五大经济区的耦合协调度平均值。具体的结果如表 4 所示。

表 4 四川省各地的人口、经济、环境耦合协调度

五大经济区	城市	地区耦合协调度		经济区耦合协调平均值	
		2012 年	2022 年	2012 年	2022 年
成都平原经济区	成都市	0.731	0.914	0.480	0.653
	德阳市	0.480	0.622		
	绵阳市	0.487	0.655		
	乐山市	0.438	0.628		
	眉山市	0.442	0.612		
	资阳市	0.441	0.573		
	遂宁市	0.431	0.622		
	雅安市	0.395	0.597		
川南经济区	自贡市	0.457	0.611	0.448	0.621
	泸州市	0.456	0.633		
	内江市	0.421	0.603		
	宜宾市	0.458	0.638		
川东北经济区	广元市	0.417	0.589	0.420	0.606
	南充市	0.425	0.630		
	广安市	0.478	0.596		
	达州市	0.396	0.625		
	巴中市	0.385	0.593		
攀西经济区	攀枝花市	0.460	0.628	0.446	0.604
	凉山州	0.433	0.579		
川西北生态示范区	甘孜州	0.397	0.563	0.413	0.568
	阿坝州	0.429	0.574		

（一）四川省各地区已经逐步摆脱了发展失衡困境，正稳步迈向全省全面协调发展目标

经过对表4数据的深入分析，2012年以来，四川省21个市（州）在人口、经济与环境三大领域的耦合协调度呈现稳步上升的趋势。具体而言，耦合协调度均值由2012年的初始值0.395逐步提升至2022年的0.563。这一显著的增长趋势表明，截至2022年，四川省内各地区在人口、经济与环境协调发展方面已经取得了明显的进步。大部分原本协调度较低的城市已经成功摆脱了失衡状态，普遍达到勉强协调的阶段。这一转变对四川省可持续发展具有深远的影响，为未来的全面发展奠定了坚实的基础。

（二）五大经济区耦合协调度变化呈现较为一致的趋势，川东北经济区表现尤为突出

观察表4发现，四川省五大经济区2012～2022年人口、经济和环境耦合协调度变化态势具有一定差异。具体来看，除川西北生态示范区外，其余四大经济区均实现了由濒临失衡状态向初级协调状态的跨越。同时，川西北生态示范区也从濒临失衡状态（0.413）提升至勉强协调状态（0.568）。同时，观察各经济区十年间耦合协调度变化值发现，成都平原经济区、川南经济区、川东北经济区、攀西经济区和川西北生态示范区的变化值分别为0.173、0.173、0.186、0.158和0.155。其中，川东北经济区的变化幅度最为明显，而川西北生态示范区的变化值相对较低。这种变化格局的形成与川东北经济区近年来推行的“双核三带”空间布局战略、交通网络的不断完善、自然和旅游资源的丰富，以及川渝甘陕结合部的发展等多方面因素密不可分。然而，由于面积广阔、人口素质提升空间较大、少数民族人口众多、城镇化率较低，以及产业开发缺乏规划等，川西北生态示范区的发展起点较低，上升速度较慢。

（三）部分城市耦合协调度的发展速度已经超越成都市

通过表 4 可以发现，2012 年和 2022 年成都市在人口、经济与环境三个领域的耦合协调度分别以 0.731 和 0.914 的优异成绩，稳居四川省之首，其领先地位显著。观察 2012~2022 年十年间各市（州）耦合协调度的变化值可知，达州市、巴中市、南充市、雅安市、遂宁市和乐山市的增长幅度分别高达 0.229、0.208、0.205、0.202、0.191 和 0.190，均超过成都市的 0.183。这一数据表明，这些地区具有较大的发展空间，具备在相同时间段内取得更大效益的潜力。此外，在 21 个市（州）中，广安市的变化值仅为 0.118，为各城市中最小的变化幅度。在未来的协调发展中，应当采取因地制宜的策略，并充分利用周边城市的资源优势，以实现更为均衡和可持续的发展。

（四）四川省在空间上呈现东部区域耦合协调发展水平高于西部地区的态势

观察表 4 发现，四川省内各地人口、经济、环境三大系统的耦合协调度展现出明显的地域特征。中东部区域以及攀枝花市在耦合协调度上显著超越西部地区，这一趋势尤为明显。成都周边城市受益于成都强大的发展吸引力和带动力，在耦合协调发展方面取得了显著成就，其中遂宁市、眉山市、乐山市和南充市的表现较为突出。回顾 2012 年数据，成都市、绵阳市、德阳市、广安市、攀枝花市的耦合协调度位列四川省前五。然而，至 2022 年，德阳市、广安市和攀枝花市的排名被宜宾市、泸州市和南充市所取代，这充分展示了川东北、川南地区整体发展势头之强劲。尽管如此，西部地区除攀枝花市外，其余三个州的耦合协调度仍相对较低，这进一步揭示了四川省在区域发展上的不均衡性。针对这一现象，未来的发展规划和政策导向应给予更多关注，以促进各区域的均衡协调发展。需要深入研究并实施有效的措施，以确保四川省内各地区都能在三大领域实现更加均衡和协调的发展。这将有助于提升整个四川省的发展水平，实现更加全面和可持续的发展。

五　结论与建议

通过构建全面的人口、经济和环境综合评价体系，并运用该体系对四川省 21 个市（州）三个系统的耦合协调度进行量化分析，得出以下四点主要结论。

第一，四川省在全面综合及耦合协调发展方面展现出积极的发展态势，各地区均已实现由失衡向协调的跨越式发展。部分地区发展势头强劲，并具备巨大的发展潜力，有望在协调发展上取得新的突破。第二，五大经济区在发展协调性方面也表现出色，均实现了由近乎失衡到协调发展的转变。然而，经济区内部发展水平的差异仍较显著，一些经济区拥有较多的初级协调发展城市。第三，从空间布局来看，东部地区的发展速度明显快于西部地区，特别是川东北经济区。第四，部分地区人口发展指数呈现下降的趋势，尤其是中东部地区。这一趋势对这些地区的三个系统协调发展产生了一定的滞后作用。

根据上述结论，为了提升部分地区的人口发展指数和改善整体的协调发展情况，提出以下政策建议。

（一）优化人口布局，夯实各地区人口均衡发展根基

提升城市发展层次，继续吸引外来人才。政府应致力于推动地区间的协同与合作，消除行政与市场之间的壁垒，确保资源、人才和技术等核心要素的自由流通。特别关注成都及其邻近城市和三州地区的情况，这些地方应持续完善和加强人才吸引政策，以吸引更多外省和国际优秀人才。同时，必须妥善协调各地之间的人才流动，以弥补四川省中西部地区城市在人才发展方面的不足。通过这些措施，有效推动人才资源的高效利用和地区的持续发展。

构建生育友好型社会，动态调整区域人口总量势能。鉴于四川省部分地区人口自然增长率为负值，居民生育观念有所转变的现状，为了有效应对生

育率低的挑战，必须从生育补贴、育儿家政服务等多个维度出发，为女性创造更多发展机遇。同时，必须严格执行带薪产假、陪产假等制度，确保生育假期时长得到充分保障，以便女性能够更好地恢复身体健康、调整育儿精力。

加强医疗卫生资源统筹整合和布局优化。在深入考量地域特征的基础上，结合乡村面貌的不断变化以及人口迁移流动的实际情况，合理调配乡、村两级医疗卫生资源，既要彰显乡村特色，又要契合村庄的实际需求。同时，应提升乡村医疗卫生机构的规模和服务辐射能力，由单纯追求机构数量的全覆盖转变为更加注重服务的全面覆盖。此外，需要科学合理地规划村卫生室布局，鼓励在交通便利、服务半径较小的地区，相邻行政村携手共建卫生室。

（二）推动区域经济增长，提升区域协同发展的平衡性及整体效益

加强区域间的合作与交流，充分利用自身的资源优势。通过构建互利共赢的合作模式，共同促进经济增长。例如，川东北、成都平原地区可以通过技术转移、产业升级等方式，助力川西地区实现经济跨越；而川西北、攀西等地区可以提供土地、劳动力等生产要素，为川东北、成都平原等地区的经济发展提供坚实支撑。

制定科学合理的区域发展规划，加大对区域协同发展的政策扶持力度。通过引导人口、经济和环境资源向川西等地区合理流动，推动区域经济的均衡发展。政府还应加大对基础设施建设的投入，提升区域间的交通、通信等便利程度，特别是在川西等地区建设交通带，优化资源进出通道，为区域协同发展提供坚实保障。通过这些举措的实施，有效推动区域经济增长，提升区域协同发展的平衡性和整体效益。

构建推动“五区共兴”的区域经济布局和国土空间体系。在妥善处理发展与安全关系的前提下，必须进一步稳固并优化各地独特的资源优势，促进区域经济实现更高效、更具韧性、更高品质的发展。在推动区域经济发展的过程中，需要强化统筹协调，提供有针对性的指导。鉴于外部环境和发展

形势的不断演变，必须适时调整并优化全省五大经济区、关键城市和都市圈在发展布局中的定位，充分发挥区域发展规划的引领作用，为构建协调一致、全面发展的区域经济格局奠定坚实基础。

（三）促进生态—环境共享，增进人民群众生态福祉

严守生态保护红线，保护重要生态系统。四川省内水资源、森林资源及湿地资源极为丰富。为维系人与自然和谐共存的局面，必须确立并恪守生态保护红线，对核心保护区实施严格保护。为保障生态安全，必须优先保护优质生态系统和关键物种栖息地，同时构建完善的生态廊道体系。此外，建立生态保护红线监管平台亦至关重要，该平台需强化生态状况监测，及时预警生态风险，并严格考核与评价生态保护红线保护成效，以确保生态保护工作的有效开展。

深入打好蓝天保卫战。为深入推进蓝天保卫战，各地政府需积极履行职责，发挥核心领导作用。各地方政府需结合本地实际，制定详尽的实施方案，细化工作目标与任务，明确责任分工，确保监督考核机制的严格执行。同时，各类企业应当肩负起污染减排的主要责任，自觉摒弃陈旧低效的生产工艺与设备，积极推动工艺改造和技术创新，以加快绿色转型的步伐。此外，公众亦需广泛参与，共同营造绿色低碳的生活方式，从日常生活的点滴做起，如倡导低碳出行、节能减排、绿色消费等，以降低能源消耗、减少环境污染。

B.13

四川省人口老龄化特征及变化趋势

曾旭晖　王蕊娟*

摘　要：　本报告以四川省第七次全国人口普查数据为基础，结合第五次、第六次全国人口普查及历年统计年鉴等数据，分析四川省人口老龄化的特征及变化趋势。四川老年人口比重持续上升，其中高龄老年人口比例升幅较大，老年人口中男少女多，受教育程度有所提升。根据经济发展与老龄化程度的关系，存在四类区域，老年人口健康和家庭养老负担存在区域差异。在应对策略上，应促进区域均衡发展、健全养老保险体系、创新农村养老模式、实现精准帮扶与养老相结合。

关键词：　人口老龄化　老年人口　四川

2019年11月，国务院印发的《国家积极应对人口老龄化中长期规划》指出，人口老龄化是社会发展的重要趋势，也是今后较长一段时间内我国的基本国情。[①] 随着“银发浪潮”来袭，四川省人口老龄化程度持续加深，人口老龄化与经济发展、社会保障的不协调性逐渐显现，了解四川省老龄化现状、区域差异等具有重要的战略意义。以往研究多聚焦人口老龄化的时间变化趋势，较少关注单个地区的老龄化发展特征及区域差异。四川省空间跨度大、地区发展不平衡，老龄化区域差异尤其值得关注。本报告通过对四川省

---

* 曾旭晖，四川省社会科学院农村发展研究所研究员，研究方向为农村社会学；王蕊娟，四川省社会科学院，研究方向为人口老龄化。

① 中共中央、国务院：《国家积极应对人口老龄化中长期规划》，2019年11月。

人口老龄化区域差异做分类研究，分析各个区域发展状况及主要问题，为各项与老龄化有关的政策出台提供依据。

一 四川人口老龄化的人口学特征及变化趋势

2020年第七次全国人口普查数据显示，我国65岁及以上人口达1.9亿，占全国总人口的13.5%，有11个省份老年人口总量过千万大关，四川省老年人口数量仅次于山东和江苏两省，而从老年人口比重来看，四川省老年人口比重高达16.93%，仅次于辽宁省的17.42%和重庆市的17.08%。四川省老年群体规模大、比例高，以“七普”数据为基础，通过了解总体人口结构、老年抚养比、老年人口内部结构即年龄构成和性别构成以及受教育情况，并与“五普”“六普”数据做比较，能够呈现这一群体基本的人口学特征和变化趋势。①

（一）总体人口结构呈现“两降一升”态势

根据“七普”数据，四川65岁及以上老年人口达1416.76万人，比重为16.93%。按照国际通行划分标准，当一个国家或地区65岁及以上人口占比达到14%时，标志着进入深度老龄化。而2020年四川65岁及以上老年人口占比远超14%，表明已经是深度老龄化社会。如表1所示，2000~2020年，四川省0~14岁人口数及占比持续递减，而65岁及以上老年人口数及占比不断递增，15~64岁人口数及占比略增加后下降，并且2020年15~64岁人口数及占比均低于2000年。自“五普”到“七普”，总体人口结构呈现“两降一升”态势②，少儿比重下降、劳动年龄人口比重下降、老年人口比重上升。

① 王磊：《中国独居老年人口的特征与变化趋势研究》，《老龄科学研究》2023年第6期。

② 陈碧红：《60岁以上老人增多？省统计局：数量型人口红利即将削减，结构性人口红利仍长期存在》，《川观新闻》2021年5月26日。

表1　四川省2000年、2010年及2020年各年龄段人口数及占比

单位：万人，%

年份	0~14岁人口数	0~14岁人口占比	15~64岁人口数	15~64岁人口占比	65岁及以上人口数	65岁及以上人口占比
2000	1860.04	22.59	5751.85	69.85	622.94	7.56
2010	1364.71	16.97	5796.48	72.08	880.55	10.95
2020	1347.11	16.10	5603.62	66.97	1416.76	16.93

资料来源：国家统计局《中国2000年人口普查资料》；四川统计局《四川省人口普查年鉴2010》《四川省人口普查年鉴2020》。

（二）老年抚养比不断攀升，社会抚养负担进一步加重

2020年四川人口总抚养比为49.32%，较2010年上升了10.59个百分点。其中，少儿抚养比为24.04%，老年抚养比为25.28%（见表2）。2020年四川人口总抚养比逼近50%的数量型人口红利临界点，人口红利不断削减。同时，少儿抚养比增长缓慢，老年抚养比增长幅度较大，少子老龄化趋势明显，社会抚养负担进一步加重。

表2　四川省2000年、2010年及2020年少儿抚养比和老年抚养比

单位：%

抚养比	2000年	2010年	2020年
少儿抚养比	32.34	23.54	24.04
老年抚养比	10.83	15.19	25.28

资料来源：国家统计局《中国2000年人口普查资料》；四川统计局《四川省人口普查年鉴2010》《四川省人口普查年鉴2020》。

（三）老年人口结构中低中龄居多，但高龄比例呈上升趋势

按照2007年全国老龄工作委员会发布的《中国人口老龄化发展趋势预

测研究报告》，老年人分为三个阶段：低龄老年人口（60~69 岁）、中龄老年人口（70~79 岁）、高龄老年人口（80 岁及以上）。[①] 按照上述分类，如表 3 所示，2020 年四川省低龄老年人口为 930.56 万人，约占老年人口总数（这里指 60 岁及以上）的一半。而 2010 年低龄老年人口占比约 58%。2020 年中龄老年人口比例约 34%，2000~2020 年该比例呈上升趋势。高龄老年人口比例也呈上升趋势。随着年龄的增长，老年人的生活自理能力和社会参与度逐渐降低。随着时间的推移，高龄老年人口比例呈上升趋势，需要的社会支持和服务也会相应增多。此外，2020 年川内百岁老人达 8554 人，2010 年为 3227 人，长寿化趋势明显。

表 3　四川省 2000 年、2010 年及 2020 年各年龄段老年人口数及比例

单位：万人，%

年份	60~69 岁人口数	60~69 岁人口占比	70~79 岁人口数	70~79 岁人口占比	80 岁及以上人口数	80 岁及以上人口占比
2000	554.17	59.08	297.71	31.74	86.07	9.18
2010	759.96	57.97	399.72	30.49	151.31	11.54
2020	930.56	51.23	622.06	34.25	263.77	14.52

资料来源：国家统计局《中国 2000 年人口普查资料》；四川统计局《四川省人口普查年鉴 2010》《四川省人口普查年鉴 2020》。

（四）老年人口男少女多，但男性高龄人口相对数量提高

2020 年，四川省男性老年人口达 686.71 万人，女性为 730.05 万人，性别比为 0.94（见表 4）。而 2010 年老年人口性别比为 0.98，2000 年老年人口性别比为 0.93。男性相对数量上升后又下降，但性别比仍小于 1，这与普遍认知的“女性寿命较男性长”相吻合。然而，2020 年高龄老年人口性别比为 0.82，2010 年为 0.78，这表明高龄老人群体中，男性相对数量也有所提高，但依然是女性数量更多。

① 《中国人口老龄化发展趋势预测研究报告》，《中国妇运》2007 年第 2 期。

表4 四川省2000年、2010年及2020年分性别老年人口数及性别比

单位：万人，%

性别比	2000年	2010年	2020年
男性老年人口	300.73	435.13	686.71
女性老年人口	322.21	445.42	730.05
性别比(男：女)	0.93	0.98	0.94

资料来源：国家统计局《中国2000年人口普查资料》；四川统计局《四川省人口普查年鉴2010》《四川省人口普查年鉴2020》。

（五）老年人口受教育程度呈上升趋势，但整体偏低

根据2020年“七普”数据，四川省老年人口整体受教育程度偏低。其中，77.28%的老年人口受教育程度为小学及以下，20.33%接受过初中或高中教育，受教育程度为大学及以上的仅占2.39%。2010年，83.37%的老年人口受教育程度为小学及以下，14.50%接受过初中或高中教育，而受教育程度为大学及以上的仅占2.13%（见表5）。对比两年数据可以发现，四川省老年人口受教育程度呈上升趋势，但整体受教育水平仍偏低。

表5 四川省2010年及2020年老年人口受教育情况

单位：%

年份	小学及以下	初中或高中	大学及以上
2010	83.37	14.50	2.13
2020	77.28	20.33	2.39

注：2000年五普数据未统计老年人口受教育情况。

资料来源：国家统计局《中国2000年人口普查资料》；四川统计局《四川省人口普查年鉴2010》《四川省人口普查年鉴2020》。

二　四川人口老龄化的区域差异及类型分析

四川省地域辽阔、地形复杂，省内各市（州）的老龄化率因经济发展

水平不同而呈现不同的特征。本报告运用系统聚类分类方法对省内21市（州）进行聚类，具体指标为人均GDP、城镇化率和老年人口比重①。表6显示了四川省21市（州）的人均GDP、城镇化率及老年人口比重。

表6　四川省21市（州）人均GDP、城镇化率及老年人口比重

单位：元，%

市(州)	人均GDP	城镇化率	老年人口比重
成都市	85679	78.77	13.62
攀枝花市	85806	69.57	15.88
德阳市	69443	55.97	20.25
乐山市	63259	53.11	19.19
泸州市	50758	50.24	17.65
遂宁市	49495	57.30	19.85
雅安市	52366	52.78	17.01
宜宾市	61182	51.39	15.76
绵阳市	61936	51.66	18.36
自贡市	58059	55.40	21.29
广安市	40073	44.07	19.57
达州市	39182	49.80	17.96
广元市	43337	47.04	18.81
眉山市	48132	50.14	20.02
内江市	46228	50.07	20.03
南充市	42482	50.22	20.69
巴中市	27591	46.16	19.67
资阳市	34806	41.29	22.62
阿坝藏族羌族自治州	49668	41.49	10.81
甘孜藏族自治州	36993	31.01	8.36
凉山彝族自治州	35720	36.96	9.49

注：为保证人口和人均GDP以及城镇化率之间的时间匹配性，采用《四川统计年鉴2021》的数据，该数据的统计时间为2020年底，“七普”的普查时间为2020年11月。

资料来源：四川统计局《四川统计年鉴2021》《四川省人口普查年鉴2020》。

① 聚类方法为组间连接法，其中个体距离采用平方欧式距离。由于数据存在数量级差异，因此进行Z得分标准化处理。

聚类结果如表7所示，共得到4个不同的区域类型。

表7 四川省21市（州）按经济社会发展水平及老龄化程度的区域分类

区域类型	地市州
Ⅰ	成都市、攀枝花市
Ⅱ	德阳市、乐山市、泸州市、遂宁市、雅安市、宜宾市、绵阳市
Ⅲ	自贡市、广安市、达州市、广元市、眉山市、内江市、南充市、巴中市、资阳市
Ⅳ	阿坝藏族羌族自治州、甘孜藏族自治州、凉山彝族自治州

区域Ⅰ：老龄化率较低，经济社会发展水平较高，有成都和攀枝花两市。成都为四川省省会城市，攀枝花凭借其丰富的矿产资源和先进的钒钛产业，成为西部地区的“小富豪”，并在人均GDP上略超成都。区域Ⅰ人均GDP及城镇化率在四大聚类区域中最高。由于省会城市、特色产业以及第三产业就业比重较高的优势，吸纳大量劳动力，因此，区域Ⅰ的老龄化率较低，仅高于区域Ⅳ。

区域Ⅱ：老龄化率较高，经济社会发展水平相对较高，有德阳、乐山、泸州等7市。就地理位置而言，这7市基本位于成都周边，或者成渝地区双城经济圈辐射范围内，经济发展富有优势。根据表8数据，区域Ⅱ的人均GDP和城镇化率仅次于区域Ⅰ，同时受成都和重庆两座大城市“虹吸效应”的影响，这些周边城市存在劳动力外流现象，老龄化率比较高，为18.30%。

表8 四川省各聚类区域人均GDP、城镇化率及老年人口比重

单位：元，%

聚类	区域Ⅰ	区域Ⅱ	区域Ⅲ	区域Ⅳ
人均GDP	85743	58348	42210	40794
城镇化率	74.17	53.21	46.63	36.49
老年人口比重	14.75	18.30	20.46	9.55

资料来源：四川统计局《四川统计年鉴2021》《四川省人口普查年鉴2020》。

区域Ⅲ：老龄化较严重，经济社会发展水平较低，有自贡、广安、达州等9市。这些城市多距离成都较远，人均GDP及城镇化率在四大聚类区域中处于中等位置，老龄化率为20.46%。其中，自贡、内江、南充、广安均为丘陵地区，经济较为落后，广元、达州及眉山大部分辖区为山区，受地形和交通限制，这些城市的经济发展也受到了一定制约。巴中和资阳两市经济发展指数是21市（州）中最低的两个城市，且老龄化问题比较突出。

区域Ⅳ：老龄化程度低，经济社会发展水平不高，有阿坝、甘孜、凉山3个民族自治州。这三州地处四川省西部向青藏高原过渡地带，位置偏僻。这三州土地面积总计28.91万平方公里，约占四川省土地面积的61.3%，地形辽阔，人口基数小、密度低，交通发展滞后，以农牧业为主，经济较为薄弱。人均GDP及城镇化率在四大区域中最低，老龄化率也为四大区域中最低。

总体来看，四川省内各地区老龄化程度差异明显，三大自治州平均老龄化率不足10%，而区域Ⅲ的广安、达州、自贡等地区平均老龄化率超20%。区域Ⅲ的人均GDP和城镇化率相对较低，仅高于区域Ⅳ的3个自治州，但老龄化率达到20.46%，在四大区域中最高，未富先老趋势明显，经济发展水平的限制也使得解决养老问题的难度上升。而区域Ⅰ的成都和攀枝花经济发展水平处于全省最高位置，但老龄化率远低于区域Ⅲ。

三　四川人口老龄化区域差异的社会后果

在四川人口老龄化区域差异的背景下，经济发展不平衡不充分，从而在老年人口健康、家庭养老负担、城乡老龄化趋势等方面也呈现差异化的特征、趋势。

（一）人口老龄化区域差异下老年人口健康问题

老龄化严重地区的老年人健康状况较差。根据图1数据，在区域Ⅲ这个老龄化最为严重的聚类中，60岁及以上人口的健康状况也相对较差，健康的比例为40%左右，基本健康的比例也为40%左右，将近20%的老年人口处于不健康能自理和不健康不能自理的状况。区域Ⅱ的经济发展水平在四大聚类中处于中间位置，老年人健康状况要好于区域Ⅲ。而区域Ⅰ成都和攀枝花两地的老年人健康状况相对良好，健康和基本健康的老年人口比重超过90%，老年人口处于完全健康状态的超60%。而在区域Ⅳ三大自治州，老龄化程度相对较低，老年人口健康状况较为良好。老龄化程度高，同时老年人口的健康状况较差，会进一步加大了解决养老问题的难度。

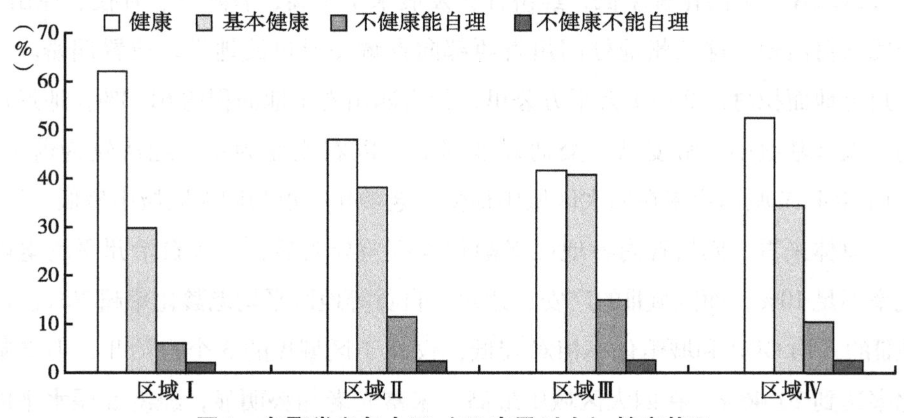

图1　各聚类老年人口（60岁及以上）健康状况

资料来源：四川统计局《四川省人口普查年鉴2020》。

（二）人口老龄化区域差异下的家庭养老负担问题

在人口老龄化较为严重的地区，老年人口的家庭养老负担较大，主要生活来源为离退休金或养老金等社会保障形式的比例较小。根据图2数据，区域Ⅰ成都和攀枝花两市的老年人口主要生活来源为离退休金或养老金的比例超60%，仅有不足20%的老年人口依靠家庭养老。而在老龄化较为严重的区域Ⅲ，老年人口主要依靠离退休金或养老金养老的比例不足20%，依靠家庭和劳动收入养老的比例达70%左右。区域Ⅱ约30%的老年人口生活主要来源为离退休金或养老金，约60%的老年人口生活主要来源为劳动收入和家庭，家庭养老负担低于区域Ⅲ和区域Ⅳ。区域Ⅳ老龄化程度低，但也主要依靠劳动收入和家庭养老。

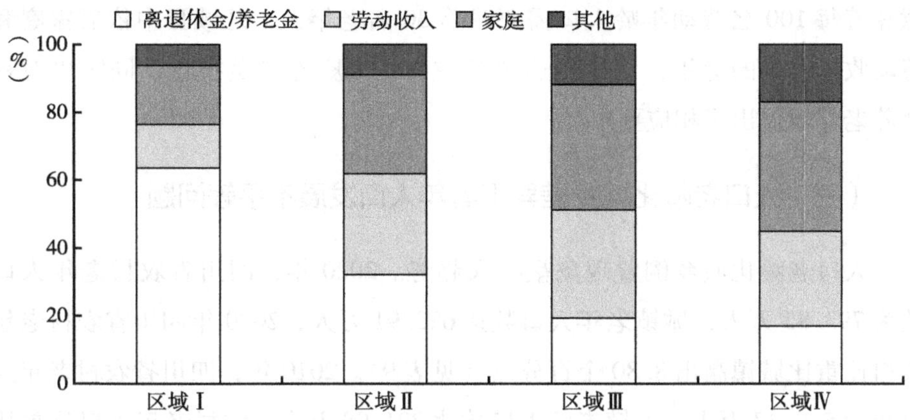

图 2 各聚类老年人口（60 岁及以上）生活主要来源

注："七普"数据中老年人口生活主要来源分为七类，包括离退休金/养老金、劳动收入、最低生活保障、失业、财产、家庭、其他。为方便研究，将七类归为四类，即将最低生活保障、失业、财产与其他归为一类，统称为其他。

资料来源：四川统计局《四川省人口普查年鉴 2020》。

老龄化越为严重的地区，老年抚养比越高，加上较高比例的家庭养老负担，使得经济发展较缓慢的地区养老压力加大。根据图 3 数据，老龄化程度最高的区域Ⅲ老年抚养比达到 30%以上。通俗来讲，老年抚养比达到 30%

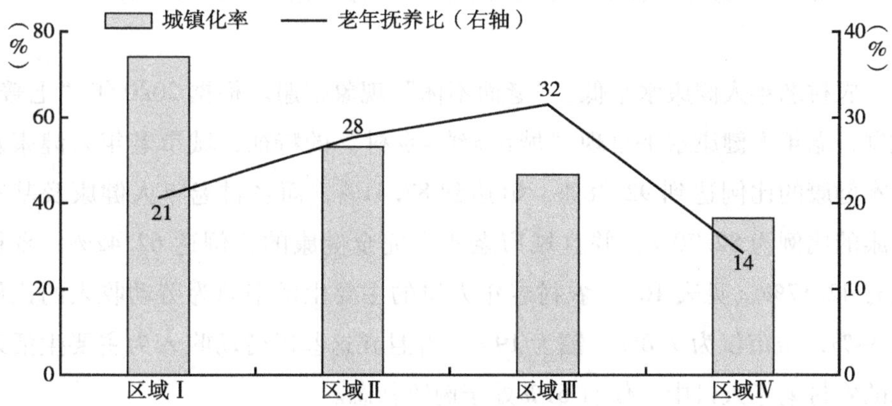

图 3 各聚类城镇化率和老年抚养比情况

资料来源：四川统计局《四川省人口普查年鉴 2020》。

意味着每100名劳动年龄人口需要赡养30名老年人，区域Ⅲ中依靠家庭和劳动收入养老的老年人口比例达70%左右，家庭养老负担重，同时也对社会养老保障提出了相应要求。

（三）人口老龄化城乡差异下老年人口发展不平等问题

人口老龄化城乡倒置现象呈扩大趋势。2020年，四川省农村老年人口数为793.85万人，城镇老年人口数达622.91万人，2020年四川省农村老年人口比重比城镇高出8.80个百分点（见表9）。2010年，四川省农村老年人口数达589.47万人，城镇老年人口数达291.08万人，农村老年人口比重比城镇高出3.26个百分点。尽管2020年和2010年城乡老年人口数量差呈缩小趋势，但就比重而言，人口老龄化城乡倒置现象呈扩大趋势。[①]

表9　四川省2010年、2020年城镇和农村老年人口数及比重

单位：万人，%

年份	城镇老年人口数	城镇老年人口比重	农村老年人口数	农村老年人口比重
2010	291.08	9.00	589.47	12.26
2020	622.91	13.10	793.85	21.90

资料来源：四川统计局《四川省人口普查年鉴2020》《四川省人口普查年鉴2010》。

农村老年人健康水平低，“老而不休”现象普遍。根据2020年“七普”数据，老年人健康水平呈现“城市>镇>乡村”的特征，城市老年人健康及基本健康的比例达到92.38%，镇达到87.41%，而乡村老年人健康及基本健康的比例为82.70%，并且城市老年人完全健康的比例达62.42%，乡村只有42.17%（见表10）。农村老年人口的主要生活来源为劳动收入的比例达38%，城市仅为7.8%，镇为19%，并且在这些以劳动收入为主要生活来源的农村老年人口中，仅有61%处于健康状态。

① 王亦君：《我国老龄化“城乡倒置”现象加剧〈中国农村互助养老研究报告〉发布》，《中国青年报》2021年12月11日。

表 10　四川省 2020 年城市、镇、乡村老年人口健康状况

单位：%

区域	健康	基本健康	不健康能自理	不健康不能自理
城市	62.42	29.96	5.68	1.94
镇	49.95	37.46	10.25	2.34
乡村	42.17	40.53	14.76	2.55

资料来源：四川统计局《四川省人口普查年鉴 2020》。

四　应对四川人口老龄化的对策建议

老年人口规模的扩大是必然趋势，也是四川省的基本省情。在把握人口老龄化的区域差异基础上，促进区域协调发展、健全基本养老服务体系、探索多元化的农村养老模式，实现精准帮扶和养老相结合，力保老年人老有所养、老有所为、老有所依。

一是促进区域协调发展，缓解区域养老压力。四川地域辽阔，地形差异大，经济发展和老龄化水平均存在显著差异。由于区位条件、产业基础及资源总量等因素，一些地区经济发展较为缓慢。促进区域协调发展是相对落后地区走向富裕的必经之路。要实现区域协调发展，就要聚焦四川省区域协调发展的最大短板，对老龄化问题较为严重的地区进行精准帮扶，统筹资源禀赋、发展条件和实际需要，培育特色优势产业、补齐基础设施短板，努力实现更高质量、更加安全的发展，积极落实省委于 2022 年围绕促进区域协调发展提出的“四化同步、城乡融合、五区共兴”发展战略，为全面建设社会主义现代化四川提供有力支撑。

二是健全基本养老服务体系。要按照 2023 年 5 月印发的《关于推进基本养老服务体系建设的意见》[①] 加快建成覆盖全体老年人、权责清晰、保障

---

① 中共中央办公厅、国务院办公厅：《关于推进基本养老服务体系建设的意见》，2023 年 5 月 21 日。

适度、可持续的基本养老服务体系，为老年人提供老有所养、老有所依必需的基础性、普惠性、兜底性服务，不断增强老年人的获得感、幸福感、安全感。增强家庭保障能力，加快推进家庭适老化改造，提高家庭成员照护能力。完善社区居家养老服务网络建设，鼓励互助养老，推进“互联网+养老”模式，持续推进智慧养老社区建设，全面推进医养结合、康养结合、临终关怀。鼓励社会多方参与，加快出台相关政策和法律法规，积极发展养老产业，加强养老服务专业人才队伍建设。

三是探索多元化的农村养老模式。农村养老是现阶段养老服务体系的薄弱环节，农村老年人口健康状况差、“老而不休”现象普遍。应强化政府责任意识，加大财政投入力度，提高农民养老保险待遇。加快乡村养老服务体系和设施建设，建立健全乡镇衔接的养老服务网络，加强县级养老机构失能照护能力。建立农村居家护理员队伍，利用本村社人员，提供持续的护理服务。适当发展福利措施，如农村幸福院、村级敬老院、老年公寓、特别护理老人院等，满足不同需求。发挥农村社区在生产方面的科学规划和指导作用，减轻农村老人的劳作强度和收入风险。

四是实现精准帮扶与养老相结合。对于老龄化较严重、经济发展较缓慢地区的老年人口实施精准帮扶。首先，政府部门、社区居委会等相关单位应对当地老年人口进行摸底调查，建立信息库，认定困境老人。其次，实施精准帮扶，提供医疗照顾、经济援助等。并建立帮扶服务体系，引导社会各方参与其中，建立老年人精准帮扶队伍，通过走访等方式，及时发现老年人的问题和需求。最后，加强政策扶持，优化养老服务医疗体系，完善养老服务设施建设，加强对护理员的培训，提高护理服务水平，不断提升老年人的生活满意度。

参考文献

中共中央、国务院：《国家积极应对人口老龄化中长期规划》，2019 年 11 月。

王磊:《中国独居老年人口的特征与变化趋势研究》,《老龄科学研究》2023 年第 6 期。

陈碧红:《60 岁以上老人增多?省统计局:数量型人口红利即将削减,结构性人口红利仍长期存在》,《川观新闻》2021 年 5 月 26 日。

《中国人口老龄化发展趋势预测研究报告》,《中国妇运》2007 年第 2 期。

王亦君:《我国老龄化“城乡倒置”现象加剧〈中国农村互助养老研究报告〉发布》,《中国青年报》2021 年 12 月 11 日。

中共中央办公厅、国务院办公厅:《关于推进基本养老服务体系建设的意见》,2023 年 5 月 21 日。

B.14

人口老龄化进程中四川省防治认知障碍的行动路径分析

兰琴 石世华*

摘 要： 随着人口老龄化加剧，老年认知障碍问题越来越受到国家和社会的关注。本报告基于2020年四川省第七次全国人口普查数据，结合认知障碍症患病率及相关风险因素研究，对四川省认知障碍症患病人口规模进行测算，分析患病人口分布、医疗照护资源、社会经济成本等特征，并介绍成都市推进认知障碍友好社区建设的情况。在此背景下，为了促进四川省防治认知障碍进程和人口健康发展，报告提出以政府、医院、社区、家庭和机构"五元联动"的共同实践，探索一条具有四川特色和符合地方实际的解决之道，完善相关政策体系，注重人才培养，健全认知障碍相关机制，为建立认知障碍友好型社会提供行动路径和建议。

关键词： 人口老龄化 认知障碍 友好化建设 四川

一 引言

人口是国家综合实力的体现。第七次全国人口普查（以下简称"七普"）数据显示，中国60岁及以上人口已达到2.64亿人，占总人口比重为18.7%，65岁及以上人口达到1.9亿人，占总人口比重为13.5%，我国

---

* 兰琴，四川省社会科学院社会学研究所，研究方向为养老保障、医疗保障；石世华，四川省社会科学院社会学研究所，研究方向为社会工作。

已步入老龄化社会并逐渐接近深度老龄化。受低生育率影响，我国预期未来出生人口会进一步下降，总人口峰值将提前到来，人口老龄化将进一步加剧。由七普数据可知，2020 年四川省 65 岁及以上人口为 1416. 8 万人，占总人口比重为 16. 93%[①]，近十年间 65 岁及以上人口比重上升 5. 98 个百分点，比该年龄段全国人口增速快 1. 35 个百分点，四川人口结构呈现老年人口规模较大、老龄化进程加快、老龄化程度高等特点，总体来说，四川已处于深度老龄化阶段且较全国老龄化程度更深。[②]

随着人口老龄化的不断加剧，老年人的健康问题越来越受到国家和社会的关注。认知障碍是老年人群中常见的现象，认知障碍照护成为我国人口老龄化进程中逐渐突出的社会问题。认知障碍症，又称老年痴呆症、认知症、失智症，是一种常见不可逆的中枢神经系统变性疾病，主要表现为记忆障碍、语言障碍、执行能力障碍、视空间能力障碍及人格和行为改变等。[③] 认知障碍症是继癌症、心脏病、脑血管病之后引起老年人死亡的第四大病因。[④]

二　防治认知障碍的相关政策体系

20 世纪 80 年代，澳大利亚开始致力于制定认知障碍症健康照护政策[⑤]，并于 2005 年作为全球第一个将认知障碍症列入公共卫生领域的国家[⑥]。2004 年日本最早开启认知障碍症的去污名化活动，以“认知障碍”替代“痴呆”，于 2005 年通过《了解认知障碍和建立社区网络的

① 资料来源：《第七次全国人口普查公报（第五号）》，http：//www. stats. gov. cn/tjsj/zxfb/202105/t20210510_ 1817181. html。

② 资料来源：四川省人民政府网站。

③ Alzheimer's Disease International， “World Alzheimer Report 2019，” https：//www. alzint. org/resource/world-alzheimer-report-2019/， 2019.

④ 陈越虹：《老年人认知功能障碍的研究》，《医学信息（上旬刊）》2011 年第 2 期。

⑤ 梁健菱、赖锦玉：《香港老年痴呆症患者照顾服务的资源分配及问题分析》，《中华护理杂志》2010 年第 12 期。

⑥ 陈祥：《日本对老年认知症的国家战略性探索》，《日本问题研究》2020 年第 2 期。

十年计划》，步入探寻认知障碍友好活动和创建认知障碍友好社区的进程。[①] 2009 年，英国发布《2009 应对认知障碍之首相承诺》和《与认知障碍症和谐共存：一个全国性认知障碍战略》，在全国范围内建设认知障碍照护体系，尤其是在持续推动认知障碍友好社区建设方面，英国成为全球示范国家。[②] 2011 年，美国作为全球首个将应对认知障碍症放入立法层面的国家，签署了《国家阿尔茨海默病项目法案》，制定认知障碍及相关病的战略计划。[③]

2020 年，"健康中国 2030"行动计划中提及认知障碍症的国家计划正式启动，要求加强对认知障碍症的有效干预。[④] 同年，《探索老年痴呆防治特色服务工作方案》提出，到 2022 年将公众对老年痴呆防治知识的知晓率提高到 80%，并将社区（村）老年人认知功能筛查率提升到 80%。2022 年，国家卫健委等 15 部门联合印发《"十四五"健康老龄化规划》，明确提出制定《国家应对老年痴呆行动计划》，建立早筛查、早诊断、早干预的综合防控机制。[⑤] 党的二十大报告提出重点推进健康中国建设，实施积极应对人口老龄化国家战略。2023 年《国家卫生健康委办公厅关于开展老年痴呆防治促进行动（2023—2025 年）的通知》提出，2023～2025 年，结合国家基本公共卫生服务老年人健康管理项目，各地应指导有条件的地区结合实际为辖区内 65 岁及以上常住居民每年提供 1 次认知功能初筛。党和政府始终把人民健康放在发展的优先地位，旨在提高人民的健康水平。

---

① Hayashi M.，"The Dementia Friends Initiative-supporting People with Dementia and Their Carers: Reflections from Japan，" *International Journal of Care and Caring*，2017，1（2）.

② Department of Health，"Living Well with Dementia: A National Dementia Strategy，" https://www.gov.uk/government/uploads/system/uploads/attachment_data/file/168221/dh_094052.pdf，2009.

③ 同春芬、王珊珊：《国外 DFC 实践及启示》，《西北人口》2017 年第 5 期。

④ Alzheimer's Disease International，"China Adopts a National Dementia Plan，" https://www.alzint.org/news-events/news/china-adopts-a-national-dementia-plan/，2020.

⑤ 《国家卫生健康委等部门关于印发"十四五"健康老龄化规划的通知》（国卫老龄发〔2022〕4 号）。

三　防治认知障碍的必要性

截至 2021 年，全球已有超过 5500 万名认知障碍症患者。[①] 据世界卫生组织数据，预计 2030 年全球认知障碍症患者人数将上升至 7560 万人，中国的患者人数将排在世界第一位。[②] 2020 年贾龙飞等人对中国 60 岁及以上人口认知障碍症患病率进行横断面研究，数据显示，认知障碍症患病率为 6.0%，患者总人数为 1507 万，轻度认知障碍（MCI）患病率为 15.5%，总人数为 3877 万。[③] 庞大的患者群体及其家庭需要得到社会各界的关注。首先，认知障碍给国家和社会带来沉重的负担，亟须采取措施应对其带来的挑战；其次，认知障碍症病程长，且不可逆转，到目前为止，尚未有能治愈的循证医学方案；最后，认知障碍症照顾者在承担长期照顾患者的责任的同时还需应对患者各种疾病发展带来的挑战，而照顾者自身的身心健康亦极大地影响着患者的生活质量和疾病管理。

经过近 20 年的发展，西方国家在相关政策体系、实务领域已经形成较为完善的方案，我国相关学术研究和实践发展领域仍处于探索初期，西方经验可为我国各地的认知障碍照护、政策发展、友好社区建设等提供实证依据和参考。本报告从四川省人口结构及规模、医疗照护资源、社会经济成本等方面结合风险因素分析，以此探究在健康中国战略及老龄化进程的大背景下四川省积极防治认知障碍的可行性举措。

四　现阶段四川省认知障碍状况与特征分析

贾龙飞等人通过横断面研究明确了中国 60 岁及以上人口认知障碍症和轻

---

① Alzheimer's Disease International, "World Alzheimer's Report 2021," https://www.alzint.org/resource/world-alzheimerreport-2021/, 2021.

② World Health Organization, "Global Action Plan on the Public Health Response to Dementia 2017-2025," https://apps.who.int/iris/handle/10665/259615, 2022.

③ Jia L. F., Du Y. F., Chu L., et al., "Prevalence, Risk Factors, and Management of Dementia and Mil-d Cognitive Impairment in Adults Aged 60 Years or Older in China: A Cross-sectional Study," *Lancet Public Health*, 2020, 5 (12).

度认知障碍的患病率及危险因素，发现了 12 种认知障碍症与轻度认知障碍相同的危险因素，其中 9 种为可改变的危险因素，包括居住环境（农村居住）、文化程度（受教育年限更少）、婚姻状况（丧偶、离婚或独居）、吸烟、高血压、高血脂、糖尿病、心脏病、脑血管病。这些因素如果能够得到有效控制，将会显著降低认知障碍症和轻度认知障碍的患病率。3 种因素是不可改变的——年龄增长（老年）、性别（女性）和家族史（父母痴呆史）。① 这 9 种可改变的危险因素为降低患病率找到了有效途径，可依此提出相应的疾病管理方案。

根据该权威研究结果，中国 60 岁及以上人口的总体认知障碍症患病率为 6.0%，患病率分布结果显示，我国三大地区患病率不同，南方的患病率最低（4.7%），其次是北方（6.3%），西部的患病率最高（7.5%），65 岁及以上人口的患病率为 6.9%。轻度认知障碍的患病率为 15.5%，并随着年龄增长而增加，70~79 岁为 19.3%，80~89 岁为 24.4%，90 岁及以上为 33.1%。

（一）四川省认知障碍目标人群规模与形势严峻

结合总体患病率及七普数据进行测算，四川省目前有超 100 万名认知障碍症患者，如按西部患病率测算，这一群体将达到 136 万人，有轻度认知障碍表现的将近 300 万人口。就四川省各市（州）来看，超老龄化城市共有 6 个（见表 1），根据总体患病率测算患病人口由高到低排列分别为南充市 87470 人、德阳市 53532 人、内江市 47553 人、眉山市 43846 人、自贡市 40841 人、资阳市 39045 人。深度老龄化城市共有 11 个，测算患病人口由高到低排列分别为达州市 72264 人、绵阳市 69250 人、泸州市 58693 人、宜宾市 56651 人、广安市 48423 人、乐山市 46450 人、遂宁市 42532 人、巴中市 39808 人、广元市 33895 人、雅安市 18460 人、攀枝花市 14374 人。老龄化城市共有 4 个，测算患病人口由高到低排列分别为成都市 225844 人及凉

① World Health Organization, "Global Action Plan on the Public Health Respons-e to Dementia2017-2025," https://apps.who.int/iris/handle/10665/259615, 2022.

山、阿坝、甘孜三州（见表2）。值得注意的是，尽管该项患病率横断面研究是一项大规模、多中心、全国性的研究，但相关研究中针对少数民族群体的较少，因为研究限制，参与对象基本是汉族人口，而大多数少数民族居住在当地特定民族地区。因此，在四川省60个县（市、区）民族地区测算患病人口，如凉山、阿坝、甘孜等自治州的患病人数测算不具有现实意义，少数民族地区的认知障碍现状还需未来进一步实践、研究和探索。

表1　2020年四川省各市（州）老龄化程度

老龄化程度及占比	各市(州)老龄化程度(65岁及以上人口占比)
超老龄化城市 占比28.57%	资阳市(22.62%)、自贡市(21.29%)、南充市(20.69%)
	德阳市(20.25%)、内江市(20.03%)、眉山市(20.02%)
深度老龄化城市 占比52.38%	遂宁市(19.85%)、巴中市(19.67%)、广安市(19.57%)
	乐山市(19.19%)、广元市(18.81%)、绵阳市(18.36%)
	泸州市(17.65%)、达州市(17.96%)、雅安市(17.01%)
	攀枝花市(15.88%)、宜宾市(15.76%)
老龄化城市 占比19.05%	成都市(13.62%)、阿坝藏族羌族自治州(10.81%)
	凉山彝族自治州(9.49%)、甘孜藏族自治州(8.36%)

资料来源：四川省第七次全国人口普查数据。

表2　2020年四川省各市（州）60岁及以上认知障碍人口测算表

单位：人

地区	60岁及以上人口			老龄化程度
	总体患病率6.0%	MCI 15.5%	西部患病率7.5%	
四川省	1089828	2815389	1362285	深度老龄化
成都市	225844	583430	282305	老龄化
巴中市	39808	102839	49760	深度老龄化
德阳市	53532	138292	66915	超老龄化
乐山市	46450	119997	58063	深度老龄化
泸州市	58693	151623	73366	深度老龄化
攀枝花市	14374	37133.97	17968	深度老龄化
广安市	48423	125094	60529	深度老龄化
遂宁市	42532	109875	53165	深度老龄化
雅安市	18460	47690	23076	深度老龄化

续表

地区	60 岁及以上人口			老龄化程度
	总体患病率 6.0%	MCI 15.5%	西部患病率 7.5%	
宜宾市	56651	146349	70814	深度老龄化
达州市	72264	186683	90330	深度老龄化
广元市	33895	87562	42369	深度老龄化
眉山市	43846	113269	54808	超老龄化
绵阳市	69250	178896	86562	深度老龄化
自贡市	40841	105506	51051	超老龄化
内江市	47553	122846	59442	超老龄化
南充市	87470	225965	109337	超老龄化
资阳市	39045	100866	48806	超老龄化
阿坝藏族羌族自治州	7070	18266	8838	老龄化
甘孜藏族自治州	7552	19509	9440	老龄化
凉山彝族自治州	36265	93686	45332	老龄化

资料来源：四川省第七次全国人口普查。

按照 60 岁及以上人口总体患病率测算患病人数，患病人口最多的是成都市 225844 人（老龄化城市），其次是南充市 87470 人（超老龄化城市）、达州市 72264 人（深度老龄化城市）、绵阳市 69250 人（深度老龄化城市）、泸州市 58693 人（深度老龄化城市）、宜宾市 56651 人（深度老龄化城市）、德阳市 53532 人（超老龄化城市），这 7 个城市患病人数均超过 5 万人。

2022 年末，四川全省设立老年医学科的二级及以上综合性医院 356 家，全省医养服务机构 491 家、床位 12 万张，养老机构 2553 家，养老床位合计达到 44.8 万张（见表 3）。2020 年，四川省 80 岁及以上人口约 263.8 万人，按照患病率 24.4%测算 80 岁及以上患病人口约 64.37 万人。认知障碍症确诊患者通常会经历早期—中期—晚期三个阶段，尤其是晚期患者通常无法自理，多为失能或半失能状态，需要长期照护，但已有床位数量与需求数量相比仍有较大差距，无法满足实际认知障碍照护需求。

表 3　2022 年四川省医院及养老照护机构资源供给情况

单位：家，万张

项目	医院		医养服务机构		养老机构	
	数量	床位	数量	床位	数量	床位
数目	356	—	491	12	2553	44.8

注：医院为设立老年医学科的二级及以上综合性医院。

资料来源：四川省 2022 年民政事业发展统计公报和卫生健康事业发展统计公报。

认知障碍症给整个社会带来沉重的经济负担。2015 年，我国认知障碍及相关疾病患者的年度社会经济成本达到平均每人 19144.36 美元，总成本为 1677.4 亿美元。预计 2030 年总成本将达到 5074.9 亿美元，2050 年将达到 1.89 万亿美元①，远高于《2015 年世界阿尔茨海默病报告》中公布的预测成本。2022 年四川省城乡人均可支配收入中，城市高收入户人均可支配收入为 90932 元，农村高收入户人均可支配收入为 43250 元（见表 4），一旦患病，即使是高收入人群也难以承受每人 19144.36 美元/年的巨额经济成本，且未论 2015 年至今成本的增长情况。

表 4　2022 年四川省城乡居民人均收入情况

单位：元

居民类别	项目	总平均	低收入户	中低收入户	中等收入户	中高收入户	高收入户
农村居民	人均总收入	25117	11460	16111	21408	28570	56459
	人均可支配收入	18672	5230	12010	16872	23165	43250
城市居民	人均总收入	51176	26355	35055	46465	61496	104192
	人均可支配收入	43233	15032	30793	41088	55422	90932

资料来源：《四川统计年鉴 2023》。

① Jia, J., Wei, C., Chen, S., Li, F., Tang, Y., Qin, W., "The Cost of Alzheimer's Disease in China and Re-estimation of Costs Worldwide," *Alzheimers Dement*, 2018, 14 (4).

（二）成都市老年认知障碍友好社区建设的实践

20年来，世界上多个国家、地区先后出台相关政策及健康战略计划，以应对认知障碍带来的挑战。实证显示，认知障碍友好社区建设可有效促进患者及照护者的社会参与，增强公众友好意识，增加社会和物理生活环境的支持资源，促进患者及照护者的专业赋能，建设认知障碍友好社区是促进认知障碍症患者及其家庭生活福祉的有效措施，也是实现认知障碍友好化道路。2019年上海发布《关于在养老服务中加强老年认知障碍照护服务工作的通知》，开始重点关注认知障碍症群体，随后发布《上海市老年认知障碍友好社区建设试点方案》，从政策层面开启认知障碍友好社区的试点建设①。随着上海首个认知障碍友好社区建设开启，其后北京、南京、天津、杭州、宁波等城市也陆续加入认知障碍友好社区建设的行动之中，我国认知障碍友好社区行动进入探索发展时期。

2023年2月，成都市民政局发布《关于开展2023老年认知障碍友好社区建设的实施方案》，启动老年认知障碍友好社区建设，打造示范社区26个。探索老年人认知障碍风险测评、早期干预、家庭支持、宣传教育、资源链接等服务模式，建立健全工作运行、资金保障、专业支持等机制。2023年8月，成都市民政局印发《成都市老年认知障碍友好社区建设指导手册（试行）》，对建设一批老年认知障碍友好社区作出明确要求。普兴街道岳店社区自2023年9月10日至11月10日，以岳店村（岳店小区）为中心，在街道行政区域内的岳店村、骑龙社区、养正社区等村社开展65周岁及以上老年人认知障碍风险测评工作，并对2000份有效调查问卷数据做了系统分析。

根据筛查测评结果（见表5），首先，65~69周岁年龄段患病率②为97.5%，70~74周岁年龄段患病率为98.4%，75~79周岁年龄段患病率为99.3%，80~89周岁年龄段患病率为99.4%，90周岁及以上年龄段患病率为

① 《上海市民政局关于本市开展老年认知障碍友好社区建设试点的通知》，https：//www.shanghai.gov.cn/nw12344/20200813/0001-12344_62861.html。

② 患病率计算方式为1-测评结果为正常的人口比重。

100%，患病率呈现随年龄增加逐级递增的规律，尤其是重度患病率比例由11.2%大幅上涨至75.0%。这一数据远远高于横断面研究中65岁及以上人口患病率6.9%，按此推测四川省认知障碍症患病形势更为严峻。其次，65~69周岁年龄段轻度患病率为40.4%，70~74周岁年龄段轻度患病率为31.4%，75~79周岁年龄段轻度患病率为25.9%，80~89周岁年龄段轻度患病率为11.7%，随着年龄增加处于轻度认知障碍的人口占比下降。认知障碍症患者通常会经历主观认知下降（SCD）—轻度认知障碍（MCI）—认知障碍（AD）三个阶段，在轻度认知障碍阶段，很多人以为记忆力下降和性格改变都是衰老的缘故，是正常现象，因而错过了最佳干预和治疗时间段。轻度认知障碍是介于正常老化与认知障碍症之间的临床状态，是实现认知康复的窗口期。因此，在该阶段积极展开对MCI人群的早期有效干预，将对预防包括阿尔茨海默病在内的各类认知障碍症具有显著作用，对降低认知障碍家庭疾病负担至关重要。

表5　认知障碍筛查不同年龄段评级数据

单位：人，%

年龄段	总人数	正常	轻度	中度	重度
65~69周岁	592	2.5	40.4	45.5	11.2
70~74周岁	660	1.6	31.4	52.7	13.9
75~79周岁	415	0.7	25.9	55.2	17.7
80~89周岁	298	0.6	11.7	45.8	41.4
90周岁及以上	35	0.0	2.7	19.4	75.0

注：部分缺失值未统计在内，下同。

资料来源：颐伦集团《2023年新津区老年认知障碍测评筛查白皮书》。

根据筛查人员的不同文化程度评级数据（见表6），文盲人口占比31.3%，文化程度为小学的占比51.65%，文化程度为初中的占比14.9%，三者占比高达97.85%。其中，文盲人口患病率为99.9%，小学人口患病率为98.9%，初中人口患病率为97.7%，中度和重度患病率则随着受教育程度的升高而呈现显著下降趋势，即受教育程度提高，患病率降低，也在一定程度上延缓疾病的进程。这一数据与横断面研究的危险因素中文化程度（受教育年限更少则患病率更高）的趋势相符，若积极发展教育提升人口文化素质，增加人口认知储备，未来人口患病率将得到有效控制。

表 6　认知障碍筛查不同文化程度评级数据

单位：人，%

文化程度	总人数	正常	轻度	中度	重度
文盲	626	0.1	12.7	51.5	35.4
小学	1033	1.1	31.5	53.0	14.1
初中	298	2.3	54.5	37.4	5.3
高中	38	23.0	53.8	20.5	0.0
大学	5	33.3	33.3	16.6	0.0

资料来源：颐伦集团《2023 年新津区老年认知障碍测评筛查白皮书》。

五　推动四川积极防治认知障碍的建议

四川省庞大的认知障碍症患病人群规模、尚未满足的认知障碍照护需求和巨额社会经济成本等，给社会、患者和照顾者带来沉重的负担和压力。认知障碍症患者带给家庭的冲击表现为日常生活规律的混乱、医疗费用的庞大支出、直接照顾者的疲惫、照顾者需要密切关注患者安全和隐患、频繁往返于医疗机构与家庭等。面对高患病率及其带给社会的沉重负担，积极采取措施应对认知障碍带来的挑战刻不容缓。应对和解决这些困难和问题需要的不仅仅是医疗机构和家庭，还有政府、医院、社区、家庭和机构“五元联动”的共同实践，以探索一条具有四川特色和符合地方实际的解决之道。

（一）探索完善认知障碍防治机制

人口老龄化趋势和认知障碍进程已成定势，四川省应该顺势而为，树立健康理念积极主动地应对认知障碍挑战，推进防治认知障碍的长远布局。首先，努力提高人口文化素质、身体素质和改善居住环境等其他综合因素，通过推动教育发展、经济发展和医疗保健的政策及改变人们生活方式来预防认知障碍。其次，形成以政府部门为政策倡导者，各级行政部门、医疗卫生机构、社会组织和团体为主要执行者的多元政策执行主体。再次，完善政策体系，制定城乡二元标准，执行主体通过联动学界，优化政策执行方式和内容，以提升政策执行的专业性，促成执行主体与目标人群对理解政策执行和目标的一致性。最后，建立利益相关者联盟，赋权患者家庭参与相关决策，以及赋能社会组织提高其服务水平以更好地促进人口健康。具体政策行动如在“421”家庭结构、“9073”养老模式的社会背景下推行有利的政策，深化改革释放认知障碍照护市场活力，建立健全相关服务需求评估制度和监督制度，加大认知障碍老年人非药物干预供给的政府购买服务力度，为非正式照料者提供支持，根据成都试点示范建设经验推动省内其他患病人口规模较大的城市开展防治工作，推动学界研究政策执行情况，开展少数民族地区认知障碍症及相关疾病情况调研，完善认知障碍照护体系制度等，因时因地制宜，因人因需建策，完善顶层设计，鼓励底层创新。

（二）加强人才引育，打造专项队伍

建立健全防治认知障碍及照护人才培养机制，人才培育不能照搬一种模式，必须与各市（州）社会发展进程相协调，与防治环境相吻合，特别是对于少数民族群体需用好民族人才服务民族地区。首先，建立“省—市—县—镇—社区（村）”五级诊疗和人才培育机制。以四川省华西医院国家高级认知障碍诊疗中心为技术核心，以各市（州）老年医学科的综合性医院人才为骨干网络辐射县城医疗技术人员，从县城再层层递进辐射至乡镇、社区（村）基层卫生技术人员，培育老年健康和防治认知障碍专项技术人员，加强认知障碍神经心理评估、安宁疗护、失能服务等技术能力培训，促进适合四川省少数民族地区使用的筛查量表开发等。其次，对于养老机构而言，加强认知障碍照护专业人才的培养迫在眉睫，加强与医疗护理机构合

作，建立认知障碍照护领军人才、一线认知障碍专业照护人才梯队，增强照护理论、实践等方面的综合能力。再次，加强社会工作服务机构非药物认知干预人员、社会心理服务人员培育，为不同层次的患者及家庭、有需要的社会受众提供解决方案，促进社会支持。最后，农村地区较差的医疗资源、不健康的饮食习惯和较高的并发症发生率也导致农村地区患病率较城市地区高，还需从人才区域分布、人才类型分布角度考虑壮大农村地区人才队伍。

（三）促进社会参与，赋能家庭前行

中国传统的家文化概念在认知障碍老年人支持中起到巨大作用，亲属依然承担了主要照顾责任。首先，家属照顾者需根据老年人的认知障碍程度调整照护关注点，并主动获取社区支持资源，比如认知干预和照护支持。其次，尤其在老年伴侣作为老年患者照顾者时，在关注自身生理健康的同时还需尽早关注记忆健康问题，积极的社会参与可避免社会隔离产生的孤独感、无力感等，进一步延缓认知功能的下降。社会参与涉及多个层面，在个人层面，参与社交活动则需要专业组织进行活动设计，根据不同年龄、不同症状、不同文化背景，与家属携手共进。在家庭层面，可通过认知障碍症患者家属互助会或俱乐部等让患者及其家庭成员讨论药物和非药物治疗的经验，并给予家属喘息空间以缓解巨大的照护压力。在社会层面，家属群体则可成为政策实施的一部分，支持和影响政府相关决策行为，一方面可加强公民自身主体身份，强化支持网络；另一方面还有助于改善社会组织服务质量，更易于政策的落实。

（四）倡导认知障碍友好化，促进建设友好型社会

认知障碍症患者的“污名化”既来自社会，也来自患者自身的“病耻感”。首先，倡导公众对认知障碍疾病的认知友好化、正常化，以社区服务阵地为载体，以认知友好服务为导向，以日照中心、党群服务中心为阵地开展认知障碍相关疾病健康知识教育、去污名化活动，尤其是持续推动认知障碍友好社区建设，以消除歧视和加强公众对于认知障碍症的理解，比如提高公众对认知障碍症作为一种疾病的认识，而不是衰老不可避免的一部分，进

而有效解决认知障碍症的低知晓率、低诊断率、低治疗率等问题，避免大量患者错过早期治疗时间，促进认知障碍相关政策的有效执行。其次，在友好型社会建设的进程中，以街区为载体，以突出特色为导向，以友好社区平台为支撑，以认知友好社会服务项目执行为促进方向，以本土文化如“熊猫”“茶馆”等文化为内核驱动，以“平台支撑+项目引领+文化内核”建设具有西部特色、四川特色的友好包容的社会环境。

（五）“商业+公益”产服相融协同发展

推动商业和公益的良性互动，通过市场和慈善创造社会价值和经济价值，促进执行主体的健康可持续发展。首先是公益性社会服务行业功能层面，社会服务行业可参照上海等认知友好示范建设经验，从科普宣导、诊疗促进、诊断后支持（如居家和社区社会支持）、为老服务等方面构建认知生态全链条的服务支持网络，具体行动如广泛开展认知障碍科普宣传，培养专业化志愿者队伍开展认知障碍老人社区早筛，广泛整合社会公益资源建立支持系统如认知障碍症家属互助会，从“身—心—社—灵”的全人视角，综合多种非药物干预模式，针对认知障碍照护体系的需求，设计社会工作专业整合干预方案等。其次是商业性市场产业功能层面，大力发展“银发产业”，探索认知障碍人口规模巨大的背景下认知障碍照护市场的养老机构发展模式，从整合视角出发，协调多方资源，为认知障碍提供连续性高质量的服务；建立认知障碍风险评估模型和早期筛查及干预措施；尝试设计医院、社区、家庭和机构多方联动的整合照顾模式，以推进认知障碍照护体系全面发展。

B.15

四川“城市—镇—乡村”老年人口健康现状研究*

刘金华　张语轩**

摘　要：　四川省作为全国老龄化较为严重的地区，老年人口的健康状况对全省人口高质量发展具有重要意义，随着城市化的发展，“城市—镇—乡村”不同地区的老年人口健康状况呈现明显的分化。利用第七次全国人口普查数据及此前的人口普查数据，从自评健康的角度，对四川省“城市—镇—乡村”维度及五大经济区的老年人口健康状况进行分析，认为四川省老年人口主要分布在农村，全省老年人口总体健康状况良好，相较于“六普”数据有所改善，但在不同维度呈现失衡状况。在“城市—镇—乡村”维度中，城市、镇、乡村老年人口的健康状况呈阶梯下降的特征，城市老年人口的失能率最高，镇老年人口失能率最低。从五大经济区来看，老年人口健康状况较为失衡，经济发达地区的老年人口健康状况明显优于经济发展较弱地区。最后提出明确各方主体责任、注重城乡统筹、加强专业人才引进等对策建议，以期促进四川省老年人口健康状况的改善。

关键词：　老年人　人口健康　城乡二元结构　四川

---

* 本文为国家社科基金重点项目“青藏高原农牧民共同富裕的阶段目标、实施路径与重点任务研究”（22ADZ021）和四川省哲学社会科学规划重大项目“四川促进共同富裕的实现路径研究”（SC22ZDYC13）的阶段性成果。

** 刘金华，四川省社会科学院社会学研究所所长，研究员，研究方向为老年人口学等；张语轩，四川省社会科学院研究所，研究方向为人口与健康。

一　研究背景

人口老龄化是社会发展的重要趋势，也是我国今后较长时期内的基本国情之一。我国自1999年步入老龄化社会，老年人口规模日益扩大，老龄化程度日渐加深。人口老龄化对经济运行全领域、社会建设各环节、社会文化多方面乃至国家综合实力和国际竞争力都具有深远影响。随着我国人口老龄化程度加深，老龄工作面临很多问题和挑战。我国人口老龄化呈现数量多、速度快、差异大、任务重的特点。第七次全国人口普查结果显示，我国60岁及以上人口已达2.64亿人，较2010年占总人口的比重上升了5.44个百分点。据测算，预计“十四五”时期，我国60岁及以上老年人口总量将突破3亿人，占比将超过20%，进入中度老龄化阶段。2035年前后，60岁及以上老年人口将突破4亿人，在总人口中的占比将超过30%，进入重度老龄化阶段。人口老龄化区域差异大，城镇地区的老年人数量比农村多，但农村老龄化程度比城镇地区更高，按照2020年数据，全国60岁及以上人口占辖区人口比重超过20%的省份共有10个，主要集中在东北、川渝等地区。

中国社会的一个显著特征是城乡二元结构。受户籍制度、土地制度、城镇化加速、社会经济发展等影响，城乡二元结构不仅出现在经济领域，也逐渐延伸至社会领域，城乡二元结构一方面指地域经济发展不同，人口地域分布格局不同；另一方面也代表着二元身份的社会地位体系不对等。户籍制度对城乡居民的分化，主要表现在教育、卫生、医疗、社保等方面。随着改革开放的推进，走进新世纪，进入新时代，资本、技术、劳动力等重要生产要素单向流入城镇地区，城镇快速发展，而农村要素长期处于“缺位”状态，城乡要素呈现失衡的状态。费孝通先生认为在城乡一体化进程中，“镇”是连接城乡的重要载体，“镇是城市之尾、农村之首”，在长期的城乡二元结构下，镇作为城市与农村的中间层级，发挥着过渡与连接作用。

四川省第七次全国人口普查数据显示，全省居住在城镇的人口为4746.6万人，常住人口城镇化率为56.73%，居住在乡村的人口为3620.9万人，占43.27%，与2010年相比，城镇人口比重上升16.55个百分点。60岁及以上人口为1816.4万人，占21.71%（其中，65岁及以上人口为1416.8万人，占16.93%），与2010年相比，上升5.41个百分点。数据表明，随着四川省老龄化程度不断加深，城镇化水平的不断提高，老年人口的健康问题将给全省人口高质量发展带来挑战。

因此，本报告聚焦四川省“城市—镇—乡村”三个层级的老年人口健康问题，利用四川省第七次全国人口普查（以下简称“七普”）数据，系统探析四川省老年人口的健康状况变化和特征。

二　研究现状

一般意义上讲，老年人口指的是60岁及以上或65岁及以上的人口，这一标准是根据社会经济发展水平、地域和人口预期寿命变化而变化的。健康，作为居民生活和社会保障的一个重要指标，也是老年人口福利的重要组成部分。世界卫生组织将健康定义为“健康不仅为疾病或羸弱之消除，而且是躯体、精神与社会适应融合的完美状态”。老年人口的健康，不仅要符合健康的广义标准，更要注意到老年人口的特殊性，有所侧重。老年人口的生理、心理和社会适应能力与青壮年群体存在明显差异，因此，老年人口的健康是要从多方面进行衡量的。

我国现有对于老年人口健康的分析研究起步较晚，1982年我国学术界开始关注老年人口健康问题，在之后的40年内，关注程度、研究热度不减，多为利用全国性普查数据或跟踪调查数据，进行实证分析、综合探讨。

针对健康的评价指标体系，国外建立了多种老年人口综合健康评估量表，如日常生活活动（ADL）、社区日常生活活动（IADL）等量表，并被国内学者逐步引入对中国老年人口的健康水平进行测量。自评健康是人们对自我身体健康的总体评价，是一种主观的健康评估，在我国对老年人口健康的研究中作为一个重要指标出现，能够较好地反映主体的健康状况，虽然自评健康受到社会经济地位、文化背景和社会情境的影响会与现实的健康状况有所偏差，但因其更容易获得，且已有很多研究表明其可靠性较强，所以对自评健康的指标应用越来越多。2005 年以来，全国人口普查将老年人口自评健康作为主要的健康指标，针对 60 岁及以上的老年人口设置了自评健康状态问题，根据自身健康状况，对普查标准时点前一个月能否保证正常生活做出自我判断，划分为四个标准：①健康，指过去一个月健康状况良好，完全可以保证日常的生活；②基本健康，指过去一个月健康状况一般，可以保证日常的生活；③不健康，但生活能自理，指普查标准时点前一个月健康状况不是太好，但可以基本保证正常的生活；④不健康，生活不能自理，指普查标准时点前一个月健康状况较差，不能照顾自己日常的生活起居，如吃饭、穿衣、自行走动等。

综上所述，在以往研究中，有关老年人城乡地区差异的研究很少着眼于“镇”这一层级，本报告认为，从“城市—镇—乡村”的角度分析四川省老年人口的健康状况变化和特征，在当前四川省城镇化不断推进的背景下具有一定意义，以“七普”数据为基础分析四川省老年人口健康状况的现状，尝试总结各层级老年人口的健康状况特征，为四川省缓解人口老龄化问题提供数据支撑与基础。

三　现状研究

（一）四川省老年人口健康状况

四川省自 1997 年就进入了老龄化社会，以“七普”数据为例，全省常住人口共 8367.5 万人，其中 60 岁及以上人口为 1816.4 万人，占 21.71%，65 岁及以上人口为 1416.8 万人，占 16.93%。四川省已经进入深度老龄化社会，与 2010 年相比，60 岁及以上人口的比重上升 5.41 个百分点。另外，全省80周岁及以上的高龄老年人口常年保持在200万人以上，约占老年人口总数的12%以上。总体来看，四川省老年人口基数大，老龄化程度深，未来老龄化社会的挑战日益严峻。

四川省老年人口总体健康状况较好。2020年，四川省老年人口中有49.03%的人自评“健康”，37.12%的老年人自评“基本健康”，即86.15%的老年人认为自己健康状况良好；11.50%的老年人认为自己“不健康，但生活能自理”，2.35%的老年人认为自己“不健康，生活不能自理”，即全省老年人口的失能率为2.35%（见图1）。

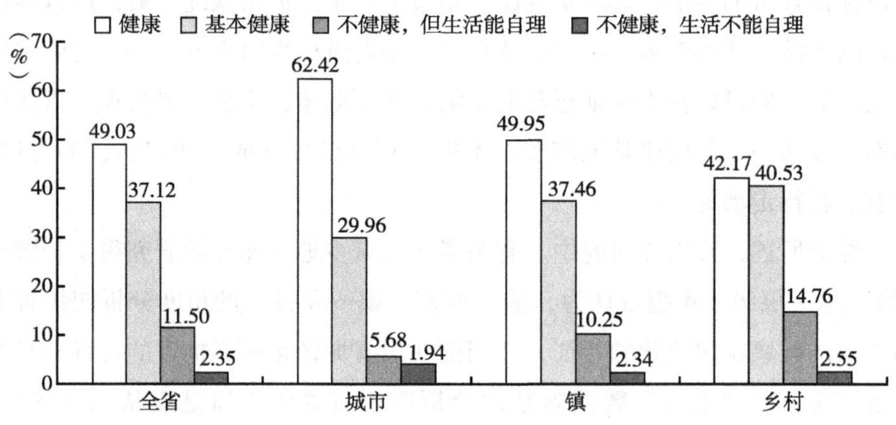

图1　四川省“城市—镇—乡村”老年人口健康状况

四川省城市老年人口共有493467人，占全省老年人口的27.15%（见图2）。其中92.38%的城市老年人认为自己健康状况良好，5.68%的城市老年人认为自己“不健康，但生活能自理”，1.94%的城市老年人认为自己“不健康，生活不能自理”，即城市老年人口的失能率为1.94%。四川省镇老年人共有317689人，占全省老年人口的17.48%。其中87.41%的镇老年人认为自己健康状况良好，10.25%的镇老年人认为自己“不健康，但生活能自理”，2.34%的镇老年人认为自己“不健康，生活不能自理”，即镇老年人口的失能率为2.34%。四川省乡村老年人共有1006680人，占全省老年人口的55.38%。其中82.70%的乡村老年人认为自己健康状况良好，

14.76%的乡村老年人认为自己“不健康，但生活能自理”，2.55%的乡村老年人认为自己“不健康，生活不能自理”，即乡村老年人口的失能率为2.55%。

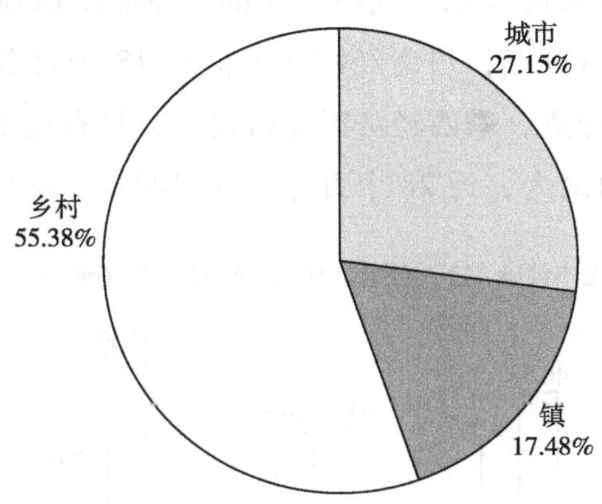

图2　四川省“城市—镇—乡村”老年人口占比

（二）四川省分地区老年人口健康状况

四川省2010年首次提出省内五大经济区的概念，在经济社会不断发展的情况下，尤其是结合交通基础设施和产业布局优化的最新态势，于2016年将五大经济区名称和范围进行调整，分别为成都平原经济区（成都、德阳、绵阳、遂宁、资阳、眉山、乐山和雅安）、川南经济区（内江、自贡、泸州、宜宾）、川东北经济区（南充、达州、巴中、广元和广安）、攀西经济区（攀枝花、凉山彝族自治州）和川西北生态示范区（甘孜藏族自治州、阿坝藏族羌族自治州）。根据“七普”数据，多数市（州）老龄化程度高于全省平均水平。除成都、攀枝花、宜宾、阿坝、甘孜、凉山外，有15个市（州）的65岁及以上老年人口比重超过全省平均水平，其中6个市（州）比重超过20%，尤以资阳、自贡、南充、德阳情况更为突出。

四川省五大经济区老年人口健康状况较为失衡。总体上看，成都平原经济区老年人口健康状况较好，有88.49%的老年人认为自己的健康状况良好，且老年人口的失能率仅有2.23%；川东北经济区老年人口健康状况较差，川东北经济区有17.60%的老年人认为自己处于不健康的状况。从“城市—镇—乡村”维度来看，各经济区的城乡老年人口健康状况呈不同程度的失衡状态。其中，成都平原经济区城乡老年人口健康占比差值近20个百分点，川南经济区差值近18个百分点，川东北经济区差值近18个百分点，攀西经济区差值最小，只有近5个百分点，川西北生态示范区差值最大，近28个百分点（见图3、表1）。

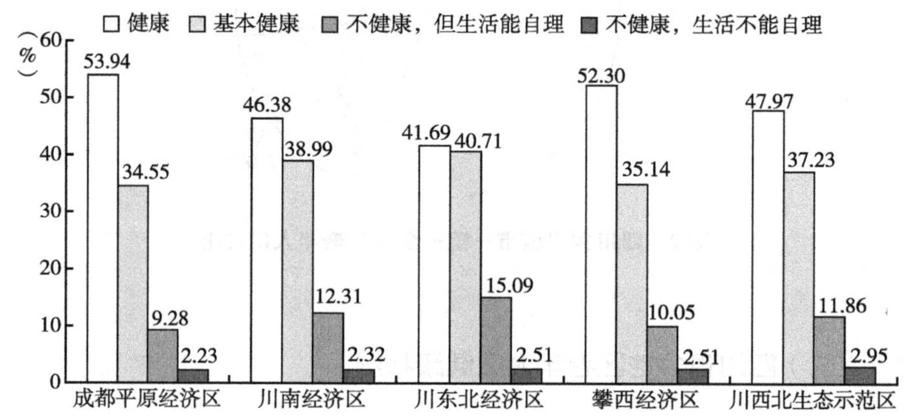

图3　四川省分地区老年人口健康状况

表1　四川省各经济区“城市—镇—乡村”老年人口健康状况

单位：%

地区		健康	基本健康	不健康，但生活能自理	不健康，生活不能自理
成都平原经济区	城市	65.15	27.91	5.04	1.90
	镇	52.63	36.09	8.86	2.42
	乡村	45.38	39.41	12.78	2.44
川南经济区	城市	58.09	32.93	6.84	2.14
	镇	51.38	36.12	10.21	2.28
	乡村	40.55	42.12	14.94	2.40

续表

地区		健康	基本健康	不健康，但生活能自理	不健康，生活不能自理
川东北经济区	城市	55.29	35.28	7.54	1.89
	镇	45.40	40.40	11.93	2.27
	乡村	37.79	41.90	17.59	2.71
攀西经济区	城市	55.27	36.30	6.27	2.16
	镇	52.08	35.73	9.69	2.50
	乡村	50.75	34.26	12.28	2.71
川西北生态示范区	城市	73.40	19.63	5.55	1.42
	镇	51.13	35.77	10.85	2.26
	乡村	45.55	38.60	12.55	3.30

可以看出，四川省内各地区由于经济条件、自然环境等因素，老年人口健康状况不均衡，地区内部城乡老年人口健康状况失衡。

（三）四川省分地区“城市—镇—乡村”老年人口健康状况

从“城市—镇—乡村”维度来看，五大经济区的镇老年人口健康状况较为均衡，农村老年人口健康状况较为失衡。

城市老年人口中，五大经济区均有90%以上的老年人口认为自己的健康状况良好，且失能率仅在2%左右，整体较为均衡。其中，川西北生态示范区自评“健康”的城市老年人口占比最高，为73.40%，攀西经济区自评“健康”占比最低，为55.27%；川东北经济区自评“基本健康”的城市老年人口占比最高，为35.28%，川西北生态示范区自评“基本健康”占比最低，为19.63%；川东北经济区自评“不健康，但生活能自理”的城市老年人口占比最高，为7.54%，成都平原经济区自评“不健康，但生活能自理”占比最低，为5.04%；攀西经济区的城市老年人失能率最高，为2.16%，川西北生态示范区失能率最低，为1.42%（见图4）。

镇老年人口中，五大经济区均有85%以上的老年人口认为自己的健康状况良好，且五大经济区的镇老年人口失能率均在2.2%~2.5%浮动，整体

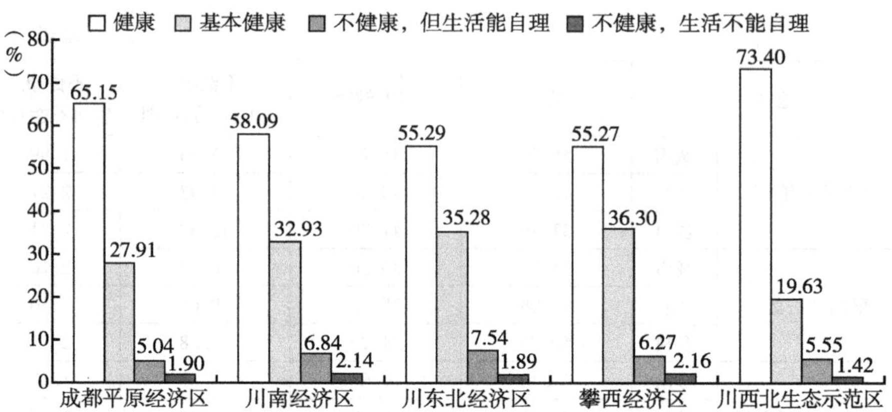

图 4　四川省分地区城市老年人口健康状况

健康状况较好。其中，五大经济区自评“健康”的镇老年人口基本均衡；川东北经济区自评“基本健康”的镇老年人口占比最高，为 40.40%，攀西经济区最低为 35.73%；川东北经济区自评“不健康，但生活能自理”的镇老年人口占比最高，为 11.93%，成都平原经济区最低为 8.86%；攀西经济区镇老年人口的失能率最高，为 2.50%，川西北生态示范区最低为 2.26%（见图 5）。

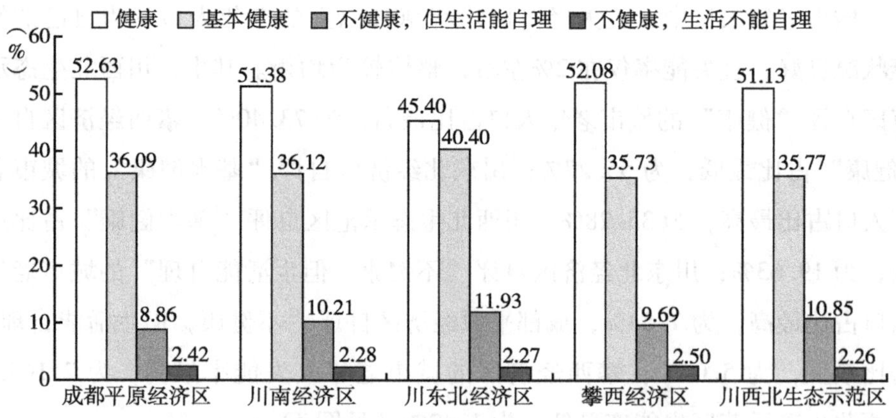

图 5　四川省分地区镇老年人口健康状况

乡村老年人口中，五大经济区中除川东北经济区外，均有 80%以上的老年人口认为自己的健康状况良好，且五大经济区乡村老年人口的失能率均在 2.4%~3.3%浮动，健康状况失衡。其中，攀西经济区自评"健康"的乡村老年人口占比最高，为 50.75%，川东北经济区最低为 37.79%；川南经济区和川东北经济区自评"基本健康"的乡村老年人口出现反超"健康"老年人口的情况，川南经济区占比最高为 42.12%，攀西经济区最低为 34.26%；川东北经济区自评"不健康，但生活能自理"的老年人口占比最高，为 17.59%，攀西经济区最低为 12.28%；川西北生态示范区的乡村老年人口失能率最高为 3.30%，川南经济区最低为 2.40%（见图 6）。

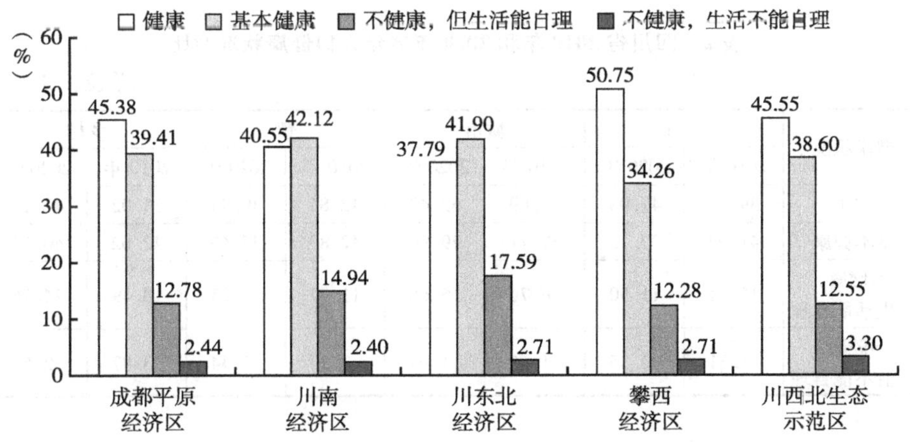

图 6　四川省分地区乡村老年人口健康状况

（四）四川省"城市—镇—乡村"老年人口健康状况变化

与"六普"相比，"七普"数据中全省城乡老年人口健康状况均有一定程度的改善。全省自评"健康"的老年人口占比从 39.06%提升到 49.03%，增长近 10 个百分点，城市自评"健康"的老年人口占比从 53.89%提升到 62.42%，增长近 9 个百分点，镇自评"健康"的老年人口占比从 42.83%提升到 49.95%，增长约 7 个百分点，乡村自评"健康"的老年人口占比从

35.02%提升到42.17%，增长约7个百分点。另外，认为自己健康状况良好的老年人口，也有不同程度的提升，可以看出，全省及“城市—镇—乡村”老年人口的健康状况均在改善。

通过2010年与2020年的健康状况数据对比发现，全省老年人口失能率从3.31%降低到2.35%，下降近1个百分点，镇老年人口失能率从2.39%下降到2.34%，下降0.05个百分点，乡村老年人口失能率从3.87%下降到2.55%，下降1.32个百分点，而城市老年人口失能率从1.65%上涨到1.94%，增长0.29个百分点（见表2、图7）。可以看出全省老年人口的失能率总体上呈下降趋势，但城市老年人口的失能率有所提高。

表2　四川省2010年和2020年老年人口健康状况对比

单位：%

健康状况	全省		城市		镇		乡村	
	2010年	2020年	2010年	2020年	2010年	2020年	2010年	2020年
健康	39.06	49.03	53.89	62.42	42.83	49.95	35.02	42.17
基本健康	41.92	37.12	37.71	29.96	42.80	37.46	42.62	40.53
不健康，但生活能自理	15.71	11.50	6.76	5.68	11.97	10.25	18.49	14.76
不健康，生活不能自理	3.31	2.35	1.65	1.94	2.39	2.34	3.87	2.55

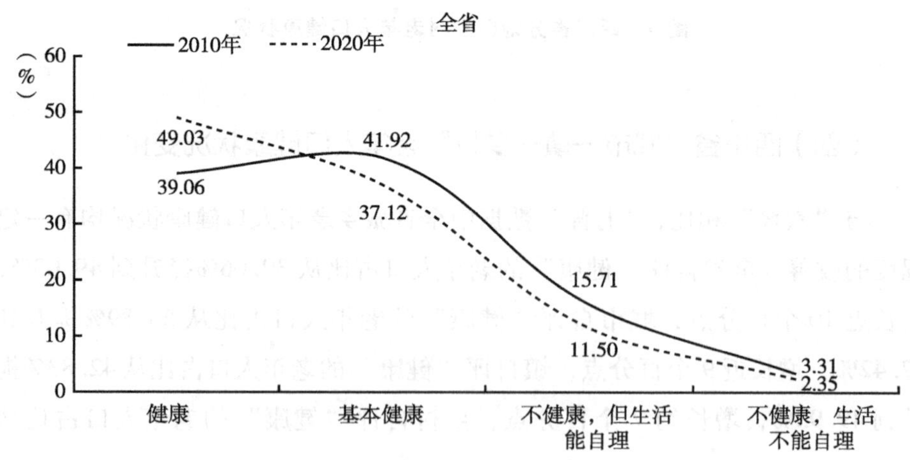

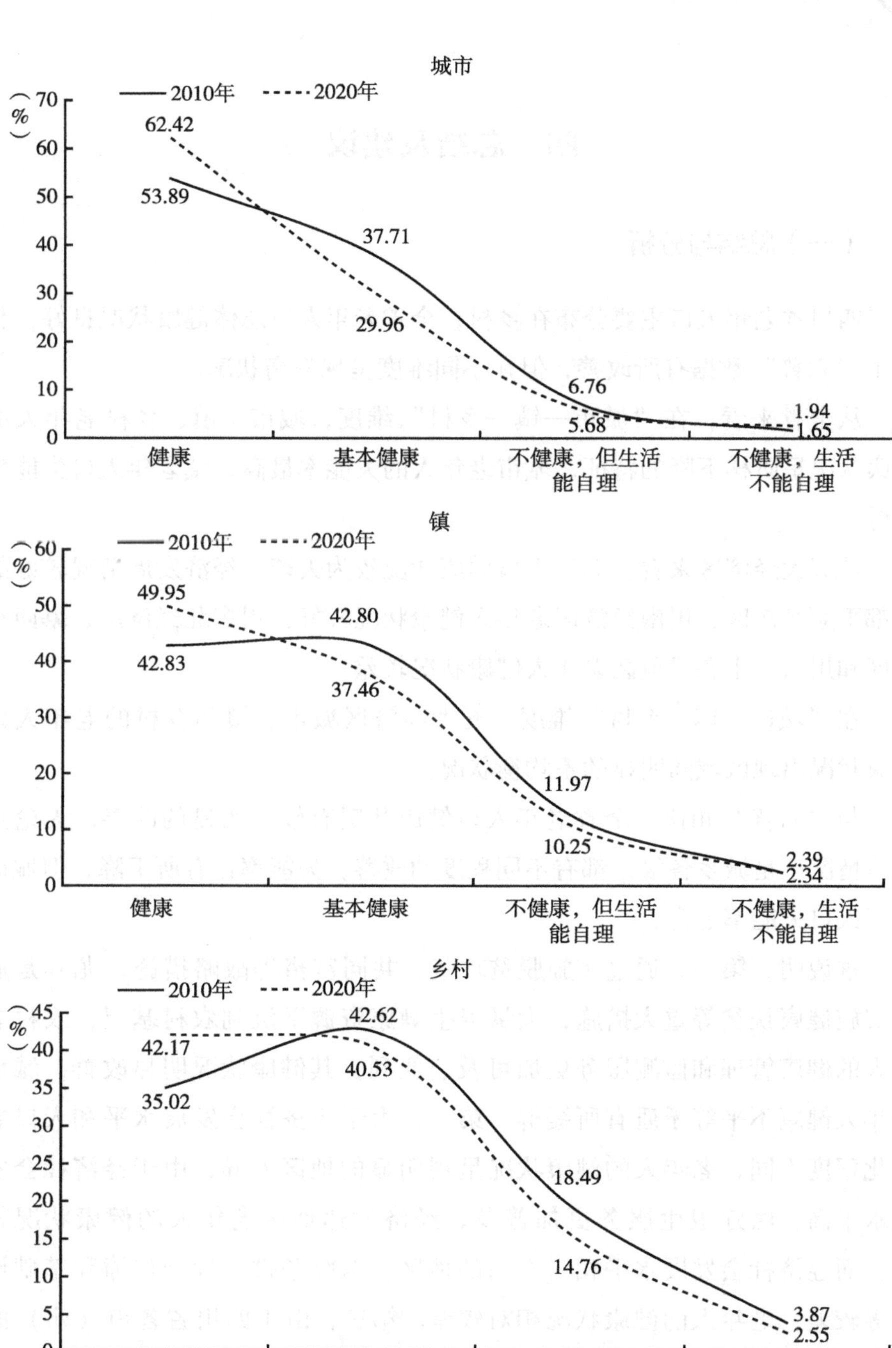

图 7　四川省 2010 年和 2020 年老年人口健康状况对比

四 总结及建议

（一）总结与分析

四川省老年人口主要分布在乡村，全省老年人口总体健康状况良好，相较于“六普”数据有所改善，但在不同维度呈现失衡状况。

从全省来看，在“城市—镇—乡村”维度，城市、镇、乡村老年人的健康状况呈阶梯下降的特征，城市老年人的失能率最高，镇老年人口失能率最低。

从五大经济区来看，老年人口健康状况较为失衡。经济发展情况较好的成都平原经济区、川南经济区老年人健康状况较好，川东北经济区、攀西经济区和川西北生态示范区老年人健康状况较差。

在“城市—镇—乡村”维度，五大经济区城市、镇和乡村的老年人口健康状况出现区域间明显的不均衡状况。

与“六普”相比，全省老年人口健康状况有较为明显的改善，无论是整体情况还是城乡各级，都有不同程度的改善，失能率也有所下降，但城市老年人口失能率上升。

这说明，第一，通过实施脱贫攻坚、共同富裕等战略措施，尤其是通过实施健康扶贫等重大措施，大量卫生健康资源下沉到农村基层，农村老年人的健康管理和监测服务更加可及、便利，其健康状况明显改善，城乡老年人健康不平等矛盾有所缓解。第二，由于经济社会发展水平和人口老龄化程度不同，老年人的健康状况呈现明显的地区差异，由于经济社会发展水平高，医疗卫生服务更加普及，经济发达地区老年人的健康状况较好，而经济社会发展水平相对不高的地区，医疗条件、社会保障和基础设施等较差，老年人的健康状况相对较差。第三，由于四川省各市（州）的地理区位和生态环境不同，老年人数量、健康状况存在空间差异。如凉山州、甘孜州和阿坝州，地理位置较为不便，海拔较高，容易受到高原病、地方病的侵害，尤其是部分农村老年牧民，更容易遭受失能的风险。第四，虽然采取不断优化城镇布局、提高城市可持续发展能力、推动城乡一体化等措施，但城乡二元结构问题仍明显存在，城乡之间经济发展不均衡导致城乡医疗资源分布不均衡，尤其是四川省内，城市虹吸作用明显，部分偏远城镇、农村基层地区医疗卫生资源不足，难以为老年人提供有效的医疗服务，在一定程度上降低了部分地区老年人健康水平。另外，四川省区域间经济发展差距较大，成都市虹吸作用明显，并且四川省人口流动性大，农村地区人员外流严重，导致农村“空巢老人”比重高，老年人难以获得家人的有效照料也是农村老年人健康状况较差的原因之一。

（二）对策及建议

基于研究结论与原因分析，为了进一步提高四川省老年人口的健康水平，促进健康老龄化的发展，提出以下建议。

明确各方主体责任，形成多方共促的老年健康格局。老年人健康涉及全社会多方面的责任，积极探索与多部门、多组织、多机构的合作模式，以拓展区域内老年人口健康问题的解决渠道，政府要主动承担制定法律法规，构建政策体系以及老年健康服务的购买、监管等责任；相关企业作为健康服务的供给主体，其主要责任是针对当前老年人的健康服务需求，提供相应服务，优化养老服务供给；社区作为老年人的主要生活场所，应充分发挥“中枢”作用进行资源整合，开展健康宣传教育等活动；同时，要积极发挥社工机构、社会组织、养老机构、志愿者等作用，不断创新合作模式，形成多方共促的老年健康格局。

注重城乡统筹，缩小区域间、区域内差距。加大对攀西经济区、川西北生态示范区及农村和欠发达地区的医疗卫生投入，合理优化配置医疗卫生资源。提高基层医疗服务水平，提高医疗服务质量，健全社区和乡镇医疗卫生服务体系，进一步建立新型城乡卫生服务体系。注重城乡一体化发展，优化城乡资源配置。既要发挥城镇在资源聚集和使用中的规模效应，又要挖掘乡土资源的独特优势，加大对农村地区的资金支持力度，打破城乡之间的界限，促进城乡地区共同发展。这有利于老年人口健康问题的就近解决，保障其基本医疗和保健服务的供给，从而提高老年人口的健康水平。

加强健康专业人才的引进，打造专业服务团队。基层组织尤其是农村地区，要主动推进建立以服务老年人为主的家庭健康促进专家库，通过与专业社工机构、医疗卫生机构合作，集中吸收各门类医疗专家，开展系列健康推进服务，走入农村、社区、家庭。鼓励并吸引更多的医护人员到基层工作，从而提高基层医疗卫生服务水平，加强医务援助、疾病筛查到乡村和到社区的工作。引入市场化服务机构，充分发挥市场化机构在资金技术方面的优势。市场化机构能够通过专业的市场调查深入了解群众需求，并有针对性地提供服务。

加大对特殊老年群体的关注力度。对于社区内特殊家庭、特殊情况和弱势群体，探索建立“心理疏导、关怀抚慰、志愿服务、保险保障”等 4 项机制，开展“一帮一”“多帮一”的结对帮扶活动，提供生活照料、精神慰藉、康复配合等服务。积极整合社会资源，对接其他部门，为特殊群体提供相关政策支持，提供保障机制。可以尝试提供更加具有针对性的医疗和养老服务，从而改善特殊老年群体的健康状况。持续关注老年人口的心理健康，尤其是空巢老人、特殊家庭老人等，减少其心理疾病出现的风险，保证全方位的健康。

坚持老有颐养，助力构建老年友好型社会。要努力构建全生命周期大健康格局，构建全生命周期健康管理服务体系是经济社会发展的必然要求，解决老年人健康问题也必然要求构建全生命周期大健康格局，做实各项健康管理服务措施，呵护全生命周期健康，最终尽可能地减少老年期健康问题。要维护老年人权益，加强老年人权益保障普法宣传，营造关爱老年人的浓厚氛围；关爱老年人健康，要面向社区内广大老年人家庭加强健康理念和健康素养的宣传普及；强化老年人保障，对特殊家庭进行帮扶保障，对接社会资源和政府部门开展扶持救助。

参考文献

李建新、李春华：《城乡老年人口健康差异研究》，《人口学刊》2014 年第 5 期。

陆学艺主编《当代中国社会结构》，社会科学文献出版社，2010。

谭敏：《社会分层、城乡二元与高等教育入学机会分化——基于福建省的实证分析》，《复旦教育论坛》2016 年第 1 期。

姚毓春、梁梦宇：《新中国成立以来的城乡关系：历程、逻辑与展望》，《吉林大学社会科学学报》2020 年第 1 期。

张文娟、王东京：《中国老年人口的健康状况及变化趋势》，《人口与经济》2018 年第 4 期。

高瑗、原新：《中国老年人口健康转移与医疗支出》，《人口研究》2020 年第 2 期。

尹吉东：《老年人口健康状况与生活来源的区域比较——基于 2015 年全国 1%人口抽样调查数据的分析》，《发展研究》2019 年第 4 期。

宋全成、张倩：《中国老年流动人口健康状况及影响因素研究》，《中国人口科学》2018 年第 4 期。

陆林、兰竹虹：《我国城市老年人就业意愿的影响因素分析——基于 2010 年中国城乡老年人口状况追踪调查数据》，《西北人口》2015 年第 4 期。

吕雅男：《城市老年人健康状况及其影响因素研究——以长沙市为例》，中南大学硕士学位论文，2012。

B.16
四川省生育意愿调查与分析报告*

杨华军　陈志林**

摘　要：　本报告通过问卷、文献、实地等方式对成都、达州、绵阳、宜宾、凉山、广安6个市（州）18~45岁常住女性人口进行调查，聚焦生育意愿尤其是三孩生育意愿的影响因素，分析四川省生育率和生育意愿走低的原因。数据显示，三孩生育意愿不高主要源自生育、养育、教育、托育等环节所产生的压力。同时，"已有一儿一女满意了"观念、政策配套设施质量和数量不足、相关政策宣传落实不够是不准备生三孩的重要影响因素。为提振生育意愿，一是要加大政府高位推动力度，落实主体责任；二是要着力提高政策衔接效度，形成工作合力；三是要提高人口科学治理精度，确保持续发展；四是要有力拓展宣传引导维度，营造良好氛围。

关键词：　生育意愿　人口结构　生育观念　四川

一　引言

人口问题始终是我国面临的全局性、长期性、战略性问题，促进人口发展是中国式现代化的题中应有之义，是关系中华民族发展的大事、要事。为促进人口长期均衡发展，2021年党中央决定实施一对夫妻可以生育三个子

* 基金项目：四川省哲学社会科学基金项目"家庭教养观演变对四川婚育现状影响及对策研究"（SCJJ23ND224）。

** 杨华军，四川省社会科学院社会学研究所副研究员，社会工作专业硕士生导师，研究方向为社会学史、青少年发展治理；陈志林，四川省社会科学院，研究方向为儿童青少年社会工作、农村社会工作。

女并配套相关政策措施（以下简称“三孩政策”）。为贯彻落实党中央决策部署，2022年中共四川省委、省政府制定一系列政策措施，《关于优化生育政策促进人口长期均衡发展的实施方案》的出台为有效促进人口结构优化、增强社会整体活力提供了有力的行动方案。

生育意愿是人们在特定条件下形成的关于生育行为的态度、看法和价值观念，直接影响生育行为，在一定程度上影响着家庭的生育决策。课题组重点对生育观念、生育意愿等主观因素，以及生育成本、社会支持等现实因素进行调查研究。

通过数据分析和文献收集，发现四川人口结构既有家庭户规模小、“一老一小”问题等全国人口状况的一般特征，也有四川特点。一是四川育龄妇女占妇女总人口的比例低于全国平均水平，尤其是20～44岁生育活力较强的妇女占区域妇女总人口的比例比全国低3.33个百分点。二是四川人口老龄化问题较为严重，尤其是65岁及以上人口比例高于全国平均水平3.4个百分点。需更加坚定高质量落实生育相关政策、出台适合地区人口均衡发展的有力举措、促进人口长期均衡发展的现实必要性和形势急迫性。

二　四川生育意愿调查基本情况[①]

（一）调研样本基本情况

本次调研对四川省除川西北生态示范区以外的四大经济区18～45岁育龄妇女进行问卷调查，涉及成都市、绵阳市、达州市、宜宾市、凉山州等地区，收回有效问卷6053份。城乡分布上，城镇居民占47.2%，农村居民占52.8%，略低于四川省2022年57.8%的常住人口城镇化率。学历分布上，高中、大专、大学是本次调研的重点人群。职业分布上，集中在事业单位、打工者和农民三大群体。

① 本部分数据如无特别说明，均来源于问卷调查数据。

（二）主要内容调研发现

通过问卷调研发现，60%的家庭认为2个子女最理想，29.4%的家庭认为1个最理想。坚决想生三孩的占2.7%，坚持不生的占72.5%。除未婚外，已经生育1个或者2个子女的比例合计达90.5%。在理想子女数上，理想子女数在0个和3个选项上存在城乡差异，但在1~2个选项上没有显著差异。三孩生育意愿存在一定的城乡差异，整体上坚持不生的比例超过70%。四川省整体生育意愿为“可一可二，不愿再三再四”，表明全省生育意愿走低、生育活力明显不足、生育动能尚未充分释放。

（三）生育意愿相关要素调研情况

1. 婚姻状况对生育意愿的影响

在婚者三孩生育意愿相对较高。在未婚群体中，坚决想生三孩者占2.1%，坚持不生者占64.8%；相对而言，在婚群体中坚决想生三孩者占2.9%，坚持不生者占75.4%（见表1）。

表1　婚姻状况与三孩生育意愿交叉表

单位：人，%

婚姻状况		三孩生育意愿				合计
		坚决想生	有了就要	无所谓	坚持不生	
未婚	频率	25	163	223	757	1168
	占比	2.1	14.0	19.1	64.8	100.0
在婚	频率	124	508	436	3271	4339
	占比	2.9	11.7	10.0	75.4	100.0
离婚	频率	7	28	45	190	270
	占比	2.6	10.4	16.7	70.4	100.0
再婚	频率	5	29	23	99	156
	占比	3.2	18.6	14.7	63.5	100.0
丧偶	频率	2	7	6	17	32
	占比	6.3	21.9	18.8	53.1	100.0

续表

婚姻状况		三孩生育意愿				合计
		坚决想生	有了就要	无所谓	坚持不生	
其他（请注明）	频率	3	14	14	57	88
	占比	3.4	15.9	15.9	64.8	100.0
合计	频率	166	749	747	4391	6053
	占比	2.7	12.4	12.3	72.5	100.0

在理想子女数方面，主流态度是1~2个子女，不同婚姻状况的样本存在差别。19.35%的未婚者不想要孩子，而在婚者不想要孩子的比例仅为3.71%。理想子女数为1个或者2个的比例合计达到92.56%，但三孩意愿非常低。

2. 学历对生育意愿的影响

不同学历者的生育意愿具有一定差异。高中及以上学历女性坚持不生三孩的比例超过70%，研究生仅有0.7%坚决想生三孩。在有三孩生育意愿的人群中，初中和高中学历女性坚决想生三孩的比例相对较高，但也未超过4%（见表2）。需要指出的是，学历对生育意愿的影响不应过分夸大，因为超过50%的小学及以上学历的女性认为一对夫妇的理想子女数为2个。

表2 文化程度与三孩生育意愿交叉表

单位：人，%

文化程度		三孩生育意愿				合计
		坚决想生	有了就要	无所谓	坚持不生	
文盲	频率	5	3	3	12	23
	占比	21.7	13.0	13.0	52.2	100.0
小学	频率	15	30	21	84	150
	占比	10.0	20.0	14.0	56.0	100.0
初中	频率	32	146	112	617	907
	占比	3.5	16.1	12.3	68.0	100.0
高中（职业技校）	频率	36	114	129	801	1080
	占比	3.3	10.6	11.9	74.2	100.0

续表

文化程度		三孩生育意愿				合计
		坚决想生	有了就要	无所谓	坚持不生	
大专	频率	50	224	221	1332	1827
	占比	2.7	12.3	12.1	72.9	100.0
大学	频率	27	218	239	1443	1927
	占比	1.4	11.3	12.4	74.9	100.0
研究生	频率	1	14	22	102	139
	占比	0.7	10.1	15.8	73.4	100.0
合计	频率	166	749	747	4391	6053
	占比	2.7	12.4	12.3	72.5	100.0

3. 职业类别对生育意愿的影响

职业与生育意愿有一定的相关性。在三孩生育意愿方面，农民、自由职业者和产业工人是坚决想生三孩的主要群体，但意愿最强烈的农民也仅占5.3%。坚持不生三孩的高比例群体分别为企业职员、打工者和事业单位人员，均高于75%。另外，一部分收入相对较高且较为稳定的职业，如约30%的公务员和企业管理人员采取顺其自然的态度（见表3）。在理想子女数方面，各职业表现出差异性。不生育拥护者比例最高的是企业职员。在三孩拥护者中，比例最高的是农民和公务员。整体来看，不生育拥护者的比例达到6.8%。

表3　职业状况与三孩生育意愿交叉表

单位：人，%

职业状况		三孩生育意愿				合计
		坚决想生	有了就要	无所谓	坚持不生	
公务员	频率	16	102	90	477	685
	占比	2.3	14.9	13.1	69.6	100.0
事业单位人员	频率	21	137	142	938	1238
	占比	1.7	11.1	11.5	75.8	100.0
企业管理人员	频率	3	12	13	58	86
	占比	3.5	14.0	15.1	67.4	100.0

续表

职业状况		三孩生育意愿				合计
		坚决想生	有了就要	无所谓	坚持不生	
企业职员	频率	8	55	58	475	596
	占比	1.3	9.2	9.7	79.7	100.0
产业工人	频率	5	14	15	97	131
	占比	3.8	10.7	11.5	74.0	100.0
打工者	频率	33	112	147	925	1217
	占比	2.7	9.2	12.1	76.0	100.0
自由职业者	频率	22	68	71	436	597
	占比	3.7	11.4	11.9	73.0	100.0
农民	频率	37	125	91	439	692
	占比	5.3	18.1	13.2	63.4	100.0
无职业	频率	8	42	38	185	273
	占比	2.9	15.4	13.9	67.8	100.0
其他(请注明)	频率	13	82	82	361	538
	占比	2.4	15.2	15.2	67.1	100.0
合计	频率	166	749	747	4391	6053
	占比	2.7	12.4	12.3	72.5	100.0

4. 地区差异对生育意愿的影响

地区差异上，凉山、达州两地三孩生育意愿超过平均值。坚决想生三孩的整体占比为 2.74%，凉山州和达州市分别为 5.9% 和 3.1%。绵阳市和成都市将近八成的调查样本坚持不生三孩（见表 4）。在理想子女数方面，不生育拥护者比例最高的是成都，超过平均值的还有广安；凉山州和达州市较少认可不生育行为。

表 4　分地区三孩生育意愿

单位：人，%

地区		三孩生育意愿				合计
		坚决想生	有了就要	无所谓	坚持不生	
成都市	频率	21	80	105	798	1004
	占比	2.1	8.0	10.5	79.5	100.0

续表

地区		三孩生育意愿				合计
		坚决想生	有了就要	无所谓	坚持不生	
达州市	频率	14	58	39	340	451
	占比	3.1	12.9	8.6	75.4	100.0
绵阳市	频率	22	92	103	841	1058
	占比	2.1	8.7	9.7	79.5	100.0
宜宾市	频率	28	174	180	897	1279
	占比	2.2	13.6	14.1	70.1	100.0
凉山州	频率	43	168	139	384	734
	占比	5.9	22.9	18.9	52.3	100.0
广安市	频率	38	177	181	1131	1527
	占比	2.5	11.6	11.9	74.1	100.0
合计	频率	166	749	747	4391	6053
	占比	2.7	12.4	12.3	72.5	100.0

5. 独生子女对生育意愿的影响

从家庭理想子女数来看，有独生子女经历的育龄妇女 10.9%不愿意生育，而非独生子女拥护不生育者逐渐减少，特别是有 4 个及以上兄弟姐妹的育龄妇女，认为一对夫妻最好生育 3 个子女的比例高达 9.7%。在理想子女数为 2 个的选项上，独生子女选择比例为 55%，非独生子女选择比例达到 61%。坚决想生三孩的人群中，独生子女和非独生子女选择比例分别为 1.8%和 3.03%。有 4 个及以上兄弟姐妹的育龄妇女坚持不生三孩的比例相对较低，略微超过 50%（见表 5）。

表 5　独生子女与三孩生育意愿交叉表

单位：人，%

兄弟姐妹数		三孩生育意愿				合计
		坚决想生	有了就要	无所谓	坚持不生	
没有	频率	24	132	152	1062	1370
	占比	1.8	9.6	11.1	77.5	100.0
1 个	频率	41	229	238	1670	2178
	占比	1.9	10.5	10.9	76.7	100.0

续表

兄弟姐妹数		三孩生育意愿				合计
		坚决想生	有了就要	无所谓	坚持不生	
2个	频率	38	167	170	979	1354
	占比	2.8	12.3	12.6	72.3	100.0
3个	频率	30	143	98	476	747
	占比	4.0	19.1	13.1	63.7	100.0
4个及以上	频率	33	78	89	204	404
	占比	8.2	19.3	22.0	50.5	100.0
合计	频率	166	749	747	4391	6053
	占比	2.7	12.4	12.3	72.5	100.0

6. 民族成分对生育意愿的影响

从家庭理想子女数来看，调查发现，藏族和羌族的不生育拥护者比例较高，彝族的不生育拥护者比例最低①。但民族成分不是拥护不生育行为的绝对因素，例如，藏族虽然有较高比例的育龄妇女认为不要子女是最好的，但是也有9.1%的育龄妇女认为一对夫妻生育3个子女最好。在三孩生育意愿方面，藏族和彝族都有较高比例的育龄妇女坚决想生三孩，同时坚持不生的比例也最低（见表6）。

表6　民族成分与三孩意愿交叉表

单位：人，%

民族		三孩生育意愿				合计
		坚决想生	有了就要	无所谓	坚持不生	
汉族	频率	128	606	637	4179	5550
	占比	2.3	10.9	11.5	75.3	100.0
藏族	频率	3	10	8	12	33
	占比	9.1	30.3	24.2	36.4	100.0
彝族	频率	33	118	90	122	363
	占比	9.1	32.5	24.8	33.6	100.0

① 需要指出的是，民族成分调研数据较少，在统计上需要谨慎解读，不宜做过度阐释分析。

续表

民族		三孩生育意愿				合计
		坚决想生	有了就要	无所谓	坚持不生	
羌族	频率	1	2	2	34	39
	占比	2.6	5.1	5.1	87.2	100.0
其他(请注明)	频率	1	13	10	44	68
	占比	1.5	19.1	14.7	64.7	100.0
合计	频率	166	749	747	4391	6053
	占比	2.7	12.4	12.3	72.5	100.0

三　生育意愿走低的主客观因素分析

（一）生育问题相关结构背景

在性别结构上，根据第七次全国人口普查数据，四川出生人口性别比低于全国平均水平，由低到高的全国排名位列第4。从人口统计学意义上看，四川出生人口性别比在102~107的正常范围之内，但102.19的性别比已非常接近102的最低临界值。

在家庭结构上，四川家庭户规模为2.51人，低于全国家庭户平均规模2.62人。全国家庭户规模从低到高的排名中，四川排第11位。家庭户规模的影响因素较多，不完全与经济发展水平相适应。但在西部地区中，四川省家庭户规模仅比重庆高，位列西部第2。四川家庭户人口比重比全国平均水平略高，相对于平均水平而言，四川集体户比重较低，集体户比重由多重因素决定。

在育龄人口结构上，四川育龄妇女占比低于全国平均水平，老化现象严重。20~44岁的育龄妇女是具有强生育活力的妇女，既有身体基础，又有社会基础，能生且鼓励生。从调查数据来看，全国强生育活力妇女占妇女总数的33.79%，四川的比例为30.46%，比全国平均水平低3.33个百分点。

进一步统计发现，全国 45～49 岁妇女占妇女总数的 8.14%，四川却高达 9.63%。在育龄妇女中，全国 45～49 岁的育龄妇女占 17.39%，四川 45～49 岁的育龄妇女则占到 21.36%。这就意味着四川省生育旺盛期女性的比例明显低于全国平均水平。

在人口年龄结构上，四川省现有劳动年龄人口比例不高、后续发展形势严峻，尤其是四川省 0～14 岁和 15～64 岁人口的比例低于全国平均水平。劳动年龄人口比例直接影响就业，0～14 岁人口比例影响未来人口结构的正常发展（见表 7）。

表 7　全国和四川各年龄段人口分布

单位：人，%

地区	合计	0～14 岁		15～64 岁		65 岁及以上	
	人数	人数	比重	人数	比重	人数	比重
全国	1409778724	253383938	18.0	965759506	68.5	190635280	13.5
四川	83674866	13471112	16.1	56036154	67.0	14167600	16.9

资料来源：根据第七次全国人口普查数据整理。

在人口老龄化程度上，一方面，四川人口老龄化问题较为严重。65 岁及以上人口比重高于全国平均水平 3.4 个百分点。另一方面，四川家庭老龄化程度将会加重。其中，有一位 60 岁及以上人口的家庭户比例比全国平均水平高 3.8 个百分点。进一步细分统计发现，四川省有一位 65 岁及以上人口的家庭户比例为 64.1%，比全国平均水平高 2.3 个百分点。

（二）影响人口的趋势性数据

从育龄妇女比重看，四川育龄妇女占区域妇女总人口的比例（45.1%）比全国育龄妇女（46.8%）低 1.7 个百分点。其中较为突出的问题是，四川镇育龄妇女的比例（46.1%）比全国镇育龄妇女低 2 个百分点；四川乡村育龄妇女的比例（37.0%）低于全国乡村育龄妇女（37.8%）平均水平。如果按照乡村育龄妇女的生育子女数往往高于城市的假设推断，四川人口后续加快发展的压力十分明显。

从当前生育状况看，第七次全国人口普查数据显示，四川省2020年常住人口出生率为7.6‰、人口自然增长率为1.3‰，两个数据比全国8.5‰的出生率、1.45‰的自然增长率都要低。较为反常的是，从20~44岁一人户的相关数据分析发现，虽然四川省20~44岁女性一人户的比例（14.8%）比全国平均水平（15.4%）低，但人口的出生率和自然增长率均没有相应提高。

从“一老一小”生育的后劲问题看，与第六次全国人口普查的主要数据相比，四川“一老一小”问题与全国一样突出，但也有自己的特点。相同点是，四川和全国15~59岁、60岁及以上两个年龄段的人口比重都在下降。不同的是，0~14岁人口比重全国上升1.35个百分点，但四川却下降0.87个百分点（见表8）。由于四川省0~59岁年龄段人口的比重在下降，育龄妇女的比重又低于全国平均水平，因此四川的生育问题相比于全国严峻得多。同时，四川育龄妇女的老化现象进一步影响生育率，加剧了人口发展的不利趋势。

表8　与第六次全国人口普查主要数据相比的变化情况

单位：百分点

地区	0~14岁比重	15~59岁比重	60岁及以上人口比重
全国	↑1.35	↓6.79	↑5.44
四川	↓0.87	↓4.54	↑5.41

注：“↑”表示上升；“↓”表示下降。

资料来源：根据第七次全国人口普查数据计算整理。

（三）影响生育意愿的历史观念性因素

新生育观正在酝酿形成之中。近40年的计划生育政策基本改变了多子多福的传统生育观念，形成了较为稳定的计划生育观念，对提高生育意愿的政策导向造成不小影响。当前亟须向“允许并制定支持措施鼓励一对夫妻生育三个子女”的生育观引导过渡，但人们的观念转变需要一个过程。

生育主体婚育观念分化。当前，人们的婚恋和生育观念已经开始分化。首先，结婚率持续走低，低结婚意愿是目前无法回避的问题。《2021 年民政事业发展统计公报》显示，全年依法办理结婚登记 764.3 万对，比上年下降 6.1%。结婚率为 5.4‰，比上年下降 0.4 个千分点。其次，“丁克”（自愿不育）等婚育亚文化在一定范围内存在，并有扩大的趋势。2017 年全国生育状况抽样调查表明，全国已有一孩的已婚育龄女性打算生育二孩的比例仅为 27.3%。全国育龄女性理想子女数为三孩及以上的比例仅为 7.4%。对已生育二孩的育龄女性，理想子女数为三孩及以上的比例也只有 7.9%，仅 4.4%打算生育第三个或更多孩子。

（四）影响生育意愿的政策惯性传导

计生政策惯性影响。计划生育政策对生育行为的影响作用是直接且有效的。1982 年计划生育政策出台以后，1987 年中国的人口自然增长率达到峰值，随后一路下行。“单独二孩”“全面两孩”政策促进了中国出生人口的回升，尤其是 2016 年全面放开二孩政策后，2016 年和 2017 年新出生人口出现了一个小高峰。但长期计划生育政策的惯性依然存在，环境因素和惯性因素叠加，抵消了新政策的刺激效应，因此，2018 年的出生人口再次断崖式下滑。

生育社会支持转型影响。在宏观和社会层面，生育的支持系统要求从计生支持型转向鼓励生育型。2022 年，国家卫健委、国家发改委等 17 个部门联合印发《关于进一步完善和落实积极生育支持措施的指导意见》，推出 20 项具体措施落实生育支持政策，广泛涉及财政、税收、保险、教育、住房、就业等方面。为推动实现适度生育水平、促进人口长期均衡发展提供有力支撑。但出台时间较短，政策效果还有待实践的评估。在个体和家庭微观层面，生育的社会支持需要从单位型转向单元型。独生子女时代，单位的熟人社会、邻里互助让抚养子女有较大的安全感，省去大量的入学、升学等忧心事烦心事；转型后居住形式发生剧烈变化，从单位楼转向单元楼，从共同体走向孤立体，子女入学、就医等无不需要年轻人事必躬亲。双方父母一般不与子女共同居住，即便共同居住能够解决孙辈的问题主要限于吃穿等生活问题。整体上，微观层面的社会支持系统还不足以适应多子女要求。

生育公共服务转型影响。公共服务的属地性与人口的流动性尚未充分匹配。教育、医疗等公共服务一旦投入使用，在地服务的属性就逐渐显露出来。在人口高流动时代，供给和需求之间不匹配的情况在所难免，拥堵、闲置现象都大量存在。

（五）生育意愿走低的数据分析

1. 生育意愿走低的直接主要因素

调查显示，按综合得分排名，不想生三孩的主要原因前三位分别集中在生育、养育、教育等环节的压力中，重点表现为经济压力大、教育压力大、孩子婚嫁压力大。同时，“已有一儿一女满意了”的观念也较为普遍，所以不准备再生三孩（见表9）。

表9　不想生三孩的主要因素排序

单位：分，人

选项	综合得分	第1位	第2位	第3位	小计
经济压力太大	10.64	3838(69.35%)	1385(25.03%)	311(5.62%)	5534
未来孩子教育压力太大	9.14	480(9.40%)	3314(64.92%)	1311(25.68%)	5105
未来孩子婚嫁压力过大	3.23	30(1.56%)	293(15.24%)	1600(83.20%)	1923
已有一儿一女满意了	2.68	1072(76.96%)	153(10.98%)	168(12.06%)	1393
未来赡养父母负担重	2.06	33(2.72%)	255(21.02%)	925(76.26%)	1213
生育影响自己的事业发展	1.15	48(7.19%)	180(26.95%)	440(65.87%)	668
一个也不想生	1.03	250(44.17%)	96(16.96%)	220(38.87%)	566
未来自己养老压力大	0.99	22(3.78%)	146(25.09%)	414(71.13%)	582
因身体原因不能再生育	0.80	96(21.15%)	87(19.16%)	271(59.69%)	454
生育影响自己的身材	0.56	22(6.75%)	88(26.99%)	216(66.26%)	326
其他(请注明)	0.46	88(34.24%)	40(15.56%)	129(50.19%)	257
已有3个及以上子女	0.27	76(52.78%)	18(12.50%)	50(34.72%)	144

2. 经济压力因素的主要表现

结婚住房购置压力大。“有自己的住房”是生育子女的两大前提条件之一。无论城乡，四川省结婚住房购置形式排第一位的都是“随男方父母居住”，占有结婚史人口的 24%，其中城镇为 16.33%，农村为 31.5%。受婚嫁风俗影响，结婚时男方需要提供住房，育龄群体经济负担重，加之生育男孩大多需要为未来结婚购置住房提供代际支持等，导致经济压力加大。

家庭教育经费支出压力大。未成年子女每年费用开支为 1 万~3 万元和 3 万~5 万元合计占比 70.92%，若按 2021 年四川人均可支配收入 2.91 万元计算，三口之家的子女费用支出将近或者超过整个家庭收入的 1/3。

部分地区婚礼（含彩礼和仪式）支出大。结婚时收彩礼的比例约为 35%；在收彩礼的数额上，5 万元以内和 5 万~10 万元合计占 32.7%；30 万元及以上的天价彩礼比例为 0.32%。高额甚至天价彩礼，让很多人或家庭对结婚望而却步，结婚难加剧了生育难的问题。

3. 养育付出大是生育意愿低的重要因素

调查显示，子女小学前日常生活的主要照料者依次是外公外婆（28.53%）、爷爷奶奶（23.44%）、母亲（20.26%），母亲是 6 岁前尤其是 0~3 岁小孩照料的绝对主力。相对于男性而言，女性在生育、养育中精力投入巨大，因生育养育而阻碍女性事业发展、影响夫妇生活品质的情况在一定程度上客观存在，因此女性生育意愿普遍低于男性；部分女性甚至存在生育养育可能会影响身材容貌、威胁婚姻安全等方面的隐忧，因而在生育问题上犹豫不决。

4. 生育养育观念对生育意愿的影响

计划生育观念固化。计划生育政策实施以来，“只生一个好”等宣传语言逐渐固化为较为稳定且被大众认可的生育观念。新的生育观念尚处于转变时期，随着生育政策的调整，“三孩政策”同长期以来形成的固有观念转变不能实现同步。另外，以家庭为单位的养育观仍占绝对主流。例如，73.02%的调查样本认为1~3岁小孩由亲人照顾最好，仅有3.73%认为2~3岁小孩送托儿所最好。如果加上“1岁以下亲人照顾”的选项，家庭作为子女幼儿时期主要照料者的比例高达90%以上（见表10）。

表10　不同养育观念的分布

单位：人，%

选项	小计	比例
1岁以下亲人照顾	1079	17.83
1~3岁亲人照顾	4420	73.02
1~3岁保姆照顾	83	1.37
2~3岁保姆照顾	20	0.33
2~3岁送托儿所	226	3.73
其他(请注明)	225	3.72
合计	6053	100.00

5.相关配套设施量质状况影响生育决策

一是托幼设施覆盖率较低。42.1%的育龄妇女反映，其所在区域没有托儿所。从细分数据来看，成都等条件较好的地区也有超30%的育龄妇女反映所在区域没有托儿所。另外，幼儿园入园情况是影响育龄妇女生育意愿的重要因素。调研发现，26.46%的样本反映所在区域没有幼儿园，而都能上幼儿园的比例只有47.8%。二是对小学入学问题的满意度较低。所在区域上小学的困难因素主要是优质学校难进、距离较远和教学水平差（见表11）。三是“双减”政策实施处于调试期。“双减”政策实施后，虽然教育焦虑在一定程度上得到缓解，但是部分育龄群体仍担心孩子未来的学习发展，因不能争取到更优质的教育资源而引发生育焦虑。

表 11　样本所在区域小学入学困难的因素排序

单位：分，人

选项	综合得分	第 1 位	第 2 位	小计
优质学校难进	3.72	1752(42.21%)	2399(57.79%)	4151
距离较远	2.31	1171(45.65%)	1394(54.35%)	2565
教学水平差	2.20	1149(47.13%)	1289(52.87%)	2438
没有	2.12	1788(80.87%)	423(19.13%)	2211
其他(请注明)	0.33	123(32.98%)	250(67.02%)	373
校风差	0.32	72(19.35%)	300(80.65%)	372

注：本题目是根据符合程度从高到低选 2 个。

6. 相关政策宣传落实不够影响生育意愿

获取优生优育知识的主要途径较为单一。受访者目前主要依赖于政府部门、媒体、妇联、婚姻登记机构、妇幼保健站等组织的宣传以及手机等渠道。新生育政策宣传尚未达到全覆盖。尚有 10.95% 的群体不知道国家提倡一对夫妻生育三个孩子政策。同时，生育政策保障还不到位。65.4% 的育龄妇女没有享受过生育津贴，甚至还有 11.81% 不知道有生育津贴。有生育保险的育龄妇女比例不足一半，甚至还有 9.12% 不知道有生育保险。女性的生育期和生育后职业发展保障不足。国家明令禁止用人单位因女职工怀孕、生育、哺乳而降低工资、恶意调岗、予以辞退。但是调查发现，14.67% 的育龄妇女遭遇过因怀孕、生育而失去原来的工作（见表 12）。

表 12　是否遭遇过因怀孕生育失去原来的工作情况

单位：人，%

选项	小计	比例
没有	4587	75.78
有	888	14.67
自己改换了其他工作	279	4.61
不工作，安心抚养孩子	299	4.94
合计	6053	100.00

四　提高生育活力，促进人口长期均衡发展的对策建议

（一）加大政府高位推动力度，落实主体责任

充分发挥政府主体作用，“婚嫁、生育、养育、教育、就业”通盘一体考虑，推进建立积极生育支持政策体系。构建政府主导、部门主责、企事业单位、社会各界和家庭共同参与的工作格局。坚持各级党委和政府一把手亲自抓、负总责，常态化向上级党委和政府报告本地人口变动发展状况。强化协调机构领导及相关工作人员的社会性别意识，系统宣传贯彻落实生育相关法律法规，不折不扣落实三孩生育政策。确保生育相关财政投入，健全社会保障、生育保险、就业保护有关政策制度，最大限度地解决生育的后顾之忧。优化和完善重大经济社会对人口发展的影响评估机制，最大限度地减缓老龄化进程，促进人口长期均衡发展。

（二）着力提高政策衔接效度，形成工作合力

推动各级地方政府设置生育支持政策协调机构，落实卫生健康、发展改革、财政、教育、医疗保障、人社、住建、公安、民政等多部门职能职责，不断提高政策衔接效度，形成政策无缝衔接、工作协同推进的良好局面。强化“性别平等”“就业是民生之本”的理念，持续重点推进消除女性就业障碍，鼓励有条件的单位实行弹性工作制等措施，加强对生育期女性的就业支持，促进女性职业发展。依法依规加大劳动力市场性别歧视监管力度，规范单位用工行为，运用财政支持、税收减免、降低贷款利率、扩大企业品牌效应等手段，激励用人单位保障女性合法权益。

（三）提高人口科学治理精度，确保持续发展

提高优生优育服务水平、健全全生命周期人口服务体系，强化数据和信

息共享，推进“出生一件事”“保一争二追三”策略。吸引中青年劳动力，确保育龄人口结构优化，创新五大经济区人口结构优势互补、底线扎牢、高线突破的方式方法，将招商、招人与优化营商环境一体化考虑。降低中青年劳动力流出比例，增强区域中心城市对中青年人口的吸附力，通过增加育龄人口基数和比例等方法优化调整区域人口结构状况。

（四）有力拓展宣传引导维度，营造良好氛围

注重发挥群团组织力量，创造生育友好型社会环境，缓解女性工作、家庭冲突。积极倡导科学的生命价值观，充分肯定和保障女性地位，赞扬和彰显母亲伟大精神。积极构建男女平等、和睦、文明的婚姻家庭关系，倡导和支持男女共担家务，促进夫妻共同承担未成年子女的抚养、教育、保护责任。全社会逐步接受、肯定、尊重家务劳动的价值。有效发挥村规民约、家教家风作用，培育健康文明的婚恋、婚俗和婚育文化，破除高价彩礼等陈规陋习，选树宣传婚事新办理典型简约嫁娶、和谐婚姻等良俗新风，推动广大群众转变思想观念，重点推动民族地区婚俗改革协同治理体制机制。聚力提升特殊关爱温度，做优关怀工作，深入开展各级各类“暖心行动”，提高留守妇女儿童、困境儿童等特殊群体关爱服务，总结提炼成功经验、广泛推广。

参考文献

李瑶玥、王桂新：《再生育意愿的形成机制及影响因素——基于计划行为理论的考察及流动人口动态监测调查数据的验证》，《河南社会科学》2021 年第 10 期。

刘宇丹、潘秋予：《南充市城区已婚育龄妇女生育意愿与生育行为调查研究》，《经济师》2021 年第 1 期。

王记文：《很低生育率背景下中国的生育意愿及其影响因素研究——基于 CGSS（2010~2015）重复调查数据的分析》，《西北人口》2018 年第 4 期。

张成、赵晓恒、倪洁等：《“全面二孩”政策下四川省人口发展形势分析》，《卫生

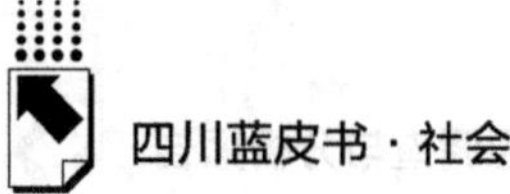

软科学》2020年第4期。

王军、王广州：《中国低生育水平下的生育意愿与生育行为差异研究》，《人口学刊》2016年第2期。

王晓莉、高端阳：《妇女组织参与社会治理的思想演进与核心问题》，《科学社会主义》2023年第4期。

专题四：人才与就业

B.17

四川省柔性引才政策提升新质生产力调研报告*

徐　彬　赵世杰**

摘　要：　功以才成，业由才广，人才既是推动四川经济社会发展的不竭动力和有效支撑，也是培育新质生产力实现高质量发展的战略资源。四川正在实施柔性引才政策，在人才引聚、科研引领、创新推舵以及培养新质生产力方面已做出积极贡献。为顺应新时代高质量发展要求，解决高精尖专家资源难以刚性引入的痛点问题，四川省需要在柔性引才政策上更多发力，在引才规模、政策供给和宣传服务等方面进一步优化，通过柔性变通的引才政策，促成“天府学者”特聘院士、专家为四川高质量发展发挥“聚智+领航+赋能”的典范作用，为提升新质生产力，深拓人才资源提供多层次多样性的政策选择。

* 本文系国家社会科学基金项目“西部地区人才聚集、创新驱动与经济增长的共轭效应研究”（立项号19XGL026）（证书号20223472）的阶段性成果。

** 徐彬，四川省社会科学院公共管理研究所研究员，研究方向为公共政策、人才管理、数字政府与网络治理；赵世杰，四川省社会科学院，研究方向为公共政策。

关键词： 柔性政策 新质生产力 人才引进

一 四川柔性引才政策的背景

（一）现实背景

近年来，习近平总书记多次就人才工作发表系列重要论述，特别强调要加快构建具有全球竞争力的人才制度体系，聚天下英才而用之。四川省认真贯彻和落实习近平总书记关于人才工作的指导精神，省委十一届三次全会通过的《关于全面推动高质量发展的决定》明确提出，建设西部创新人才高地，创设特聘专家等制度，推进双向兼职、联合聘用、交叉任职、技术入股、人才驿站等柔性引才用才模式。柔性引才政策——“天府学者”特聘专家制度因此出台，这一政策的出台是四川省全面贯彻落实中央、省委部署，深化人才发展体制机制改革的重要内容，也是持续吸引高层次人才、聚天下英才加快助力四川提升新质生产力的现实需要。

（二）政策背景

四川省以“天府英才”工程为总揽，构建了“天府峨眉计划”“天府青城计划”“四川省学术和技术带头人培养工程”“三位一体”的人才政策，三者各有侧重、相互衔接、互为补充，整体形成了系统完善的人才计划体系。2020年为大力实施人才强省战略，拓宽人才引进渠道，四川省人力资源和社会保障厅、省委组织部、财政厅出台《四川省“天府学者”特聘专家制度实施办法（试行）》（川人社发〔2020〕9号）（以下简称《办法》）。《办法》明确指出，四川省将围绕优先发展的重点产业和具有竞争优势的领域，重点面向省（国）外柔性引进一批高层次创新人才，弥补四川省部分领域人才智力不足，并带动各地各单位分层实施相应的柔性引才计划，促进高层次人才资源流动。“天府学者”特聘专家制度作为“四川省学术和技术带头人培养工程”的子项目，从政策层面进一步完善了省级人才政策体系，形成了针对柔性引才的专门性制度。

二　柔性引才政策对于培育新质生产力的促进作用

高质量发展是新时代的硬道理，需要新的生产力理论来指导。习近平总书记在中共中央政治局第十一次集体学习时强调：“发展新质生产力是推动高质量发展的内在要求和重要着力点”。[①] 柔性引才政策对于新质生产力要素的培育有促进作用。

生产力是劳动者和生产资料相结合而形成的利用和改造自然的能力，是人类社会发展的决定力量。它的要素包括劳动者、生产工具和劳动对象。[②] 更高素质的劳动者是新质生产力的第一要素。培育新质生产力需要高端技术人才，他们掌握新质生产资料，在理论和技术方面居于前沿地位，对区域高质量发展具有极大的影响力。通过柔性引才政策的实施，省内各单位根据自身发展需要，引入高素质、高水平的科研团队，促进自身高端人才资源的培养和发展，为新质生产力的培育提供人才保障。

更高技术含量的人才资源是新质生产力的动力源泉。生产工具的科技属性强弱是辨别新质生产力和传统生产力的显著标志。生产工具的更新对于生产力的促进作用是巨大的，人类历史上的三次技术革命都以新型生产工具的出现而拉开序幕，培育新质生产力需要在生产中使用更加便捷、更加智能的生产工具。柔性引才政策不仅仅是引进先进生产力，更是带动劳动力、劳动工具、劳动技能的全要素引进。

更广范围的劳动对象是新质生产力的物质基础。劳动对象是生产活动的基础和前提。得益于科技创新的广度延伸、深度拓展、精度提高和速度加快，劳动对象的种类和形态大大拓展。当前，诸多行业处于饱和状态，产品

---

① 习近平经济思想研究中心：《新质生产力的内涵特征和发展重点》，《人民日报》2024 年 3 月 1 日。

② 杨雅玲：《新质生产力赋能高质量发展》，《中国纪检监察报》2024 年 2 月 8 日。

同质化成为制约生产力发展的重要因素，培育新质生产力应着眼于国家战略性新兴产业，开辟全新的赛道，实现高质量发展的弯道超车。通过柔性引才政策灵活引进行业高端人才，在交流与合作中衍生出新的产品、新的产业，催生了一批以数据、信息为依托的新型产业，带动了四川省产业转型升级。

三　柔性引才的主要做法

（一）按需引才，高位推动

柔性引才政策的制定和实施始终聚焦四川经济社会发展和人才队伍建设需要，根据全省重大战略部署、优势特色产业和关键领域需求设置岗位，坚持不求所有、但求所用，面向四川省内外特别是重点从省外柔性引进。按照服务中心按需引进的原则，紧扣省委“一干多支、五区协同”“四向拓展、全域开放”战略部署，服务于全省经济社会发展大局，贴近重点优势产业领域发展需要，贴近用人单位实际需求，聚天下英才助川发展。在《办法》实施过程中，坚持将“天府学者”特聘专家选拔作为厅人事人才工作的重要内容，列为年度人才工作计划一并推进。省人社厅主要领导每年组织召开党组会，专题研究《办法》实施工作，对制订工作方案、建立工作机制、营造浓厚氛围、成果运用转化等作出具体安排。省人社厅分管领导组织推进特聘专家选拔工作，始终确保选拔工作围绕中心、服务大局、推动发展。

（二）科学引才，有序推进

柔性引才政策服务于四川全省经济社会发展大局，《办法》依据择优遴选、重点支持的原则，突出“高精尖缺”导向，重点引进具有国际水准、国内领先、本省急需的高层次人才。面向基层适当倾斜，服务脱贫攻坚、乡村振兴和基层治理。[①] 引才范围坚持从省（国）外引进，对全省人才发展雁

① https：//rst. sc. gov. cn//rst/zcwj/2020/4/1/6e5710f97ebb491ba250aad494388abe. shtml.

阵格局、人才工作先行区、国省重点实验室等给予重点支持；创新引才机制，指导各地打破传统思维、优化体制机制，将设岗与选才紧密结合，可设岗引才或因人设岗，采取规划咨询、项目合作、技术引进等多种方式引才，力求人才为四川省所用；科学组织评审，专题研究制订选聘工作评审方案，明确选拔推荐重点、流程及要求，成立工作专班负责开展评审工作，驻厅纪检组对评审全流程监督把关，力求评审科学严谨。

（三）多重保障，环环相扣

在柔性引才政策实施过程中，为实现特聘专家真引实干，产生实际效用，省人社厅紧盯关键环节，围绕专家来川服务时间、设岗单位配套资金、支持政策落地等方面进行跟踪督导，收集掌握管理单位、设岗单位落实执行情况。对特聘专家合同履行、业绩贡献、服务保障等情况开展定期考核，将考核结果作为享受资助激励、专家续聘等方面的重要依据，确保柔性引才政策高质量落实。

（四）多方联动，提质增效

为拓宽特聘专家对四川省经济社会更多领域的示范带动作用，省人社厅以“天府学者”特聘专家制度为牵引，推动各地区、各部门分层开展柔性引才，指导、支持各地区、各用人单位对标柔性引才政策制定符合本地区、本单位的引进制度，以便在更多地方、更广领域实现柔性引进人才的倍增效应，构建起省地协同引才聚才的良好格局。同时，柔性引才政策将“天府学者”特聘专家的设岗单位范围扩大至全省行政区域内的高等学校、科研院所、医疗卫生机构、文化旅游机构、重点企业等，充分发挥市场配置人才资源的决定性作用，切实发挥用人单位的主体作用，形成人才引进工作合力。

四　柔性引才政策实施成效

党的十八大以来，四川省以“天府英才”工程为统揽，逐步构建了以

“天府峨眉计划”“天府青城计划”“四川省学术和技术带头人培养工程”为引领，各有侧重、相互衔接、互为补充的人才计划体系。柔性引才政策实施以来，以人才集聚促进了创新要素集聚，以人才优势助推了经济社会高质量发展。截至目前，省财政累计投入3180万元，支持四川省行政区域内的105家企事业单位柔性引进特聘专家159名，弥补了四川省部分领域人才智力不足，为推动四川现代化建设提供了有力保障。

（一）广聚行业人才，破解高层次人才难引难留瓶颈

始终坚持“不求所有，但求所用”的柔性引才理念，助力各地各单位吸引高层次创新人才。在159名特聘专家中，具有博士研究生学历（学位）的149名、硕士研究生学历（学位）的8名，占98.7%；从任职资格看，156名特聘专家具有教授、研究员等正高级职称，占98.1%。从设岗单位属性看，中央在川单位引进34名特聘专家，占特聘专家总数的21.4%；省属单位引进74名特聘专家，占46.5%；市（州）单位引进51名特聘专家，占32.1%（见图1）。大量人才的引进，为培育新质生产力引入了高端劳动

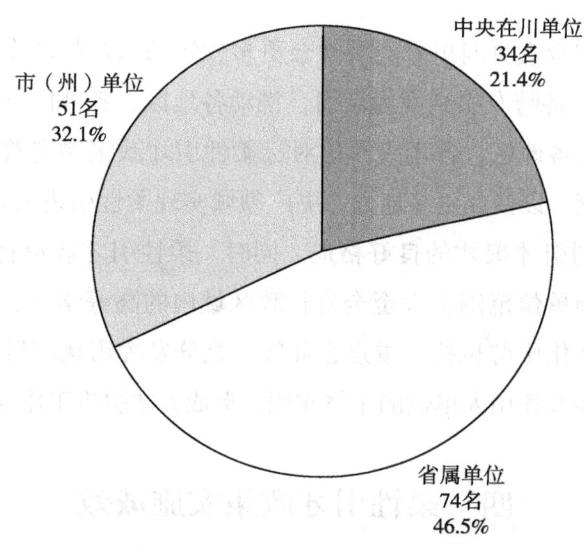

图1　设岗单位属性分布结构

者，以才促产实现产业的转型升级。运用柔性引才政策，通过对拔尖技能人才的引进，带动培育省内与新质生产力发展相匹配的劳动者队伍，最终实现企业与人才的产学研高度融合。

（二）助推高质量发展，有效促进科技创新和产业升级

受聘的159名特聘专家，紧紧围绕产业发展需求，整合先进技术和资源，推动设岗单位开展技术革新，申请专利90余项；通过与单位科技创新联合攻关，破解部分关键核心技术“卡脖子”难题；积极发挥指导作用，推动单位创新观念、优化机制，加快适应现代化发展。产业转型升级是发展新质生产力的重要因素，目前以传统制造业为代表的产业逐渐出现发展疲态，其内生动力和发展前景不足，以信息技术、生物工程、医疗、新能源、新材料为代表的新兴产业是我国实现高质量发展的必然选择，通过柔性引才促进川内优势产业的转型升级，完善现代化产业标准，推动新兴产业与传统产业融合发展，通过发展智慧农业、现代化工业为高质量发展强基固本。

（三）示范引领带动，夯实新质生产力发展人才支撑

柔性引才政策通过深化人才工作机制创新，集聚培养了大批优秀人才，为发展新质生产力打下重要基础。全省159名特聘专家约3/4分布在人才发展雁阵格局“1+3”6市及经济发展相对较好、产业发展集中程度较高的地区，其余特聘专家均衡分布于资阳、雅安等11个市（州），人才分布深度契合四川省“五区共兴”发展战略。在特聘专家中，两院院士、欧洲科学院院士等近10人，国家海外高层次人才、长江学者特聘（青年）教授、享受国务院政府特殊津贴人员等约100人，汇聚高层次创新人才。在特聘专家的示范带动和人才作用发挥下，自贡市、凉山州、开江县的各级各单位相继建立或完善了柔性引才政策，相继引进3000余名发达地区人才，全省上下呈现“遍地开花”的良好局面，夯实了推动新质生产力发展的人才支撑。

（四）关注社会事业，助推科研和公共服务水平稳步提升

在159名特聘专家中，高等院校设岗引进67名，各级医院设岗引进22人，占比高达56%。特聘专家立足设岗单位定位，精准分析研判，精心规划指导，增强了设岗单位科研实力，助力四川省教育、医疗等公共服务水平持续提升，推动四川省社会事业不断进步。

（五）立足协调发展，缩小区域间发展差距

四川省坚持以习近平新时代中国特色社会主义思想为指导，将新发展理念作为新时代治蜀兴川的指引，全力推进贫困地区经济发展。四川省作为西部地区，经济社会发展水平相较于东、中部地区较为落后，其中四川西部地区经济发展水平更甚。经济落后地区想要实现振兴需要靠人才，而自身经济社会发展的落后、基础设施建设的不足以及高等教育院校的缺失都使得高端人才引不来、留不住，由此形成发展落后—缺少人才—差距拉大的恶性循环。“天府学者”特聘专家制度的柔性引进政策是适合经济发展落后地区的人才引进政策，各个市（州）通过柔性引进的方式，灵活申报，引进了一大批优势产业领域的专家，利用专家的学术平台、个人影响力，共同申报科研项目、联合培养专业人才，对地方引才、留才起到了积极作用，形成发展落后—人才指引—缩小差距的良性循环，为四川省区域协调发展提供了良好的政策支撑。

五　问题及建议

（一）存在的问题

总体来看，“天府学者”特聘专家制度运行4年已取得斐然成效，在调研中发现四川省已形成值得推广的经验，但也存在一些问题值得关注和重视，主要表现在以下4个方面。

1. “需强供弱”与实际需求还不匹配

《办法》明确用5年时间在全省设置200个左右“天府学者”特聘专家岗位，但每年“天府学者”特聘专家引进总量仅40名，且需考虑经济社会发展多个领域，面对基层单位、高校科研院所、企业等不同用人主体的需求，选拔总量相对不足。

2. 政策内容和管理方式还需优化

对柔性引进人才的考评机制还不健全，部分单位存在“重引进轻管理”的现象，由于柔性引进人才不存在晋升压力，也没有长期固定的工作任务，在设岗引才单位若未形成科学合理的考核、评估机制，则会导致合作成效不佳的情况。“天府学者”特聘专家原则上需要外省正高级职称的博士，这对部分民族地区、经济欠发达地区或县以下基层单位而言要求相对较高，能吸引到的柔性服务外来专家人数较少。

3. 政策宣传和互通共享还需加强

部分地区对柔性引才政策的宣传力度不大，对作出重要贡献的“天府学者”特聘专家事迹和引才经验的宣传、报道不足。个别设岗单位在人才选择上过于贪大求名，定位不精准，过于追求名气，过多关注“985、211高校和中科院系统”，未充分考虑引进人才与本地（单位）发展需求是否吻合。

4. 政策标准及灵活性仍需改进

柔性引才政策的初衷是利用其灵活的引进方式为经济发展较落后地区提供高端人才支撑，但是结合四川省实际来看，目前政策在执行方面没有充分考虑到各市（州）间的差异性，“一刀切”的引才标准不利于欠发达地区的柔性引才。成都市作为西部地区头号城市，拥有完善的基础设施配套和优质的科研工作环境，对于人才的吸引力远超其他市（州），柔性引才政策在执行中采取的方式为市（州）上报、统一审核，同样的标准下经济社会发展落后地区并不占优势。

（二）对策建议

党的二十大报告对新时代人才工作提出了系列新要求，新质生产力的发展也在召唤更多高水平创新型人才。省委十二届历次全会和省委人才工作会议明确提出，要深入实施新时代人才强省战略，加快建设创新人才集聚高地，全方位培养引进用好人才。下一步工作中，应按照中央和省委关于人才工作的决策部署，围绕扩大规模、健全机制、强化宣传、优化服务等方面，不断改进和提升四川省柔性引才工作，以人才工作机制创新，推动新质生产力蓄势发展。

1. 注重提标扩面，加快集聚一批高端创新人才

继续优化实施“天府学者”特聘专家制度，积极争取相关部门支持，适度扩大引才规模，加大资金等其他要素保障投入，瞄准新质生产力布局，推动选拔工作更加紧密贴近科技创新、产业发展、公共服务、乡村振兴等省委和省政府重大战略部署，满足全省经济社会发展需求。推动形成“市场主导、政府投入、单位支持、逐年递增”的柔性引才投入保障机制，示范带动全省各级各地增强引才合力、蓄积发展动能。引导用人单位结合需求实际，精准定位，以四川省优势资源为纽带、以各类平台为载体，扩大选才范围，拓宽引才渠道。

2. 优化政策供给，适时推动制度修订完善

深化专家聘用工作制度创新，完善人才培养、引进、使用、合理流动的工作机制。根据调研中反馈的意见研究完善现有政策，合理修订引才范围、条件、程序、支持政策等内容，不断优化管理服务，在继续执行动态管理基础上，健全人才考核评价标准、专家续聘等相关政策。突出重点产业、重要创新平台等优先方向，以及面向基层适当倾斜的政策导向，引导各地方、各单位根据地区和行业特征制定柔性引才政策，切实增强柔性引才的适用性，增强全省柔性引才合力，最大限度地用好、用活、用足人才。

3. 强化宣传服务，营造尊才重贤的良好社会环境

开辟“天府学者”特聘专家宣传专栏，抓好政策宣传、人才宣传，鼓励用人单位充分利用“两院院士四川行”“海科会”等重大活动，加大宣传力度，加强对“天府学者”中突出贡献人才的评选和表彰，吸引海内外优秀人才来川发展。搭建"天府学者"交流平台，推进各地针对柔性引才工作开展交流互动，相互学习先进经验，提高管理水平，促进信息沟通。强化部门联动协同，推动引才信息互联互通，推动信息化平台建设，与相关人才项目整合、共享专家数据库，探索建立人才供需信息对接系统，实现人才优选匹配、精准对接。

4. 优化考核标准，灵活开展专家续聘

政策的制定应充分考虑各方面存在的差异性，"天府学者"特聘专家制度自2020年实施以来，在各级政府的实践发展中多有改进之处。首先，在专家引进方面不同市（州）分别针对自身的优势产业开展引进工作，其中制药、军工等行业具有见效慢、保密性高等特点，因此在考核标准方面需要制定差异化考核模式，对于涉及民生、国家安全等行业应给予适当的考核优惠待遇，给予研究人员和用人单位耐心，以便全身心地投入研究之中。其次，考核标准应由时间导向转向结果导向，"天府学者"特聘专家制度规定引进专家每年为川工作时间不得少于三个月，时间导向的考核方式存在不易量化和实施困难的缺陷，各市（州）所引专家多为省外各行业顶尖人才，工作繁忙、距离遥远等因素和为川工作三个月的硬性指标存在一定的冲突，因此可以转换考核方式，对特聘专家为岗服务时间不做明确规定，统一制定执行细则，以"天府专家"入聘后为川贡献为主要考核指标，建立可量化的申报、考核、续聘的指标体系，将特聘专家为岗期间的成果落地作为设岗单位考核及续聘的主要指标。最后，人才政策应该让所引人才有获得感、成就感和归属感，"天府学者"特聘专家制度至今已实施4年，各市（州）所引专家分别在各自领域为地方的发展付出了自身的努力，地方政府与所聘专家在合作中建立了默契和情感，然而专家续聘的问题成为各市（州）与专家进一步开展深入合作无法绕过的问题，对于聘期到期的专家应采取市（州）申请、上级考核的方式，对于考核合格的专家应开展灵活续聘，续聘专家不占每年40名限量名额，或明确占用比例，同时由省一级主管部门牵头，搭建"天府学者"交流平台，促进各市（州）在相似产业领域的交流合作，加强区域内部协同，进一步促进区域协调发展。

六 总结

党的二十大报告指出，高质量发展是全面建设社会主义现代化国家的首要任务。要实现高质量发展，必须积极培育战略性新兴产业和未来产业，形成新质生产力。区别于传统生产力，新质生产力具有劳动者水平高、生产方式现代化和产品高端化的特点，新质生产力的培育需要创新驱动、人才引领、科技赋能“三位一体”，摆脱传统生产模式，大力发展新兴产业，开辟新赛道，开拓新动能。

“天府学者”特聘专家为四川省人才的引进和培育以及新质生产力的提升高效地发挥出“聚智+领航+赋能”的典范作用。柔性引才政策一方面促进了人才引进体制机制的创新，为四川省引才、育才、留才提供了新的路径。另一方面引导地方推动产业转型升级，侧重发展了一批新兴产业，对开辟新赛道、培育新质生产力起到了引领示范作用。未来，通过制度和政策层面的不断完善和优化，“天府学者”特聘专家有望为四川省吸引更多高层次人才，为四川省培育新质生产力、实现高质量发展作出更大的贡献。

B.18

四川省社会工作人才队伍建设发展现状及分析报告

刘金华　张雨*

摘　要：　社会工作是基层社会治理的重要力量，社会工作人才队伍建设在推进社会工作事业发展中起着决定性的作用。依据党和国家的“人才强国”战略方针，四川省在致力于构建“高水准、高素质”社会工作人才队伍的实践探索中，不仅积累了丰富的实践经验，也揭示了一系列亟待解决的问题。本报告从政策支持、站点建设、人才参与及实践经验四个方面分析了四川省社会工作人才队伍建设的现状，从人口老龄化、社区营造、民族地区三个方面研究社会工作人才队伍建设的必要性。结合目前四川省社会工作人才队伍建设面临的区域发展不平衡、制度建设不完善、服务能力不突出、民族地区本土性人才不足等困境，提出激活地方资源、完善人才培养机制、创新人才培养模式及提升民族工作针对性等建议。

关键词：　社会工作　四川人才　人才队伍建设

社会工作专业人才队伍建设是社会工作事业发展的基石，直接关系到社会工作服务的效果和人民群众的生活满意度。高水准、高素质的社会工作专业人才队伍建设，对于提升人们的满足感、归属感，加强社区营造，创新基层治理体系，促进社会稳定发展，具有重大战略意义。

---

* 刘金华，四川省社会科学院社会学研究所所长，研究员，研究方向为人口社会学、老年人口学、民族人口学等；张雨，四川省社会科学院，研究方向为社会工作。

社会工作人才队伍建设是推动社会工作专业化发展、提升社会服务质量的关键一环。随着社会变革以及社会需求的增加，社会工作人才队伍建设显得尤为迫切。四川省作为中国西部地区的重要省份，其社会工作人才队伍建设现状既面临挑战，也蕴藏着巨大的发展潜力。本报告运用文献研究法，对四川省社会工作人才队伍的建设现状进行系统梳理，并精准把握其发展趋势。同时，针对当前存在的困境，提出切实有效的对策建议，以期推动四川省社会工作人才队伍向更加专业、科学和高效的方向发展。

一 四川省社会工作人才队伍建设现状

（一）政策支持

近年来，各级政府为促进社会工作人才队伍建设和奠定社会工作人才队伍建设的坚实基础，推出一系列政策文件。在建设需求方面，发布《四川省社会工作专业人才队伍建设“十三五”规划》，明确了社会工作专业人才队伍建设方向和重点；在建设标准方面，发布《社会工作专业人才万人培养工程实施意见》，研制了督导等社会工作省级标准；在远景规划方面，编制了《四川省民政事业“十四五”规划》《四川省“十四五”城乡社区发展治理规划》《四川省社会工作专业人才队伍建设“十四五”规划》，将建设社工站点、构建社工服务体系作为社会工作人才队伍建设的发展平台；在财政投入方面，《关于改革完善社会救助制度的实施意见》明确各地可使用社会救助专项资金的3%开展政府购买服务，为镇街社工人才队伍建设提供政策支持；在人才激励方面，出台《关于加强社会工作专业岗位开发与人才激励保障的实施意见》，鼓励各地政府加强社会工作服务、社会工作岗位设置、社区社会工作者准入及补贴等具体措施。

（二）站点建设

社会工作服务站是基层社工人才发展平台、社会工作服务资源整合平台和社会治理服务协同参与平台的结合。因此，社会工作站点的建设对于开展社会工作发挥着基础性作用。

为贯彻落实《关于改革完善社会救助制度的实施意见》，确保乡镇（街道）社会工作服务站的全覆盖，四川省精心构建了市域四级社工服务体系，具体包括市级社工支持中心、县级社工总站、乡镇（街道）社工站以及村（社区）社工站（室）。此体系旨在通过层级分明、功能互补的服务网络，为社会救助工作提供有力支撑，确保各项救助措施的有效实施。截至2023年，全省共建成社工站（室）7324个，其中市级社工支持中心6个、县级社工总站95个、乡镇（街道）社工站2914个、村（社区）社工室4309个。[①] 同时，根据《四川省社会工作专业人才队伍建设“十四五”规划》，近5年来全省累计投入5亿元推动社会工作专业人才队伍建设和社会工作发展，其中，开发设置社会工作岗位8000多个，有效地发挥了社会工作的社会服务作用。

（三）人才参与

1. 社会工作职业水平考试现状

截至2022年底，全国持证社会工作者93.1万人，其中社会工作师20.4万人，助理社会工作师72.5万人[②]，高级社会工作师552人。2022年有16.5万人通过助理社会工作师资格考试，2.8万人通过社会工作师资格考试。

根据《四川省2022年民政事业发展统计公报》，截至2022年，全省持证社会工作者共计4.1万人，占全国持证社会工作者总数的4.4%，其中助理社会工作师3.3万人，占全国持证人数的4.55%，社会工作师0.79万人，

---

① 万千：《四川5000余个社工站点立足治理大局显作为》，《中国社会工作》2022年第28期。

② 中华人民共和国民政部：《2022年民政事业发展统计公报》，http：//www.mca.gov.cn/n156/n2679/c1662004999979995221/attr/306352.pdf。

占全国持证人数的3.87%（见表1）。全省高级社会工作师20人，3名社会工作者被评为全国社会工作领军人才。

表1　全国和四川省通过社会工作职业水平考试情况

单位：万人，%

指标	全国	四川省	占比
助理社会工作师	72.5	3.3	4.55
社会工作师	20.4	0.79	3.87

资料来源：四川省民政厅。

根据国家统计局、四川省统计局、国家统计局四川调查总队数据分析，2023年末全国人口140967万人，四川省常住人口8368万人，社会工作师（含助理社会工作师）持证人数仅4.1万人，与社会工作专业人才需求相比还有很大的缺口。其中，四川社会工作者的人员结构呈现以助理社会工作师为主体的金字塔形，反映出其职业发展面临一定的瓶颈。具体来说，社会工作者在晋升空间、职业待遇以及发展前景等方面遭遇局限，这在一定程度上导致人才流失的问题，不仅不利于人才队伍的稳定，也阻碍了队伍整体素质的提升。

2. 高校社会工作人才培养现状

四川省为健全社会工作人才培育机制，充分发挥在川高校及孵化基地的功能，着力建设社会工作人才培养点。截至2022年，在川22所高校开设社会工作相关专业，其中本科培养院校12所，硕士研究生培养点7个，通过学历学位教育每年培养1600余名毕业生。[①] 此外，川内部分高校目前已申请社会工作博士学位授权点，为提升社会工作专业水平和实务能力跨出了巨大的一步。

3. 高层次社会工作专业人才培养现状

高层次社会工作专业人才不断提升专业素养、管理能力和研究水平，以

① 叶青霞：《绵阳市Y区社工机构参与社区治理研究》，四川师范大学硕士学位论文，2022。

更高的标准投入专业社会工作服务、管理、教育与研究，在推动社会工作高质量发展中发挥示范引领作用。各级民政部门在坚持党对社会工作的领导下，做好高层次社会工作专业人才培养、管理、使用工作，为高层次社会工作专业人才发挥作用营造良好环境并提供坚实保障。按照《四川省高层次社会工作专业人才培养工程（四川社会工作人才计划）实施意见》和培养工作方案，民政厅于2023年组织开展了首批高层次社会工作专业人才选拔培养工作，经推荐申报、初审初选、专项培养、答辩评审，确定21人为首批四川省高层次社会工作专业人才。

4. 就业分布及再培训现状

截至2022年，四川省社会工作专业人才总量达到14.7万人，主要分布在民政、群团组织、禁毒等领域。通过培育培训方式，联合各级民政部门、高校、社工服务机构持续开展专题培训、岗位培训、继续教育培训等，每年培训10万人次以上，近5年累计培训超过60万人次。

（四）实践经验

四川省通过聚焦顶层设计、创新机制、人才评价三个方面，在社工人才队伍建设方面积累了丰富的经验。

顶层设计方面，坚持党管人才原则，切实加强党对社会工作专业人才队伍建设的领导。此外，运用多部门、多群体联动方式充分发挥社会工作人才的积极性，形成社会工作专业人才队伍发展合力。

创新机制方面，创新厅州校社合作机制并取得阶段性成效。2020年，通过大型易地扶贫搬迁安置项目——“彝路相伴”，推动民政厅与四川大学、西南财经大学等6所高校合作，引导社会工作专业人才支援凉山州易地扶贫搬迁集中安置社区治理，助力安置社区提升治理服务水平，带动当地社会工作发展。2021年，又复制推广“彝路相伴”项目的经验做法，在全省33个800户以上的易地扶贫搬迁安置点，策划实施“牵手伴行”行动计划，整合资金1720万元，支持实施社工服务体系试点项目、社工人才服务三区计划等项目49个。

人才评价方面，四川在《四川省社会工作专业人才队伍建设“十四五”规划》中总结了社会工作人才队伍建设的实践经验，并组织开展了人才队伍建设示范地区和单位创建活动，其中成都市优先发动“蓉城最美社工”“十佳社工案例”“十佳社工机构”等人才评选活动。参与评选活动可以增强参与者的集体荣誉感，促进对团队和组织的归属感，且为人才素质的提高奠定良好的基础。

综上所述，四川省在社工人才队伍建设方面有着丰富的实践经验，并且取得了明显的成效。

二　四川省社会工作人才队伍建设的必要性

（一）人口老龄化形势严峻

根据第七次全国人口普查数据，四川省已进入深度老龄化阶段（见表2）。四川省行政区划共21个市（州），其中资阳市老龄化现象最为严重，老龄化程度为28.19%，阿坝藏族羌族自治州、甘孜藏族自治州、凉山彝族自治州等3个州的老龄化程度则相对较低。伴随老龄化的进一步加剧，老年群体对于陪伴、照顾等方面的需求日益增多，这对社会工作者提出了更高的要求。

表2　四川省第七次全国人口普查数据

单位：人，%

指标	总人口	人口（>60岁）	老龄化程度（>10%）	人口（>65岁）	深度老龄化（>14%）
四川省	83674866	18163804	21.71	14167600	16.93
巴中市	2712894	663479	24.46	533704	19.67
成都市	20937757	3764069	17.98	2851183	13.62
德阳市	3456161	892209	25.82	699883	20.25
乐山市	3160168	774179	24.50	606448	19.19
泸州市	4254149	978218	22.99	750754	17.65
攀枝花市	1212203	239574	19.76	192453	15.88

续表

指标	总人口	人口（>60 岁）	老龄化程度（>10%）	人口（>65 岁）	深度老龄化（>14%）
广安市	3254883	807064	24.80	637052	19.57
遂宁市	2814196	708875	25.19	558522	19.85
雅安市	1434603	307681	21.45	244069	17.01
宜宾市	4588804	944190	20.58	723139	15.76
阿坝藏族羌族自治州	822587	117849	14.33	88962	10.81
达州市	5385422	1204411	22.36	967394	17.96
甘孜藏族自治州	1107431	125870	11.37	92538	8.36
广元市	2305657	564922	24.50	433802	18.81
凉山彝族自治州	4858359	604432	12.44	460839	9.49
眉山市	2955219	730774	24.73	591500	20.02
绵阳市	4868243	1154169	23.71	893782	18.36
自贡市	2489256	680687	27.34	530075	21.29
内江市	3140678	792560	25.24	629108	20.03
南充市	5607565	1457839	26.00	1160245	20.69
资阳市	2308631	650753	28.19	522148	22.62

资料来源：四川省第七次全国人口普查数据。

（二）社区营造对社会工作介入需求增加

随着社会的快速变迁，人口流动剧增，面对复杂的环境，非正式系统（亲朋好友、邻里、志愿者等群体）已经成为人们满足需求的关键系统。“社区营造”与“社会工作”相结合对助力增强居民凝聚力起着至关重要的作用。社区营造的用途在于改善人居环境并提升社区活力，它通过多方合作（包括政府机构、商业组织、非公益组织和社区居民），利用现有的社区资源，进行地域治理创新实践，从而使社区环境得到改善，这种改善不仅仅是物理环境，还包括社区文化、社会关系和经济发展等方面。

社区营造需要社会工作人员的参与和协调，社会工作人员的培训和发展也可以帮助社区营造更加有效和专业。例如，社会工作专业人才队伍建设中的相关培训可以帮助社区工作者更好地了解居民的需求和期望，从而推动更有针对性的社区营造。相应的，社区营造也可为社会工作专业人才队伍建设提供实践案例和经验，帮助社会工作人员提高专业水平。因此，社区营造与社会工作专业人才队伍建设是相互关联和相辅相成的，它们共同促进社区的建设和发展。

（三）民族地区基础公共服务需求

民族社会工作对象具有一定的特殊性，所面临的问题极具复杂性，如人口大量流动、民族留守儿童数量占据高位等，亟须有针对性地开展民族地区基础公共服务。

四川省是一个多民族聚居的省份，包括彝族、藏族、羌族等14个少数民族，有着全国最大的彝族聚居区、第二大藏族聚居区和唯一的羌族聚居区。根据《四川统计年鉴2022》，四川省常住少数民族人口约568.8万人，占全省总人口的约6.8%。民族人口大规模流动已有近20年的历史，民族人口大量流动和文化差异带来的冲击，使其融入城市时存在困境，例如生活方式、语言习惯等受到一定排斥。因此，帮助各民族解决所面临的社会问题显得非常迫切，民族社会工作秉持“助人自助”的理念，运用科学的知识和方法，有针对性地制订服务计划，帮助其适应融入新地区。

三　人才队伍建设面临的困境及对策

（一）面临的困境

1. 地区经济差距极大，人才队伍建设发展不均衡

目前，全省社会工作人才队伍建设较好的地区主要集中在成都市及部分市（州），大多数社会工作人才也集中在经济发展水平较高的地区。结合《四川统计年鉴2023》数据，2022年全省地区生产总值为56749.81亿元，其中成都为20817.50亿元，占全省地区生产总值的36.68%，其次是绵阳、宜宾，分别为3626.95亿元和3427.84亿元，分别占6.39%、6.04%，此

外，阿坝藏族羌族自治州、甘孜藏族自治州地区生产总值则分别为462.51亿元、471.94亿元，分别占0.81%、0.83%。

以上数据显示，地区间经济发展差距极大，相应的在公共预算投入层面也存在巨大差异，经济欠发达地区往往面临更多的困境，首先是当地教育资源匮乏，无法为这些地区提供持续的人才保障。其次是经济欠发达地区往往对社会公共事业的财政投入有限，导致骨干型人才流失，无法有效地促进当地社会工作人才队伍建设工作的推进。区域间经济发展不均衡是阻碍全省社会工作人才队伍建设协调发展的主要因素。因此，经济欠发达地区对社会工作专业人才的需求往往存在巨大缺口。

2. 制度建设不完善，人才流失严重

制度完善到政策落实，对社会工作人才队伍建设具有关键性作用。目前四川省人才使用、评价和激励等制度还不完善，并伴随落实不到位等情况。首先是职业激励不足，社会工作专业人才缺乏向上流动机制，职业发展空间十分有限，往往导致从业人员难以从职业中获得成就感。其次是薪酬待遇偏低，根据《四川省社会工作专业人才队伍建设“十四五”规划》，全省社会工作专业人才年薪5万元以下的占82%，3万元以下的占41%，整体待遇偏低。最后是社会工作岗位开发受制约，在职位设置层面，社会工作者岗位主要集中在社会组织中，政府职能部门的社会工作岗位设置偏少。同时，除民政等少数部门外，其他部门在推进社工岗位开发利用方面相对滞后，与之对应的评价体系、薪酬标准难以落实到位，导致社工岗位开发设置进展缓慢，人才利用率降低。

3. 专业化程度较低，服务能力有待提高

在开展专业助人活动时，与预期效果存在差距，社工人才的服务能力欠佳是主要因素之一。

目前，社会工作人员的服务能力仍有很大的提升空间，受教育培养环节和培训水平限制，缺乏专业知识和技能，导致在解决复杂的社会问题时存在短板。同时，社会工作人才队伍的专业化程度不够高，社会工作者角色定位不清，部分社会工作人才在专业知识、实践技能、心理素质等方面仍存在不足，缺乏专业化的培训和实践机会，意味着工作方法和技能可能过时或缺乏专业性，无法适应社会工作的发展趋势。此外，高层次人才比较匮乏，根据《四川省社会工作专业人才队伍建设“十四五”规划》，四川全省通过社会工作者职业水平考试的人数占社会工作从业人员的比例仅为18.67%，比例较低。

因此，为进一步促进社会工作行业的健康发展，需要更多的专业人才，以应对社会需求和新挑战。

4. 民族地区人才开发不足，本土化进程需加速

四川省民族地区社会工作发展相对滞后，民族社会工作的针对性不足是共识，提升社会工作的本土化程度是解决这一问题的关键方法。吴咏梅认为提升民族社会工作的本土化程度需要加大社会组织的协作力度以及实现社会工作的再本土化。因此，加强社会工作人才队伍建设尤为迫切，有效推进社会工作人才队伍建设能够在一定程度上推动提高民族地区的社会福利水平。目前，针对四川省少数民族地区的社会工作人才队伍建设工作缺乏实质性举措，一方面，缺乏相关人才引进政策、福利待遇以及相应的教育资源投入；另一方面，民族地区社会工作存在差异性，包括地理环境、人文因素、语言习俗等，民族地区存在相关民族专业文化人才的需求。因此，应针对民族地区社会工作开展专门性人才培养工作，本土性社会工作有待进一步加强。

（二）对策与建议

1. 激活地方资源，坚持均衡化发展

坚持均衡发展原则，在人才培养方面，首先，注重理论与实践结合，注重基础与专业知识的培养，注重社会工作人才的综合素质和实践能力培养，促进各地区社会工作人才的交流学习，并提供督导帮助。其次，针对民族地区社会工作人才队伍建设，应适当给予相应的激励机制，定期与发展领先市（州）开展人才交流学习活动，积极学习沿海地区、省会城市相关实践经验，进而有效促进当地社会工作事业发展。在人才使用方面，应结合省内社会工作区域发展现状，合理配置社会工作人才资源，避免资源过度集中或过度分散的情况，促进不同地区、不同领域之间的人才交流学习，提高社会工作人才队伍的整体素质。在人才激励方面，针对欠发达地区社会工作人才队伍建设给予适当政策倾斜，并通过逐步完善薪酬保障制度、职称晋升机会，运用荣誉称号颁发、奖励机制等具体举措，激发欠发达地区社会工作人才的积极性和创造性。

通过对社会工作人才的培训和职业发展的支持，提供更多的学习和交流机会，使社会工作人才能够不断提升自己的能力和水平。

2. 完善人才队伍建设机制，从“引进”到“留住”

结合四川基本省情，借鉴其他地区实践经验，逐步完善省内社会工作人才队伍建设相关制度，提升职业发展机会及优化工作环境，进而激发社会工作人才的工作积极性和创造力，以达到吸引和留住人才的目的。

社会工作人才激励的具体方式和方法可以根据不同地区以及机构自身情况而差异化制定。在社工人才吸纳层面，完善职业发展体系，确保社工人才的薪酬保障，开发社会工作人才岗位，同时建立人才流动机制以及志愿者队伍联动服务机制。对于事业单位中的社会工作专业人才，按照所聘岗位兑现工作待遇，对通过社会工作职业资格考试的，用人单位可适当提高工资待遇。在社工人才能力提升层面，完善督导机制，发挥督导的支持性功能、行政性功能、教育性功能，加强培训与交流，促进社工提升专业水平和服务能力，实现留得住人才的目的。

3. 创新培养模式，促进专业化发展

在培养模式层面，结合四川省人才队伍建设现状积极推进相关培养模式、政策支持体系的完善工作，积极倡导校—社联动培养模式，促进社会工作人才队伍专业化、职业化发展。社会工作具有极强的专业实践性，应积极推进理论实践相结合的教学培养工作，鼓励一线社会工作者、督导、行政管理人才到高校讲授实践课程，将东部地区前沿实践经验带到课堂中，为加强社会工作人才队伍建设输送更多兼备理论与实践知识的人才。

在推进专业化层面，社会工作人才缺口仍然很大，因此，相关部门应积极推进高校社会工作硕士、博士学位授权点的建设工作，稳步推进学历学位教育，促进社会工作专业研究生学位教育与社会工作者职业水平考试相衔接，培养更多高质量专业人才。同时，加强各服务领域专门人才培养工作，针对不同服务对象推动相关专业知识方法的精细化，结合四川省情，重点回应广大基层、农村和少数民族地区人才队伍建设需求，以需求为导向，推动形成城乡社会工作专业人才融合发展的良好局面。

4. 提升民族工作的针对性，加强本土化发展

焦若水认为社会工作高度实践导向的发展需要扎根服务对象背后的生活世界，并从实践出发构建理论，这种方法有助于避免社会工作专业化和本土化之间的争议视角盲区。① 因此，面对民族工作应当给予少数民族地区社会环境更多的关注，多层面优化服务。从意识层面增强社会工作人才的民族认知，通过培训和教育，使社会工作人才更加了解和熟悉民族文化和传统，促进文化认同，从而更好地服务少数民族群体。从人员构成层面增加社会工作人才队伍中的少数民族人才，通过招录和培养来自少数民族的社会工作人才，使社会工作人才队伍更加多样化和更具代表性，更好地反映民族文化的多样性。从实践层面加强社会工作人才的本地化，通过在当地实习和工作，使社会工作人才更加了解当地的民族文化和实际情况，从而提高服务质量和效果。从多元层面加强社会工作人才队伍之间的交流和合作，通过举办各类活动和交流会议，促进民族社会工作人才之间的交流和合作，提高民族地区社会工作人才的竞争力和社会影响力。通过以上措施，使社会工作人才队伍更加有针对性地服务民族工作，加强本土化发展，为民族事业创造更多的价值和成效。

① 焦若水：《生活世界视角下社会工作本土化研究》，《广西民族大学学报》（哲学社会科学版）2018 年第 2 期。

B.19

四川城乡青年生活压力状况研究报告

刘金华　张亦弛*

摘　要：　本报告研究了四川城乡青年的生活压力情况，旨在深入了解他们面临的问题和困境，为提供支持和资源、制定政策和措施提供依据。通过分析数据发现，大部分四川青年的生活压力分布在较低和中等水平，城乡青年的经济、家庭和社会压力水平普遍较低，但在性别和地区上存在一些差异。帮助四川青年应对生活压力的方式包括提供更多支持和资源、倡导健康的生活方式、建立支持网络、加强教育与职业培训以及推动社会环境改善等措施。这些举措可以有针对性地帮助不同地区、不同群体的青年有效应对生活压力，为他们的成长和发展提供更好的支持和保障。

关键词：　青年群体　生活压力　身心健康　四川

一　研究四川城乡青年生活压力的背景

长期以来，青年一直被视为国家发展的有生力量，受到高度重视和关注。在当今社会，青年面临与以往完全不同的生活压力，各种生活压力带给青年的影响也受到高度关注。联合国将青年的年龄限定在15~24岁，在中国，2017年印发的《中长期青年发展规划（2016—2025年）》将青年的年龄范围设定为14~35岁，本报告所指的青年年龄范围为18~35岁。

* 刘金华，四川省社会科学院社会学研究所所长，研究员，研究方向为人口社会学、老年人口学、民族人口学等；张亦弛，四川省社会科学院，研究方向为青年人口学。

既有研究提供了较为全面的视角，揭示了当代青年在面对婚姻、家庭、工作等多重压力时的复杂处境。但对于四川地区青年拥有怎样的生活压力，又面临哪些特殊的压力事件、来源，仍然存在一定缺漏。本研究期望通过探究中国四川地区城乡青年的生活压力状况，以提供有关这一群体的进一步思考与讨论。

四川是中国人口最多的省份之一，青年作为社会的主力军，对四川社会的发展和稳定至关重要。四川地区具有独特的地理、经济和社会环境，青年在这样的环境中生活和成长，其生活压力可能与其他地区存在差异。研究四川城乡青年的生活压力能够提供地方性的见解和数据，有助于制定关于四川青年有针对性的政策和发展措施，还可以帮助了解青年在社会发展中的角色和需求，为推动四川地区的发展和社会变革提供科学依据和支撑。

二　四川城乡青年生活压力概况与差异

（一）压力概念界定

在国内外相关研究中，常见的压力概念可以分为三类：刺激说、反应说和刺激—反应说。一般认为，刺激—反应说较为全方位、多视角地考察了个人特征与外界刺激之间的全面关系，因此本研究采用该概念。压力被视为需求与理性应对需求之间的关联，是个体需求与能力失衡的结果，是环境与个体特征相互作用的一种焦虑性反应，是个体在某些方面过分紧张的预警信号，更重要的是它还包括个体特征差异以及对待压力策略的其他因素。压力是需求和理性应对之间相互关联的结果，它体现了个人需求与能力之间的不平衡状态。当需求不能得到满足时，就会引发压力所带来的不良后果。从本质上看，压力源于环境要求与个体特征之间的相互作用，导致个体产生焦虑性反应。

（二）数据来源

本报告采用的数据来自2021年课题组于四川省开展的一项有关生活状况的调查。该调查采用概率抽样的入户访问方式，调查区域覆盖全省。本研究筛选出年龄范围在18~35岁的青年样本，参考已有研究的做法以及相关理论的模型框架，选取问卷中的问题："在过去12个月中，您或您家庭遇到下列哪些生活方面的问题?"该问题下设14个选项，包括多个方面的生活压力事件。本报告将这些不同方面的压力事件看作构成城乡青年生活压力的多个因子。通过针对其内部结构所做的主成分因子分析，提取出能够概括多个具体指标的新因子，再将每个新因子中的指标项看作0、1变量，然后相加，得到能够代表每个维度下四川城乡青年的压力指数。

为了综合分析四川城乡青年生活压力的整体情况，特别是分析四川城乡青年生活压力事件的内在结构，首先采用主成分法对具体指标进行因子分析，并且以最大方差法对因子负荷进行正交变换，以便于对本次研究中关于生活压力的指标进行综合，从中提取出概括多个具体指标的新因子。对这13个指标进行KMO（Kaiser-Meyer-Olkin）检验，通常认为该值小于0.5就不适合做因子分析，研究采用的13个指标的KMO值=0.823>0.8，证明这13个指标适合做因子分析；且巴特利特球形度检验（Bartlett test of sphericity）卡方值为2069.741，自由度为78，在0.000的水平上显著，这表示问卷中原变量之间存在一定的相关性，因子分析具有效果；以最大方差法为基础，进行因子旋转，得到的因子成分矩阵如表1所示，且信度检验Cronbach's Alpha值大于0.7，表明各项之间具有相关性。13个指标被概括为3个因子，根据每个因子所包含的指标内容，分别将其命名为家庭压力、经济压力和社会压力，指标的共同度都在0.5以上，3个因子的累计方差贡献率为39.344%，达到因子分析的要求。

表 1　提取因子

类目	Factor1	Factor2	Factor3
d1a1	0. 210	0. 548	0. 129
d1a2	0. 519	0. 291	−0. 423
d1a3	0. 561	0. 346	−0. 215
d1a4	−0. 015	0. 729	0. 021
d1a5	0. 603	−0. 053	0. 139
d1a6	0. 604	−0. 109	0. 118
d1a7	0. 620	0. 143	0. 111
d1a8	0. 495	0. 204	0. 377
d1a9	0. 513	0. 170	0. 122
d1a10	0. 547	0. 059	0. 008
d1a11	0. 157	−0. 143	0. 587
d1a12	0. 084	0. 215	0. 430
d1a13	0. 014	0. 361	0. 469
KMO	0. 823		
巴特利特球形度检验	近似卡方	2069. 741	
	自由度	78	
	显著性	0. 000	
新因子命名	家庭压力	经济压力	社会压力
方差贡献率	0. 2255	0. 0875	0. 0805
累计方差贡献率	0. 2255	0. 3130	0. 3934
信度检验			
克隆巴赫 Alpha	0. 707		

综上所述，该因子分析符合采用标准，因此根据上述因子分析的结果，将代表不同生活压力事件的 13 个指标根据其内部结构重新拆分为 3 个维度的压力事件：经济压力、家庭压力和社会压力，每个维度内部的压力指数相加，得到不同维度下四川青年的压力指数。

（三）四川城乡青年生活压力概况

根据调研获取的数据，首先对四川城乡青年的生活压力指数进行概括总结。如表 2 所示，压力指数为 0 的青年有 34 人，占样本的 26. 56%，而压力指数为 1 的青年有 25 人，占样本的 19.53%。从频数和频率上看，四川城乡青年生活压力呈现下降趋势，即随着压力指数的增加，人数有所减少。同样的趋势也可以从累计频率中观察到。用简单三分法将压力水平分为低、中、高三种，可以观察到：压力指数为 0、1、2 的低水平压力青年人数较多，占样本的 61.72%，超过一半。这些青年在生活中可能面临较低的压力水平。而压力指数在 3~5 的中水平压力青年人数逐渐减少，占样本的 28.12%。这些青年可能经历了中等程度的生活压力。压力指数大于等于 6 的高水平压力青年人数则最少，占样本的约 10%。这些青年处于较高的生活压力环境中。

表 2　生活压力概况

单位：人，%

压力指数	频数	频率	累计频率
0	34	26.56	26.56
1	25	19.53	46.09
2	20	15.63	61.72
3	18	14.06	75.78
4	9	7.03	82.81
5	9	7.03	89.84
6	6	4.69	94.53
7	2	1.56	96.09
8	1	0.78	96.88
10	3	2.34	99.22
12	1	0.78	100.00
合计	128	100.00	

总体而言，从初步统计数据来看，大部分四川青年的生活压力指数分布在较低和中等水平，只有少数人面临较高的生活压力。

分压力源维度而言，分别对四川城乡青年在经济、生活和社会方面的压力指数进行统计和分析。如表 3 所示，经济压力指数为 0 的青年人数最多，有 42 人，占样本的 32.81%。随着压力指数的增加，人数有所减少。同时从累计频率来看，经济压力指数为 3 及以下的青年共占 80.47%。从经济压力指数的分布情况来看，大部分城乡青年的经济压力较低，只有少数人面临较高的经济压力。观察表 4，家庭压力指数为 0 的青年人数最多，有 101 人，占样本的 78.91%。随着压力指数的增加，人数逐渐减少。从家庭压力指数的分布情况来看，大部分城乡青年的家庭压力较低，只有少数人面临较高的家庭压力。社会压力方面，社会压力指数为 0 的青年人数最多，有 105 人，占样本的 82.03%。随着压力指数的增加，人数逐渐减少。而从累计频率来看，社会压力指数为 1 及以下的青年共占 98.44%。从社会压力指数的分布情况来看，大部分城乡青年的社会压力较低，只有少数人面临较高的社会压力。

表 3　经济压力概况

单位：人，%

压力指数	频数	占比	累计占比
0	42	32.81	32.81
1	27	21.09	53.91
2	17	13.28	67.19
3	17	13.28	80.47
4	11	8.59	89.06
5	6	4.69	93.75
6	3	2.34	96.09
7	1	0.78	96.88
8	4	3.13	100.00
合计	128	100.00	

表 4　家庭压力与社会压力概况

单位：人，%

家庭压力			社会压力		
压力指数	频数	占比	压力指数	频数	占比
0	101	78.91	0	105	82.03
1	22	17.19	1	21	16.41
2	5	3.91	2	2	1.56
合计	128	100.00	合计	128	100.00

根据上述情况，可以做出一个总体概括，即在经济、家庭和社会方面，大部分四川城乡青年面临的压力较低。他们的经济、家庭和社会压力水平都相对较低。只有少数青年面临较高的压力，这可能与地区的经济社会发展、教育环境、家庭支持以及社交资源等因素有关。然而，为了更深入的分析和理解，需要进一步考察其他因素开展更全面的调查研究。

（四）四川城乡青年生活压力差异性

从性别来看，男性压力平均值（2.344262）与女性压力平均值（2.343284）非常接近，基本持平，虽然在一些具体的压力维度存在轻微的差异，但总体来说这些差异并不明显。其中女性经济压力平均值（1.925373）略高于男性（1.868852），这可能反映了在许多社会环境中，女性面临更高的经济压力，例如职业发展限制、薪资差距等。这些因素可能导致女性在经济方面面临更多的压力。男性家庭压力（0.2622951）及社会压力（0.2131148）平均值略高于女性（0.238806 和 0.1791045），前者可能与传统社会角色期望有关，男性在家庭中可能承担更多的责任和压力，例如养家糊口、家庭责任等。而在社会压力方面，男性可能面临更高的竞争压力、社会期望等因素，导致他们在这方面感受到较高的压力。同时，这两个维度的压力指数更多与个人感受相关，女性在抗压方面更具韧性，故而这两个维度的压力指数略低于男性。然而，尽管存在这些差异，但在统计学上并没有发现男性青年和女性青年之间的压力指数均值存在显著差异。这意味着这些差异可能是由于随机性或者样本特定的影响，而不是整体人口中的普遍趋势。

从城乡来看，农村青年的生活压力指数平均值（2.505882）高于城市青年的生活压力平均值（2.023256）。在具体的压力维度上也存在差异，其中农村青年的经济压力平均值（2.094118）高于城市青年的经济压力平均值（1.511628），这可能是由于农村地区的就业机会较少，收入水平相对较低，或者存在农村转城市就业的难题。农村青年的家庭压力及社会压力平均值均低于城市青年，前者可能与农村地区家庭结构的特点有关，在农村地区，家庭关系更加紧密，支持系统更加稳固，在必要时能够更直接地为青年应对压力提供支持。而在社会压力方面，农村地区可能相对缺乏城市环境中的竞争与压力，在村级网络中，人与人之间的社交关系更为亲密，社会压力因而较小。在此基础上，课题组意识到不同的生活压力事件是四川城乡青年生活压力的来源，而由于各自所处地区的差异性，除了处于社会大环境中可能产生的共同压力外，四川城乡青年还可能面临来自不同环境的独特生活压力。为进一步深化研究，通过调研收集的问卷数据对四川城乡青年生活压力的相关内容进行初步了解探索后，课题组分两小组同时进入四川省具有代表性的城乡两地，通过深度访谈对四川省城乡青年的生活压力源进行探索。

三　四川城乡青年生活压力源探究

（一）四川农村青年生活压力源概况——以四川省C市Y乡为例

教育资源匮乏。农村地区教育资源相对城市较为匮乏，一方面基础设施不佳，另一方面师资力量较弱，更难保障教学质量。这进一步影响农村青年的未来发展和规划，增加他们的生活压力。

就业机会有限。相比城市，农村地区经济发展滞后，就业机会相对较少，加之很多传统产业已转型升级，对人工的需求进一步降低。高薪或与自身专业相关的工作机会则更加稀缺。很多农村青年虽然接受了一定程度的教育，但是想要找到与自己专业相关的工作却很困难，这给农村青年就业带来挑战和压力。

社会融入困难。由于集中居住建设的规划，活动空间有限，农村青年更少有机会拓展自己的人际关系，社交圈子容易形成闭环。这会进一步影响他们的心理健康和社交能力，也让农村青年更难获得来自外界的支持和帮助。

家庭期望沉重。在农村地区，家庭观念更为保守和传统，很多农村青年往往承受着更多的家庭期望。家长希望子女们能够为家庭“争光”，他们认为子女的成就直接关系到家庭的声誉和地位。实际上，家庭的社会地位确实也与子女的成就紧密相关。家长们希望通过子女的成功来提升家庭的社会地位和声誉。这就给农村青年带来更多的责任感和使命感，同时也带来巨大的心理压力。另外由于家庭经济基础相对薄弱，家长可能更依赖子女的劳动力和未来收入来提供支持。

过早承担经济负担。考虑到更低的平均受教育年限，农村青年在经济上可能更早开始承担家庭的一部分负担。现已完成大学学业并在C市找到稳定工作的受访者JBY回忆起过去，特别提到了农村青年作为劳动力，在家庭中会更早与父母共同分担经济负担。作为相对幸运的人群，JBY完成了学业。但由于经济负担带来的压力，农村中也有部分青年早早放弃了继续求学，在同龄人可能都还在念书的年纪，受访者DSZ早早地投入到家庭生计中。他认为自己要肩负起整个家庭的重担，这种责任感也增加了他精神上的压力。作为家中的主要经济支柱，他不得不面对生活中的各种挑战，而这些挑战可能超出其年龄和经验所能承受的压力范围。另外，放弃完成学业意味着他错过了更高层次的教育，这对他未来的职业发展和生活质量又将造成影响，形成新的压力来源。

（二）四川城市青年生活压力源概况——以四川省C市为例

就业竞争激烈。四川城市青年普遍面临就业竞争激烈的压力。随着城市化的快速发展，越来越多的年轻人涌入城市，增加了就业市场的竞争程度。许多城市青年发现自己需要具备更多的技能和经验，才能在竞争激烈的就业市场中脱颖而出。

经济负担沉重。城市生活成本高，四川城市青年经常面临经济负担沉重的压力。他们需要支付房租、日常开销等各种费用，如交通费、医疗费等。同时，家庭可能基于传统观念对他们有更高的期望，希望他们在经济上能够支持家庭或改善家庭的生活条件。

社交压力与孤独感。城市生活节奏快，人际关系相对疏远，四川城市青年面临社交压力和孤独感。在大城市中，人们经常感到社交圈子狭窄，难以建立深厚的人际关系。这会给他们的心理健康带来负面影响，增加他们的生活压力。

竞争和成就压力。四川城市青年普遍面临来自家庭和社会的竞争和成就压力。在家庭和社会的期望下，他们努力追求成功和卓越，但这也带来了巨大的压力。他们希望通过个人努力来提高自己的社会地位，但也面临着对未来的焦虑和不确定性。

教育和职业规划压力。四川城市青年在教育和职业规划方面面临压力，他们需要在高考和大学竞争中取得好成绩，同时还要思考未来的职业选择和发展路径。这些决定将直接影响他们的未来发展和生活质量，给他们带来额外的压力。

四　总结和讨论

由于所处地理、文化、经济等环境的特殊性，更具针对性地研究四川青年的生活压力是有必要的，这可以帮助我们更全面地了解四川青年所面临的困境和机遇，为四川青年的发展提供有针对性的支持和资源。根据研究，大部分四川青年的生活压力主要分布在较低和中等水平，但仍有少数人面临较高的压力。城乡青年的经济压力大多较低，而家庭和社会压力也相对较低。性别方面，男性和女性的整体压力水平基本持平，但在特定方面存在些许差异。农村青年的生活压力略高于城市青年，主要源于教育资源匮乏、就业机会有限、家庭期望沉重等因素。城市青年面临的压力源更多，包括就业竞争激烈、经济负担沉重、社交压力与孤独感、竞争和成就压力以及教育和职业规划压力。为帮助四川青年应对生活压力，本报告提出如下建议：①提供更多的支持和资源。政府、社会组织以及教育机构可以提供更多的支持和资源，如心理咨询服务、职业规划指导、经济援助等，帮助青年应对各种生活压力。②提倡健康的生活方式。鼓励青年注重身心健康，通过运动、休闲活动、艺术文化等方式释放压力，保持积极乐观的心态。③建立支持网络。促进青年之间的交流和互助，建立支持网络，让他们能够彼此倾诉、分享经验，共同应对生活中的挑战。④加强教育与职业培训。提供更多的教育资源和职业培训机会，帮助青年提升自身素质和能力，增强竞争力，应对未来的挑战。⑤推动社会环境改善。通过政策和措施，促进经济发展、教育公平、社会和谐，营造更有利于青年成长和发展的社会环境。

B.20

四川省新就业形态劳动者权益保障报告*

刘宗英　郑文杰　陶成蹊**

摘　要：　随着以互联网平台为支撑的新业态迅猛发展，新就业形态劳动群体已成为我国职工队伍的重要组成部分，新就业形态或将成为后工业化时代的就业常态。四川省高度重视新就业形态的发展和新就业形态劳动者的权益保护，采取了一系列积极有效的举措。本报告介绍四川省保障新就业形态劳动者权益的主要做法及成效，并在此基础上，结合全国新就业形态劳动者权益保护普遍存在的问题，提出进一步提升权益维护质效、提升工会建会质效、推进职业伤害保障与工伤保险制度融合等对策建议。

关键词：　新就业形态　权益保障　劳动关系　四川

布莱恩·阿瑟在其著作《技术的本质》中指出，新技术的产生和发展，将大大改变商品生产和服务模式。随着大数据、人工智能、云计算等新技术在我国广泛应用，以互联网平台为支撑的共享经济等新业态在我国迅猛发展，吸纳了大量劳动力，形成了“新就业形态”。新就业形态劳动者主要指线上接受互联网平台发布的配送、出行、运输、家政服务等工作任务，按照平台要求提供平台网约服务，通过劳动获取劳动报酬的劳动者。第九次全国职工队伍状况调查数据显示，全国职工总数4.02亿人左右，新就业形态劳

---

* 本文为四川省哲学社会科学研究“十四五”规划2023年度课题（编号：SC23TJ035）的阶段性成果。

** 刘宗英，四川省社会科学院社会学研究所副研究员，研究方向为城乡基层社会治理、新就业群体；郑文杰，四川省总工会保障工作部四级调研员，研究方向为农民工服务保障；陶成蹊，四川省社会科学院社会学研究所，研究方向为组织社会学。

动者8400万人（主要是货车司机、网约车司机、快递员、外卖配送员等群体，以男性青壮年为主），已成为职工队伍的重要组成部分。[①] 由于我国针对新就业形态的劳动法律关系及保障体系存在不足，加之新就业形态劳动纠纷易发多发，近年来有关新就业形态劳动者权益保护的问题受到广泛关注。

党和政府高度重视新就业形态的发展和新就业形态劳动者的权益保护。党的二十大报告指出“强化就业优先政策，完善重点群体就业支持体系，支持和规范发展新就业形态，加强灵活就业和新就业形态劳动者权益保障”。2024年政府工作报告中提出“分类完善灵活就业服务保障措施，扩大新就业形态就业人员职业伤害保障试点”。国家相关部门和全国总工会也先后出台了一系列政策文件，规范新就业形态劳动关系，保护劳动者权益。2021年人社部等8部门出台《关于维护新就业形态劳动者劳动保障权益的指导意见》、全国总工会发布《关于切实维护新就业形态劳动者劳动保障权益的意见》，2022年最高人民法院出台《关于为稳定就业提供司法服务和保障的意见》，2023年全国总工会印发《关于推进新就业形态劳动者权益协商协调机制建设工作的通知》，2024年人社部办公厅印发《新就业形态劳动者休息和劳动报酬权益保障指引》《新就业形态劳动者劳动规则公示指引》《新就业形态劳动者权益维护服务指南》。以上政策的密集出台，为四川省新就业形态劳动者权益保障工作的开展提供了指引。

一　新就业形态劳动者的基本情况[②]

（一）新就业形态劳动者的人口学特征分析

从性别、年龄以及户籍来看，受访的快递员、网约送餐员、网约车司

① 易舒冉：《全国新就业形态劳动者达8400万人》，《人民日报》2023年3月27日。

② 本部分内容基于2021年四川省总工会与四川省社会科学院合作开展的一项关于“四川省新就业形态劳动者权益保障”的调研，该调研在成都、遂宁、眉山、宜宾、西昌、康定等6个城市开展，调研对象为快递员、网约送餐员、网约车司机、网络主播四类群体，获得有效问卷1772份。

机、网络主播（以下简称“四大群体”）以男性为主，多数年龄在35岁以下，64.20%的劳动者为农业户籍。从婚姻和居住状况看，四大群体中66.20%的被访者为已婚，50.70%的被访者租房居住。从受教育程度看，四大群体中初高中学历（含中专/技校）占72.7%，大专及以上学历占23.6%。其中网络主播学历相对较高，大专及以上学历占38.07%，其中本科及以上学历占17.9%。

（二）新就业形态劳动者的从业状况分析

受访者在进入当前的新就业形态职业之前，绝大多数为民营企业职员（23.13%）、自由职业者（22.04%）、农民工（15.01%）、个体工商户（14.43%）。网络主播群体中民营企业职员最多，高达41.95%，个体工商户占比也较高，为27.97%。从选择本职业的原因来看，快递员、网约送餐员、网约车司机三大群体主要是因为“工作时间灵活，自由度高”（35%）、“挣钱多”（16%）、“没想好做什么，暂时先做着”（15.8%）、“进入其他单位就业困难”（11%）；网络主播主要是因为“能够充分发挥自己的特长”（47.73%）、“销售成效好”（41.76%）、“接触人多，社交面广”（35.51%）、“时尚”（36.08%）。可见，“灵活”和“较高收入”是他们选择这类职业的共同特征。

从就业形式来看，受访的四大群体中，83.63%为全职，兼职仅占16.37%。在兼职人员中，主业包括民企职员（20.69%）、个体工商户（16.67%）和自由职业者（23.56%）。在专职人员中，快递员和网约送餐员占比更多，分别为94.86%、89.30%。从劳动薪酬来看，77.48%的被访者月均薪酬收入在4000元以上。其中，快递员、网约送餐员、网约车司机三大群体月均收入主要集中在4000~5999元，大多高于当时城镇私营单位就业人员的月均工资（4445元），月均上万元的屈指可数，只有网约车司机稍多，占比达到8.4%。网络主播的收入呈现两极分化态势，月均4000元以下的占16.76%，月均总收入上万元的占31.53%，平均来看，网络主播的收入远高于当时城镇私营单位就业人员的月均工资。具体来看，月均收入较高的网络主播主要是从事专业内容、粉丝数量在百万级及以上的“腰部主播”和“头部主播”。

从工作压力来看，50.62%的受访者感到压力大（包括压力很大和比较大），41.14%的劳动者觉得压力一般。其中，网约车司机感觉压力最大，认为压力大的比例达到66.8%，这与网约车的高投入有很大关系；感觉压力小（包括压力很小和比较小）的是网络主播，占24.72%，主要原因是这个群体的兼职者较多。从在平台的就业时长来看，有三年及以上工作经历的人占23.87%，工作一年以上的占到59.81%，其中快递员群体稍微稳定一些，工作三年以上的达到41.7%。

总体来说，受访者存在比较强的职业焦虑。受访者最担心的7件事情依次是：工伤、顾客不合理差评、收入不高、没有参加社保、工作强度大（工作时间长）、工作太忙无法照顾家庭、没有签订劳动合同。具体看每个群体，占比最高的忧心事都不相同。快递员最担心顾客不合理差评，网约送餐员最担心发生工伤事故，网约车司机最担心收入不高，网络主播则最担心晋升空间小。

（三）新就业形态劳动者权益保障现状分析

从劳动合同的签订情况看，四大群体中，签订了劳动合同的只占45.6%，签订民事协议的占25.4%，什么都没签订的占28.9%。其中，劳动合同签订率最高的是网约送餐员（73.38%），他们大多是与平台公司或劳务派遣公司、劳务公司（第三方）签订劳动合同。其次是快递员（54.54%），他们大多是与直营公司签订劳动合同。网约车司机的合同签订率很低，仅为25.79%。网络主播较大一部分签订的是经纪合同，占27.54%。

从社会保险的参保情况来看，仅有41.49%的受访者参加了城镇职工社会保险，即使加上参加城乡居民社会保险的比例（27.06%），合计仅为68.55%，参保率较低。其中，网约送餐员参加社会保险的比例最低，仅为47.47%，网络主播参加城镇职工社会保险的比例最高，达到51.88%，这与网络主播兼职比较多有关系，相当一部分主播是在主业单位参加的社会保险。与社会保险相比，意外伤害险受到更多重视，购买比例达到58.05%，其中快递员为67.11%，网约送餐员为78.51%，网约车司机为49.55%。

从工作强度看，41.76%的受访者工作时间高达10小时以上，工作时间在8小时以上的占79.23%，四大群体普遍存在工作时间长的问题，其中网约车司机工作时间超过10小时的占54.49%。

从所受岗前教育培训来看，87.55%的快递员、97.26%的网约送餐员、79.1%的网约车司机都接受了岗前培训，培训的内容主要包括交通安全、紧急情况应对处理、专业技能培训、法律法规知识培训、公司管理规定培训、App使用培训。

二　保障新就业形态劳动者权益的主要做法及成效

（一）制定政策，推动新就业形态劳动者权益维护工作

2018年12月，四川省人民政府印发《关于做好当前和今后一个时期促进就业工作的实施意见》，明确新就业群体可以以灵活就业人员身份参加养老、医疗保险。按照社会保险费征收体制改革工作要求，省税务局、省社保局和省医保局联合发文，优化灵活就业人员社会保险费缴费流程，自2021年1月1日起，四川省灵活就业人员可直接通过税务部门提供的渠道选择缴费档次并缴费。

2021年12月，四川省人力资源和社会保障厅、四川省总工会等11个部门联合发布《关于维护新就业形态劳动者劳动保障权益的实施意见》，提出了20条保障新就业形态劳动者权益的政策措施。这些措施，根据新就业形态复杂的用工情况，分类施策。其一，强化了平台企业主体责任，明确了平台企业的共同雇主责任，提出合作用工企业劳动者劳动报酬等支付性待遇得不到及时偿付时，平台企业应当履行先行清偿或补偿责任。其二，明确了新就业形态劳动者享有平等就业、取得报酬、休息休假、获得劳动保护、参

加社会保险、获得职业伤害保障、民主协商等 7 项基本权利。其三，提出要完善信息登记管理、就业创业指导、社会保险经办、职业技能提升、城市建设、文化教育供给等 6 项劳动者权益保障服务。其四，提出要完善部门协同治理机制、工会维权服务机制、争议多元处理机制、部门联合监管机制等 4 项劳动者权益保障机制。

此外，四川省交通厅等 8 部门《关于印发四川省快递员群体合法权益保障工作实施方案的通知》、四川省市场监管局等 7 部门《关于认真贯彻落实网络餐饮平台责任切实维护外卖送餐员权益指导意见的通知》、四川省交通厅等 16 部门《四川省加强货车司机权益保障十条措施》等文件的出台，对企业依法为职工参保、灵活就业人员参保等方面进行了明确规定，进一步推动实现劳动者参加社会保险的权利。

（二）开展试点，探索新就业形态劳动者职业伤害保障经验

由于新就业形态“对建立在传统劳动关系基础上的工伤保险制度带来了重大挑战，雇主不明确使得缴费主体、缴费机制以及由用人单位承担的有关待遇都无法落实，而新就业形态劳动者的行业分布又决定了其较容易遭遇职业伤害风险”①，人力资源和社会保障部会同相关部门，把社会关注度较大、职业伤害风险较高的出行、外卖、即时配送、同城货运 4 个行业作为重点，在全国 7 个省市开展新就业形态劳动者职业伤害保障试点，探索建立健全新就业形态劳动者参加社会保险的制度安排。四川是其中之一。

根据国家安排部署，四川省结合具体实际，以促进多渠道灵活就业为根本，以健全新就业形态就业人员参加社会保险制度为主线，在工伤保险制度框架下，着力解决新就业形态群体职业伤害保障不平衡不充分问题。2022 年 6 月，四川省人力资源和社会保障厅等 10 部门印发《关于做好新就业形态就业人员职业伤害保障试点工作的通知》《四川省新就业形态就业人员职

① 鲁全：《职业伤害保障的未来走向》，https：//news. gmw. cn/2024-01/23/content_ 37103645. htm，2024 年 1 月 23 日。

业伤害保障实施办法（试行）》。试点初期，纳入了7家平台企业，具体包括出行行业的曹操出行、外卖行业的北京三快在线科技有限公司（美团外卖）和拉扎斯网络科技有限公司（饿了么）、即时配送行业的达达集团和北京同城必应科技有限公司（闪送）、同城货运行业的深圳依时货拉拉科技有限公司（货拉拉）和58到家集团（快狗打车）。试点中，四川省以人力资源社会保障部等10部门制定的《新就业形态就业人员职业伤害保障办法（试行）》为基本框架，着力探索完善职业伤害保障覆盖群体、参保缴费、保障情形、待遇支付等政策；以政府主导、社会力量承办相结合为基本模式，着力探索职业伤害保障管理服务规范和运行机制；以构建多层次保障体系为基本方向，着力探索与职业伤害保障相衔接的工会互助保障、商业保险，以及工伤认定事故调查等业务委托社会力量承办的服务方式。

经过近两年的试点，四川各地已逐渐形成一些经验模式。例如，四川省达州市人社局联合承办保险机构和平台企业，建立了“轻伤、致残、死亡”案件分类处置机制。对“轻伤”案件，承办保险机构可以通过微信支付等形式实现“快认快支”；对“致残”案件，及时组织伤者参加劳动能力鉴定并指定专人全程跟踪服务；对“死亡”案件，成立工作专班、挂牌督办，最快24小时内完成初步调查核实。据统计，截至2023年11月底，达州市累计有1.1万余名新就业形态劳动者纳入职业伤害保障范围，确认职业伤害29件，已完成赔付26件，赔付金额达17.98万元。①

（三）优先推进，确保基层快递网点及时获得工伤保障

为切实保障快递员群体工伤保险权益，分散基层快递网点用工风险，促进快递业持续健康发展，根据国家有关部门出台的《关于做好快递员群体合法权益保障工作的意见》《关于推进基层快递网点优先参加工伤保险工作的通知》，2022年1月，四川省人力资源和社会保障厅等部门印发《关于做

① 曾业：《外卖小哥摔伤后“一键报案”获赔　四川达州试点新型职业伤害保障已惠及上万人》，https：//baijiahao. baidu. com/s？id = 1783960488717886385&wfr = spider&for = pc，2023年11月30日。

好基层快递网点优先参加工伤保险工作的通知》《关于落实基层快递网点优先参加工伤保险工作责任分工方案》等一系列文件，全面推进基层快递网点优先参加工伤保险工作。

结合基层快递网点用工灵活、人员流动性大等特点，四川省统一按照上年度全省城镇全部单位就业人员月平均工资和参保人数确定缴费基数，以0.4%为缴费费率计算缴纳工伤保险费，由人力资源和社会保障厅根据“以支定收、收支平衡”原则适时调整。快递员个人不缴纳工伤保险费。具体实施过程中，四川省大力推进网上办、及时办，积极为基层快递网点优先参加工伤保险提供便捷高效服务，除部分复杂工伤案件外，基本实现了立报立处、快认快享。

据相关部门统计，政策出台前全省共有快递员约7万人，约有4.4万人参加了社会保险，包括工伤保险。基层快递网点优先参加工伤保险政策出台后，到2022年11月中旬，全省共有2.2万人参加工伤保险，基本实现全省快递员全覆盖纳入工伤保险范畴。[①]

（四）建会入会，发挥工会保障新就业形态劳动者权益的组织优势

为把新就业形态劳动者组织起来、巩固党执政的阶级基础和群众基础，四川省总工会牵头强化调度指引，2018~2023年先后出台《四川省新就业形态劳动者入会集中行动实施方案》《四川省新就业形态劳动者建会入会“组织覆盖提增量奋力冲刺一百天”专项行动方案》《四川省新就业形态劳动者工会工作巩固提升行动工作方案》，制定《四川省新就业形态劳动者建会入会工作项目制建设管理办法》，大力推进新就业形态劳动者建会入会工作。根据“应建尽建、应入尽入”的原则，四川省着力推进企业建、行业建、兜底建“三建”模式，按照“五个规范”[②] 开展新就业形态工会规范化建设，并通过项

① 李丹：《全国第一　四川基层快递网点优先参加工伤保险人数达2.2万人》，http：//scnews.newssc.org/system/20221115/001316330.html，2022年11月15日。

② 四川省总工会在《四川省新就业形态劳动者工会工作巩固提升行动工作方案》中提出“五个规范”，指组织机构规范、会员管理规范、制度机制规范、履行职能规范、工作绩效规范，是新就业形态工会的基本标准。

目制支持新业态工会联合会建设、货车司机“暖心之家”建设等工作项目建设。到2023年9月，四川省共支持项目2659个。[①] 此外，四川省还将新就业形态劳动者建会入会工作纳入对市（州）党委绩效目标考核，并制定了量化考评细则。这一系列举措，有效扩大了新就业形态工会组织的覆盖面。

到2024年3月，四川省累计建立新就业形态工会组织1.23万个，累计发展新就业形态劳动者会员170.9万人。[②] 以货车司机为例，四川省内有43万名货车司机，通过市（州）、县（市、区）以交通运输部门党建带工建为支撑，加强与各级交通运输行业党委的协同配合，建立市（州）、县（市、区）两级货运行业工会联合会，构建横向到边、纵向到底的行业工会组织体系。同时，四川省还建立了26个具备公共事务服务和生活服务功能的“暖心之家”服务站点，不仅能满足货车司机住宿、饮食、洗澡等生活需求，而且能提供车辆道路运输证、从业人员资格证换发等道路运输高频服务事项“一网通办”服务。此外，还开通了24小时免费服务热线，提供纠纷调解、法律援助、心理咨询等服务。到2024年3月，全省新就业形态工会组织有货车司机会员39.3万人，[③] “暖心之家”已累计提供服务17.3万人次[④]。

2024年，四川省将持续扩大工会组织对新就业形态劳动者的有效覆盖，预计年内新发展新就业形态劳动者会员20万人。此外，四川还将推进美团、顺丰、申通、货拉拉、滴滴等12家头部平台企业在川分支机构依法建会，实现市（州）、县（市、区）道路货运行业工会组织建设全覆盖，示范带动快递、网约送餐、网约车行业加强行业工会组织建设，同时充分发挥四川工

① 《四川工会推进新就业形态劳动者建会入会工作成势见效》，https://www.sohu.com/a/720087041_257321，2023年9月13日。

② 陈秋妤：《四川今年将新发展新就业形态劳动者工会会员20万人》，《成都日报》2024年3月20日。

③ 《四川工会推进新就业形态劳动者建会入会工作成势见效》，https://www.sohu.com/a/720087041_257321，2023年9月13日。

④ 《四川省交通运输工会“三举措”全力做好货车司机入会和服务工作》，http://jtt.sc.gov.cn/jtt/c101585/2024/3/18/a84401257df84e24bc35073cf1ce17fd.shtml，2024年3月18日。

会网上工作平台、川工之家 App、四川工会微信公众号等数字化载体作用，畅通入会渠道。①

（五）集体协商，构建协调劳动关系三方机制

为有效协调企业和劳动者双方利益，四川省全面推动全省新就业形态劳动者权益协商协调机制建设。2023 年 6 月，四川省总工会联合相关部门出台《四川省推进新就业形态劳动者权益保障集体协商工作的意见》，推动四川省地市级及以下层级的行业工会联合会等工会组织与新就业形态行业协会、平台合作用工企业，普遍建立集体协商工作机制。该意见指出，要规范协商主体，按照联合制、代表制的原则，加大有关行业工会联合会组建力度，代表新就业形态劳动者参加协商；要将计件单价、报酬支付办法、劳动量与劳动强度、工作时间、劳动安全与卫生和订单分配、奖惩制度、补充保险等直接涉及劳动者权益的事项作为内容重点列入协商议题；要以行业协会为主，没有行业协会的地方以行业内龙头企业（头部平台企业分支机构、区域性平台企业等）为重点；要重视对协商合同履约情况的综合检查，防止出现程序不规范、合同内容空心化、协商结果履行不到位等问题。2023 年 6 月，四川省总工会联合相关部门出台《关于在全省快递行业开展集体协商工作的意见》，对快递行业协商的重点内容予以明确。

除了出台指导意见外，四川省还印发了《2023 年全省新就业形态集体协商工作重点任务清单》，开展了 2023 年集体协商“集中要约季”活动。雅安市雨城区总工会在网约车行业开展集体协商，双方签订集体合同，涉及 3 家企业 620 余名职工；内江市总工会、达州渠县总工会指导快递行业召开工资集体协商会议，职企双方在最低工资标准、福利待遇等方面达成一致意见；遂宁市总工会积极推动新就业形态劳动者协商机制建设，探索在快递行业建立三方机制，助力快递行业开展集体协商；南充市总工会在保安行业开

① 黄瑞：《四川今年将新发展新就业形态劳动者会员 20 万人》，https：//baijiahao. baidu. com/s？ id=1793932977291820223&wfr=spider&for=pc，2024 年 3 月 19 日。

展协商，为相关人员增设重大任务补贴、补休和加班费等待遇。截至 2024 年 1 月底，全省签订综合集体合同、专项集体合同 6773 份，覆盖新就业形态劳动者 114.4 万人。

三　新就业形态劳动者权益维护面临的主要问题及对策

（一）面临的主要问题

一是劳动关系认定依然存在困难，影响社会保险的覆盖。新就业形态涉及新业态复杂多样的运营模式，常见的有平台自营（直营）模式、加盟模式、外包模式、众包模式等，不同的运营模式有不同的用工方式，导致用工关系复杂多样，准确界定劳动关系存在困难。根据《劳动合同法》的规定："建立劳动关系，应当订立书面劳动合同。"在新就业形态下平台企业的自营（直营）模式中，一般都与劳动者签订了劳动合同。但是占据市场大部分份额的加盟模式、外包模式、众包模式中，劳动合同签订率则比较低。2021 年人社部等 8 部门出台《关于维护新就业形态劳动者劳动保障权益的指导意见》，提出"不完全劳动关系"概念，但由于缺乏细致的适用规则，在司法中存在适用困境，"目前尚未有劳动者诉请确认不完全劳动关系，法院能否径直判定确认存在不完全劳动关系以及依据何种标准判定，存在较大争议"①。劳动关系认定率与行业及平台类型、用工模式甚至还和地域有关，以外卖行业为例，有法院白皮书统计，北京、广东、浙江等 10 个地区的劳动关系认定率达 90%以上，而陕西、天津等地区均未超过 50%。

二是平台就业模式的"数字系统"可能给新就业形态劳动者带来高强度劳动困境、维权困境和技能提升困境。其一，平台公司依靠算法设计出一套嵌入劳动机制的系统很可能让快递员、网约送餐员等新就业形态劳动者争分

① 邵英男、部晓丹、冯晶、王奇峰：《北京市新就业形态劳动者权益保障报告》，载包路芳主编《北京社会发展报告（2022~2023）》，社会科学文献出版社，2023，第 205~223 页。

夺秒，“主动”加班，长期承受着超负荷的身心压力。其二，平台经营模式复杂多样，用工链条有的被人为拉长，致使平台就业呈现“去雇主化”特征，平台劳动者往往维权无门。其三，在强大的平台智能系统面前，劳动者呈现“去技能化”特征。一方面算法的精准安排使劳动者的技能重要性降低，另一方面劳动者积累的技能和优势也可能会被系统迅速地拿走，不能被个人独享。在理性驱使下，平台企业更愿意提高系统算法的效率，而不愿按照劳动法律的规定提高劳动者的职业技能，劳动者可能始终处于一种“无技能”的状态。

三是劳动者职业伤害风险的工伤保险和职业伤害保障并行实施，不仅会导致制度体系的繁杂，更会使得人们在不同就业状态的转换中无所适从。其一，职业伤害保障试点的亮点之一就是根据新业态劳动者的收入特征，将此前工伤保险的按工资总额缴费调整为按单缴费，为新业态从业人员加入各项社会保险制度的缴费机制探索出一条新路。但是，按单缴费也无法全面取代按工资缴费，因为传统就业形态和新就业形态仍然会长期并行，劳动者大多会在不同的就业形态之间相互转换。这个转换的过程中，如何衔接亟须关注。其二，职业伤害保障各试点地区在经办机制设计，尤其是调动社会力量参与经办服务方面存在较大差异，如何建立相对统一的工伤保险与职业伤害保障经办流程等相关问题也需要重视。其三，职业伤害保障的总体待遇和水平略低于工伤保险，二者存在差异。[①]

（二）对策建议

一是进一步提升新就业形态劳动者权益维护质效。其一，继续发挥各级地方政府和同级工会联席会议、协调劳动关系三方机制平台作用，深入开展新就业形态劳动者权益保障调查研究，不断完善涉及新就业形态劳动者劳动合同、劳动报酬、休息休假、社会保障、公共服务、劳动保护、女职工特殊权益等方面的政策保障体系。其二，加大法律服务力度。一方面，广泛宣传

① 鲁全：《职业伤害保障的未来走向》，https：//news.gmw.cn/2024-01/23/content_ 37103645.htm，2024年1月23日。

劳动法律法规及政策规定，督促新就业形态企业依法合规用工。另一方面，建立劳动争议调解组织，有条件的可设立一站式调解中心，受理新就业形态劳动者与企业之间的劳动纠纷调解申请，同时完善诉调对接工作机制和调解协议履行机制，增强调解的效力。其三，继续推进市（州）、县（市、区）行业工会联合会等工会组织与行业协（商）会、平台合作用工企业就计件单价、抽成比例、报酬支付办法、劳动量与劳动强度、工作时间、劳动保护和订单分配、奖惩制度、补充保险、职工互助保险等直接涉及劳动者权益的事项开展集体协商、签订集体合同。

二是进一步提升工会建会质效。其一，提高新就业形态企业建会率。继续坚持“应建尽建”的原则，持续推动新就业形态企业积极履行社会责任、依法普遍建立工会组织。其二，加快行业工会联合会建设。继续推动各地新就业形态劳动者数量较多、单独及联合建立基层工会较多的行业组建行业工会联合会。其三，夯实“小三级”工会区域兜底作用。推进辖区内有企业100家以上、职工5000人以上的乡镇（街道）建立总工会，推动镇（街道）、社区工会在本辖区建立区域性新业态联合工会，支持物流园区等产业园区建立新就业形态区域性工会联合会或联合工会。

三是在试点基础上推进职业伤害保障与工伤保险制度走向融合。其一，探索建立按工资总额缴费和按单缴费两种缴费方式的衔接机制，以便劳动者在不同的就业形态之间流动时得到工伤保障。其二，逐步统一待遇标准。待遇标准直接关系到劳动者的切身利益，建议按照风险分散和同等伤害程度待遇相同的基本原则，逐步统一职业伤害保障和工伤保险的待遇内容和标准，切实维护不同行业、不同就业形态劳动者的公平权益。其三，建立相对统一的工伤保险与职业伤害保障经办流程，并明确由社会保险经办机构承担主要职责，商业保险公司等社会力量在基本险与补充险的衔接、工伤或职业伤害的认定资料收集与咨询服务、待遇先行给付等方面开展合作。①

---

① 鲁全：《职业伤害保障的未来走向》，https：//news.gmw.cn/2024-01/23/content_ 37103645.htm，2024年1月23日。

专题五：典型案例

B.21

党建引领社区治理的实践探索

——以郫都区战旗村为例

张志英　谢伶林*

摘　要：　社区治理是治理体系的最小单位。2017年中共中央、国务院对加强完善城乡社区治理做出全面部署，同年9月成都市成立“城乡发展治理委员会”，开启党建引领城乡社区治理的成都实践。党建引领已成为社区治理的重要路径。四川省成都市郫都区战旗村，在推进国家治理体系和治理能力现代化建设总目标的过程中，将党建引领和社区治理有机结合，形成以村党委领导、村民议事会决策、村委会执行、村监委会监督、集体经济组织独立运行的治理机制，为基层党建引领社区治理实践提供实践参考。

关键词：　党建引领　基层治理　社区治理

* 张志英，四川省社会科学院社会学研究所研究员，研究方向为农村社会学、乡村治理和社会发展；谢伶林，四川省社会科学院，研究方向为社会学。

一 背景与意义

党的十八届三中全会提出“全面深化改革的总目标是完善和发展中国特色社会主义制度，推进国家治理体系和治理能力现代化”。党的十九大报告中再一次强调，“必须坚持和完善中国特色社会主义制度，不断推进国家治理体系和治理能力现代化”，国家治理的发展更是被纳入“两个百年奋斗目标”。国家治理体系是一项系统性工程，既包含顶层设计也包含底层探索。社区治理作为国家治理体系的重要组成部分，是党和政府治国理政的重要任务，不仅影响居民的幸福感，也影响着党对基层的领导力、组织力。党的建设和社区治理深度融合是习近平新时代中国特色社会主义思想在社区治理中的贯彻落实，也是社区治理模式的创新探索。①

2017 年，《中共中央 国务院关于加强和完善城乡社区治理的意见》对加强完善城乡社区治理做出全面部署，要求构建党组织领导、政府主导、多方参与的治理体系。2017 年 9 月，成都市在全国率先成立“城乡发展治理委员会”，开启党建引领城乡社区治理的成都实践，破解九龙治水的治理困境。就党建引领社区治理，成都市出台了“党建引领城乡社区发展治理 30 条”纲领性文件、6 个重点领域改革文件和 30 余个操作文件，形成“1+6+N”政策制度体系。在实践过程中总结经验，将党建引领城乡社区发展治理经验上升为地方法规，2020 年制定全国首部社区发展治理地方性法规《成都市社区发展治理促进条例》。战旗村在成都市和郫都区委城乡社区发展治理委员会的带领下，落实党委统筹推动社区治理要求。新时代“推动社会治理重心向基层下移，把更多资源、服务、管理放到社区，更好为社区居民

① 姜晓萍、田昭：《授权赋能：党建引领城市社区治理的新样本》，《中共中央党校（国家行政学院）学报》2019 年第 5 期。

提供精准化、精细化服务”①。党建引领社区治理是新时代社会发展的必然选择，具有重要的价值内涵。

（一）党建引领社区治理是新时代国家治理体系建设的政治要求

国家治理的基石在基层，加强基层治理需要一个强健的总抓手。习近平总书记在党的二十大报告中指出，“坚持大抓基层的鲜明导向，抓党建促乡村振兴，加强城市社区党建工作，推进以党建引领基层治理”。社区作为基层治理的神经末梢，是党和政府联系群众的“最后一公里”，党建引领社区治理是坚持以人民为中心的生动体现。中国共产党的领导是中国特色社会主义最本质的特征，党建引领社区治理，是对党的全面领导地位的贯彻。强化党对社区治理的统领，有利于深化党对新时代基层治理规律的认识，增强党组织的领导力和组织力，发挥党的政治优势、组织优势和密切联系群众的优势，确保基层治理的前进方向。党建引领社区治理是新时代中国共产党领导治理体系建设和治理能力提升的有益探索，是新时代关于坚定不移全面从严治党、深入推进党的建设的伟大工程的重要任务。②

（二）党建引领社区治理是理论与实践结合的历史选择

在过去的奋斗历史中，中国共产党坚持理论和实践相结合，以马克思主义理论指导实践，为中华民族站起来、强起来、富起来提供坚实的支撑。在中国共产党的领导下，实现民族解放；坚持改革开放，建立社会主义市场经济制度；坚持可持续发展理念，加强生态文明建设。党扎根于中华大地，探索出了人民民主专政、基层群众自治制度等治理方式，构建起中国特色国家治理体系，在各个领域取得了彪炳史册的成果。实践表明，在党的引领下，我国社会治理体系总体完善、治理能力较强。当前，我国进入新的发展阶段，如何完善现代化治理体系建设，需要从理论和实践中寻找答案，顺应客

---

① 黄树贤：《奋力开创新时代城乡社区治理新局面——学习贯彻习近平总书记关于城乡社区治理的重要论述》，《中国民政》2018 年第 15 期。

② 陈松友：《党建引领基层治理的价值意蕴与实现机制》，《国家治理》2023 年第 12 期。

观发展的潮流，坚定历史选择。社区治理作为社会治理的微观细胞，要坚定不移选择以党建引领推动社区治理的发展。

（三）党建引领社区治理是破解社区治理困境的必然选择

新发展阶段，社会治理的基本单位——社区，受到利益分化等思想的冲击，由原本的熟人社会向原子化、碎片化发展。社区治理面临认同感不强、参与不足、利益分配不均等困境，社区治理逐渐成为政府的单人话剧，进一步导致社区治理的行政化困境。克服社区治理难题，推动社区治理发展，完善基层治理体系和治理能力的现代化建设是解决我国当前主要矛盾的重要举措，习近平总书记强调，“要把加强党的建设、巩固党的执政基础作为贯穿社会治理和基层建设的一条红线”①，将基层社会治理纳入大党建范围。党的领导是我国治理核心与关键，其功能价值与社区治理有很好的耦合性。党组织通过自身强大的组织力、领导力对社区内的主体进行统合，能够规避“多中心转向无中心”的困局，党组织通过发挥价值引领、政治动员、资源整合、机制创新等功能，凝聚社区共识，促进资源效益最大化，对于破解社区治理困境具有重大意义。

二　战旗村党建引领社区治理的做法与经验

四川省成都市郫都区战旗村，在推进国家治理体系和治理能力现代化建设总目标的过程中，将党建引领和社区治理有机结合，形成以村党委领导、村民议事会决策、村委会执行、村监委会监督、集体经济组织独立运行的治理机制，为基层党建引领社区治理实践提供实践参考。

（一）加强社区基层党组织建设，突出战斗堡垒作用

党建引领的基础就是发挥党的领导力和组织力。战旗村坚持把党建放在

① 中共中央文献研究室编《习近平关于全面建成小康社会论述摘编》，中央文献出版社，2016，第148页。

首位，充分发挥党的政治引领、价值凝聚等功能，巩固强调战斗堡垒的地位，促进社区治理效率提升。

一是保持党员的先进性和纯洁性。战旗村党组织创造性地提出“三问三亮”工作办法，完善基层党组织建设工作机制，增强党员身份认同，加强党性和责任意识。坚持提升党员政治素养和服务素养，开展“三会一课”“党员夜校”提升基层党员的服务能力。完善监督机制，推行党建责任清单、村级微权力清单制度，保障党组织在阳光下运行。完善和创新党员管理方法，提升专业服务能力，确保治理的稳定性和民主性，提高村民政治信任度。

二是加强党的基层组织建设，深入群众。通过组织嵌入的方式，将组织建设贯彻在社区治理网络的方方面面，实现组织的全覆盖，广泛链接社区内各单位资源，发挥党组织“产业富民、改革兴村、服务便民、生态宜居、乡风文明”的引领作用。坚持突出党组织在社区治理中的核心领导作用，党组织定期听取居民委员会、议事会、居民监督委员会等组织的工作报告。整改落实党联系群众的基本过程，组建“红色调解队”，深入群众，化解村民矛盾，密切联系群众，解决群众难题。

（二）坚持发展集体经济，促进产村相融

现代国家治理体系是一个系统的、有机的、协调的制度体系，它包含行政体系、经济体系和社会体系。社会治理体系是要建设政治、经济、社会三个子系统相融合的协调整体。

一是坚持发展集体经济，以利益驱动治理热情。社区治理的基础是社区发展，利益整合是社区治理的重要途径。党组织坚持发展壮大村集体经济，建立共享经济体，将个人利益、集体利益、国家利益有机结合在一起，加强利益联结。2023 年村集体资产 11658 万元，集体总收入 687 万元，村民人均收入 3.88 万元。在做大蛋糕的同时分好蛋糕，战旗村实行按劳分配和全体福利待遇共享的利益分配原则，保障集体经济效率，关照社区弱势群体，加强个体对整体的认同感、归属感，为群众参与社区治理提供情感基础。

二是完善产村相融的治理体系。社区经济和社区治理协同发展是国家治理体系和治理能力的现代化建设在基层落地生根的重要途径。在解决产业发展不足问题的基础上，战旗村理顺村“两委”和集体经济组织关系，完善集体经济组织法人结构，提出了“党支部领导、村民大会决策、村委会执行、村务监督委员会监督、村集体经济组织独立经营”的运行机制。在充分认识社会结构、经济结构和组织体系的基础上，建立村“两委”、集体经济组织、农业合作社、专业协会、村民自治工作格局。

（三）构建共建共治共享的社区治理格局

从社会管理到社会治理的转向，表明社会治理不再是单一的政府自上而下的单向管控，而是多元主体平等协商的合作。

激发集体经济的社会属性。城乡基层治理的创新需要更丰富的社会力量。社会企业是乡村治理有效的重要组成部分，社会企业强调运用市场机制整合社会资源追求社会利益最大化。[①] 战旗村集体经济发轫于计划经济时期，本身具有社会属性，在历史发展进程中，坚守发展为人民，解决村庄剩余劳动力就业问题。战旗村集体经济发展关注社会效益，坚持提高社员福利待遇，助推社区配套设施完善，着力解决农民生产、生活问题。

社会组织是现代社会治理体系的重要主体，2018 年郫都区创新试点“社区合伙人”城乡社区发展治理，2019 年出台《规范“社区合伙人”参与社区发展治理机制的指导意见》，强化多元治理格局。为满足村民日益增长的美好生活需求，战旗村党总支让权于社会组织。在党总支的领导下，社会工作机构通过走访调查了解村民的基本情况和实际需求，开展专业化的服务。双方合力建设社区社会组织孵化扶持、备案管理、组织运行等相关工作机制，支持社区自治组织的发展，培育了“耆英汇社区舞蹈队”等多个社区自治组织。

2023 年成都市委社治委基于区（市）县的探索，总结经验，出台《支持

① 曲成、高瑞霞：《推进产村相融才能做好“社村共建”》，《中华合作时报》2017 年 9 月 26 日。

城乡社区合伙人参与社区发展治理工作的指导意见》，以政府购买服务项目式合作、“时间银行”积分式合作等方式吸纳更多治理主体参与社区治理。

（四）坚持自治德治法治融合发展

2020年成都市出台《成都市社区发展治理促进条例》，提出以社区为基础的城乡治理要构建自治、法治、德治“三治融合”的新型治理机制，发挥系统功能，以整体最优实现和美社区建设。

自治是社会治理体系的核心，依法、有序地让人民群众参与到社区治理当中来，是社会治理新格局的题中应有之义。党的二十大报告指出，“在社会基层坚持和发展新时代‘枫桥经验’”。枫桥经验的核心在于发挥人民自身能力，引导群众自治。战旗村明确村民的治理主体地位，通过“1248”模式（见表1）等教育方式，不断增强村民参与意识和参与能力。坚持“民事民议、民权民定”，规范决议公示、社会评价等6个民主议事程序，完善参与机制，确保民众参与治理的渠道通畅。组建新型社区业主委员会和物业管理自治组织，提高基层自治组织力。

表1　“1248”模式

1中心	2平台
以教育培养乡村振兴人才为中心	智慧党建线上平台 教学实践线下平台
4结合	8教学模块
党性教育与菜单选学相结合 专题教育与现身说法相结合 互动交流与座谈议事相结合 实践课堂与体验教学相结合	党性教育，政策宣讲 基层治理，道德法治 人文社科，实用技术 乡风文明，民主自治

法治是基层治理良好运行的保障。强化法治的教化约束，保障治理过程条理有序。战旗村推进乡村法治建设，依托村警务室、法律援助室、党员工作室建设法治信访中心，开展“法律进乡村”等宣传活动，促进社区法治化建设，提高村民法治素养。在依据现有法律条文基础上，针对乡村实际情

况出台相关办法、指导方案等，确保治理工作有章可循，避免社区矛盾。战旗村各主体共同协定制定出台《集体经济组织成员分配方案》等，明确集体经济成员身份，实行按劳分配和普遍福利，有效避免利益纷争。

德治是基层治理的支撑。德治的关键是促进移风易俗，破除陈规陋习，以家风培养、乡贤回归等形式共建诚信重礼、尚法守制等良好风尚。在乡村治理当中，乡贤感召力能够提升村民文化认同感。战旗村积极吸引能人志士回乡发展，并评选"新乡贤""文明之星"等道德模范，发挥乡贤模范引领作用。完善乡村道德体系建设，用农村居民喜闻乐见的方式推动精神文明建设。通过百姓大舞台巡演、"战旗快板"等方式，以文化建设促进乡村树立新风尚。制定《战旗·村规民约十条》，健全道德约束机制，引导村民自我管理、自我教育。

（五）坚持党建引领"微网实格"，推动治理下沉

党建引领是基层治理的鲜明导向，成都市创新性地提出"微网实格"治理体系，印发《关于深化党建引领社区"微网实格"治理机制的实施方案》，为群众提供精细化服务。[①] 在此基础上，郫都区坚持以党建为引领，探索"网格化+信息化"治理模式，建立机关党员干部"微网实格"陪伴成长机制，确保党员机关干部进入社区网格，发挥其专业特长，同时用好数字化工具，提高治理效能。通过"微网格发现——般网格办理—总网格解决"三级问题解决机制，推动一张网格统揽，激发"微网实格"治理活力，帮助解决小事、大事、难事。[②] 战旗村构建1个总网络、2个一般网格、39个微网格，缩小了治理场域。同时建立"数字战旗"，接入"数字蓉城"等信息化平台，实现全村数字管理，实现精准治理。区领导、区级部门、街道（镇）机关党员进入网格，坚持"三四五"工作模式（见表2），推动党员

① 毛红宇、许瀚丹：《落细织密城管网格　共治共享美好生活——成都市推进城市管理"微网实格"见实效》，《城市管理与科技》2023年第4期。

② 毛红宇、许瀚丹：《落细织密城管网格　共治共享美好生活——成都市推进城市管理"微网实格"见实效》，《城市管理与科技》2023年第4期。

机关干部下沉到社区治理一线，打造第二工作阵地，促进治理工作从“最后一公里”向“最后一百米”下沉，以示范引领促进全面融合。

表 2 “三四五”工作模式

总体要求			职责任务	
固定人员	固定岗位	固定职责	政策宣讲 联系服务	资源集成 应急冲锋
工作方法				
三级包联	组团共建	双向认领	参与发动	应急支援

（六）链接社会资源，厚植治理基础

调动社会资本，撬动治理资源。信任是一种重要的社会资本，从“农业学大寨”到“农村土地制度试点改革”，党组织领导村民一次次在发展关键时期做出正确抉择，取得辉煌成绩。与城市社区相比，农村的血缘性、地缘性社会资本丰富。战旗村主动运用乡土社会资本，推进土地集中工作。同时社会资本并非不可生产，社区治理离不开对外部资源的链接和利用。战旗村积极链接外部资源，以整合的集体资产吸引社会企业，发展乡村旅游业，提高村民就业率，推动绿色战旗发展。

资源基础薄弱、资源配置较少是影响社区治理的重要因素之一。资金是社区治理的重要资源，为保障社区治理有效运行，成都市自 2018 年出台《关于创新城乡社区发展治理经费保障激励机制的意见》等配套文件，积极强化治理经费保障，每年为村（社区）拨付社区发展治理保障激励专项资金。战旗村 2023 年资金合计 608670 元，有效推动了社区志愿服务、社区生态环境整治、社区总体营造、社区治安维护、社区基础设施建设等社区公共服务和社区治理的发展。

（七）贯穿治理理念，提升社区治理能力

习近平总书记强调，“以高质量党建引领基层社会治理，要始终牢记让

人民生活幸福是‘国之大者’”。战旗村在党建引领社区治理的过程中，坚持治理为人民，不断提升党建服务的水平和质量。

一是提供高效优质的公共服务。2017 年，中共成都市委办公厅、成都市人民政府办公厅印发《成都市社区发展治理“五大行动”三年计划》，要求实施社区服务提升行动。完善农村公共服务设施，健全公共服务体系是农村治理的重要内容。战旗村不断提升公共产品供给水平，提高公共资源配置效率，配套建设医院、幼儿园、小学等设施，教育、医疗、保障等公共服务体系不断健全。在普及公共服务的同时，搭建综合服务平台，提高服务便利性。2019 年，战旗村建设“一核三站”综合服务中心，村民足不出户就可享受社保办理等 116 项公共服务。

二是完善公共空间建设。公共空间是人们交往的基础，因为小聚居、大散居的居住特点，农村的公共空间辐射范围小。战旗村积极推动农村新型社区建设，以“拆院并院”“农村村民集中建房”的方式，促进空间整合，增加空间平面延展性，扩大公共空间辐射范围。立足于“红色战旗、幸福家园”的定位，将价值引领和村民日常生活有机结合，建设“红色”空间阵地，推动治国理政新思想传播，有利于增进治理主体间的交流互动，实现情感的交融，进而为社区治理提供情感共鸣。

三是培育和挖掘乡村治理人才，完善治理人才队伍建设。在内部人才培育上，搭建乡村振兴培训学院、新时代讲习所等培养平台；整合专业资源，开展“高校+支部+农户”结对共建活动，共建实训基地，培训治理人才。在人才吸纳上，党支部积极争取选调生、大学生志愿者等挂职锻炼；制定完善人才引进政策，引进高素质人才。战旗村优化人才结构，建设以体制内精英和体制外精英为主体、普通村民为补充的治理人才结构，协调统一推动社区治理发展。

三　启示

（一）坚持党组织建设

党的二十大报告指出：“坚持大抓基层的鲜明导向，抓党建促乡村振兴，加强城市社区党建工作，推进以党建引领基层治理，持续整顿软弱涣散基层党组织，把基层党组织建设成为有效实现党的领导的坚强战斗堡垒。”没有党的自身改革和现代化建设，便没有国家的改革和治理现代化。要发挥党的战斗堡垒作用，必须贯彻全面从严治党，完善党的建设，加强党的纪律和集中领导，坚持以人民为中心，坚持“民主执政、科学执政、依法执政”。要充分发挥社区党组织在社区治理中的核心地位，加强党组织建设，避免组织涣散，组织力、服务能力不强，把党的全面领导和党的自身建设作为贯穿社区治理全过程、各方面的一条红线。补齐社会治理短板，夯实社会治理基础，建设人人有责、人人尽责、人人享有的基层治理共同体。

（二）与时俱进，抓住改革机遇

恩格斯说过，社会主义社会是一个“经常变化和改革的社会”，创新和改革是一个民族保持生命力的源泉。正是党和人民秉承自我革新和自我完善的理念，中国特色社会主义实践才能蓬勃发展。社会发展的新机遇，给社区治理带来新的挑战，需要坚持解放思想，突破陈规旧制，提高社会适应能力。基层治理应洞察政策新方向，抓住各项政策机遇，以时代东风吹动社区治理旗帜，以创新能力推动社区治理转型升级。社区治理环境复杂且多变，社区治理应因地制宜整合治理资源，做好创新和改革工作。在机遇与挑战的背景下，推动国家治理体系和治理能力现代化建设要坚持守正创新，加大制度改革力度，持续深化改革。城乡社区治理的领导班子应该坚持学习，保持开阔的视野，积累丰富的社会经验，主动识变应变求变，为社区治理带来新思路和新方法。

（三）实事求是，立足实际

具体情境的差异性会导致实践内容和取向的差异性，因此，个体对实践的把握也应从具体实际出发。实事求是、立足实际是我们认识世界、改造世界的基本要求。社会治理是一个大目标、大课题，中国自然条件和人文背景不尽相同，社会治理需要量体裁衣，避免“一刀切”政策，避免因忽略差异照搬治理方式导致资源浪费和治理效果不佳等问题。特别是在社区治理这一微观层面，不同社区之间存在巨大的差异性，各种要素相互关联彼此影响，不同的社区要素都有其合理性，这在一定程度上增加了社区治理的难度。社区治理应摸清家底，挖掘自身优势，顺应当地实际情况，推动基层治理不断完善。新时代社会治理，要将实事求是的工作路线贯穿基层治理全过程、各方面。

（四）坚持资源整合

有效发挥党建引领社区治理效能的前提是盘活社区资源，创新资源整合机制。首先，积极引入外部资源，弥补社区内部资源的局限。加强对专业技术资源的链接，建立以党组织为主、智囊团为辅的治理体系，增强社区治理的科学性和专业性。其次，加强社区内部资源整合。针对现有资源，建立资源共享机制，以党建引领社区资源的规划和使用，有效调动不同主体的治理资源，促进资源的合理流动，确保社区均衡发展。盘活社区内部潜在资源，将社区内各种公共资源纳入社区治理系统当中，为社区治理夯实基础，实现公共资源的高效利用。最后，积极利用新兴技术手段，推动社区治理手段的信息化建设，搭建社区治理数字化平台，缩短社区服务和社区居民之间的距离，提升社区服务的便捷性，提高社区治理的效率，构建社区和谐生活。

参考文献

习近平：《决胜全面建成小康社会　夺取新时代中国特色社会主义伟大胜利——在中国共产党第十九次全国代表大会上的报告》，《人民日报》2018 年 10 月 28 日。

姜晓萍、田昭：《授权赋能：党建引领城市社区治理的新样本》，《中共中央党校（国家行政学院）学报》2019 年第 5 期。

黄树贤：《奋力开创新时代城乡社区治理新局面——学习贯彻习近平总书记关于城乡社区治理的重要论述》，《中国民政》2018 年第 15 期。

陈松友：《党建引领基层治理的价值意蕴与实现机制》，《国家治理》2023 年第 12 期。

中共中央文献研究室编《习近平关于全面建成小康社会论述摘编》，中央文献出版社，2016。

曲成、高瑞霞：《推进产村相融才能做好“社村共建”》，《中华合作时报》2017年9月26日。

毛红宇、许瀚丹：《落细织密城管网格　共治共享美好生活——成都市推进城市管理“微网实格”见实效》，《城市管理与科技》2023年第4期。

《汇智聚力写好时代发展“必答题”　助力提升超大城市精细化治理水平》，《四川政协报》2023年10月26日。

B.22
城乡融合背景下村改居社区居民生计转型研究
——以成都市为例

金小琴　康 莹*

摘　要： 在城乡融合发展实践中，成都周边村改居社区居民的生计方式发生了翻天覆地的变化。本报告采取访谈和问卷调查方式对成都市A社区和H社区两个典型案例社区进行实地走访调研，通过系统观测村改居前后社区居民收入来源、职业选择、生活压力变化，发现村改居社区居民面对相同的时代背景和不同的社区发展状况，采取了不同的生计策略。尽管两个社区的居民已经基本实现了从生存型生计向发展型生计的转变，但仍然存在一定的脆弱性。要提升村改居社区居民生计的可持续性，一是引进高质量投资，活跃社区经济发展；二是加强社区治理，促进居民参与融入；三是突出地方特色，共建宜居宜业环境。

关键词： 村改居社区　生计转型　城乡融合

一　问题的提出

城乡融合发展是统筹四川现代化建设的重要标志。作为拥有2000多万常住人口的超大城市，成都从2003年开展城乡综合配套改革试验时着手推

* 金小琴，四川省社会科学院社会学研究所副研究员，研究方向为城乡社会发展；康莹，四川省社会科学院，研究方向为基层治理。

进基层治理机制改革，在城乡社区民主协商、公共财政制度、院落治理、社区营造等方面均取得了实质性成效，初步实现了城市有变化、市民有感受、社会有认同，在“中国最具幸福感的城市”榜单中持续蝉联榜首。在城乡融合发展实践中，成都周边村改居社区居民的生计方式由务农转变为务工或其他非农方式，赖以生存的土地不再是支撑其生活的主要来源，他们的生计方式发生了翻天覆地的变化。生计转型反映的不仅是生计方式的转变，更是社会经济文化的变迁。村改居社区在社会变迁过程中，社区居民的生活状况与社会发展息息相关，社会发展程度也会直接影响到居民的可持续生计选择与延续。因此，关注城乡融合背景下村改居社区居民生计转型问题，具有较强的理论意义和现实意义。

二　数据来源与样本特征

为了更好地反映社区居民在村改居前后生计变化情况，根据村改居社区成立的时间、所在的区位以及村改居社区目前的发展状况来选择适合的调研点。笔者于 2023 年 6~11 月多次实地走访了成都市 A 社区和 H 社区两个调研地，通过社区座谈、实地访谈、参与式观察和问卷调查的方式收集一手数据和资料。总共发放问卷 150 份，回收有效问卷 146 份，有效回收率约 97%。

从性别特征看，参与问卷调查的社区居民一共 146 人，A 社区的居民 74 人，H 社区的居民 72 人；其中男性共 66 人，A 社区的男性 27 人，H 社区的男性 39 人；女性共 80 人，A 社区的女性 47 人，H 社区的女性 33 人，性别比例构成基本合理。

从年龄特征看，在参与问卷调查的居民中，最大年龄为 78 岁，最小年龄为 25 岁；总的平均年龄为 48.2 岁，其中 A 社区被访居民的平均年龄为 50.45 岁，H 社区被访居民的平均年龄为 45.93 岁，两个社区中参与调查的中青年人数居多。

从学历特征看，被访居民中学历为小学的居民共 36 人，其中 A 社区为

23 人，H 社区为 13 人；学历为初中的共 58 人，其中 A 社区为 31 人，H 社区为 27 人；学历为高中/职高的共 16 人，其中 A 社区为 5 人，H 社区为 11 人；学历为中专的共 5 人，皆为 H 社区居民；学历为大专及以上的共 31 人，其中 A 社区为 15 人，H 社区为 16 人，参与问卷调查的居民平均学历水平较低。

从婚姻特征看，未婚居民共 3 人，A 社区 2 人，H 社区 1 人；已婚居民共 127 人，A 社区 58 人，H 社区 69 人；离异居民共 4 人，皆为 A 社区居民；再婚居民共 1 人，为 H 社区居民；丧偶居民共 11 人，A 社区 10 人，H 社区 1 人（见表 1）。总体来看，已婚居民占比最多，婚姻状况较为合理。

表 1　被访社区居民基本人口学特征

单位：人，%

变量	类别	A 社区		H 社区	
		频数	占比	频数	占比
性别组成	男	27	36.49	39	54.17
	女	47	63.51	33	45.83
学历情况	小学	23	31.08	13	18.06
	初中	31	41.89	27	37.50
	高中	0	0.00	9	12.50
	职高	5	6.76	2	2.78
	中专	0	0.00	5	6.94
	大专及以上	15	20.27	16	22.22
婚姻状况	未婚	2	2.70	1	1.39
	已婚	58	78.38	69	95.83
	离异	4	5.41	0	0.00
	再婚	0	0.00	1	1.39
	丧偶	10	13.51	1	1.39
合计		74	50.68	72	49.32
年龄情况	最大年龄	78 岁		70 岁	
	最小年龄	25 岁		25 岁	
	平均年龄	50.45 岁		45.93 岁	

资料来源：根据调查问卷整理所得，下同。

三 村改居社区居民生计现状

通过实地走访发现，在政府和社区的共同推动下，A 社区和 H 社区先后进行了社区改造，A 社区通过拆迁安置改造的方式使农户从土地的束缚中脱离出来，引导农民参与到新的生计方式中，利用生产资料的变革改善居民的生计状况；H 社区通过社区行政改制的方式，引进社会投资，推动社区经济发展，引导居民生计从以农业为主转变为以外出务工为主，从而改善了居民的生计状况。

（一）村改居前后的收入来源对比

村改居前，A 社区被访居民的主要收入来源是务农、打工和个体经营，其中选择以打工为主要收入来源的居民有 69 人，占比 93.24%；H 社区被访居民中选择以务农为主要收入来源的有 37 人，占比 51.39%，其次是打工，有 35 人，占比 48.61%，选择以个体经营为主要收入来源的居民有 11 人，占比 15.28%（见表 2）。可以看出，务农仍然是两个社区居民的重要收入来源。

表 2　村改居前社区被访居民收入来源

单位：人，%

收入来源	A 社区		H 社区	
	频数	占比	频数	占比
务农	74	100.00	37	51.39
打工	69	93.24	35	48.61
个体经营	74	100.00	11	15.28

村改居后，A 社区被访居民的收入来源有所改变，务农不再是村民的选择，而以打工为主要收入来源的居民数量减少，有 57 人，占比 77.03%，值得关注的是选择以房屋出租为主要收入来源的居民数量激增，有 73 人，仅有 1 人未选择以房屋出租为主要收入来源，分别占比 98.65%和 1.35%，选择个体经营的居民数量骤减，从 74 人减少到 20 人，占比 27.03%。H 社区被访居民

中选择务农的仅有 3 人，占比 4.17%，以打工为主要收入来源的居民数量增多，有 63 人，占比 87.50%，而以房屋出租为主要收入来源的居民仅有 5 人，占比 6.94%，有拆迁赔偿的居民仅有 2 人，占比 2.78%，以个体经营为主要收入来源的居民有 10 人，与村改居前无较大差异，占比 13.89%（见表 3）。

表 3 村改居后社区被访居民主要收入来源

单位：人，%

收入来源	A 社区		H 社区	
	频数	占比	频数	占比
务农	0	0.00	3	4.17
打工	57	77.03	63	87.50
房屋出租	73	98.65	5	6.94
拆迁赔偿	0	0.00	2	2.78
个体经营	20	27.03	10	13.89

从上述分析可以看出，A 社区和 H 社区居民在村改居后收入来源方式更加多元，而且大多数以打工为主要收入来源，农民逐渐从土地的束缚中摆脱出来，务农不再是其主要的生计方式。

（二）村改居前后的职业选择对比

村改居前，A 社区被访居民职业选择以务农为主，其中务农的居民有 34 人，占比 45.95%，其次是企业职员，有 14 人，占比 18.92%，从事建筑类的居民有 5 人，占比 6.76%，无业或待业的居民有 2 人，占比 2.70%，余下 19 人在拆迁安置前还在读书；H 社区被访居民当中以务农为主的居民占比最多，有 21 人，占比 29.17%，其次是从事服务业的居民，有 11 人，占比 15.28%，从事建筑类的居民有 8 人，占比 11.11%，从事个体经营的居民有 5 人，占比 6.94%，无业或待业的居民有 4 人，占比 5.56%，在机关单位的居民有 2 人，占比 2.78%，企业职员最少，仅有 1 人，占比 1.39%，余下 20 人在村改居前还在读书（见表 4）。由此可见，村改居前，被访居民仍以务农为主要的职业，就业形态较单一。

表 4　村改居前社区被访居民职业选择情况

单位：人，%

职业选择	A 社区		H 社区	
	频数	占比	频数	占比
务农	34	45.95	21	29.17
企业职员	14	18.92	1	1.39
机关单位	0	0.00	2	2.78
建筑类	5	6.76	8	11.11
服务业	0	0.00	11	15.28
个体经营	0	0.00	5	6.94
无业或待业	2	2.70	4	5.56
读书	19	25.68	20	27.78

村改居后，A 社区被访居民中成为企业职员的最多，有 28 人，占比 37.84%，其次是从事个体经营的居民，有 15 人，占比 20.27%，从事服务业的居民有 12 人，占比 16.22%，进入机关单位就业的居民有 7 人，占比 9.46%，从事建筑类的居民最少，仅有 4 人，占比 5.41%，其余 8 人为无业或待业，占比 10.81%；村改居后，H 社区被访居民选择成为企业职员和从事服务业的最多，均有 19 人，分别占比 26.39%，其次是选择继续务农和从事个体经营的居民，均有 10 人，分别占比 13.89%，从事建筑类的居民有 8 人，占比 11.11%，进入机关单位的居民有 5 人，占比 6.94%，仅有 1 人为无业或待业（见表 5）。村改居后，居民的就业情况呈现多样化特征。

表 5　村改居后社区被访居民职业选择情况

单位：人，%

职业选择	A 社区		H 社区	
	频数	占比	频数	占比
务农	0	0.00	10	13.89
企业职员	28	37.84	19	26.39
机关单位	7	9.46	5	6.94
建筑类	4	5.41	8	11.11

续表

职业选择	A 社区		H 社区	
	频数	占比	频数	占比
服务业	12	16.22	19	26.39
个体经营	15	20.27	10	13.89
无业或待业	8	10.81	1	1.39
读书	0	0.00	0	0.00

（三）村改居前后的生活压力对比

村改居后，从整体上看，两个社区的收支情况都比较乐观，A 社区被访居民的情况好于 H 社区，选择节余多的居民 A 社区有 71 人，占比 95.95%，而 H 社区有 38 人，占比 52.78%，H 社区居民中收支平衡和支出多的居民有 34 人，占比 47.23%；从收支情况来看，两个社区虽大部分居民的情况较好，但 H 社区居民收入有结余的情况少于 A 社区（见表 6）。

表 6　村改居后社区被访居民收支情况

单位：人，%

收支情况	A 社区		H 社区	
	频数	占比	频数	占比
节余多	71	95.95	38	52.78
收支平衡	1	1.35	12	16.67
支出多	2	2.70	22	30.56

从目前的生活情况看，A 社区被访居民多数表示家庭经济压力不大，选择压力不大的居民有 39 人，占比 52.70%，选择有压力的仅有 2 人，占比 2.70%；H 社区被访居民中选择压力不大的仅有 4 人，占比 5.56%，多数居民表示有压力，有 46 人，占比 63.89%；结合收入情况来看，H 社区被访居民的收入来源不同于 A 社区，其收入组成及收入水平皆不如 A 社区。从表 7 可以看出，A 社区居民的压力不大，但 H 社区居民的压力较大。究其原因，

H 社区属于乡村村改居社区，其地理位置较为偏远，经济发展水平相比于城镇化程度较高的 A 社区而言较低，居民的生活状况也明显比 A 社区差。

表 7　村改居后社区被访居民压力状况

单位：人，%

压力状况	A 社区		H 社区	
	频数	占比	频数	占比
有压力	2	2.70	46	63.89
一般	33	44.59	22	30.56
压力不大	39	52.70	4	5.56

四　村改居社区居民实现可持续生计的策略选择

村改居社区居民面对相同的时代背景和不同的社区发展状况，采取了不同的生计策略，尽管两个社区的居民已经基本实现了从生存型生计向发展型生计的转变，但仍存在一定的脆弱性，必须着力提升村改居社区居民生计的稳定性和抵抗风险的能力。

（一）引进高质量投资，活跃社区经济发展

两个社区依据当地经济发展重心和社区特点，制订项目引进投资计划，根据建设项目为待业居民提供相对应的就业技能培训，促进当地居民本地就业，拓宽就业渠道，促进居民高质量、高水平就业。A 社区菜蔬街区地理位置优越，靠近天府大道、益州大道等主干道，常住人口高达 1.2 万人，区域经济发展状况良好，居民购买力强，居民区与商业区距离短、门面集中，适合打造商业街区、美食街区。H 社区政策优势明显，地理区位条件好，靠近主城区，交通相对便利，且有大量的优质劳动力和大片待开发区域，适宜引进社会企业在此落脚，结合已经引进的投资建设项目，可实现双赢。应对投资商进行筛选，选择适合本地区发展方向并与社区文化相符合的投资商，同

时对投资商进行监督管理，保证投资项目的正常建设运营，督促投资商吸纳当地居民就业，在引进投资的过程中解决好居民就业难、就业稳定难的问题，协助居民提升生计稳定性，保持生计可持续性。

（二）加强社区治理，促进居民参与融入

社区活动是吸引居民融入社区、参与社区的有力抓手。A 社区开展的居民工作是全国社区的模范，其社区居民参与融入度极高，但由于该社区是复合型社区，既有外来迁入人口，也有原住居民，在社区居民融入方面，菜蔬街区原住居民的积极性较弱、参与感较低，居民与社区之间存在疏离感。无独有偶，H 社区在居民参与融入社区建设过程中也存在较多阻力，居民社区参与不足、融入感较弱是基层社区普遍存在的问题。社区应把握好治理发展大格局，搭建社区与居民之间的沟通桥梁，缩短社区与居民之间的沟通距离，降低沟通成本，加强对居民发展意识和共同体意识的培育，降低居民对社区的不信任感；加强居民的个体意识培育，引导和协助居民实现自我管理和自我教育，降低居民对社区的依赖感。打破居民社区参与壁垒首先要增强居民对社区的信任感，可参考 A 社区的五线工作法，融合志愿服务、社区基金、居民自组织、社区商家以及社区党组织“五线合一”，针对社区居民的各项民生需求为居民提供具有普适性、持续性的文化治理活动，包括举办各种居民就业技能培训、公益项目活动等，在年轻居民当中发掘和培育社区骨干，动员年轻居民参与社区活动，建立年轻人、中年人、老年人治理服务专线，调动社区资源，唤起居民参与社区建设的热情，培育居民自治意识和自治能力，提升居民对社区的归属感和融入感。

（三）突出地方特色，共建宜居宜业环境

生态治理不应该只是对自然环境的保护和改善，利用文化对人的规训来增强生态治理意识，扩展对生态环境保护的理解，加强居民对居住环境的重视和保护应当成为实现可持续生计的新思路。A 社区是多民族融合社区，多民族治理是该社区的特色；H 社区川音艺谷片区大部分居民为客家人，两个

社区均有其独特的亮点。A 社区在社区氛围营造方面抓住了多民族社区的特点，打造了多民族主题的社区广场，在生态环境治理过程中也可将多民族特色融入进来，打造民族特色生态治理示范街区，营造有民族氛围的特色社区生态；H 社区川音艺谷片区在川音艺谷项目建设中对客家文化的吸纳较少，社区在生态环境改善方面可以抓住川音艺谷项目建设的契机，利用现有的品牌和专家效应，将当地客家人的特色文化背景融入项目建设过程中，建设客家特色生态文化区，打造成都北部特色客家文化示范社区，弘扬客家文化，保护客家人聚居地生态环境吸引客流，售卖客家文化产品、特色农产品等，开办客家文化产品展览。通过地方特色的挖掘，为社区居民提供良好的生计环境。

参考文献

王楠、孙亮、郑妮：《大城善治谱新篇　公园筑梦扬帆时——成都城乡社区发展治理改革实践与展望》，《先锋》2022 年第 9 期。

叶继红：《农转居社区治理能力：维度、影响因素与提升路径》，《中州学刊》2021 年第 2 期。

刘攀：《鄂西南山区茶叶产业发展背景下农民生计转型研究——以湖北咸丰县 J 村为例》，中南民族大学硕士学位论文，2022。

B.23

成都市园华社工参与化解小区矛盾纠纷内在逻辑与实现路径的研究

胡 勇*

摘 要： 景铭小区是成都市一个商业楼盘，由MBL单位建设。在收房日，业主发现不具备收房条件：公区地下室漏水渗水、施工建渣在小区周边裸露、小区内部配套不齐、部分业主房屋存在问题、购房宣传的两个公园不见踪影。这些问题导致128户业主联名签字拒收房，要求MBL单位把问题整改到位。此外，小区物管因物业费与业主产生了矛盾纠纷，致使小区矛盾纠纷错综复杂。在业主维权期间，聘请律师团队，并把园华社工引入景铭小区协助业主维权。最终，在多方努力下，小区矛盾纠纷得到妥善解决。研究发现，化解景铭小区矛盾纠纷，园华社工起到了关键作用，其成功经验的内在逻辑与实现路径值得深入研究，值得实践借鉴。

关键词： 社工组织 物管公司 建设单位

一 引言

当前，小区业主与开发建设单位、物业管理公司（以下简称“物管”）之间的矛盾纠纷在我国居民小区时有发生，其中最常见的问题：开发建设单位不诚信降低房屋质量标准；小区物业设施没能按照购房合

* 胡勇，四川省社会科学院社会学研究所助理研究员，研究方向为城乡治理、数据统计分析。

同约定设置；物业收费标准与物管服务水平不对等，小区物业公共收益不透明；业主个性化服务诉求得不到满足；业主向政府诉求合法权益难以落实等问题。这些问题既影响了业主幸福生活指数，也影响着小区和谐，甚至会引发业主群体维权行动，对社会的稳定和谐造成了一定的负面影响，对此，社会各界高度重视，学术界也将其列为重要的社会研究问题。针对社工参与化解小区矛盾纠纷，有较多已有成果为我们研究园华社会工作者组织（以下简称“园华社工”）参与景铭小区矛盾纠纷化解提供了理论支持。

本报告基于成都市景铭小区业主维权实证案例，运用社会工作相关理论，深入剖析了园华社工参与化解成都市景铭小区矛盾纠纷的内在逻辑与实现路径。研究发现，化解景铭小区矛盾纠纷，园华社工起到了关键作用，其成功做法值得深入研究。

二　研究方法与资料来源

（一）研究方法

通过研究分析房地产方面的法律法规、民法典关于房屋买卖合同的规定等，以及既有文献资料，为本研究找到法理依据。

同时，在研究过程中应用实证方法，如实地观察、问卷调查、随机访谈、半结构访谈等方式，获取了大量的实证资料，并进行了深入分析。

（二）资料来源

资料主要来源于业主或业主代表、园华社工、景铭小区尚武物业服务管理公司（以下简称“尚武物管”）、业主委托的律师、政府相关职能部门、有关文献库等。为确保资料真实有效，笔者采用访谈、问卷调查、寻求政府职能部门提供，或网上查阅，或文献资料库下载等方式获取研究必需的有价值的资料。

三　四大类矛盾纠纷：景铭小区业主维权根源

依据我国相关法律法规，业主与商品房开发建设单位签订的购房合同一旦生效，若非不可抗拒因素，双方就应该按照合同约定履约，否则一方就应承担相应违约责任。在景铭小区，业主手里均有一份与 MBL 单位签订的购房合同，各自的权责利均已在合同中明确约定。但是，在约定收房日（2019 年 7 月 20~21 日），业主发现购房合同约定的有些事项未落实、未达标，购房时宣传的在小区周边的两公园不见踪影。于是，128 户业主联名签字拒绝收房，并盖上了手指印，拒不收房业主占整个小区业主总数的 36%。

景铭小区开启了群体维权行动之后，业主罗列了存在的问题有 32 项，有业主将其归为三大类：公区问题、业主个人房屋问题和公园消失问题。此外，在维权过程中，小区物管与业主又发生了矛盾纠纷，自此，景铭小区业主就围绕小区四大类问题进行维权。这四大类问题成为景铭小区业主进行群体维权的根源。

（一）小区的公区问题

业主担心小区的安全性，小区的公共问题有：地下室严重渗漏水、地下车位间距太小、地下车库出入口尺寸不符合要求、小区配套活动场地没有按购房合同约定呈现、小区的公区外墙砖空鼓甚至有脱落等。

（二）个人的房屋问题

业主个人房屋问题主要有：房屋顶层的上层叠拼渗漏水、阳台位置漏水、厨房烟筒设置不合格出现漏水、墙面裂缝、地面空鼓、客厅墙倾斜、个别单元房屋底层严重渗漏水等。针对这些问题，有业主在提前查看房时进行了取证，有的业主还请了专业公正机关进行权威公证。

（三）不见两公园踪影

购房视频显示，景铭小区周边有两公园，其效果绚烂、美景诱人，但是收房时不见两公园踪影，四周一片荒凉，施工单位甚至将基坑渣土就近堆放裸露。资料显示，景铭小区执行一房一价政策，距离两公园越近的房子比同面积同楼层房子贵40万元以上。

（四）物管激怒了业主

资料显示，小区因为物业费问题也让小区业主坚定维权意志。具体来说，在业主收房期间，MBL委托尚武物管负责办理收房事宜，但是尚武物管工作方式遭到了业主质疑，并爆发了矛盾。从国家工商信息注册网获悉，尚武物管与MBL单位是两个独立法人主体单位。根据一些业主反馈，二者是“近亲”关系，尚武物管是MBL单位通过招投标方式引进到景铭小区的，景铭小区业主均与尚武物管签订了为期三年的前期物业服务合同，物业费约定4.8元/米^2，后经属地住建局物管科认定是五星级服务收费标准。业主与尚武物管产生矛盾纠纷有两个原因：一是尚武物管催促业主尽早收房。据业主反馈的信息，尚武物管在接受MBL单位委托办理收房与处理小区整改工作时，只对MBL单位负责，不对景铭小区业主负责。资料显示，尚武物管不断给未收房业主打电话，严重影响了业主的日常生活，完全忽视了自己的角色定位。从道理上讲，因房屋质量问题未达到收房条件，物管应协助业主收到合规的房子，但是尚武物管却站在了业主的对立面，忽视了业主合理合法的诉求。二是尚武物管催促业主缴齐未收房期间的物业费。一般情况下，非房屋质量问题导致业主未能收房的，业主应承担其间未缴纳的物业费。但是，尚武物管在没有尊重景铭小区业主客观事实的情况下，贸然向多位业主发了催收物业费的律师函，并把9位业主起诉到当地法院，加剧了业主与小区的矛盾。分析《物业管理条例》第四十一条发现，其规定非常明确：“业主应当根据物业服务合同的约定交纳物业服务费用。业主与物业使用人约定由物业使用人交纳物业服务费用的，从其约定，业主负连带交纳责任。已竣工但尚未出售或者尚未交给物业买受人的物业，物业服务费用由建设单位交纳。”事实表明，导致景铭小区业主未收房的原因是 MBL 单位所建房屋质量没能达到业主预期，不是业主无理取闹有意逃避缴纳物业费。从二者官司判决结果来看，一审与终审均判定景铭小区未收房业主的物业费应该由 MBL 单位承担，不该由未收房业主支付。尽管尚武物管不服判决，甚至申诉到四川省高级人民法院，但省高院依据事实依然维持原判。然而，官司期间，尚武物管还不断地打电话或发信息给业主催缴物管费。

四　群体维权历程与结果

针对景铭小区矛盾纠纷，业主选择了群体维权，即愿意参加维权的业主，大家一致行动，群体维权大致经历了三个阶段。

（一）浇灭群体维权希望之火

2019 年 8 月至 2020 年 5 月是景铭小区业主群体维权第一阶段。在 128 户业主联名签字拒绝收房之后，景铭小区业主开启了群体维权之路，由于没有成立业主委员会（目前还在筹备阶段），最终推荐 7 人为群体维权代表。这 7 位业主与 MBL 单位、尚武物管进行多轮沟通协商，要求全面解决小区问题，一开始维权进展较好，但是，中途因极个别维权代表利用大多数业主力量实现自己目标后，放弃了维权，直接把维权引向夭折。导致景铭小区第一阶段维权无果而终，很长一段时间小区笼罩在诉求合法权益无望的阴影中。

（二）重燃小区群体维权之光

2020 年 6 月至 2022 年 11 月是景铭小区业主群体维权第二阶段，受疫情影响维权时间相对较长。景铭小区为何又能重燃维权之光？研究发现有两个关键因素：一是群体维权代表引入了园华社工组织。在业主担忧小区摆烂和与物管难以相处的情况下，有业主建议引入园华社工参与小区矛盾纠纷化解。经过业主权衡之后，最终决定引入园华社工。事实表明，引入园华社工，的确给业主继续维权带来了希望与动能。园华社工彰显了自身组织优势，把业主之间的信任与凝聚力又找回来了。二是尚武物管贸然起诉业主，使小区群体维权热度更高。

（三）诉求政府部门解决问题

景铭小区业主群体维权第三阶段是 2022 年 12 月至 2023 年 7 月。相比第二阶段，维权人数、业主凝聚力与信任度均有所提升。研究发现，在以往工作方式方法效果不明显的情况下，园华社工建议业主转变维权思路，转向求助属地党委和政府。其中一个做法值得研究：经过全面评估后，园华社工与业主代表一致认为，继续与 MBL 单位直接对话意义不大，因为 MBL 单位久拖不决的态度让业主毫无办法。把小区问题晾晒在阳光下，诉诸属地党委和政府（住建部门、环保部门、国土规划部门和城市执法大队）解决小区问题，为小区维权开辟新篇章。针对景铭小区问题久拖不决，属地政府职能部门迅速搭建沟通协商平台。MBL 单位认清了形势，认清问题严重性，拖了近四年的问题终于有了解决方案，下一步就是执行实施了。景铭小区业主焦虑的情绪终于得到了缓解。

五　园华社工在景铭小区成功经验的内在逻辑与实现路径

在景铭小区矛盾尖锐时，园华社工被引入进来。近四年来，园华社工见证了景铭小区业主诉求合法权益的艰辛，同时也欣慰景铭小区的问题最终有了解决办法。研究发现，在协助业主维权时，园华社工获得了多方认可，其成功经验的内在逻辑与实现路径值得研究。

（一）园华社工在景铭小区成功经验的内在逻辑

1. 明晰角色定位，明确工作职责

园华社工始终明白自己是第三方中介公益组织，在与业主、物管、开发

建设单位与政府职能部门交流沟通时，无论何种场景，总是以第三方中介角色思考问题，不混淆角色，不越位职责，忠于职责，积极为景铭小区业主争取合法权益，同时为属地党委和政府排忧解难。

2. 具备较强综合能力，充分获得业主信赖

在参与景铭小区业主合法群体维权进程中，园华社工展现出较强的综合能力：文字功底深厚、熟悉法律法规、分析判断能力强、沟通协调能力强、能够踩准工作节奏、处事公平正义等。在业主中，建立了较高的信任度，比如，在沟通协调方面，园华社工能够娴熟地运用多学科理论轻松地与相关责任主体友好协调。在与住建局质监科和物管科、城市环保综合执法部门、市场监管局、规自局、MBL 单位、施工总包单位和尚武物管等沟通交流时，均能实现角色转换与话术转换，展现了较强的协调能力。在文字功底方面，能够及时地为维权代表写出通知、告知和建议等。

3. 依靠业主团结业主，凝聚业主整体力量

针对景铭小区尖锐矛盾凸显与多种矛盾纠纷交织错杂的情况，园华社工始终相信党委和政府能够积极解决，同时还确立了一个原则：依靠业主，团结业主，凝聚业主整体力量。资料显示，已收房业主认为，景铭小区物业服务水平之所以降低了，是因为未收房业主不及时收房拒缴物业费，有业主在小区微信群里直接与维权代表唱反调。同时，有未收房业主得到物管许诺减免物管费后，不再参与群体维权。针对这两种情况，园华社工均能正面引导，积极应对，建议维权代表不把问题扩大化，不挑起、不激化业主内斗，团结大多数业主，依靠绝大多数业主，凝聚业主小区整体力量。

4. 善于整合有效资源，抓住矛盾主要方面

研究发现，园华社工善于整合与融合有效资源，能够把零散、看似毫不相干的资源有效整合在一起，并因势利导发挥资源能量。比如，当少数业主提议，每个业主尽早起诉 MBL 单位索赔时，园华社工认为，首先以小区整体利益为主是上策，抓小区当前问题的主要方面是上策，若大家各自为政，只扫门前雪，小区公区严重问题可能得不到解决。MBL 单位想拖过质保期的目的明确，届时景铭小区物业保值增值就难以实现，岂不是丢了西瓜捡芝

麻？至于因质量问题耽误收房期间的索赔问题，待小区公区问题和两公园问题解决之后再行动也不迟。数据显示，除极个别业主单独起诉 MBL 单位之外，绝大多数业主依然坚持跟着大部队继续维权。善于整合融合有效资源，园华社工最经典的做法：把属地政府职能部门资源引入群体维权行动之中，请求政府职能部门搭台解决景铭小区问题。

5. 依据事实尊重法规，处理问题公正公平

基于景铭小区情况，园华社工以事实为依据，以法规为准绳，在协助业主合法群体维权过程中，既不夸大景铭小区问题，也不降低业主合理合法诉求，更不建议小区业主维权时当维权钉子户。园华社工公正公平不偏不倚的工作方式，赢得了业主高度信任，赢得了相关利益主体的认可，更赢得了属地党委和政府的赞许。比如，当有业主对温和的维权方式存疑，提出过激的群体维权方式时，园华社工总是能够在关键节点引导业主坚守法律底线，能够准确把控法规界限，及时制止不合法、不合时宜的群体维权方式，将有可能出现的非法集聚，或极端维权扼杀在萌芽状态，赢得了广大业主的充分信任，既避免了群体维权可能发生的不当状况，也避免给属地党委和政府增添不必要的麻烦。

（二）园华社工在景铭小区成功经验的实现路径

1. 摸清小区全面情况，制订维权可行方案

摸清景铭小区全面情况，主要包括：小区存在的问题、MBL 单位（开发单位）与 NBL 单位（施工单位）的想法、尚武物管的角色站位、政府职能部门的监管态度、业主维权动态、维权业主与不维权业主认知差距等。通过走访、座谈、问卷等方式，园华社工摸清景铭小区全面情况，找准问题的症结与根源，针对小区群体维权阶段性特征，制订切实可行的维权方案，使景铭小区维权始终在法律法规框架内运行，赢得了多方认同。

2. 把握业主维权动态，正面引导业主维权

针对景铭小区维权出现一波三折、步履艰难、内部不同声音等问题，园华社工积极分析原因所在，并采取正面行动。在日常工作中，园华社工注重把握业主维权动态，尊重事实，不有意扩大矛盾纠纷。据业主介绍，在维权敏感艰难时期，园华社工非常注重把握业主的维权动态，对于业主中出现加剧小区矛盾纠纷等不良现象，均能够正面积极引导。

3. 向政府部门诉求权益，落实小区整改方案

关注景铭小区问题是属地党委和政府应有的工作职责，也是法律法规赋予的权利。针对小区问题久拖不决，园华社工与业主代表一致认为，必须请政府部门出面，否则，久拖不决的问题依然会继续搁浅或拖延。事实表明，小区业主相对于 MBL 单位是弱势群体，没有话语权，相反，党委和政府部门既有话语权，又有执法力。于是，在第三阶段维权期间，向党委和政府诉求业主合法权益就成为景铭小区的重要维权路径。景铭小区业主代表充分抓住省委巡视组巡视该辖区的契机，把小区问题与民生诉求向巡视组做出了正式书面反映。通过省委巡视组的督促，以及属地政府相关职能部门的积极行动，MBL 单位等第一责任主体，终于直面问题出台了整改方案。景铭小区历时近四年的艰难维权落下帷幕，业主们终于看到了希望，下一步就是执行整改方案了。当然，最终结果如何，还有待时间验证。

B.24

四川城市居民文明养犬调查分析

——以成都市为例

明 亮　胡 燕　郑璐莎*

摘　要：　当前我国城市居民饲养犬只现象较为普遍，虽然宠物犬在一定程度上满足了居民的精神需求，但因不文明养犬导致的恶性事件时有发生，引发社会各界对城市养犬问题的关注。课题组通过与市级部门、街道、社区、小区物管和居民代表等座谈，收集调查问卷1600余份，对成都市养犬状况进行分析，发现不文明养犬现象较普遍，养犬和非养犬群体矛盾突出，养犬管理制度不完善、尚未形成多元参与的养犬治理格局。鉴于此，本报告提出提升养犬治理水平的相关对策建议，希望进一步规范市民养犬行为，提升城市文明水平。

关键词：　文明养犬　犬只管理　四川

随着人们生活水平日益提高，饲养宠物犬的情况非常普遍，宠物犬在很大程度上满足了饲养者的精神需要。对于饲养者来说，宠物犬已不再是传统意义上的家畜，而是自己的“家人”，养犬成为一种生活方式，越来越多的人选择饲养宠物犬来缓解压力、排解寂寞。据统计，2023 年我国宠物数量再创新高，城镇宠物犬猫数量达到 12155 万只，较 2022 年增加了 500 万

---

* 明亮，成都市社会科学院研究员，研究方向为基层社会治理；胡燕，成都市社会科学院副研究员，研究方向为法律社会学；郑璐莎，四川省社会科学院，研究方向为基层社会治理。

只。[①] 宠物犬数量不断攀升导致人犬冲突越发普遍，法律法规不全面、日常管理不到位、部分养犬人素质较低等问题更加凸显。从表面上看，养犬管理是一个基层社会治理问题，但深层次看却涉及社会转型进程中的法治建设、社会观念、文明素养和行为方式的现代化问题，从这个意义上来讲，亟须开展养犬相关问题研究，以规范市民养犬行为推进基层治理现代化。

一 市民养犬调查数据分析

课题组采用与市级部门、街道、社区、小区物管和居民代表等座谈走访，发放调查问卷等方式开展调查；共回收有效问卷 1614 份，其中养犬人士问卷 661 份，非养犬人士问卷 953 份；本报告使用 SPSS 21.0 软件对调查数据进行统计分析。

（一）调查样本概况

被调查者以中青年为主。从年龄来看，本次调查者主要集中在 18~65 岁。其中，18~30 岁占 36.2%，31~50 岁占 48.9%，51~65 岁占 12.8%，18 岁以下占 0.2%，65 岁以上占 1.9%。本次被调查者中占比最大的是 31~50 岁和 18~30 岁的中青年群体，共占 85.1%（见表 1）。按性别划分，共有女性 959 人，男性 655 人，男女占比分别为 59.4%和 40.6%。按婚姻状况看，已婚人士占 65.55%，未婚人士占 30.42%，其他婚姻状况人士占 4.02%。

表 1 被调查者年龄分布

单位：人，%

年龄段	18 岁以下	18~30 岁	31~50 岁	51~65 岁	65 岁以上	合计
人数	3	584	790	206	31	1614
占比	0.2	36.2	48.9	12.8	1.9	100.0

① 《报告解读：2023 中国宠物行业发展报告》，http://www.world-pet.org/newsinfo/868214.html，2023 年 9 月 12 日。

中等收入群体占比相对较高。从收入情况来看，被调查者涵盖了不同收入群体。其中，5 万元以下的占 15.74%，5 万~10 万元的占 31.72%，10 万~15 万元的占 20.63%，15 万~20 万元的占 12.83%，20 万~30 万元的占 10.72%，30 万元以上的占 8.36%。按照收入分层来看，年收入 5 万~15 万元的被调查者比重超过 53%。

被调查者整体受教育程度较高。其中，高中（含职高、中专和技校）文化的占 9.11%，大学（含大专和成人教育）文化的占 71.93%，研究生及以上占 16.36%，初中及以下仅占 2.6%。从数据来看，调查样本的受教育水平高于平均水平，这或许与网络用户的学历层次相对较高有关。

被调查者涵盖的职业领域较广泛。从职业背景来看，民企工作人员占比最高，达到 25.69%；国企工作人员占 14.44%；机关事业单位人员和公务员分别占 14.75% 和 11.52%；自由职业者达到 12.7%，还包括外企人员、个体户、学生、农民等其他人群。

被调查者覆盖了中心城区、近郊和远郊不同区域，但以中心城区和近郊城区为主。其中，中心城区非涉农区域占 61.15%，涉农区域占 2.79%；近郊城区（镇）占 25.71%，近郊乡村占 3.90%；远郊城区（镇）占 4.96%，近郊乡村占 1.49%（见表 2）。市民对养犬问题的关注度呈现从中心城区向近郊和远郊递减趋势，城区人口比涉农区域和乡村人口对这一话题的关注度高。

表 2　被调查者区域分布

单位：人，%

生活区域	人数	占比
成都中心城区（包括锦江区、青羊区、金牛区、武侯区、成华区、高新区）非涉农区域	987	61.15
成都中心城区（包括锦江区、青羊区、金牛区、武侯区、成华区、高新区）涉农区域	45	2.79
成都近郊（包括天府新区、龙泉驿区、青白江区、新都区、温江区、郫都区、双流区）城区（镇）	415	25.71
成都近郊（包括天府新区、龙泉驿区、青白江区、新都区、温江区、郫都区、双流区）乡村	63	3.90

续表

生活区域	人数	占比
成都远郊（包括东部新区、新津区、金堂县、大邑县、蒲江县、都江堰市、彭州市、邛崃市、崇州市、简阳市）城区（镇）	80	4.96
成都远郊（包括东部新区、新津区、金堂县、大邑县、蒲江县、都江堰市、彭州市、邛崃市、崇州市、简阳市）乡村	24	1.49
合计	1614	100.00

（二）市民对养犬的态度和行为分析

1. 养犬人士行为特征和利益诉求

养犬人士具有显著的群体特征。在被调查者中，养犬人士占了40.95%，可能高于实际养犬比例，说明养犬人士非常关心文明养犬这一话题。从性别来看，女性比男性更喜欢养犬，49%的女性养犬，男性养犬的只占29%。按年龄来看，青年群体养犬比例最高，18~30岁的养犬比例达62.3%，31~50岁的养犬比例为30.9%，51~65岁的养犬比例为23.3%。从婚姻状况来看，非婚状态人士养犬偏好更强，未婚群体中养犬比例达到65.4%，离异和丧偶群体中44.6%的人养犬，已婚人士中养犬比例只有29.4%。按收入划分，中等收入人群养犬比例相对较低，10万元以下区间，养犬人士占42.9%；10万~15万元区间，44%的人养犬；15万~30万元区间，养犬人士占33.7%；30万元以上区间，42.2%的人养犬。按职业划分，个体户和民企工作人员养犬比例更高；个体户养犬比例为57.5%；国企工作人员养犬比例为46.8%；民营企业和外企工作人员养犬率分别为52.5%和41.5%；自由职业者养犬率为40.5%；机关事业单位人员养犬比例仅为22.9%。

犬只饲养规模和种类基本符合法规要求。在被调查者中，养犬人士的平均养犬数量是1.27只。其中，养一只犬的有525人，占养犬人士总量的79.4%；养两只的有105人，占养犬人士总数的15.9%；养三只犬及以上的有30人，占4.5%。在犬只类型方面，只有4.54%的受访者表示其喂养的是《成都市养犬管理条例》规定的22种烈性犬、大型犬，92.59%的人饲养的是一般犬只。大多数养犬人执行了“一户一犬”政策，饲养三只及以上犬只和非法饲养烈性犬、大型犬的人只是极少数。

合法购买和他人赠送是犬只主要来源渠道。关于饲养犬只来源方面，居前两位的分别是宠物店购买和他人赠送，分别占44.78%和21.79%，收养流浪犬只和从定点机构领养犬只占18.30%。不少市民收养流浪犬只和从定点机构领养犬只，正是这部分人士在某种程度上提升了全市的犬只包容度，为犬只营造了友好环境。

饲养者持证养犬率较低。在306名有效应答者中，77.78%的人表示申领了“养犬登记证”。有效应答数据偏低，可能反映了实际知晓率低，而在应答人数中还有超过10%的人选择否定选项，进一步印证了“养犬登记证”的实际知晓率和申领率不高的事实。对于没有申领“养犬登记证”的原因，在423名有效应答者中，15.6%的人认为手续太麻烦，嫌登记地点远和担心登记后严管的比例都不高，大多数人（74%）将其不持证养犬的行为归咎为其他原因。较低的养犬登记证持证率说明当前成都市养犬管理体系还不完善，92.74%的人赞成在有犬类免疫资质的宠物医院（诊所）设置一站式的养犬办证便民服务点。

文明遛狗行为还须进一步强化。调查发现，遛狗时清理粪便和拴狗绳的比例相对较高，总是和经常保持清理粪便和拴狗绳良好行为的犬主都在九成以上。而佩戴标识遛狗的比例则相对较低，超过四成人表示从不佩戴，而遛狗时经常和总是佩戴标识的人只占41.9%（见表3）。调查发现，成都市大多数犬只主人也对此持积极态度，只有14.22%的人不赞成为犬只注射芯片，32.68%的养犬人愿意自费注射，53.1%的人赞成免费注射。这表明，成都市多数养犬市民乐意接受电子犬证，相关部门应在借鉴深圳等地经验的基础上加紧研究落地实施。

表3　遛狗行为统计

单位：%

遛狗行为	从不	偶尔	有时	经常	总是
遛狗时，会清理粪便	0.9	1.7	4.1	12.6	80.8
遛狗时，会拴上狗绳	0.3	2.7	3.3	18.2	75.5
遛狗时，会佩戴犬牌（标识牌/电子芯片）	40.1	8.3	9.7	4.7	37.2

犬只接种疫苗率较高，担心不良反应等是影响疫苗接种的原因。有效应答者中，每年为犬只接种疫苗的比例超过98%，表明防疫系统的疫苗接种工作开展得比较扎实。调查发现，在没有为犬只接种疫苗的原因方面有6.65%的人担心疫苗不安全，9.7%的人因为接种不方便，4.16%的人认为其所饲养的犬只无患病风险，多数人选择其他原因。

涉狗纠纷冲突及协调解决。调查数据显示，在过去一年中，8.2%的养犬人因养犬与他人发生过纠纷，2.3%的养犬者因犬吠而被人举报过，7.7%的人表示犬只惊吓过他人，2.9%的养犬者表示其犬只抓/咬伤过他人（见表4）。上述数据反映了饲养犬只在现实生活中的潜在风险及其危害，饲养要谨慎。

表4　犬主人遭遇的情况

单位：%

遭遇情况	是	否	不清楚
过去一年,犬只抓/咬伤过他人	2.9	96.2	0.9
过去一年,犬只惊吓过他人	7.7	90.2	2.1
过去一年,因犬吠被他人举报	2.3	96.8	0.9
过去一年,因养犬与他人发生过纠纷	8.2	91.2	0.6

养犬人士的利益诉求。养狗群体大多属于爱犬人士，他们对于当前成都市犬只生存环境和管理状况有着切身体会，并有着鲜明的利益诉求，一是其他人的不文明养犬行为，如不拴绳遛狗、不清理粪便和遗弃犬只等，影响了社会公众对养犬行为的态度，不少狗主人建议严格执法，规训少数不文明养犬行为。二是因缺乏必要宣传，公众对狗的理解较为片面，缺乏包容度，乃至曲解和敌视养犬人，不符合经济社会发展趋势。三是人犬互动引发的纠纷问题，如小孩子未经犬主人允许触碰犬只隐藏较大风险，易引发激烈的社会冲突，建议监护人做好看管监护工作，在相关事件中合理划分权责。四是相关法规制度不健全，建议取消一刀切的犬只管理制度，完善宠物保护法规定等。五是犬只公共出行难和遛狗难的问题，如不能带宠物乘坐公共交通，住

宅小区和户外公共绿地缺乏宠物特定活动场所，很多公共场所不让狗进入等，建议在公园绿地专设遛狗区域的呼声较为强烈。

2. 普通市民对养犬的态度和利益分析

本报告利用普通市民对所遭遇的养犬行为的认知来考量社会公众对养犬的态度。这部分主要通过分析953名非养犬市民的调查数据，了解社会公众对养犬的态度和利益诉求。

养犬不文明行为较为普遍。问卷涉及住宅小区内遛狗时清理粪便、是否拴绳和佩戴标识等大众较为关注的问题。调查发现，佩戴标识的遛狗率最低，73.1%没有佩戴标识，仅2.0%常佩戴，少部分和半数会佩戴标识的占18.0%。不清理粪便是不文明养犬的常见表现，12.0%的人认为小区遛狗者没有清理粪便；少部分清理粪便的占44.5%，认为半数及以上遛狗者会清理粪便的占38.4%。拴绳被认为是安全遛狗的前提，但仍有超过10%的人反映其所在小区遛狗者没有拴绳，认为半数及以上遛狗者拴绳的只占40.4%，认为少部分遛狗会拴绳的占48.2%（见表5）。调查数据表明，拴绳遛狗比清理粪便和佩戴标识做得好，但文明养犬行为仍有待加强。

表5　被调查者所在小区的遛狗行为

单位：%

遛狗行为	不清楚	没有	少部分	半数	大多数	所有
狗主人会清理粪便	5.1	12.0	44.5	13.9	23.7	0.8
遛狗会拴绳	0.7	10.7	48.2	16.4	23.3	0.7
遛狗会佩戴标识	7.0	73.1	16.7	1.3	1.9	0.1

市民受不文明养犬的负面影响程度不同。调查数据显示，超过六成的被调查者在过去一年中曾遭受到狗的惊吓、多次被犬吠影响、生活环境中存在流浪狗等，超过6%的人曾被狗抓/咬伤，超过21%的人与狗主人发生过纠纷。超过五成的被调查者表示其所在社区有“文明养犬”宣传活动，但养犬人群的文明养犬意识和素养还有待进一步提升（见表6）。

表 6　过去一年被调查者的遭遇情况

单位：%

遭遇情况	是	否	不清楚
曾被狗抓/咬伤	6. 3	89. 1	4. 6
曾被狗惊吓	64. 7	33. 7	1. 6
多次被犬吠影响	63. 9	32. 5	3. 6
曾与狗主人产生过纠纷	21. 1	75. 6	2. 3
社区有“文明养犬”宣传活动	50. 7	30. 8	18. 5
小区及周边有流浪狗	66. 2	13. 1	20. 7

当市民遭遇上述不愉悦事情和纠纷时，40. 9%选择尽量忍让，12. 4%选择村居委会调解，42. 8%找物管解决，23. 2%选择报警，找派出所或公安局解决，5. 7%找其他政府职能部门解决，43. 1%找犬只主人解决（见图 1）。可以发现，物业公司成为小区居民解决涉犬纠纷的重要主体，体现了当前小区纠纷调解主体多元化发展格局。同时，超过四成的人在被不文明养犬行为伤害时选择息事宁人或直面犬主，可能埋下风险隐患。

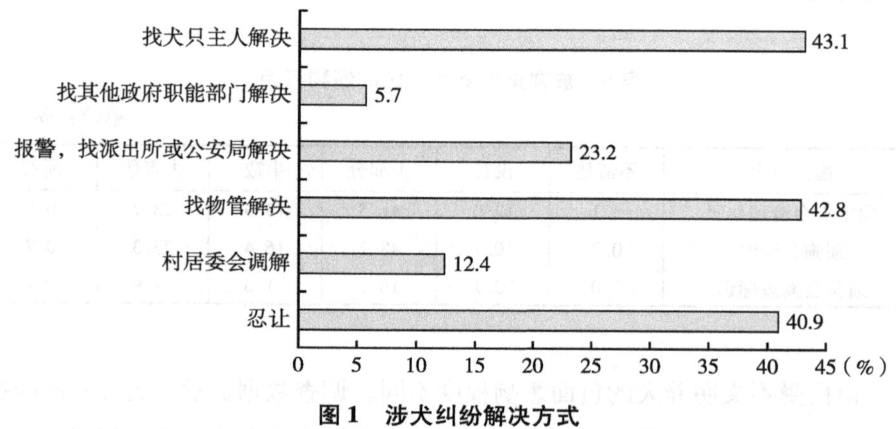

图 1　涉犬纠纷解决方式

市民对不文明养犬行为反响强烈。一是犬只随地大小便和犬只活动造成的系列环境卫生问题让市民难以接受。二是犬吠扰民问题影响邻里关系，受扰居民觉得无处说理。三是遛狗的安全隐患突出，由于不拴绳遛狗成为常态，不少市民担心被狗惊吓、冲撞或撕咬。

（三）市民关于完善养犬管理的认知分析

养犬人士和非养犬市民对于犬只的接受度和养犬行为的认知存在较大偏差，为了解市民对养犬管理内容的偏好程度，课题组设置了关于规范养犬行为的系列封闭式问题，可以发现市民对养犬行为的态度和进一步完善管理制度的意见。

犬只登记管理和养犬门槛。养犬登记制度是规范文明养犬行为的前提，强制登记可缓解当前成都市犬只登记率不高的问题，支持设立强制登记管理制度的比例超过85%。为犬只植入电子芯片的支持率超过七成。绝大多数被调查者赞同处罚不依法办理养犬登记证的行为，其中“处以罚款”“没收责令补登后仍拒登者的犬只”“教育并责令补登”的选择率居前三。关于养犬条件和成本分摊方面，超过55%的人赞成设置养犬最低年龄限制和经济条件；赞同犬主应缴纳服务管理费的占49.7%；赞同犬主支付疫苗接种费的高达84.1%（见表7）。相关数据表明，大多数市民赞成完善登记管理制度，增加养犬成本也被多数人接受，但对于是否缴纳养犬服务管理费的争议较大。

表7　市民关于规范养犬行为的意见

单位：%

选项	完全反对	比较反对	中立	比较支持	完全支持	不清楚
设立强制登记管理制度	2.2	1.2	10.4	24.3	61.4	0.6
设置犬主年龄和经济条件	7.1	8.9	25.4	20.6	34.8	3.2
一户一犬制度	12.7	14.9	25.2	11.6	34.0	1.6
犬主应缴纳养犬服务管理费	16.9	12.9	18.5	14.8	34.9	2.1
犬主应支付疫苗接种费	2.0	1.8	11.3	29.0	55.1	0.8
加大不文明养犬行为处罚力度	0.7	0.5	5.3	25.0	68.2	0.3
流浪犬/无主犬强制收容	2.7	2.6	15.6	25.5	52.2	1.5
遛狗强制佩戴标识	1.9	3.6	15.9	25.7	51.9	1.1
为犬只植入电子芯片	3.3	4.0	17.3	26.5	46.5	2.5

续表

选择	完全反对	比较反对	中立	比较支持	完全支持	不清楚
视公共场所无人牵领犬只为流浪犬(包括无接种记录)	5.5	9.1	18.9	22.9	42.4	1.1
将养犬行为和个人信用挂钩	3.4	3.7	12.3	23.8	56.1	0.7
设立养犬积分制度	2.2	3.2	13.9	27.3	52.0	1.4
设立民间犬只救助机构	1.4	1.5	10.1	29.2	56.0	1.7
救助机构在一定时间后可自行处置流浪犬	9.8	10.8	23.9	19.8	32.8	2.9

规范引导文明养犬行为措施。从调查结果来看，抵制不文明养犬行为已成为社会共识，不同意加大处罚力度的仅占1.2%。一户一犬制度的支持率为45.6%；支持强制收容流浪犬和无主犬的比例为77.7%；认为遛狗应强制佩戴标识的占77.6%；认为应将无法提供疫苗接种记录、无人牵领并在公共场所滞留的犬只视为流浪犬收容的占65.3%。除此之外，超过85%的人支持设立民间犬只救助机构，引导社会力量开展犬只救助活动，有52.6%的人支持救助机构对超过一定期限后无人认领的犬只进行自主处置。

对不文明养犬行为予以行政处罚有助于规范养犬行为。调查数据表明，被调查者大多数赞同行政处罚犬只伤人不救治、犬只妨碍他人正常生活、虐待遗弃犬只、不清理粪便、遛狗不拴绳等行为，支持惩罚的比例均在七成以上（见图2）。在相关保障机制方面，支持实行养犬信用制度和积分制度的分别占79.9%和79.3%，通过将不文明养犬行为与个人信用捆绑，并实施相应的惩罚措施，以此来提高不文明养犬的成本。

多元参与的犬只管理体系成为共识。关于犬只管理主体，认为应该由犬主人负责管理的占88.9%，由物业负责管理的占36.9%，由社区负责管理的占43.6%，由公安部门负责管理的占39.3%，由城管负责管理的占36.5%（见图3）。与传统认知中犬只管理应属公安机关和城管等部门的职能范畴有出入的是，社区和物业管理公司被寄予厚望。

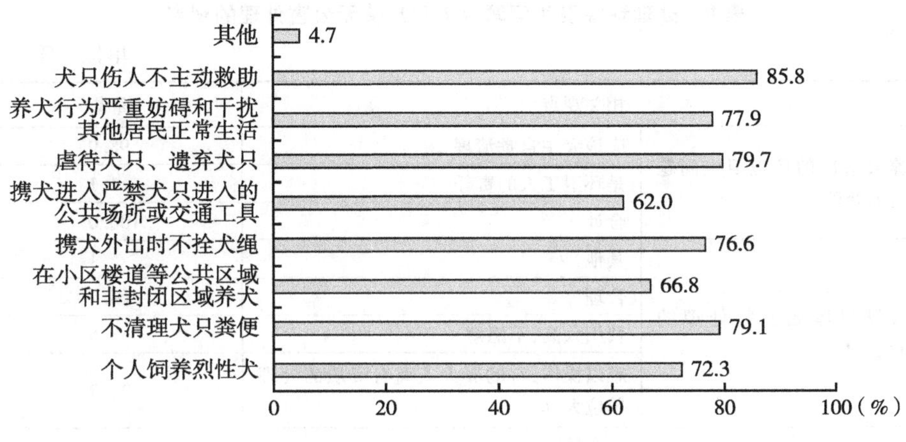

图 2　赞成予以行政处罚的养犬行为

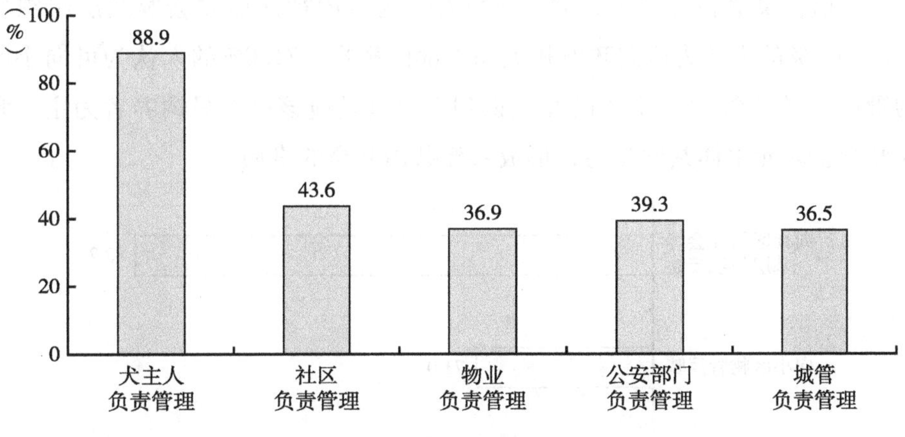

图 3　犬只管理责任

关于养犬造成的环境卫生问题，98.9%的人认为应该由犬主自觉清理（见表 8）。关于犬只尸体处理问题，从有利于环境保护和公共卫生安全的角度来看，需要专业机构进行无公害处理，而且超过六成的被调查者认为此举合理；但超过两成的人认为因离专业机构太远而难以操作；还有 8.5%的人担心费用太高，拒绝专业无公害处理。这就需要多方共同参与，分摊无公害处理成本。

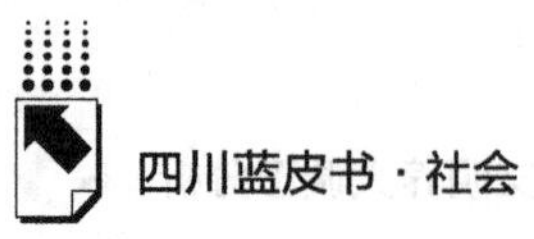

表 8　处理环境卫生问题及犬只尸体无公害处理的观点

单位：%

相关观点		赞成
养犬造成的环境卫生问题由谁处理	应该犬主自觉清理	98.9
	是环卫工人的责任	1.1
	合计	100.0
犬只尸体无公害处理的看法	其他	5.1
	合理	64.7
	费用太高，不愿意	8.5
	难以操作，有的养犬人离有资质的处理单位太远	21.7
合计		100.0

在监督渠道和方式上，82.7%的人认为可向社区居委会等基层组织反映，76.1%的人认为可向政府相关职能部门举报，71.0%的人认为可向小区物管反映（见图 4）。市民已经认识到犬只管理应该以犬只饲养者为主，政府和社会多元主体共同参与，形成共建共治共享的格局。

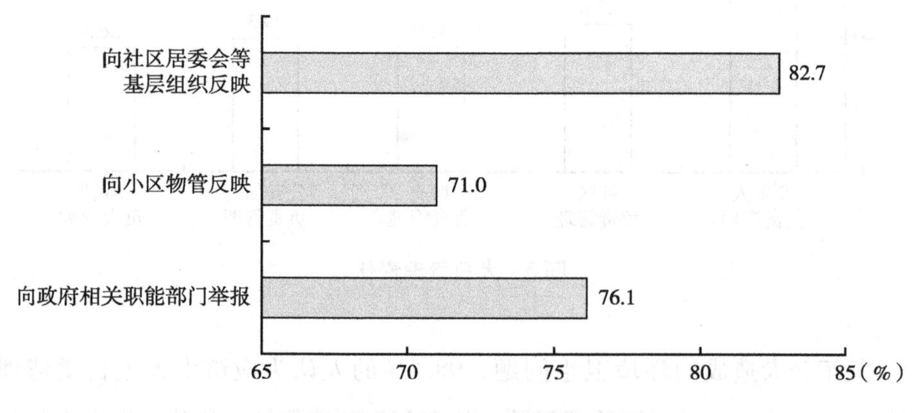

图 4　养犬不文明行为的监督途径

养犬和非养犬群体对于是否在生活小区设置禁止遛狗时间的态度截然不同。交叉分析发现，非养犬群体中，赞成和反对设置禁止遛狗时间的比例分别为 83.7%和 16.3%；养犬人士中赞成和反对的比例分别为 16.4%和 83.6%。

养犬群体中反对在生活小区设置禁止遛狗区域的占53.1%，而非养犬群体93.2%赞成（见表9）。这表明，在设置禁止遛狗时间和区域这一问题上，两类群体的态度存在显著差异，非养犬群体赞成的多，养犬群体坚决反对的更多。

表9　不同人群关于生活小区设置禁止遛狗时间和区域的态度

单位：%

相关行为		可以设置	坚决反对
设置禁止遛狗时间	非养犬	83.7	16.3
	养犬	16.4	83.6
设置禁止遛狗区域	非养犬	46.9	53.1
	养犬	93.2	6.8

绝大部分人认为应该对养犬种类进行分类管理。在关于限制养犬种类方面，仅有6.1%的人赞成完全放开，不应限制；31.8%的人认为应该禁养烈性犬；29.6%的人认为应该禁养烈性犬和部分大型犬；32.5%的人认为应该禁养烈性犬和大型犬（见图5）。大型犬只易对人造成较大心理威慑和严重伤害，属于风险管控重点。不少市民觉得中华田园犬比一般的烈性犬温顺，不应将其纳入禁养范围。同时，要为导盲犬等功能性犬只营造良好的环境和社会氛围，实行导盲犬特许准入制度，让视力障碍人士可以更便利地生活。

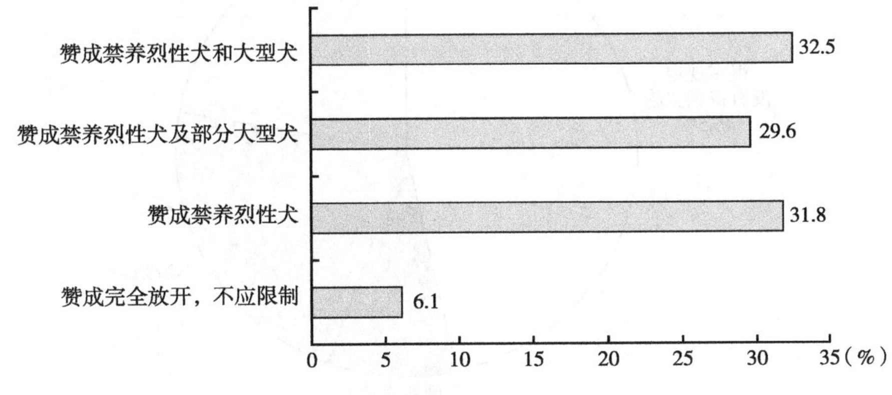

图5　养犬种类分类管理的观点

养犬管理体系运行效果有待提升。调查发现,《成都市养犬管理条例》的知晓率仅为52.4%,“蓉城犬管”公众号知晓率和关注度都在四成以下,知晓所在小区关于“文明养犬”宣传的人只有66.7%(见表10),这一方面说明宣传形式和内容都需要改进,另一方面也说明很多市民不关注社区治理。

表10　文明养犬宣传和养犬管理政策知晓率统计

单位:%

相关政策	是	否	不清楚
所在小区(院落)有“文明养犬”宣传	66.7	17.9	15.4
知晓“蓉城犬管”公众号	38.7	38.2	23.2
关注“蓉城犬管”公众号	35.2	52.4	12.5
知晓《成都市养犬管理条例》	52.4	24.0	23.6

总体来讲,市民对于《成都市养犬管理条例》实施情况的评价还不高,仅有9.1%的人认为实施效果较好,22.1%的人认为效果一般,高达46.5%的人认为很多规定没有得到实施,22.2%的人表示不清楚(见图6)。这就需要从制度建设层面对法规进行修订完善,同时要加大普法宣传力度,提高市民对于“养犬条例”的知晓率和认可度,为有法必依和执法必严奠定社会基础。

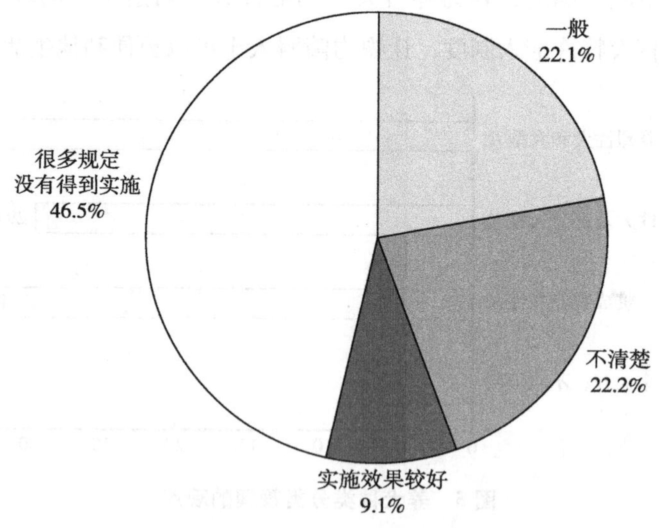

图6　《成都市养犬管理条例》实施情况评价

二　城市养犬现状及治理短板

（一）不文明养犬现象较普遍

当前违规和不文明养犬行为较普遍，主要表现如下：一是存在无证养犬行为。调研发现，仅 77.78%的被访犬主申领了“养犬登记证”。二是文明养犬意识淡薄，不规范养犬行为常见。在非养犬受访者中，有 73.1%、12.0%和 10.7%的人表示其所在小区存在没佩戴标识遛狗、不清理粪便和不拴绳遛狗的现象。三是存在一户多养、饲养烈性犬和大型犬等现象。调查数据显示，养犬人士平均养犬 1.27 只，其中养两只犬的占 15.9%；养三只犬及以上的占 4.5%，表明“一户多养”现象较为突出。部分小区居民也反映，有人喂养烈性犬、大型犬，或者专门用民居房饲养猫狗等宠物。四是因犬只引发的纠纷时有发生。超过六成的受访居民表示在过去一年中遭受过狗的惊吓、多次被犬吠影响、生活环境中存在流浪狗等，超过 6%的人曾被狗抓伤或咬伤，21%以上的人与狗主人发生过纠纷。

（二）不文明养犬行为易引发价值冲突和社会撕裂风险

不文明养犬行为容易引发群体矛盾。调研发现，市民特别反感犬只放养、随地便溺、携带犬只出入公共场所和遗弃宠物等不文明行为，有被狗惊吓或攻击经历的市民则对城市养犬行为极度愤慨。而养犬人士也有满腹委屈，比如其他人的不文明养犬行为导致社会公众对养犬形成刻板印象；随意触碰和逗玩陌生犬只是导致狗伤人的主要原因；大众对狗缺乏基本认知，社会包容性低、敌视养犬人，携犬公共出行难和遛狗难问题突出等。

价值冲突影响社会包容性。养犬和非养犬群体间矛盾尖锐，难以调和的价值冲突状态导致涉犬议题已成社会热点，不管是“虐狗事件”还是犬只伤人事件都容易引发舆情。“崇州女童被咬伤事件”瞬间上热搜后，各小区业主群出现了“以后看见不牵绳的狗就打死”和呼吁城市全面禁养犬只等言论，一些养犬的业主也遭受无差别人身攻击，部分养犬人士开始担忧社会对养犬的包容度可能降低。

（三）“多头治犬”与服务管理滞后问题并存

“多头治犬”导致效能不高。成都市养犬人群多，犬只管理难度大、治理短板突出。目前，成都市养犬服务管理职责涉及公安、农业、城管以及工商、卫生、房管、教育、园林等多部门，在多头管理机制下，养犬管理职能被边缘化，专职人员严重不足，市公安局犬管办仅一名专职管理人员，而城管、防疫、卫生、园林以及基层派出所等部门大多没有专职工作人员，难以在养犬管理上投入太多时间精力，导致出现“形式上多部门参与、实际上管理缺位”的现象。

管理制度建设滞后，管理方式方法创新不足。《成都市养犬管理条例》出台已有 10 多年，已不能很好地适应当前发展需要。市人大已将“养犬管理条例”纳入立法计划，但完成地方立法尚需时日。与国内其他城市比较，成都市的犬只管理方式方法较为传统，上海、广州、深圳、杭州等地已实施为犬只注射电子芯片的政策，而成都市在犬只数字化管理方面还处于初级阶段，对违规养犬的惩治力度也相对较弱。

（四）多元参与犬只治理的格局尚未形成

基层力量参与不足。调研发现，成都市犬只治理没有充分发挥社区、物业公司、业委会等基层力量的作用，养犬数据无法快速精准反馈，给后续接种疫苗、疫病防控和流浪犬管理工作带来极大隐患。同时，小区物管没有执法权限，仅能规劝违规养犬行为，其效果往往因人而异。

专业社会力量参与不足。据涉犬管理人员反映，流浪犬收治是当前全市养犬管理的老大难问题。由于爱心人士认养无主犬只较少，全市仅有的具备流浪犬收容能力的四川省启明小动物保护中心早已超负荷运转。此外，市内还缺乏犬只无公害处理场所，死亡犬只无公害处理也面临较大困难。

市民参与不够。目前尚未设置不文明养犬行为网上举报平台途径，也没有举报奖励措施，加之激励机制不健全和举证难等客观因素，影响了市民对不文明养犬行为的监督热情，没有形成市民广泛参与治犬的良好氛围。

三　提升文明养犬治理水平的对策建议

针对当前城市不文明养犬行为及养犬治理的短板问题，可从制度、机制、行动、宣传等方面着手，多措并举增强市民文明养犬意识、促进规范文明养犬，提升市民文明素养，增强群众的安全感和幸福感。

（一）加快推进地方立法和完善养犬管理制度规范

规范治理，制度先行。与北京、上海、广州、杭州等城市相比，成都市养犬管理法规对养犬伤人、未办理登记年检、违反禁养限养标准、违反养犬行为规范、违法从事犬类经营等涉犬违规行为的惩戒力度最轻。比如，对养犬伤人的罚款标准明显低于其他城市（杭州 2000~5000 元，广州 1000~2000 元，上海 500~1000 元，而成都 100~500 元），不文明养犬的违法成本低。目前，市人大已将“养犬管理条例”修订纳入立法计划，建议进一步加快推进立法修订进程，回应群众关切和适应新时代城市管理的新需求，完善相关治犬制度机制。

（二）开展养犬管理集中专项治理行动

多头治犬、执法难是城市养犬管理的痛点和难点。建议狠抓养犬的矛盾聚焦点，常态化开展养犬管理集中专项治理行动。重点加强对城市公园、绿道、居民聚集地等重点场域不文明养犬行为的处罚整治，以及加强犬只经营场所检查和流浪犬只收容整治。通过集中整治提高依法治犬的震慑力和厚植文明养犬观念，力争较短时间内推动犬只治理环境改善，形成对文明养犬、维护城市文明形象的共识。

（三）推动多元主体参与规范文明养犬

文明养犬是一个社会问题，需要政府、社会共同参与，推进建立政府引领、多元主体参与、重心向基层下沉的文明养犬治理机制。同时，充分调动和激发社会组织、基层社区、物管参与养犬治理的积极性。一方面，将养犬治理职能重心下移，充分发挥社区以及群众自治的力量；畅通违规养犬的举报渠道和完善举报查处机制，推动全民参与破解治犬难题；构建犬主诉求表达机制，保障养犬人士依法依规遛狗等正当权益。另一方面，建立政府购买服务制度，激励社会组织参与文明养犬劝导、科学养犬培训，以及在政府主导规划建设下，参与筹建犬只收容留检场所，协助开展流浪犬只收容处置等。

（四）创新激励惩罚机制增强文明养犬内驱力

犬主是文明养犬的直接责任主体。推进文明养犬，除了外界的管理督促之外，更重要的是推动形成养犬人主动规范养犬行为的内驱力。目前，国内其他城市也在积极探索创新文明养犬激励惩罚机制。上海已经推动养犬信用积分制度和智能项圈，建议借鉴相关经验，逐步探索建立养犬积分制度，由公安管理部门具体牵头实施。并将文明养犬情况与个人征信挂钩，健全养犬违法记录档案并研究设置养犬违信标准，通过相应惩戒措施促进养犬人树立社会责任意识，做到文明养犬、规范养犬。

（五）加快探索智慧养犬管理

目前，广州、深圳、杭州正在推广犬只芯片植入管理，探索智慧养犬管理。借鉴相关经验，授权相关部门在强制免疫和登记中试点推进对犬只植入电子芯片，积极推进犬只鼻纹采集识别技术研发，推进养犬管理 App 建设，加强各部门间信息数据共享等，构建科技化智能化的养犬管理体系。

（六）加强文明养犬宣传培训

市民的文明养犬意识决定了文明养犬行为。加强文明养犬普法宣传和市民养犬素养培育十分重要。建议设立成都市文明养犬宣传日，建立多部门、多主体参与的常态化文明养犬宣传机制。由市、区（市）县宣传部门牵头，落实各级宣传责任，广泛运用各类媒体资源和各级宣传宣讲平台加强文明养犬宣传和饲养犬只普法教育；基层派出所、社区和物业公司应定期组织开展专业养犬知识宣传培训，提高养犬群体责任意识和养犬技能，弥合不同群体间的分歧。

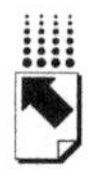

皮书

智库成果出版与传播平台

✤ 皮书定义 ✤

皮书是对中国与世界发展状况和热点问题进行年度监测，以专业的角度、专家的视野和实证研究方法，针对某一领域或区域现状与发展态势展开分析和预测，具备前沿性、原创性、实证性、连续性、时效性等特点的公开出版物，由一系列权威研究报告组成。

✤ 皮书作者 ✤

皮书系列报告作者以国内外一流研究机构、知名高校等重点智库的研究人员为主，多为相关领域一流专家学者，他们的观点代表了当下学界对中国与世界的现实和未来最高水平的解读与分析。

✤ 皮书荣誉 ✤

皮书作为中国社会科学院基础理论研究与应用对策研究融合发展的代表性成果，不仅是哲学社会科学工作者服务中国特色社会主义现代化建设的重要成果，更是助力中国特色新型智库建设、构建中国特色哲学社会科学“三大体系”的重要平台。皮书系列先后被列入“十二五”“十三五”“十四五”时期国家重点出版物出版专项规划项目；自2013年起，重点皮书被列入中国社会科学院国家哲学社会科学创新工程项目。

皮书网

（网址：www.pishu.cn）

发布皮书研创资讯，传播皮书精彩内容
引领皮书出版潮流，打造皮书服务平台

栏目设置

◆ **关于皮书**

何谓皮书、皮书分类、皮书大事记、
皮书荣誉、皮书出版第一人、皮书编辑部

◆ **最新资讯**

通知公告、新闻动态、媒体聚焦、
网站专题、视频直播、下载专区

◆ **皮书研创**

皮书规范、皮书出版、
皮书研究、研创团队

◆ **皮书评奖评价**

指标体系、皮书评价、皮书评奖

所获荣誉

◆ 2008 年、2011 年、2014 年，皮书网均在全国新闻出版业网站荣誉评选中获得“最具商业价值网站”称号；

◆ 2012 年，获得“出版业网站百强”称号。

网库合一

2014年，皮书网与皮书数据库端口合一，实现资源共享，搭建智库成果融合创新平台。

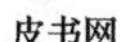

“皮书说”
微信公众号

权威报告·连续出版·独家资源

皮书数据库

ANNUAL REPORT(YEARBOOK) DATABASE

分析解读当下中国发展变迁的高端智库平台

所获荣誉

- 2022年，入选技术赋能“新闻+”推荐案例
- 2020年，入选全国新闻出版深度融合发展创新案例
- 2019年，入选国家新闻出版署数字出版精品遴选推荐计划
- 2016年，入选“十三五”国家重点电子出版物出版规划骨干工程
- 2013年，荣获“中国出版政府奖·网络出版物奖”提名奖

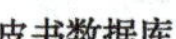
皮书数据库

“社科数托邦”
微信公众号

成为用户

登录网址www.pishu.com.cn访问皮书数据库网站或下载皮书数据库APP，通过手机号码验证或邮箱验证即可成为皮书数据库用户。

用户福利

- 已注册用户购书后可免费获赠100元皮书数据库充值卡。刮开充值卡涂层获取充值密码，登录并进入“会员中心”—“在线充值”—“充值卡充值”，充值成功即可购买和查看数据库内容。
- 用户福利最终解释权归社会科学文献出版社所有。

社会科学文献出版社 SOCIAL SCIENCES ACADEMIC PRESS (CHINA) 皮书系列
卡号：874991456156
密码：

数据库服务热线：010-59367265
数据库服务QQ：2475522410
数据库服务邮箱：database@ssap.cn
图书销售热线：010-59367070/7028
图书服务QQ：1265056568
图书服务邮箱：duzhe@ssap.cn

S 基本子库
UB DATABASE

中国社会发展数据库（下设 12 个专题子库）

紧扣人口、政治、外交、法律、教育、医疗卫生、资源环境等 12 个社会发展领域的前沿和热点，全面整合专业著作、智库报告、学术资讯、调研数据等类型资源，帮助用户追踪中国社会发展动态、研究社会发展战略与政策、了解社会热点问题、分析社会发展趋势。

中国经济发展数据库（下设 12 专题子库）

内容涵盖宏观经济、产业经济、工业经济、农业经济、财政金融、房地产经济、城市经济、商业贸易等12个重点经济领域，为把握经济运行态势、洞察经济发展规律、研判经济发展趋势、进行经济调控决策提供参考和依据。

中国行业发展数据库（下设 17 个专题子库）

以中国国民经济行业分类为依据，覆盖金融业、旅游业、交通运输业、能源矿产业、制造业等 100 多个行业，跟踪分析国民经济相关行业市场运行状况和政策导向，汇集行业发展前沿资讯，为投资、从业及各种经济决策提供理论支撑和实践指导。

中国区域发展数据库（下设 4 个专题子库）

对中国特定区域内的经济、社会、文化等领域现状与发展情况进行深度分析和预测，涉及省级行政区、城市群、城市、农村等不同维度，研究层级至县及县以下行政区，为学者研究地方经济社会宏观态势、经验模式、发展案例提供支撑，为地方政府决策提供参考。

中国文化传媒数据库（下设 18 个专题子库）

内容覆盖文化产业、新闻传播、电影娱乐、文学艺术、群众文化、图书情报等 18 个重点研究领域，聚焦文化传媒领域发展前沿、热点话题、行业实践，服务用户的教学科研、文化投资、企业规划等需要。

世界经济与国际关系数据库（下设 6 个专题子库）

整合世界经济、国际政治、世界文化与科技、全球性问题、国际组织与国际法、区域研究 6 大领域研究成果，对世界经济形势、国际形势进行连续性深度分析，对年度热点问题进行专题解读，为研判全球发展趋势提供事实和数据支持。

法律声明